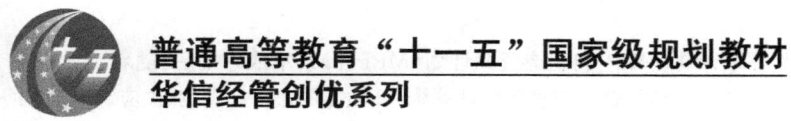

普通高等教育"十一五"国家级规划教材

华信经管创优系列

企业资源计划(ERP)及其应用

（第5版）

李 健　董 锴　王颖纯　主编

苑清敏　李国刚　关 庄　侯信华　副主编

电子工业出版社

Publishing House of Electronics Industry

北京·BEIJING

内 容 简 介

企业资源计划（ERP）是在物料需求计划（MRP）和制造资源计划（MRPⅡ）技术成熟之后，随着企业管理模式和信息化技术的迅速发展而形成的一门新的企业信息化管理系统，其功能覆盖市场预测、供应链管理、生产计划管理、库存管理、人力资源管理、设备管理、销售管理，以及相关财务管理的整个企业生产经营过程。本书系统地阐述了 ERP 的基本理论、应用和实施方法，并结合我国的实际情况介绍了几种典型的 ERP 软件产品，还特别介绍了一些与 ERP 系统相关的先进制造系统及其管理模式，力图将理论与实践紧密结合起来，使读者对 ERP 的理论、方法和实践有个正确、全面的认识。本书提供 ERP 领域的英文名词术语解析和 ERP 系统指标等级评定方法，扫描前言后的二维码即可察看。本书免费提供电子课件，读者可登录华信教育资源网（www.hxedu.com.cn）下载使用。

本书可作为高等院校管理类专业（工业工程、信息管理与信息系统、工程管理、工商管理）及计算机专业本科生、研究生的教材或参考书，也可作为企业相关人员的培训用书。

未经许可，不得以任何方式复制或抄袭本书之部分或全部内容。
版权所有，侵权必究。

图书在版编目（CIP）数据

企业资源计划（ERP）及其应用 / 李健，董锴，王颖纯主编. — 5 版. — 北京：电子工业出版社，2021.1
（华信经管创优系列）
ISBN 978-7-121-40265-4

Ⅰ. ①企… Ⅱ. ①李… ②董… ③王… Ⅲ. ①企业管理—计算机管理系统—高等学校—教材 Ⅳ. ①F270.7

中国版本图书馆 CIP 数据核字（2020）第 258308 号

责任编辑：秦淑灵
印　　刷：北京虎彩文化传播有限公司
装　　订：北京虎彩文化传播有限公司
出版发行：电子工业出版社
　　　　　北京市海淀区万寿路 173 信箱　邮编 100036
开　　本：787×1092　1/16　印张：19.25　字数：493 千字
版　　次：2004 年 8 月第 1 版
　　　　　2021 年 1 月第 5 版
印　　次：2024 年 7 月第 4 次印刷
定　　价：58.00 元

凡购买电子工业出版社的图书，如有缺损问题，请向购买书店调换。若书店售缺，请与本社发行部联系，联系及邮购电话：(010)88254888，88258888。
质量投诉请发邮件至 zlts@phei.com.cn，盗版侵权举报请发邮件至 dbqq@phei.com.cn。
本书咨询联系方式：qinshl@phei.com.cn。

前　　言

20世纪50年代，美国的27位生产与库存控制工作者集合于Cleveland，建立了美国生产与库存控制协会（American Production and Inventory Control Society，APICS），其宗旨是开发本行业的知识主体，传播生产与库存控制的原理和技术信息。从此，在生产与库存控制方面开创了新的研究领域——MRPⅡ。

为了与物料需求计划（Material Requirements Planning，MRP）有所区别，制造资源计划（Manufacturing Resource Planning）取名为MRPⅡ，又称为广义的MRP，而将MRP称为狭义的MRP。MRPⅡ是应用于生产与库存控制方面的一种先进的管理思想和管理方法。

20世纪60年代前后，APICS的MRP委员会主席Joseph Orlicky等人第一次用物料需求计划（MRP）原理，开发了一套微机系统，它是以库存控制为核心的微机系统。从那时起，MRP便成为一项新的技术、一套新的方法、一门新的知识。

20世纪70年代开始，一些计算机软件商开发了闭环MRP软件；20世纪80年代，又推出了MRPⅡ软件。20世纪90年代，市场上涌现出几百家专门从事MRPⅡ开发与销售的公司，MRPⅡ的应用也从离散工业向流程工业扩展，不仅应用于汽车、电子等行业，也应用于化工、食品等行业。直至今天，MRPⅡ软件的功能还在不断增强、完善与扩大，向企业资源计划（Enterprise Resource Planning，ERP）发展。

ERP是由美国著名的计算机技术研究与咨询和评估集团——Gartner Group Inc.于20世纪90年代初提出的，其实质是在MRPⅡ基础上进一步发展而成的面向供应链（Supply Chain）的管理思想。除传统MRPⅡ系统的制造、财务、销售等功能外，ERP还增加了分销管理、人力资源管理、运输管理、仓库管理、质量管理等功能，其支持集团化、跨区域、跨国界的经营模式，使企业各方面的资源得到充分的调配和平衡。

ERP自20世纪90年代后期从美国传入中国，现已成为大型现代企业管理中不可或缺的有效管理工具。伴随着中国加入WTO以及企业信息化的飞速进展，ERP在中国进入广泛普及阶段，越来越多的企业实施了ERP，并从中获得巨大收益。随着ERP应用更加务实、业务范围更加广泛、涉及的业务深度逐渐增强，ERP的发展已成为衡量企业现代化和信息化程度的重要指标，也是衡量企业发展规模和水平以及未来发展趋势的重要指标之一。世界500强企业中，100%的企业都在使用ERP或类似的信息系统作为决策工具并管理日常工作流程，ERP的功效可见一斑。

目前国内的企业逐步理性认识到了ERP的作用和价值，并基本掌握了ERP的实施原则与方法。随着企业管理水平和管理人员信息素养的提高、ERP供应商的本土化及成熟度的深入，ERP实施的成功率大幅提升。

经过学者和企业主管多年来对ERP的研究和探索，从当初的全盘照搬国外的ERP产品到企业自主研发，再到国内形成针对中国国情和市场的、具有自主知识产权的ERP系统，ERP在中国的强劲发展势头和产生的效益是不言而喻的。我国企业管理水平长期落后于信息化要求，只有在建立现代企业制度的基础上，增强企业内部利用信息技术进行管理创新的动力，健全信息管理体制，规范管理流程，培养相关技术人才，才能从根本上解决制约 ERP 发展的瓶颈问题。

为了满足社会、企业对人才的需求，近年来，我国许多高等工科院校的管理类专业相继开设了"企业资源计划""制造资源计划"等课程。本编写组主要成员在该领域从事了多年的教学和科研工作，并先后参与多家大型企业的 ERP 实施工作，丰富的实践经验为本书的编写奠定了良好的基础，本书力图将 ERP 理论、方法及其应用紧密结合起来，着眼于本科教学，并兼顾企业在职人员的培训。

本书在"普通高等教育'十一五'国家级规划教材"——《企业资源计划（ERP）及其应用》（第 4 版）的基础上，跟踪 ERP 发展趋势，引入了 ERP 最新案例，并对部分章节的内容进行了更新和补充。

本书的内容和结构由编写组成员共同确定。董锴编写了第 1 章、第 3 章、第 4 章和第 9 章，苑清敏编写了第 2 章，李国刚编写了第 5 章和第 11 章，侯信华编写了第 6 章、第 7 章和第 8 章，王颖纯编写了第 10 章，邢蕊、陈莎参与了第 10 章部分内容的编写，岳磊、尹姣姣、郝珍珍参与了书稿的核校等工作。关庄开发了教材配套教学电子课件。全书由李健、王颖纯统稿。

需要本书电子课件的读者可登录华信教育资源网（www.hxedu.com.cn）免费注册下载。

由于作者水平有限，书中难免存在缺点和不足，殷切希望读者批评指正。

编者
2020 年 5 月

英文名词术语解析

ERP 系统指标等级评定方法

目 录

第一篇 理 论 篇

第1章 ERP系统概述 ... 1
1.1 ERP的概念及特点 ... 1
1.1.1 ERP的定义 ... 1
1.1.2 ERP的目标 ... 3
1.1.3 ERP的效益 ... 4
1.2 ERP技术的产生和发展 ... 5
1.2.1 订货点法 ... 5
1.2.2 MRP ... 8
1.2.3 闭环MRP ... 10
1.2.4 MRPⅡ ... 11
1.2.5 ERP ... 12
1.3 ERP系统的应用 ... 14
1.3.1 ERP系统的国内外应用现状 ... 14
1.3.2 ERP系统的应用效果 ... 15
学习思考题 ... 16

第2章 ERP的基本原理 ... 17
2.1 相关概念 ... 17
2.1.1 制造业生产类型 ... 17
2.1.2 制造业的生产计划方式 ... 18
2.1.3 物料需求 ... 19
2.2 物料需求计划(MRP)及其特点 ... 19
2.2.1 MRP的含义 ... 19
2.2.2 MRP的特点 ... 20
2.3 物料需求计划的基本原理 ... 20
2.3.1 MRP的基本思想 ... 21
2.3.2 MRP的计算方法 ... 22
2.3.3 MRP系统设计决策及应用中的技术问题 ... 25
2.4 闭环MRP的基本原理 ... 28
2.5 能力需求计划(CRP)的基本原理 ... 29
2.5.1 粗能力计划(RCCP) ... 29
2.5.2 能力需求计划(CRP) ... 30
2.5.3 工作中心 ... 30
2.6 MRPⅡ的基本原理 ... 33
2.7 ERP的新增功能 ... 35
学习思考题 ... 36

第3章 ERP 的主要模块 ... 37
3.1 ERP 的总体结构 ... 37
3.2 供应链管理模块 ... 38
3.2.1 供应链管理概述 ... 38
3.2.2 供应链管理的特点 ... 39
3.2.3 供应链管理的功能 ... 40
3.3 销售管理模块 ... 41
3.4 主生产模块 ... 45
3.5 设备管理模块 ... 50
3.6 BOM 模块 ... 51
3.7 车间管理模块 ... 52
3.8 采购管理模块 ... 53
3.9 库存管理模块 ... 53
3.10 客户关系管理模块 ... 54
3.11 人力资源管理模块 ... 57
3.12 成本管理模块 ... 58
3.13 财务管理模块 ... 60
学习思考题 ... 64

第二篇 方 法 篇

第4章 ERP 系统各层计划的制订方法 ... 65
4.1 物料需求计划(MRP)的制订方法 ... 65
4.1.1 MRP 的输入 ... 65
4.1.2 MRP 参数的确定 ... 67
4.1.3 MRP 系统的运行方式 ... 71
4.2 能力需求计划(CRP)的制订方法 ... 73
4.2.1 相关概念 ... 73
4.2.2 生产能力的测定 ... 74
4.2.3 能力需求计划 ... 76
4.3 主生产计划(MPS)的制订方法 ... 82
4.3.1 主生产计划的作用 ... 82
4.3.2 主生产计划制订的原则 ... 82
4.3.3 主生产计划的对象 ... 83
4.3.4 主生产计划的编制 ... 83
4.3.5 主生产计划的维护 ... 87
学习思考题 ... 88

第5章 ERP 的相关管理方法 ... 89
5.1 准时生产制(JIT) ... 89
5.1.1 JIT 的实质 ... 89
5.1.2 看板控制系统 ... 90
5.1.3 组织准时生产的条件 ... 96
5.2 精益生产方式 ... 102
5.2.1 精益生产方式的起源 ... 102
5.2.2 精益生产方式的基本思想 ... 106

5.2.3 精益生产方式的主要内容 107
5.3 最优生产技术(OPT) 111
  5.3.1 OPT 的目标 111
  5.3.2 OPT 的基本思想和九条原则 112
  5.3.3 DBR 系统 115
  5.3.4 OPT 软件系统 117
5.4 供应链管理理论与方法 118
  5.4.1 SCM 概述 118
  5.4.2 SCM 的效益 121
  5.4.3 SCM 的原理 123
  5.4.4 SCM 的功能 125
  5.4.5 SCM 的实施 130
  5.4.6 SCM 软件 131
  5.4.7 ERP 与 SCM 的集成 136
5.5 客户关系管理(CRM) 137
  5.5.1 CRM 概述 137
  5.5.2 CRM 的概念 138
  5.5.3 CRM 的作用 140
  5.5.4 CRM 的原理 141
  5.5.5 CRM 的内容 143
  5.5.6 CRM 的实施 146
  5.5.7 CRM 软件 149
  5.5.8 ERP 与 CRM 的集成 152
学习思考题 154

第三篇 应 用 篇

第 6 章 ERP 系统的实施 155
6.1 ERP 系统实施面临的主要问题 155
  6.1.1 企业业务流程重组 155
  6.1.2 企业文化 157
  6.1.3 一项需要亲力亲为的工作 158
  6.1.4 把 ERP 实施工作放在应有的重要位置 159
6.2 ERP 系统实施的原则 159
  6.2.1 实施 ERP 系统的三个关键因素 159
  6.2.2 实施 ERP 系统的三个重要变量 161
  6.2.3 实施 ERP 系统的三个阶段 161
6.3 ERP 系统实施的步骤 162
  6.3.1 项目的前期工作 163
  6.3.2 实施准备阶段 167
  6.3.3 系统运行与用户化 169
6.4 系统评价 170
  6.4.1 定性评价 170
  6.4.2 定量评价 170
  6.4.3 定级标准 171

  6.5 ERP 系统实施成功的关键因素 … 171
 学习思考题 … 173

第 7 章 ERP 系统的评估 … 174
 7.1 评估体系 … 174
 7.2 评估标准及效果评估 … 175
  7.2.1 检测表的发展历史 … 175
  7.2.2 第 6 版 A 类检测表简介 … 176
  7.2.3 第 6 版 A 类检测表的使用 … 177
 7.3 ERP 系统的评估与选择 … 178
  7.3.1 ERP 系统的评估 … 178
  7.3.2 ERP 系统的选择 … 185
  7.3.3 ERP 系统的选择报告 … 186
 学习思考题 … 188

第 8 章 典型 ERP 软件 … 189
 8.1 ERP 软件市场概述 … 189
  8.1.1 全球 ERP 软件市场规模稳定增长 … 189
  8.1.2 我国整体 ERP 软件市场的竞争格局 … 189
  8.1.3 ERP 软件行业前景可期 … 190
 8.2 SAP 系统 … 191
  8.2.1 SAP 概述 … 191
  8.2.2 SAP 体系结构 … 191
  8.2.3 SAP 基础平台接口 … 192
  8.2.4 SAP 项目应用与实施 … 193
  8.2.5 SAP 的最新进展 … 198
 8.3 Oracle ERP … 198
  8.3.1 Oracle ERP 简介 … 198
  8.3.2 Oracle ERP 的主要特点及优势 … 199
  8.3.3 Oracle ERP 系统模块简介 … 200
  8.3.4 Oracle ERP 应用设计 … 202
  8.3.5 Oracle 中小企业 ERP 解决方案 … 203
 8.4 Infor … 204
  8.4.1 Infor 简述 … 204
  8.4.2 Infor LN … 205
  8.4.3 Infor M3 … 206
  8.4.4 Infor WMS … 206
  8.4.5 Infor EAM … 207
 8.5 用友 U8 Cloud … 209
  8.5.1 用友 U8 Cloud 产品概述 … 209
  8.5.2 用友 U8 Cloud 功能模块 … 210
  8.5.3 用友 U8 Cloud 核心功能 … 210
  8.5.4 用友 U8 Cloud 应用价值 … 211
 8.6 金蝶云星空 … 212
  8.6.1 金蝶云星空概述 … 212
  8.6.2 金蝶云星空的优势 … 213

  8.6.3 金蝶 K/3 Cloud 产品概述 ······ 213
  8.6.4 主要业务场景 ······ 214
 8.7 浪潮云 ERP ······ 215
  8.7.1 浪潮云 ERP 概述 ······ 216
  8.7.2 浪潮云 ERP 的优势 ······ 216
  8.7.3 浪潮 GS7 产品概述 ······ 216
  8.7.4 浪潮 PS Cloud 产品概述 ······ 217
  8.7.5 浪潮云会计产品概述 ······ 219
 学习思考题 ······ 219

第9章 ERP 应用案例分析 ······ 220
 9.1 联想集团的 ERP 探索之路 ······ 220
 学习思考题 ······ 223
 9.2 海尔集团的全球化之路 ······ 223
 学习思考题 ······ 226
 9.3 波司登的网络分销 ······ 227
 学习思考题 ······ 230
 9.4 许继 ERP 的坎坷路 ······ 230
 学习思考题 ······ 233

第四篇 展 望 篇

第10章 不断发展的 ERP ······ 234
 10.1 MRP Ⅱ/ERP 在中国的应用与发展 ······ 234
  10.1.1 MRP Ⅱ/ERP 在中国的启动期 ······ 234
  10.1.2 MRP Ⅱ/ERP 在中国的成长期 ······ 235
  10.1.3 ERP 在中国的成熟期 ······ 236
  10.1.4 现阶段 ERP 软件应用分析 ······ 237
 10.2 MRP Ⅱ/ERP 在企业信息化建设中的未来发展趋势分析 ······ 238
  10.2.1 ERP 技术特点 ······ 239
  10.2.2 ERP 集成化 ······ 239
  10.2.3 ERP 行业化 ······ 243
  10.2.4 云计算 ERP ······ 245
  10.2.5 总结 ······ 247
 学习思考题 ······ 248

第11章 先进制造系统 ······ 249
 11.1 先进制造系统模式的特点 ······ 249
  11.1.1 制造系统模式的概念 ······ 249
  11.1.2 先进制造系统的特点 ······ 250
  11.1.3 先进制造系统的发展 ······ 252
  11.1.4 先进制造系统的发展趋势 ······ 253
  11.1.5 世界先进制造系统 ······ 254
 11.2 典型的现代制造系统模式 ······ 258
  11.2.1 敏捷制造 ······ 258
  11.2.2 精益生产 ······ 261
  11.2.3 并行工程 ······ 263

  11.2.4 智能制造系统 …………………………………………………………… 267
  11.2.5 柔性制造技术 …………………………………………………………… 270
  11.2.6 大规模定制 ……………………………………………………………… 277
 11.3 现代制造系统模式的新发展 ……………………………………………………… 279
  11.3.1 云制造 …………………………………………………………………… 279
  11.3.2 智慧制造系统 …………………………………………………………… 282
  11.3.3 制造物联系统 …………………………………………………………… 285
  11.3.4 语义网络化制造 ………………………………………………………… 288
 11.4 现代制造系统模式的发展趋势 …………………………………………………… 292
 学习思考题 …………………………………………………………………………………… 295

参考资料 ……………………………………………………………………………………… 297

第一篇 理 论 篇

本篇系统阐述 ERP 的基本概念、原理，以及 ERP 系统的主要功能模块，主要内容包括
◆ ERP 系统的概念及特点
◆ ERP 技术的产生和发展
◆ ERP 系统的国内外应用现状
◆ ERP 系统各层计划的基本原理
◆ ERP 系统的总体结构
◆ ERP 系统的主要功能模块

第 1 章 ERP 系统概述

1.1 ERP 的概念及特点

ERP 是企业资源计划(Enterprise Resource Planning，ERP)的英文缩写。作为新一代的 MRPⅡ，其概念由美国 Gartner Group Inc.(加特纳集团公司)于 20 世纪 90 年代初首先提出。经过 20 余年的时间，ERP 已由概念发展到应用。

1.1.1 ERP 的定义

ERP 也称为企业资源规划。顾名思义，ERP 就是对企业的所有资源进行计划、控制和管理的一种手段。

Gartner Group Inc. 是通过一系列功能标准来定义 ERP 系统的。

1. 超越 MRPⅡ范围的集成功能

ERP 系统的直接来源是 MRP 系统。这也是人们常说的 ERP 系统是由 MRP 系统和 MRPⅡ系统演变的结果。实际上，ERP 是以 MRPⅡ为核心的多系统集成的结果，集成的 ERP 系统解决方案已经成为竞争优势的代名词。ERP 系统的本质是取代那些由一个个单独软件包形成的解决方案，集成企业内部所有传统的管理职能，如财务管理、成本核算、工资管理以及制造和分销管理等，彻底消除"信息孤岛"现象，确保企业级业务的系统整体性和一致性。

2. 支持混合方式的制造环境

混合方式的制造环境包括以下三种情况。

(1) 生产方式的混合。这首先是离散型制造和连续型制造的混合，形成的原因是企业的兼并与联合。企业多角化经营发展，加之高科技产品中包含的技术复杂程度高，使得单纯的流程或离散的生产企业越来越少。其次是 MTO、MTS、ATO、ETO 等方式，以及大批量生产方

式的混合。

（2）经营方式的混合。这是指国内经营与跨国经营的混合。经济全球化、市场国际化、企业经营国际化，使得纯粹的国内经营逐渐减少，而多种形式的外向型经营越来越多。这些外向型经营可能包括原料进口、产品出口、合作经营、合资经营、对外投资、跨国经营等各种形式的混合经营方式。

（3）生产、分销和服务等业务的混合。多角色经营形成技、工、贸一体化集团的企业环境。
为适应混合方式的制造环境，ERP突破了MRPⅡ的两个局限。

① 在标准MRPⅡ系统中，一直未涉及流程工业的计划与控制问题。我们说，MRPⅡ系统适用于4～5级的离散型生产方式的企业，对于制药行业不适合。这是MRPⅡ的简单化原则造成的。在标准MRPⅡ系统中，是以行业普遍适用的原则来界定所包含的功能的。行业普遍使用的原则标准也发生了变化。ERP扩展到流程企业，把配方管理、计量单位的转换、联产品、副产品流程作业管理、批平衡等功能都作为ERP不可缺少的一部分。

② 传统的MRPⅡ系统往往是基于标准MRPⅡ系统，同时面向特定的制造环境开发的。因此，即使通用的商品软件在按照某一用户的需求进行业务流程的重组时，也会受到限制，不能适应所有用户的需求。而面向客户的需求，在瞬息万变的经营环境中，根据客户需求快速重组业务流程的足够的灵活性，正是ERP的特点。

3. 支持能动的监控能力

该项标准是对于ERP能动式功能的加强，包括在整个企业内采用的控制和工程方法、模拟功能、决策支持能力和图形能力。与能动式功能相对的是反应式功能。反应式功能在事务发生之后记录发生的情况。能动式功能则具有主动性和超前性。例如，把统计过程控制的方法应用到管理事务中，以预防为主，就是过程控制在ERP中应用的例子。把并行工程的方法引入ERP中，把设计、制造、销售和采购等活动集成起来，并行地进行各种相关作业，在产品设计和工艺设计时，就考虑生产制造问题。在制造过程中，若有设备工艺变更，则要及时反馈给设计人员，这就要求ERP具有实时功能，并与工程系统（如CAD/CAM）集成起来，从而有利于提高产品质量，降低生产成本，缩短产品开发周期。

决策支持能力是ERP"能动"功能的一部分。传统的MRPⅡ系统是面向结构化决策问题的。就它所解决的问题来说，决策过程的环境和原则均能用明确的语言（数学的或逻辑的，定量的或定性的）清楚地予以描述。在企业经营管理中，还有大量半结构化和非结构化的问题，决策者往往对这些问题有所了解，但不全面；有所分析，但不确切；有所估计，但不准确。例如，新产品开发、企业合并、收购等问题均是如此。ERP的决策支持功能则要扩展到对这些半结构化或非结构化问题的处理。

4. 支持开放的客户-服务器计算环境

该项标准是关于ERP的软件支持技术的，包括客户-服务器体系结构、图形用户界面（GUI）、计算机辅助软件工程（CASE）、面向对象技术、关系数据库、第四代语言、数据采集和外部集成（EDI）等。

为了满足企业多元化经营以及合并、收购等活动的需求，用户需要具有一个底层开放的体系结构。这是ERP面向供应链管理，快速重组业务流程，实现企业内部与外部更大范围内信息集成的技术基础。

以上 4 个方面分别从软件功能范围、软件应用环境、软件功能增强和软件支持技术上对 ERP 做了界定。这 4 个方面反映了 20 世纪 90 年代以来,制造系统在功能和技术上面临的客观需求。

1.1.2 ERP 的目标

企业是利用各项资源提供产品或服务的组织,一般可以用 5M2I1T 来定义这些资源,即 Man, Money, Machine, Method, Material, Information, Invisible Property, Time。ERP 系统可以高效地处理材料、产品、设备、流程、人力以及资金等各项资源。

ERP 的绩效取决于企业是否能善于利用这些资源。ERP 系统是反映企业实际运作状况的信息系统,企业中的每一项资源在 ERP 系统中自然有对应的软件模块。用系统观念来看企业资源,企业就是一个系统。这个系统由输入、处理和输出组成,系统必须顺应环境,整个 ERP 系统就是在仿真企业这个实际系统,根据系统现况及环境的变化提出适应的方法,或根据对系统及环境的判断来提示未来可采取的策略。

1. ERP 能解决的现实问题

(1) ERP 能通过客户跟踪和预测子模块来解决多变的市场和均衡生产之间的矛盾。市场是多变的,而企业希望自己的生产是均衡的。这是制造业面对的一对基本矛盾。ERP 系统计划生产时,包括预测和客户订单管理,可以生成一份相对稳定的生产计划,由于产品或最终项目的主生产计划是稳定和均衡的,据此得到的物料需求计划也将是稳定和均衡的。

(2) ERP 能解决有关库存管理的难题。企业经常处于悖逆的利益中,一方面库存可以缓解需求;另一方面库存又会增加库存维持费用,造成积压和浪费。面对动态的生产过程,用手工方式来计算采购需求量是非常困难的。ERP 的核心 MRP 就是解决库存问题的"金钥匙"。MRP 的基本逻辑是:根据主生产计划(要生产什么)、物料清单(产品的结构文件,用什么生产)和库存记录(已有什么),对每种物料进行计算(需要什么),指出何时将会发生物料短缺,以便企业在恰当的时候投入恰当的量。

(3) ERP 可以保证对客户的供货承诺。在产品生命周期越来越短的今天,客户对交货期的要求也越来越苛刻。要提高市场竞争力,就要迅速地响应客户需求,并按时交货。目前的生产效率和 ERP 系统的计划速度,可以达到 3 天时间生产一台电冰箱或洗衣机,5 天时间生产一部电梯。这需要计划和市场、销售紧密地结合,但在手工管理和缺乏集成的情况下得不到很好的解决,而 ERP 具有这样的优势。

2. 产销协调原则

① 营销部门先编制销售计划。
② 生产部门根据已编制的主生产计划,确定是否能满足销售计划的需求;若能,则向营销部门确认其销售计划,否则,要求营销部门适当地修正原销售计划。
③ 营销部门与生产部门不能达成一致意见时,由上级部门共同主管出面裁决。
④ 企业依可承诺量接受订单,也就是 ERP 中的粗能力平衡。
⑤ 企业制订关于主生产计划及其修改的规程。

通过 ERP 系统采用以上做法,客户供货承诺的问题可以得到比较好的解决。
ERP 改变了企业的本位观。企业中通常有这样一个问题:各部门总是过于关注本部门的利益,而忽略了对其他部门的利益和企业的整体利益的重视,类似于供应链管理中各个环节的企业只注重自己的利益而忽略了其上游和下游企业的利益。对于客户来说,总的费用不减少,只是从某个部门转移到另一部门,这对客户是不利的。企业不能赢得客户就无法生存,要解决这个问题,关键是使企业的员工树立流程的观点,并按企业流程来管理企业。

ERP 的思想集中体现了制造企业生产经营过程中的客观规律和需求,其功能全面覆盖了市场预测、生产计划、物料需求、能力需求、库存控制、车间管理直到产品销售的整个经营过程以及相关的所有财务活动,从而为制造业提供了有效的计划、控制工具和完整的知识体系。

ERP 把生产、财务、销售、工程技术、采购等各子系统结合成一个一体化的系统,所有的数据来源于企业的中央数据库,各子系统在统一的数据环境下工作。此外,ERP 也是企业高层领导的决策工具,如扩大企业的生产能力。

ERP 作为整个企业的通信系统,使得企业整体合作的意识和作用增强了。通过获取准确的信息,把大家精力集中在同一方向上。应用 ERP 系统,为全面提高企业管理水平提供了工具,同时也为全面提高员工的素质提供了帮助。通过应用 ERP 系统,生产部门可以轻松地对市场需求做出响应,人们的工作更有秩序,各个部门之间,特别是市场营销和生产制造部门之间可以形成从未有过的、深度的合作,共同努力满足客户需求,赢得市场。

1.1.3　ERP 的效益

ERP 系统可以为企业带来巨大的效益,这些效益可以分为定性效益和定量效益两个方面。

1. ERP 定性效益

- 可以大大减少库存量,从而降低库存成本;
- 可以大大加快订单的处理速度、提高订单的处理质量,从而降低订单的处理过程成本;
- 通过自动化方式及时采集各种原始数据,可以提高数据的处理速度和处理质量,从而降低财务记账和财务记录保存的成本;
- 由于提高了设备的管理水平,可以充分利用企业的现有设备,从而降低设备投资;
- 生产流程更加灵活,可以有效地应对生产过程中各种异常事件的发生;
- 由于提高了生产计划的准确性,从而可以降低生产线上的非正常停产时间;
- 可以更加有效地确定生产批量和调度生产,提高生产效率;
- 可以减少生产过程中由于无法及时协调而出现的差错率,提高管理水平;
- 可以降低生产过程的成本。

2. ERP 定量效益

- 可以降低库存资金占用 15%～40%;
- 可以提高库存资金周转次数 50%～200%;
- 可以降低库存误盘、误差,控制在 1%～2%;
- 可以缩减 10%～30%的装配面积;
- 可以减少 10%～50%的加班工时;
- 可以减少 60%～80%的短缺件;

- 可以提高5%～15%的生产率；
- 可以降低7%～12%的成本；
- 可以增加5%～10%的利润。

1.2 ERP技术的产生和发展

ERP的形成大致经历了4个阶段：基本MRP阶段、闭环MRP阶段、MRPⅡ阶段及ERP的形成阶段。ERP理论的形成是随着产品复杂性的增加、市场竞争的加剧及信息全球化而产生的。

20世纪40年代初期，西方经济学家通过对库存物料随时间推移而被使用和消耗的规律研究，提出了订货点的方法和理论，并将其运用于企业的库存计划管理中。20世纪60年代中期，美国IBM公司的管理专家约瑟夫·奥列基博士首先提出独立需求和相关需求的概念。

20世纪60年代的制造业为了打破"发出订单，然后催办"的计划管理方式，设置了安全库存量，为需求与订货提前期提供缓冲。

20世纪70年代，企业的管理者们已经清楚地认识到，真正的需要是有效的订单交货日期，因而产生了对物料清单的管理与利用，形成了物料需求计划——MRP。

20世纪80年代，企业的管理者们又认识到制造业要有一个集成的计划，以解决阻碍生产的各种问题。要以生产与库存控制集成方法来解决问题，而不是以库存来弥补或以缓冲时间方法去补偿，于是MRPⅡ，即制造资源计划产生了。

20世纪90年代以来，随着科学技术的进步及其不断向生产与库存控制方面的渗透，解决合理库存与生产控制问题所需要处理的大量信息和企业资源管理的复杂化，要求信息处理的效率更高。传统的人工管理方式难以适应以上系统，这时只能依靠计算机系统来实现。而且信息的集成度要求扩大到企业的整个资源的利用和管理，因此产生了新一代的管理理论与计算机系统——企业资源计划(ERP)。

ERP是当今国际上先进的企业管理模式，其主要宗旨是对企业所拥有的人、财、物、信息、时间和空间等综合资源进行综合平衡和优化管理，面向全球市场，协调企业各管理部门，围绕市场导向开展业务活动，使得企业在激烈的市场竞争中全方位地发挥足够的能力，从而取得最好的经济效益。下面分别介绍ERP的形成历史及有关理论和思想。

1.2.1 订货点法

早在20世纪30年代初期，企业控制物料的需求通常采用控制库存物品数量的方法，为需求的每种物料设置一个最大库存量和安全库存量。最大库存量是为库存容量、库存占用资金的限制而设置的，意为物料的消耗不能小于安全库存量。由于物料的供应需要一定的时间(供应周期，如物料的采购周期、加工周期等)，因此不能等到物料的库存量消耗到安全库存量时才补充库存，而必须有一定的时间提前量，即必须在安全库存量的基础上增加一定数量的库存。这个库存量作为物料订货期间的供应量，应该满足这样的条件：当物料的供应到货时，物料的消耗刚好到了安全库存量，如图1-1所示，这种控制模型必须确定两个参数：订货点与订货批量。

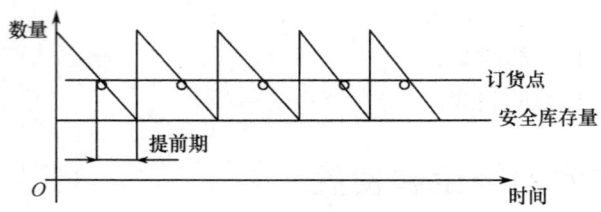

图 1-1 订货点示意图

这种模型在当时的环境下起到了一定的作用,但随着市场的变化和产品复杂性的增加,它的应用受到一定的限制。订货点应用的条件是:物料的消耗相对稳定及物料的供应比较稳定。表 1-1 和表 1-2 分别针对均匀需求和不均匀需求两种情况说明了订货点法的应用。

表 1-1 均匀需求的订货点法　　　　　（订货批量为 90,提前期为 2 周）

时间(周)	1	2	3	4	5	6	7	8	9	10
需求量(件)	15	15	15	15	15	15	15	15	15	15
计划收到(件)		90								
现有库存(件)	40	25	100	85	70	55	40	25	10	−5	70
计划交付(件)							90			

表 1-2 不均匀需求的订货点法　　　　　（订货批量为 90,提前期为 3 周）

时间(周)	1	2	3	4	5	6	7	8	9	10
需求量(件)	15	15	0	0	0	0	90	0	0	30
计划收到(件)		90								
现有库存(件)	40	25	100	100	100	100	100	10	10	10	−20
计划交付(件)							90			

计算订货点的基本公式:

订货点＝单位时期的需求量×订货提前期＋安全库存量

【例 1.1】 如果某项物料的需求量为每周 800 件,提前期为 4 周,并保持 1 周的安全库存量,那么,该物料的订货点为

$$800\times4+800=4000$$

在目前现有库存和已发出的订货之和低于订货点时,马上订货。

1. 订货点法的应用特点

(1) 各种物料需求相互独立

订货点法是在当时社会物资匮乏、供不应求的背景下提出的,其应用的前提是物料需求的独立性。而制造业中,产品基本由多个零部件装配组成,各个零部件的需求在数量和时间上是密切相关的,若将其需求视作独立的,必将引起产品相关物料供给上的大幅度误差,使订货点法失去其应用效果。

(2) 物料需求的连续性

订货点法应用的假定条件之一是物料需求具有连续性,即认为物料的需求是连续且均匀的,这样物料库存量的消耗也是均匀稳定的。这种假设在市场竞争激烈、需求不固定的社会背

景下无疑暴露出了致命的弱点,在此情况下应用订货点法控制库存往往会出现库存积压或者供给不足等现象。在均匀需求的环境下,如表 1-1 所示,订货点法能保证有效的供给;而如果面对的是表 1-2 所示的非均匀需求,则应用订货点法会造成大量的库存积压。

(3) 提前期已知且固定

在订货点确定模型中,提前期作为已知且固定的量存在,即物料是按预定时间到货的。实际上,提前期是一个时间段,若将这个时间范围浓缩成一个数字并作为确定订货点的已知量,显然是不合理的。同时,提前期受到各种因素的影响,经常会发生提前或延期到货现象。这种由供方、运方造成的问题,同样会使企业遭受超储或缺货的损失。

(4) 库存消耗后应被重新填满

按照订货点法模型要求,当物料的库存量低于订货点时发出补货通知,在物料库存下降到安全库存量时,库存重新被填满。但若物料需求不均匀、不连续,这种确定订货时间和数量的方法往往会造成库存的积压或者供给不足。

2. 订货点法的意义、缺陷及时间分段的产品结构理论

采用订货点法,实现了库存的科学管理,改变了传统库存管理的无序混乱局面,降低了库存成本。它能在消耗稳定的情况下保证物料不会出现短缺,但不能保证在消耗多变的情况下也不出现短缺或库存积压,因此不能从根本上解决物料不出现短缺与降低库存的矛盾,更不能解决应该何时订货、订货多少的问题。

订货点法受到众多条件的限制,而且不能反映物料的实际需求,往往为了满足生产需求而不断提高订货点的数量,从而造成库存积压,库存占用的资金大量增加,产品成本也就随之提高,企业缺乏竞争力。20 世纪 60 年代,IBM 公司的约瑟夫·奥列基博士提出把对物料的需求分为独立需求与相关需求的概念,以及时间分段的产品结构理论。

独立需求指某项物料的需求量不依赖于企业内其他物料的需求量而独立存在。独立需求的需求量通常由预测和客户订单等外在因素来决定,如客户订购的产品(如水壶、电视机)、科研试制需要的样品、售后维修需要的备品备件等。相关需求指某项物料的需求量可由企业的其他物料的需求量来确定,如半成品、零部件、原材料等的需求。相关需求又分为垂直相关需求和水平相关需求。

时间分段的产品结构理论中,时间分段指给库存状态数据加上时间坐标,即按具体的日期或计划时区,记录和存储库存状态数据。这样,可以准确回答和时间有关的各种问题。产品结构理论指将产品所有物料的需求联系起来,通过考虑不同物料的需求之间的相互匹配关系,使各种物料的库存在数量和时间上趋于合理。产品结构示意图如图 1-2 所示。

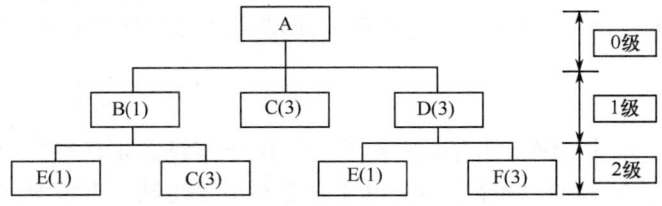

图 1-2 产品结构示意图

任何制造业的产品,都可以按照从原料到成品的实际加工装配过程划分层次,建立上下层物料的从属关系和数量关系,确定产品结构。通常,称上层物料为母件,下层物料为子件。图

1-2中,A为母件,B为A的子件。下面以简单的方桌为例解释时间分段的产品结构理论。

图1-3左侧所示是方桌这类产品的产品结构,是一个上小下宽的正锥形树状结构,其顶层"方桌"是出厂产品,是企业营销部门的业务(也是生产部门的最后一道装配或包装工序);各分枝最底层物料均为采购的原材料或配套件,是企业供应部门的业务;介于其间的是加工制造件或装配组件,是生产部门的业务。由市场(企业外部)决定性能规格和需求量的物料为独立需求件,由出厂产品决定性能规格和需求量及需求时间的各种加工和采购物料为相关需求件,就是说,这些物料的需求受独立需求件的制约。

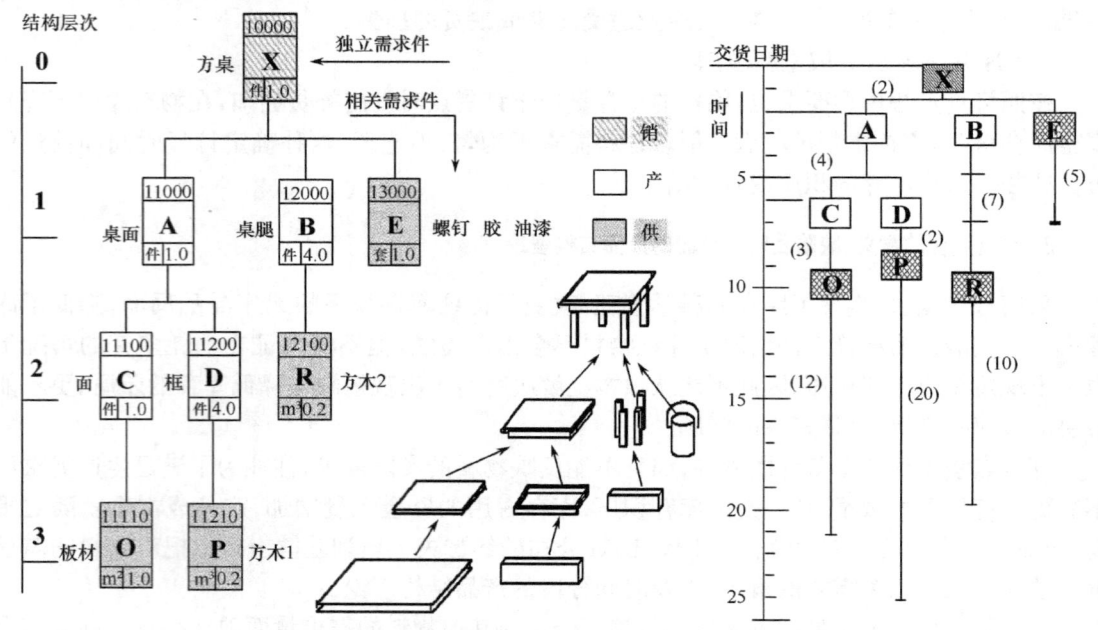

图1-3 方桌时间分段的产品结构图

如果我们把结构层次的坐标换成时间坐标,产品结构各方框之间的连线代表生产周期和采购周期,得到的是"时间坐标上的产品结构"图,如图1-3右侧所示。现在,我们就可以根据需求的优先顺序(完工日期或需用日期的先后),按照加工或采购周期的长短,以需求日期为基准倒排计划。时间坐标上的产品结构图相当于关键路线法中的网络计划图,累计提前期最长的一条线相当于产品生产周期中的关键路线,它把企业的"销、产、供"物料的数量和所需时间的信息集成起来,是物料需求计划基本原理的核心。

这些概念和理论的提出,使人们形成了"在需要的时候提供需要的数量"物料的重要认识。在理论研究与实践的推动下,物料需求计划理论,即基本的MRP,得以形成并发展。

1.2.2 MRP

保证供给不出现短缺与降低库存是一对矛盾。由于市场需求的变化,对库存物品的需求是离散的,因此,仅仅依靠增加库存并不能保证库存不出现短缺。若实现了物料"在需要的时候提供需要的数量",则订货点法中"何时订货"以及"订多少"的问题就迎刃而解了。MRP(亦称为基本MRP,Material Requirements Planning,物料需求计划)就是在弥补订货点法的缺陷的基础上发展起来的。MRP的出现和发展,引起了生产管理理论和实践的变革。

1. MRP 与订货点法的三点区别

① 通过产品结构将所有物料的需求联系起来。订货点法孤立地推测每项物料的需求量，而不考虑它们之间的联系，从而造成库存积压和物料短缺同时出现的不良局面。MRP 则通过产品结构把所有物料的需求联系起来，考虑不同物料的需求之间的相互匹配关系，从而使各种物料的库存在数量和时间上均趋于合理。

② 将物料需求区分为独立需求和非独立需求并分别加以处理。MRP 把所有物料按需求性质区分为独立需求项和非独立需求项，并分别加以处理。

③ 对物料的库存状态数据引入时间分段的概念。

在传统的库存管理中，库存状态的记录只包含库存量和已订货量，没有时间坐标。当库存量与已订货量之和由于库存消耗而小于最低库存点时，便是重新组织进货的时间。因此，在这种记录中，时间的概念是以间接的方式表达的。

20 世纪 50 年代，库存状态记录中增加了需求量和可供货量这两个数据项。其中，需求量是由客户订单、市场需求预测以及非独立需求推算等几个方面的数据决定的。可供货量是指可满足未来需求的量。至此，物料的库存状态记录由 4 个数据项组成，它们之间的关系可表示为

$$可供货量＝库存量＋已订货量－需求量$$

可供货量为负值，意味着库存不足，需要组织订货。这样的库存控制系统更好地回答了"订什么货"和"订多少货"的问题，但仍然没有回答"何时订货"的问题，即使在可供货量为负值时可作为订货时间的参考，但仍存在很多问题，例如，具体什么时间需要这些需求量？这些需求量是一次性需求还是分时间段需求？什么时间订货最佳？是一次性订购全部需求量好，还是分期订购好？这些订购的物料什么时间到货最好？物料何时发放？这些问题的答案不仅仅与物料需求量有关，而且与这些物料需求量的需求时间有关。

MRP 是一种分时段的优先计划管理方式。时间分段法的应用将库存状态数据与具体的时间联系起来，较好地解决了物料需求量与需求时间的问题。表 1-3 所示的案例说明了时间分段的概念。

表 1-3 时间分段法

时间(周)	1	2	3	4	5	6	7	8
库存量(件)	25	25	0	−15	0	0	0	0
已订货量(件)	0	0	0	20	0	0	0	0
需求量(件)	0	25	15	5	0	0	0	20
可供货量(件)	25	0	−15	0	0	0	0	−20

从表 1-3 可看出，有一批已经发出的订货预计在第 4 周到货，数量为 20 件；在第 2 周、第 3 周、第 4 周和第 8 周分别出现 25 件、15 件、5 件和 20 件的需求。在第 8 周之前，库存量与已订货量之和是够用的，但已订货的到货时间与需求时间不一致，第 2 周的需求消耗掉所有库存量，而已订货量第 4 周才到，导致第 3 周的可供货量出现负值。库存计划员可以提前 3 周通过库存状态数据得知短缺问题，并采取相应措施解决。第 8 周的库存短缺通过新的库存补充订货来解决，其需求日期为第 8 周，订货下达日期可通过提前期推算。

2. MRP 的数据处理

MRP 的数据处理是依据产品结构树（产品结构层次图）展开的。

图 1-4 给出了产品结构层次图,顶层的是最终产品(指生产的最终产品,但不一定是市场销售的最终产品),最下层的是采购件(原材料),其余为中间件,这样就形成了一定的结构层次。在由直接构成的上下层关系中,把上层的物料(组件)称为母件(有时称为父件,其道理是一样的),下层的构成件都称为该母件的子件。因此,处于中间层的所有物料(组件、构成件),既是其上层的子件,又是其下层的母件。由于产品构成的层次性,产品在生产时的生产和组装就存在一定的顺序,先生产层次最低的(2层)的子件,再组装中间层次的组件,最后总装为最终产品。以这样的顺序安排生产,排出主生产计划。

MRP 系统从主生产计划、独立需求预测以及厂外零部件订货的输入可以确定"我们将要生产什么";通过物料清单(Bill Of Material,BOM)可以回答"用什么来生产";把主生产计划等反映的需求按各产品的 BOM 进行分解,从而得知"为了生产所需的产品,我们需要用些什么";然后和库存记录进行比较来确定物料需求,即回答"我们还需要再得到什么";这样的处理过程使得在 MRP 系统控制下的每项物料的库存记录都总能正确地反映真实的物料需求,MRP 处理逻辑如图 1-5 所示。

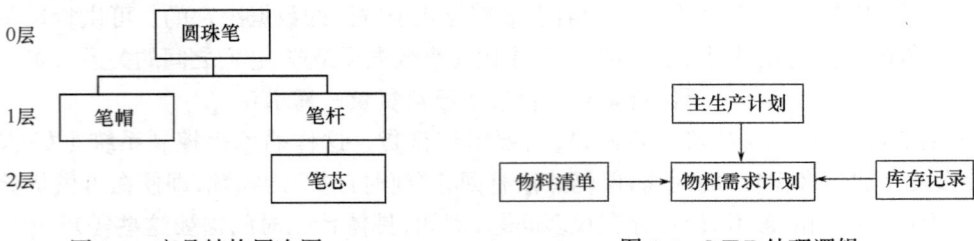

图 1-4 产品结构层次图　　　　　图 1-5 MRP 处理逻辑

具体的处理过程如下。

MRP 系统对每项物料的库存状态按时区做出分析,自动地确定计划订货的数量和时间,并提醒人们不断地进行调整。物料的库存状态数据包括库存量、预计入库量、毛需求量。

库存量也称为库存可用量,是指某项物料在某个时区的库存数量。预计入库量是指本时区之前各时区已下达的订货,预计可以在本时区之内入库的数量。毛需求量是为满足市场预测或客户订单的需求或上述物料项目的订货需求(可以是多项订货需求)而产生的对该项物料的需求量,这是一个必须提供的数量。净需求量则是从毛需求量中减去库存可用量和预计入库量之后的差。在计算上,净需求量的值可以通过库存量的变化而得到。方法是首先按下面公式求各时区的库存量:

某时区库存量＝上时区库存量＋本时区预计入库量－本时区毛需求量

当库存量出现第一个负值时,就意味着第一次出现净需求,其值等于这个负值的绝对值。以后出现的库存量负值,则以其绝对值表示从第一时区至所在时区的净需求量累计值。物料的净需求及其发生的时间指出了即将发生的物料短缺。因此,MRP 可以预见物料短缺。为了避免物料短缺,MRP 将在净需求发生的时区内指定计划订货量,然后考虑订货提前期,指出订货计划下达时间。

1.2.3 闭环 MRP

闭环 MRP 是一种完整的生产计划与控制系统,它在基本 MRP 的基础上,增加了能力需求计划、计划控制和反馈等功能,使生产计划与控制形成一个封闭的系统。闭环 MRP 是在 MRP 的基础上,增加对投入与产出的控制,也就是对企业的生产能力进行校检、执行和控制。

闭环 MRP 理论认为,主生产计划(MPS)与物料需求计划(MRP)应该是可行的,即要充分考虑能力的约束,或者对能力提出需求计划,在满足能力需求的前提下,物料需求计划(MRP)才能保证物料需求的执行和实现。在这种思想约束下,企业必须对投入与产出进行控制,也就是对企业的能力进行校检和执行控制。因此,除编制物料需求计划外,还要制订能力需求计划,与各个工作中心的能力进行平衡。执行 MRP 时要用派工单来控制加工的优先级,用采购单来控制采购的优先级。这样,在基本 MRP 的基础上,将能力需求计划和执行以及控制计划的功能包含进来,形成一个环形回路。

闭环 MRP 的特点:

① 主生产计划来源于企业的生产经营计划与市场需求(如合同、订单等)。

② 主生产计划与物料需求计划的运行(或执行)伴随着能力与负荷的运行,从而保证计划是可靠的。

③ 采购与生产加工的作业计划与执行是物料的加工变化过程,同时又是控制能力的投入与产出过程。

④ 能力的执行情况最终反馈到计划制订层,整个过程是能力的不断执行与调整的过程。闭环 MRP 的工作流程详见第 2 章。

闭环 MRP 实现了物料的完整计划与控制管理,大大提高了生产计划管理的科学性和合理性。其缺点在于仅着重对物流的管理,而产品从原材料投入到成品产出的过程都伴随着企业资金的流通,闭环 MRP 没有与企业效益相联系,造成物流信息与资金流信息不一致。

1.2.4 MRP II

MRP 解决了企业物料供需信息集成问题,但是还没有说明企业的经营效益。MRP II (Manufacturing Resource Planning,制造资源计划)与 MRP 的主要区别就是它运用管理会计的概念,用货币形式说明了执行企业"物料计划"带来的效益,实现物料信息同资金信息集成。衡量企业经营效益首先要计算产品成本,产品成本的实际发生过程还要以 MRP 系统的产品结构为基础,从最底层采购件的材料费开始,逐层向上将每一件物料的材料费、人工费和制造费(间接成本)累积,得出每一层零部件直至最终产品的成本。再进一步结合市场营销,分析各类产品的获利性。MRP II 把传统的账务处理与发生账务的事务结合起来,不仅说明财务的资金现状,而且追溯资金的来龙去脉。例如,将体现债务债权关系的应付账、应收账与采购业务和销售业务集成起来,同供应商或客户的业绩或信誉集成起来,同销售和生产计划集成起来等,按照物料位置、数量或价值变化,定义"交易处理(Transaction)",使与生产相关的财务信息直接由生产活动生成。在定义交易处理相关的会计科目时,按设定的借贷关系,自动转账登录,保证了"资金流(财务账)"与"物流(实物账)"的同步和一致,改变了资金信息滞后于物料信息的状况,便于实时决策。

为了提高企业的管理水平,单考虑物料信息是不完整的,应该把财务信息添加到 MRP 系统中,将制造与财务集成起来。MRP II 在集成企业更多资源和更大范围地监督制订计划与实际的结果等方面有了重大突破。

美国生产与库存控制协会对 MRP II 有如下定义:MRP II 是一种有效地计划制造企业所有资源的方法。MRP II 以物料需求计划为核心,运用管理会计的概念,用货币形式说明了执行企业"物料计划"带来的效益,实现物料信息与资金信息的集成。当产品生产完毕并发货后,系统自动提示应收账款的生成。MRP II 将 MRP 的信息共享程度扩大,使生产、销售、财务、采购以及工程紧密结合在一起,共享有关数据,形成一个全面生产管理的集成优化模式。

1. MRPⅡ与闭环MRP的区别

闭环MRP在生成物料需求计划后,依据生产工艺,推算出生产这些物料所需的生产能力,再与已有的生产能力进行对比,核查需求计划的可行性,解决生产与负荷的矛盾。而MRPⅡ融入了财务会计信息,实现了物料信息与资金信息的集成。

2. MRPⅡ的特点

① 管理的系统性。MRPⅡ系统是一个完整的经营生产管理计划体系,是实现企业整体效益的有效管理模式,它必须使企业所有生产经营活动与企业总体战略目标保持一致。

② 数据共享性。企业各部门都依据同一数据库提供的信息,按规范化的处理程序进行管理和决策。

③ 动态性。通过不断跟踪、控制和反馈瞬息万变的实际情况,使企业的管理层能够对企业内外环境的变化迅速反应,提高企业在市场中的应变能力和竞争力。

④ 模拟预见性。通过对生产经营信息的逻辑分析进行能力仿真,回答"If-Then"之类的问题,据此对未来情况进行合理决策,保障企业的平稳运行。

⑤ 物流和资金流的统一性。MRPⅡ所具有的产品制造计划控制功能与财务会计功能,可使实物形态的物料流动转换为价值形态的资金流动,使物流与资金流具有一致性。

1.2.5 ERP

20世纪90年代以来,由于经济全球化和市场国际化的发展趋势,制造业所面临的竞争更趋激烈。以客户为中心、基于时间、面向整个供应链成为在新的形势下制造业发展的基本动向。实施以客户为中心的经营战略是20世纪90年代企业在经营战略方面的重大转变。

传统的经营战略是以企业自身为中心的。企业的组织形式是按职能划分的层次结构;企业的管理方式着眼于纵向的控制和优化;企业的生产过程是由产品驱动的,并按标准产品组织生产流程;对于企业的大部分职能部门而言,客户都被视为外部对象,除销售和客户服务部门之外的其他部门都不直接与客户打交道;在影响客户购买的因素中,价格是第一位的,其次是质量和交货期。于是,企业的生产目标依次为成本、质量、交货期。

以客户为中心的经营战略则要求企业的组织为动态的、可组合的弹性结构;企业的管理着眼于按客户需求形成的增值链的横向优化;客户和供应商被集成在增值链中,成为企业受控对象的一部分;在影响客户购买的因素中交货期成为第一位的,企业的生产目标也转为交货期、质量和成本。

实施以客户为中心的经营战略就要对客户需求迅速做出响应,并在最短的时间内向客户交付高质量和低成本的产品。这就要求企业能够根据客户需求迅速重组业务流程,消除业务流程中非增值的无效活动,变顺序作业为并行作业,在所有业务环节中追求高效率和及时响应,尽可能采用现代技术手段,快速完成整个业务流程。这就是基于时间的含义。而基于时间的作业方式的真正实现又必须扩大企业的控制范围,面向整个供应链,把从供应商到客户的全部环节都集成起来。

实施以客户为中心的经营战略涉及企业的再造工程。企业的再造工程是对传统管理观念的重大变革。在这种观念下,产品不再是定型的,而是根据客户需求选配的;业务流程和生产流程不再是一成不变的,而是针对客户需求,以减少非增值的无效活动为原则而重新组合的;特别是企业的组织也必须是灵活的、动态可变的。显然,这种需求变化是传统的 MRP II 所难以满足的,而必须转向以客户为中心、基于时间、面向整个供应链为基本特点的 ERP 系统。这就是 ERP 产生的客观需求背景。而面向对象的技术、计算机辅助软件工程,以及开放的计算环境为实现这种转变提供了技术基础。

1. ERP 的内涵

ERP 及其前身——制造资源计划(MRP II)都是为了使得生产制造企业管理得到极大的改善。什么是 ERP？ERP 有什么作用？下面对 ERP 进行描述。

ERP 是整个企业范围内调整供需平衡的管理工具。ERP 提供了联系客户和供应商并使之成为完整供应链的系统,它是一个面向企业内部的供应链,是专门为解决企业信息集成应运而生的专业性的系统解决方案,其精髓就是信息集成,通过 ERP 系统把整个企业的销售、营销、生产、运作、后勤、采购、财务、新产品开发以及人力资源等各个环节集成起来,共享信息和资源,有效地支撑经营决策,达到降低库存、提高生产效能和质量、快速应变的目的,这也正是"集成"的真正意义所在。

对 ERP 进行的一些描述,虽然不是 ERP 的定义,但是是一些很好的例子。ERP 可以使企业在整个工业生产下降的同时在销售量上仍然保持 20% 的增长。在讨论为何能取得如此好的成绩时,某销售部门的副总经理解释:"我们从竞争对手那儿争取到更多的客户,由于实施了 ERP,我们现在比竞争对手能更快地运出产品,并且能及时送到客户那儿"。

ERP 使财富排名前 50 的大公司成功地大幅度降低成本并获取重要的竞争优势,某物流管理部门的副总经理解释:"ERP 是企业成为跨国公司的桥梁,企业的决策是建立在准确的数据以及综合全球的需求和供给的基础之上的,ERP 的成功应用给我们的全球销售带来了巨大的利润。"

ERP 使得企业采购部门大幅度减少采购成本,同时增强了与供应商的合作关系。某企业采购部门的副总经理道:"自从应用 ERP 以来,我们始终保持着对产品所需的原材料以及中间半成品良好的主动处理能力,我们能和供应商在保持相互一致和有效控制的基础上改变着各种采购和供货方案。"

2. 物料需求计划(MRP)是 ERP 的核心功能

只要是制造业,就必然要从供应方买来原材料,经过加工或装配,制造出产成品,这也是制造业区别于金融业、商业、采掘业(石油、矿产)、服务业的主要特点。任何制造业的经营生产活动都是围绕其产品开展的,制造业的信息系统也不例外。MRP 就是从产品的结构或物料清单(食品、医药、化工行业则为"配方")出发,实现了物料信息的集成,一个上小下宽的锥状产品结构,其顶层是产成品,是企业市场销售部门的业务;底层是采购的原材料或配套件,是企业物资供应部门的业务;介乎其间的是制造件,是生产部门的业务。要根据需求的优先顺序,在统一的计划指导下,把企业的"销、产、供"信息集成起来,就离不开产品结构(物料清单)这个基础文件。产品结构反映了各个物料之间的从属关系和数量关系,它们之间的连线反映了工艺流程和时间周期。换句话说,通过一个产品结构就能够说明制造业生产管理常用的"期量标准"。MRP 主要用于生产组装型产品的制造业,如果把工艺流程(工序、设备或装置)与产品结构集成在一起,就可以把流程型工业的特点融合进来。通俗地说,MRP 是一种保证物料既不出现短缺,又不积压库存的计划方法,解决了制造业所关心的缺件与超储的矛盾。所有 ERP 软件都把 MRP 作为其生产计划与控制模块,MRP 是 ERP 系统不可缺少的核心功能。

3. ERP 与 MRP Ⅱ 的区别

ERP 是一个高度集成的信息系统,它必然体现物流信息与资金流信息的集成。传统的 MRP Ⅱ 系统主要包括的制造、供销和财务三大部分,依然是 ERP 系统不可缺少的重要组成部分。所以,MRP Ⅱ 的信息集成内容既然已经包括在 ERP 系统之中,就没有必要再突出强调 MRP Ⅱ。形象地说,MRP Ⅱ 已经"融化"在 ERP 之中,而不是"不再存在"。ERP 有更深的内涵和更强大的集成功能。

(1) ERP 是一个面向供应链管理(Supply Chain Management,SCM)的管理信息集成系统

ERP 除传统 MRP Ⅱ 系统的制造、供销、财务功能外,还可支持物料流通体系的运输管理、仓库管理(供应链上供、产、需各个环节之间都有运输和仓储的管理问题);支持在线分析处理(Online Analytical Processing)、售后服务及质量反馈,实时准确地掌握市场需求的脉搏;支持生产保障体系的质量管理、实验室管理、设备维修和备品备件管理;支持跨国经营的多国家多地区、多工厂、多语种、多币制需求;支持多种生产类型或混合型制造企业,汇合了离散型生产、流水作业生产和流程型生产的特点;支持远程通信(Web/Internet/Intranet/E-business)、电子数据交换(EDI)、电子商务(E-commerce,E-business);支持工作流(业务流程)动态模型变化与信息处理程序命令的集成。此外,还支持企业资本运行和投资管理、各种法规及标准管理等。事实上,当前一些 ERP 软件的功能已经远远超出制造业的应用范围,成为一种适应性强、具有广泛应用意义的企业管理信息系统。但是,制造业仍然是 ERP 系统的基本应用对象。

(2) 采用计算机和网络通信技术的最新成就

网络通信技术的应用是 ERP 与 MRP Ⅱ 的又一个主要区别。除已经普遍采用的诸如图形用户界面(GUI)技术、关系数据库管理系统(RDBMS)、面向对象技术(OOT)、第四代语言/计算机辅助软件工程、客户-服务器和分布式数据处理系统等之外,ERP 系统还要实现更为开放的不同平台互操作,采用适用于网络技术的编程软件,加强用户自定义的灵活性和可配置性功能,以适应不同行业用户的需要。网络通信技术的应用,使 ERP 系统得以实现供应链管理的信息集成。

1.3 ERP 系统的应用

1.3.1 ERP 系统的国内外应用现状

ERP 最初是由美国的 Gartner Group Inc. 在 20 世纪 90 年代初提出的,此后,美国掀起了一股 ERP 热潮,ERP 很快超越 MRP Ⅱ 而成为市场的新宠,大批公司争先恐后地实施 ERP 项目。在 20 年时间内,它被人们认同和接受,并为许多企业带来丰厚的收益。目前,世界 500 强企业中有 80% 已经实施并使用了 ERP 系统。

1981 年,我国沈阳第一机床厂从德国引进了第一套 MRP 软件,40 年来,我国 MRP/ERP 软件的开发与应用逐渐成熟,市场增长速度非常明显。2017 年,我国 ERP 市场规模为 242.4

亿元,同比增长 15.81%。其中,专用型 ERP 软件市场规模为 97.69 亿元,需求占比从 2010 年的 35.8%增长至 2017 年的 40.3%;通用型 ERP 软件虽然市场份额呈下降态势,但是下游产业规模从 2010 年的 48.41 亿元增长至 2017 年的 144.71 亿元。目前,我国 ERP 系统供应商主要有用友、金蝶、浪潮、神州数码、博科资讯、杭州新中大、金算盘等。

就中国制造业总体而言,早期 ERP 在中国制造业的普及程度较低,企业面临产品积压、信息反馈不及时、生产管理水平低等问题,这些问题都制约着我国制造企业的发展,同时对我国的经济发展也产生了不利的影响。早期中国制造企业多被动接受 ERP 厂商的理念灌输,经过不断发展,逐渐能够理性选择 ERP 系统,对 ERP 的应用预期也变得更加理性。近年来,随着信息技术、电子商务和云计算技术的不断发展,以及企业经营管理理念的变化及相关法律法规的出台与完善,ERP 系统在制造业的应用从传统 ERP 模式逐渐向云 ERP 模式转变。ERP 系统对提高我国制造企业的生产效率起到了积极作用,其中降低库存为最显著的效益。总之,ERP 系统已经在我国制造业产生了积极明显的应用效果。

1.3.2 ERP 系统的应用效果

应用 ERP 系统可以为企业带来多方面的效益。应当指出,因为 MRP 最初是作为减少库存和改善客户服务水平的方法而提出的,所以,这方面的效益在大多数企业中首先引起了关注。随着 ERP 的发展,它为企业带来的多方面的效益也已显现出来。最低的库存、最短的生产周期、最合理的资源利用、最高的生产效率、最低的成本、准确的交货日期、最强的市场适应能力……这是企业管理者们追求的共同目标,企业需要利用 ERP 系统管理和协调内部各种资源以及外部众多的合作伙伴之间的关系,以提高核心竞争力。

(1) 提高效率和效益。实施 ERP 系统后,通过产品结构和物料清单,定义每个物料期的数量标准,把企业的产、供、销这三项主要业务信息集合起来,同步地将生产计划和采购计划一次生成。如果需求有变化,在半个小时内,就可把上千种物料的管理计划重新编排,将采购计划员从忙忙碌碌的事务中彻底解放出来。

在市场经济环境下,企业增加利润的一个极其重要的途径就是降低成本。产品成本中的外购材料及配套件的采购任务,归根到底由产品开发部门定基调。例如,一家企业,通过 ERP 系统的物料分类查询,发现有 2.0mm、2.5mm、3.0mm 三种规格十分相近的花纹钢板,每种需求批量都很小,这无疑增加了采购、运输、仓库保管的费用。如果企业没有采用成组技术(成组技术是一门生产技术科学,它研究如何识别和挖掘生产活动中有关事务的相似性,并对其进行充分利用),标准化工作不力,设计工程师信息不沟通,将极大地增加企业的采购成本。而这类现象在企业中是极其普遍的。因此,为了降低采购成本,采购人员必须与设计人员和工艺技术人员一起,按照价值工程的原理和同步工程的方法,在保证产品功能的前提下,采用成本最低的方案。可见,ERP 系统不仅对管理人员有用,而且对产品开发人员同样有帮助。

(2) 降低采购成本。ERP 系统通过规范业务处理流程,对降低采购成本起到一系列的保证作用。例如:①通过物料分类查询,对每一类物料,按需用的频度规定优选原则,以简化物料的品种规格并保持一定批量,争取优惠。②周密计划。ERP 的计划可以延续到未来某个任意日期,这样不但可以按需采购,而且可以保证足够的采购提前期和采购预算,防止因突发性采购而增加额外的采购费用。③设置目标成本(标准成本)。每一个会计年度,企业都必须通过运行 ERP 系统的模拟成本以确定标准成本,即必须严格控制的成本限额。在保证一定利润的前提下,确定标准成本。④控制采购权限。要严格控制成本,首先要控制资金流出。采购管理系统要设置每一个采购员的采购物料范围和支付权限,同时规定超过限额的审批层次和权限,以规范采购管理。⑤控制存量。在 ERP 系统中,要对每一种物料规定最大存储量和最长存储期限。超过最大值时,系统会发出提示信号,以便管理人员采取纠正措施。⑥供应商认证。根据 ISO 9000 的要求,为了保证产品质量,首先要保证进厂材料的质量。各种物料的供应商都必须经过认证。⑦跟踪采购订单。ERP 系统可以提供多种查询途径,可以根据采购单编码、物料号、供应商号、采购员代码、交货日期等进行查询,跟踪采购合同执行情况。⑧严格控制付款程序。付款前,ERP 系统将自动进行一系列的对比,比如,物料的规格性能、合格数量、交货日期是否与采购单一致,报价单与发票金额是否一致。必须几方面都相符才能执行付款程序,以严格控制不良资金流出。

(3) 重组与供应商的业务流程。产品的质量首先取决于原材料的质量。对供应商进行认证是质量保证体系的必要条件,要从行业地位、信誉、履约率、产品发展、工艺技术、质量、成本、服务、运输、通信联系方法等方面正确选择供应商。

传统采购管理往往倾向于一种物料有多个供应商,这样自我感觉比较保险;而现代化管理的趋势是减少供应商的数量,并与某些供应商建立互信、互利、互助的长期稳定合作伙伴关系。这样做的好处是:简化采购计划及调配;可以形成经济采购批量,争取优惠;减少供应商的专用工艺装备费用;简化运输管理;减少库存。从而有利于控制质量,降低成本。

(4) 采购管理职能的变化。ERP 系统将给采购管理的日常工作带来质的变化,对采购供应部门的员工提出更高的素质要求。采购人员的主要精力将放在与企业内部人员和供应商一起研究如何降低成本上,主要有:①从降低成本和保证质量出发,参与确定零件自制还是外购的原则。②与设计和工艺部门一起,参与零件设计的价值分析,以最低成本满足功能需求。③统一管理零件工序外协和外包业务,控制企业资金支出。④利用 ERP 系统提供的物料与资金信息集成功能,编制和审定采购预算和采购权限。⑤确定每个采购件的合理批量、安全库存量,控制库存资金占用。⑥与计划部门和供应商一起,研究缩短采购提前期的措施,提高响应变化的灵敏度。⑦选择正确的供应商,并根据系统提供的供应商业绩报告,对其进行筛选。

学习思考题

1. 订货点法的特点是什么?
2. 在需求不均匀的情况下,订货点法的弊端是什么?
3. ERP 与 MRPⅡ 的区别与联系是什么?
4. ERP 系统的定义和特点是什么?
5. ERP 的经济效益有哪些?
6. 为什么说 MRP 的核心特点是时间阶段性?
7. 为什么说独立需求和相关需求的划分是 MRP 的起点?
8. ERP 在国内外使用的现状怎样?

第2章 ERP的基本原理

2.1 相关概念

2.1.1 制造业生产类型

面对形形色色的企业和千姿百态的生产过程,如何才能识别它们各自的特征及其运行的规律性。最好的办法是根据一定的分类标志,把不同的生产过程按照相似性进行分类。在分类的基础上,可以对相同类型的生产过程进行相应的管理。为便于对 ERP 系统进行叙述,我们对生产类型分类从两个方面进行论述,即按照产品生产的工艺过程特征和按照生产的稳定性和重复程度分类。

1. 按照产品生产的工艺过程特征分为离散型生产和流程型生产

离散型生产又称为加工装配型生产,特点是:它的产品是由许多零部件构成的,各个零件的加工过程彼此是独立的,所以整个产品的生产工艺是离散的,制成的零件通过部件的装配和总装配最后成为成品。机械制造、电子设备制造行业的生产过程均属于这一类型。对于加工装配型生产的管理,除要保证及时供应原料和零部件以外,重要的是要控制零部件的生产进度,保证生产的成套性。因为如果生产的品种、数量不成比例和不成套,那么只要缺少一种零件就无法装配出成品来。另外,如果生产进度不能按时成套,那么由于少数的生产进度延期,必然会延长整个产品的生产周期和交货期。

流程型生产的特点是:工艺过程是连续进行的,不能中断;工艺过程的加工顺序是固定不变的,生产设施按照工艺流程布置;生产对象按照固定的工艺流程连续不断地通过一系列的设备和装备被加工处理成为成品。化工、炼油、造纸、制糖等是流程型生产的典型。流程型生产管理的特点是保证连续供应原料和确保每一个环节在工作期间必须正常运行,因为任何一个生产环节出现故障,就会引起整个生产过程瘫痪。由于产品和生产工艺相对稳定,有条件采用各种自动化装置实现对生产过程的实时监控。

离散型生产是应用 MRP 的典型生产类型,目前我国应用 MRP 的企业也以离散型生产为主。MRP 在离散型生产中具有广泛的适用性,它不仅适用于多品种中小批量生产,而且适用于大量成批生产;不仅适用于制造企业,而且适用于某些非制造企业。不过,MRP 的长处在多品种中小批量生产的加工装配型企业得到了最有效的发挥。

2. 按照生产的稳定性和重复程度分为大量生产、成批生产和单件小批生产

(1) 大量生产

大量生产的特点是生产的品种少,每个品种的产量大,生产过程稳定地、不断重复地进行。一般而言,这类产品在一定时期内具有相对稳定的、很大的社会需求,如螺钉、螺母、轴承等标准零部件,家电产品或小轿车等。

(2) 成批生产

成批生产的对象是通用产品,生产具有重复性。它的特点是生产的品种较多,每个品种的产量不大,每种产品都不能维持常年连续生产,所以在生产上易形成多种产品轮番生产的局面。

(3) 单件小批生产

单件小批生产的特点是生产对象基本是一次性需求的专用产品，一般不重复生产。因此生产品种繁多，生产对象在不断地变化，生产设备和工艺装备必须采用通用型的，工作的专业化程度很低。例如，矿山冶金设备制造厂。

由于成批生产的需求不规则、不均衡，但属于重复性生产的类型，在生产管理中适用于制造资源计划处理物料的需求。MRP 是针对成批生产而言最适用的一种计算需求量和需求时间的系统，它将库存管理和生产进度集成在一体的计算机辅助生产计划管理系统中。

2.1.2 制造业的生产计划方式

按不同的生产计划方式划分，制造业生产类型主要包括面向订单设计、面向订单生产、面向订单装配和面向库存生产四种。不同的生产计划方式将产生不同的生产管理数据和管理功能要求。

1. 面向订单设计(Engineer To Order, ETO)

这种生产计划方式主要用于高度客户化的订单，需要按照客户要求专门设计和组织生产、确定产品规格、开发物料清单，其计划的对象是最终产品，如水电站的大型发电机、飞机制造业。面向订单设计的生产提前期(Lead Time)如图 2-1 所示。提前期指任一物料项目从完工日期算起倒推回开始日期这段生产周期。

2. 面向订单生产(Make To Order, MTO)

这种生产计划方式是指在接到客户订单之后，产品设计工作已经完成，不需要重新设计和编制工艺，而生产物料尚未订购，交货提前期包括原材料订购和生产时间。这种生产计划方式主要用于标准定型产品，如标准型号的电机。面向订单生产的生产提前期如图 2-2 所示。

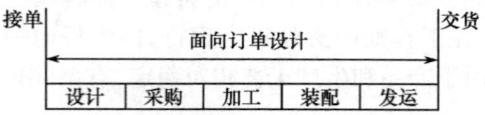
图 2-1 面向订单设计的生产提前期示意图

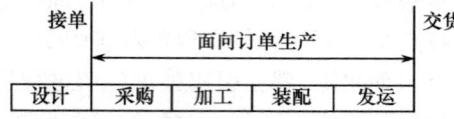
图 2-2 面向订单生产的生产提前期示意图

3. 面向订单装配(Assemble To Order, ATO)

这种生产计划方式是指根据现有库存的组件按客户的订单要求有选择地组装产品，其计划的对象是基本件和通用件。主要用于产品特征较多，且客户不愿等待备料及生产加工时间的生产计划方法。面向订单装配的生产提前期如图 2-3 所示。

4. 面向库存生产(Make To Stock, MTS)

这种生产计划方式是指在未收到市场订单时进行计划并组织生产，接到订单时，可以随时从库存中取出商品。适合面向库存生产的产品有日常消费品、药品和卷烟等。面向库存生产的生产提前期如图 2-4 所示。

采用哪种生产计划方式与产品的复杂性、销售量、客户对交货提前期的要求等因素有关。对于一个企业甚至每种产品来说都有可能同时存在几种不同的生产计划方式，且生产计划方式会随产品生命周期的变化而变化,具体如表2-1所示。

图 2-3 面向订单装配的生产提前期示意图　　图 2-4 面向库存生产的生产提前期示意图

表 2-1 产品生命周期与适宜的生产计划方式

产品生命周期	周 期 特 点	生产计划方式
投入期	以让客户满意的规格、质量和价格,以及最佳的生产法,将产品投入市场	面向订单设计 面向订单生产
增长期	追求最低库存量,在完成销售目标的基础上提升客户服务质量和产品性能,扩充生产力,减少客户订单响应时间	面向订单装配
成熟期	降低生产成本,缩短生产周期,通过增加销售渠道保持产品的市场占有率	面向库存生产
衰退期	合理分配生产资源,确定产品退出市场的时间和方式,加快研发替代产品	面向订单生产

2.1.3 物料需求

物料包括各种原材料、在制品、零部件和产成品。物料是与库存密切相关的部分,而在生产或采购的时候,要扣除已有的材料,得出净需求,这就是生产或采购计划与库存密切相关的原因,如图 2-5 所示。物料需求可以分为独立需求和相关需求两种。

1. 独立需求

来自用户对企业产品和服务的需求称为独立需求。独立需求最明显的特征是需求的对象和数量不确定,只能通过预测方法粗略地估计。

2. 相关需求

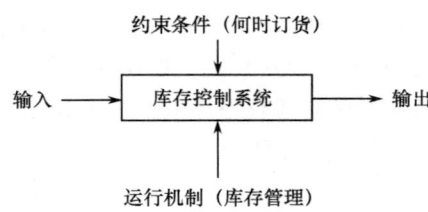

图 2-5 库存控制系统图

企业内部物料转化各环节之间所发生的需求称为相关需求。相关需求也称为非独立需求,它可以根据对最终产品的独立需求精确地计算出来。独立需求(生产任务)确定以后,构成该产品的零部件和原材料的需求数量和时间是可以通过计算精确地得到的。

由于相关需求破坏了使用订货点法(在第 1 章中有所论述)的前提——物料需求的连续性,库存量的消耗是稳定的,显然相关需求物料的订货运用订货点法是不合适的。必须运用另一种方法,这种方法应该根据生产计划表上需要此物料的时间来订货,这样既解决了物料未来的短缺问题,又不需要等到发现短缺时再去解决,而是通过计算缺料的数量进行生产的安排,使库存量保持在合理状态。这种方法就是物料需求计划。

2.2 物料需求计划(MRP)及其特点

2.2.1 MRP 的含义

物料需求计划(MRP)是 20 世纪 60 年代发展起来的一种计算物料需求量和需求时间的

系统。最初,它只是一种需求计算器,是开环的,没有信息反馈,也谈不上控制。后来,从供应商和生产现场取得了信息反馈,形成了闭环 MRP (Closed-loop MRP)系统,这时的 MRP 才成为生产计划与控制系统。

20 世纪 80 年代发展起来的制造资源计划(MRP Ⅱ),不仅涉及物料,而且涉及生产能力和一切制造资源,是一种广泛的资源协调系统。它代表一种新的生产管理思想,是一种新的组织生产的方式。MRP 包括在 MRP Ⅱ 中。

当计算机能力增强后,许多企业每周甚至每天都要重新研究订货量。这种根据实际情况进行计算的做法,使得物料的需求期更加贴切了,经过大约 10 年的实践,人们渐渐感觉到订货按照主生产计划(Master Production Schedule,MPS)进行才能更有效,根据缺料情况计算出来的缺料表确实是一个实用的 MRP。MRP 逻辑图如图 2-6 所示。

物料需求计划方法克服了许多缺料表使用上的困难,计划的期限能延长至 1～2 年,计划的周期可以是每周、每天或者随机,计划的变动和修改方便、灵活。

MRP 的基本逻辑:

制造什么→主生产计划

用什么制造→物料清单

具备什么→库存记录

需要什么→生产计划或采购计划

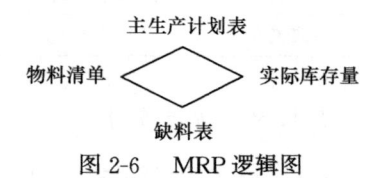

图 2-6　MRP 逻辑图

2.2.2　MRP 的特点

When,What,How,Many 是物料需求计划的精华所在,指在需要的时间需要的品种的需要量,它们不仅从数量上解决了缺料问题,更重要的是从时间上来解决缺料问题。因此,物料信息的时间阶段化是 MRP 的基本特点,划分物料信息时间界面称为时间阶段化,物料需求计划报表如表 2-2 所示。

表 2-2　物料需求计划报表

物品代码:A00901　　计划员:LH　　计划日期:2004/3/27
物品名称:VCD333 解码板
型号/规格:XS-1
现有量:10　　　　安全库存:5　　　分配量:5
批量规则:固定批量　批量:10　　　批量周期:提前期:7 天

类　别	时段	1	2	3	4	5	6	7	8	9	10
	日期	4/01	4/08	4/15	4/22	4/29	5/06	5/13	5/20	5/27	6/03
毛需求量			30	20	30	30	30	30	30	30	20
计划接收量			40								
预计可用库存量		5	15	5	5	5	5	5	5	5	5
净需求量			10	20	30	30	30	30	30	20	
计划产出量			10	30	30	30	30	30	30	20	
计划投入量		10	30	20	30	30	30	30	20		

2.3　物料需求计划的基本原理

MRP 的基本原理是,根据需求和预测来测定未来物料供应,进行生产计划与控制,它提供了物料需求的准确时间和数量。

2.3.1 MRP 的基本思想

MRP 的基本思想是，围绕物料转化组织制造资源，实现按需要准时生产。

如前所述，物质资料的生产是将原材料转化为产品的过程。对于加工装配式生产来说，如果确定了产品出产数量和出产时间，就可按产品的结构确定产品的所有零件和部件的数量，并可按各种零件和部件的生产周期，反推出它们的产出时间和投入时间。物料在转化的过程中，需要不同的制造资源（机器设备、场地、工具、工艺装备、人力和资金等），有了各种物料的投入、产出时间和数量，就可以确定这些制造资源的需要数量和需要时间。这样就可以围绕物料的转化过程，组织制造资源，实现按需要准时生产。

按照 MRP 的基本思想，从产品销售到原材料采购，从自制零件的加工到外协零件的供应，从工具和工艺装备的准备到设备维修，从人员的安排到资金的筹措与运用，都要围绕 MRP 的基本思想进行，从而形成一整套新的方法体系。它涉及企业的每一个部门、每一项活动。因此，我们说 MRP 是一种新的生产方式。

在实际生产过程中，物料在不断地改变其形态和性质，从原材料逐步转变为产品，企业很大一部分流动资金被物料占用。同时，企业的固定资金主要为设备所占有。因此，管好设备和物料，对于提高企业的经济效益有举足轻重的作用。

以物料为中心来组织生产，还是以设备为中心来组织生产，代表两种不同的指导思想。以物料为中心组织生产体现了为顾客服务的宗旨。物料的最终形态是产品，它是顾客所需要的东西，物料转化最终是为了提供使顾客满意的产品。因此，围绕物料转化组织生产是按需定产思想的体现。以设备为中心组织生产，即有什么样的设备生产什么样的产品，是以产定销思想的体现。以物料为中心来组织生产，要求一切制造资源围绕物料转化。要生产什么样的产品，决定需要什么样的设备和工具，决定需要什么样的人员。以物料为中心可以把企业内的各种活动有目的地组织起来。例如，某工艺装备是为满足某零件的某道工序的加工要求而设计制造的，该工艺装备应该在该零件的那道工序开始进行时提供，既不能早，也不能迟。以设备或其他制造资源为中心组织生产，则会陷入盲目性。例如，导致追求所有设备的满负荷，追求每个人、每时每刻必须有活干，等等。

既然最终要按期给顾客提供合格的产品，在围绕物料转化组织生产的过程中，上一道工序应该按下一道工序的要求进行生产，前一生产阶段应该为后一生产阶段服务，而不是相反。MRP 正是按这样的方式来完成各种生产作业计划的编制的。

为什么要按后一生产阶段、后一道工序的要求组织准时生产呢？因为准时生产是最经济的，它既可避免误期完工，又可避免提前完工。误期完工影响生产进度，是很容易被认识到的；而提前完工在很多人眼里是件好事，应该支持与鼓励，其实，提前完工和误期完工一样，浪费资源，也影响生产，是应该被否定的。

由此可知，过量生产更是有害的。过量生产不仅造成长期积压某些零件，而且影响急需零件的生产。很多企业只注意考核工人完成的工作量，鼓励超额完成任务，不注意他们是否按计划完成任务，造成严重的过量生产，也造成严重的零件短缺。人们常常感叹，不该加工的加工出来，该加工的没有加工出来，零件的积压与短缺并存。这正是鼓励"提前"与"超额"带来的后果。部分零件提前完工不好，全部零件提前完工同样不好。产品提早完成，若不能提早交货，则要放入成品库存放起来，成品积压是更大的浪费；若能提早交货，虽不影响制造厂的利益，却增加了用户的负担,因为没有到需要的时候,产品必然要存放起来。

2.3.2 MRP 的计算方法

加工装配式生产的工艺顺序是,将原材料制成各种毛坯,再将毛坯加工成各种零件,将零件组装成部件,最后将零件和部件组装成产品。如果要求按一定的交货时间提供不同数量的各种产品,就必须提前一定时间加工所需数量的各种零件;要加工各种零件,就必须提前一定时间准备所需数量的各种毛坯,直至提前一定时间准备各种原材料。物料的需求量是按照产品结构层次由上而下逐层计算的。依照物料清单中的比例,MRP 按反工艺顺序来确定零部件、毛坯直至原材料的需要数量和需要时间,低层次的原料和零件应该按照工艺过程的顺序先生产。下面将一些有关的概念先介绍清楚。

1. 相关概念

(1) 生产周期

生产周期(Production Cycle)是指制品从原材料投入到成品出产所经历的整个生产过程的全部日历时间,即生产周期是从毛坯准备、零件加工、部件组装、成品总装的全部日历时间。

(2) 工艺路线

工艺路线(Routing)主要说明物料实际加工和装配的工序顺序、每道工序使用的工作中心、各项时间定额(如准备时间、加工时间和传送时间,传送时间包括排队时间和等待时间)及外协工序的时间。工艺路线文件一般有以下字段内容:物品代码,工序号,工序状态(正常、可选或停用),工序说明,工种代码,工作中心代码,准备时间单位,准备时间,标准准备时间,加工时间单位,加工时间,标准加工时间,搬运时间,等待时间,占工作中心时间,使用工装,平行交叉标识(平行、交叉、混合),最小传送量,替换工作中心,外协标识,标准外协费和工序检验标志等,参见表 2-3。

表 2-3 某个工艺路线的资料

零件号:S1205				
零件名称:驱动轴	生产日期:30 日	生产批量:50		
工作中心号	工序号	工序名称	调整时间(h)	单件时间(h)
1	10	车	0.4	0.125
3	20	铣	0.8	0.075
5	30	切齿	1.0	0.25
8	40	钻孔	0.3	0.25
9	50	热处理		3 日
7	60	磨外圆	0.6	0.3
6	70	磨齿	1.0	0.4

(3) 产品出产计划

产品出产计划是 MRP 的主要输入,是 MRP 运行的驱动力量。产品出产计划中所列的是最终产品项,可以是一台完整的产品,也可以是一个完整的部件,甚至零件,总之,是企业向外界提供的东西。

(4) 产品结构文件

在产品结构中,最上层的层级码为 0,下一层部件的层级码则为 1,以此类推。一个物品只能有一个 MRP 低层码。当一个物品在多个产品中所处的产品结构层次不同,或即使处于同一产品结构中却处于不同产品结构层次时,则取处在最底层的层级码作为该物品的低层码,即数字最大的层级码。

作用：在展开 MPS 进行物料需求计算时，计算的顺序是从上而下，即从产品的 0 层次开始计算，按低层码顺序从低层码数字小的物料往低层码数字大的物料进行计算，当计算到该产品的某一层次（如 1 层）时，若低层码不同（物料的低层码为 2），则只计算层级高（低层码数字小）的物料（按顺序），层级比计算层次低（低层码数字大于计算的产品层次）的物料的计算结果（毛需求量、净需求量）暂时存储起来，总的需求量可以汇总存储，但不进行 MRP 需求计算与原材料（或构成的组件）的库存分配，这样可用的库存量优先分配给处于最底层的物料，保证了时间上最先需求的物料先得到库存分配，避免了晚需求的物品提前下达计划并占用库存。因此，低层码是 MRP 的计算顺序依据。

用同一产品的 MRP 展开说明，如图 2-7 所示。物料 A 在产品 X 结构中的层次不同，则加工顺序就不同，因为产品是从最底层开始加工的，最后才组装最上层的产品。物料 A 的 MRP 计算是从产品 X 的第 2 层才真正开始的。

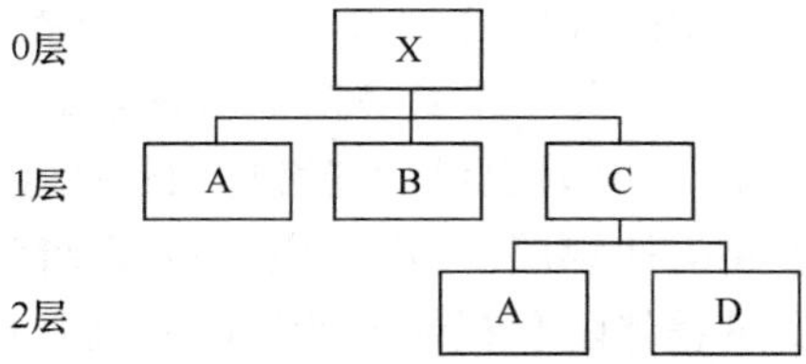

图 2-7 物料 A 的 MRP 计算顺序示意图

产品结构文件又称物料清单（Bill Of Material, BOM）。由于最终产品结构中的各个子件加工周期不同，即对同一 BOM（同一产品）中的物料需求时间不同，因此，MRP 要根据产品的 BOM 对 MPS 进行需求展开（数量比例与提前期）。

（5）提前期

对整个生产周期而言，提前期可分为设计提前期、采购提前期、加工提前期、装配提前期等，总计称为总提前期。

对加工装配阶段来讲，提前期分为五类时间。

① 排队时间（Queue Time）：指一批零件在工作中心等待上机器加工的时间。在加工件种类很多，各自的加工周期又有很大差别时，排队往往很难避免。一般来说，大批生产、各工作中心的加工周期比较接近时（节拍均衡），排队时间可以少些。换句话说，在面向库存生产情况下，排队时间可能少些，而在面向订单生产情况下则会长些。此外，加工批量的大小也会影响排队时间。一般软件把平均排队时间作为工作中心文件中的一个数据项，根据投入/产出分析随时进行维护。

② 准备时间（Setup Time）：熟悉图样及技术条件、准备工具及调整的时间。为了使每个零件平均占用的准备时间少些，最好有一定的加工批量，比如换一次工具至少连续生产一个班次。可以通过成组加工、改进工装设计、采取并行准备（在一批工件完成前，就开始准备下一批工件的工装）等措施来减少准备时间。

③ 加工时间（Run Time）：在工作中心加工或装配的时间，与工作中心的效率、工装设计、人员技术等级有关。它是一种可变提前期，即

每批零件加工时间＝零件数量×单个零件加工时间

④ 等待时间（Wait Time）：加工完成后等待运往下一道工序或存储库位的时间。等待往往是由搬运设施调配不当，或下一道工序能力不足造成的，也与传送批量有关。因此，一些软件把等待时间合并到传送时间中。

⑤ 传送时间（Move Time）：工序之间或工序至库位之间的运输时间，若为外协工序，则包括的内容更广，与车间布置、搬运工具能力效率有关。

上述五类时间之和形成了加工件的生产周期,即从下达任务开始到加工完成为止的时间。通常将与加工件数有关的提前期称为变动提前期,如加工时间;把与加工件数无关的提前期称为固定提前期。采购、加工、装配提前期的总和称为累计提前期(Cumulative Lead Time)。

从提前期的概念可以看出它的重要作用,提前期是MPS、MRP和采购计划制订的重要依据。

(6) 库存状态文件

产品结构文件是相对稳定的,库存状态文件却处于不断变动之中。MRP每运行一次,就发生一次大的变化。MRP系统中关于订什么、订多少、何时发出订货等的重要信息,都存储在库存状态文件中。库存状态文件包含每一个元件的记录。

(7) 主生产计划

主生产计划(MPS)是根据生产规划、销售订单与销售预测的数据得到的,是确定每一个具体产品在每一个具体时间段的信息的生产计划。计划的对象一般是最终产品,即企业的销售产品,但有时也可能先考虑组件的主生产计划,然后再下达最终装配计划。主生产计划是一个重要的计划层次,可以说ERP系统计划的真正运行是从主生产计划开始的。主生产计划的确定过程伴随着粗能力计划(在后面章节将详细介绍)的运行,即要对关键资源进行平衡。企业的物料需求计划、车间作业计划、采购计划等均来源于主生产计划,即先由主生产计划驱动物料需求计划,再由物料需求计划生成车间作业计划与采购计划。所以,主生产计划在ERP系统中起着承上启下的作用,实现从宏观计划到微观计划的过渡与连接。同时,主生产计划又是联系客户与企业销售部门的桥梁,所处的位置非常重要。主生产计划一般一个月制订一次。当然,如果企业的产品生产周期很长,它的重要性就不是很突出了,如一些大型设备、船、飞机等,对这些产品往往一年做一次主生产计划。

主生产计划必须是可以执行、可以实现的,它应该符合企业的实际情况,其制订与执行的周期视企业的情况而定。主生产计划项目还应确定其在计划期内各时间段上的需求数量。主生产计划的来源主要有以下几种途径:客户订单、预测、备品备件、厂际间需求、客户选择件、附加件和计划维修件。

2. MRP处理过程的计算方法

净需求量的计算公式:

净需求量＝毛需求量－计划接收量－现有库存量

其中,毛需求量指初步的需求数量。

计划接收量指前期已经下达的正在执行中的订单,将在某个时段(时间)的产出数量或订货到达数量。

净需求量即实际需要的数量,要综合毛需求量和安全库存量来考虑。其计算流程如图2-8所示。

3. MRP的输出

MRP系统可以提供多种不同内容与形式的输出,主要是各种生产和库存控制用的计划和报告,现将主要输出列举如下。

① 零部件投入、产出计划:零部件投入、产出计划规定了每个零件和部件的投入数量和投入时间、出产数量和出产时间。

如果一个零件要经过几个车间加工,则要将零部件投入、产出计划分解成"分车间零部件投入、产出计划"。分车间零部件投入、产出计划规定每个车间一定时间内投入零件的种类、数量和时间,以及出产零件的种类、数量和时间。

② 原材料需求计划:规定每个零件所需原材料的种类、数量及时间,并按原材料的品种、型号、规格汇总,以便供应部门组织供料。

③ 互转件计划:规定互转零件的种类、数量、转出车间和转出时间,转入车间和转入时间。

④ 库存状态记录:提供各种零部件、外购件及原材料的库存状态数据,随时供查询。

⑤ 工艺装备机器设备需求计划:提供每种零件不同工序所需的工艺装备和机器设备的编号、种类、数量及需要时间。

⑥ 计划将要发出的订货。

⑦ 已发出订货的调整,包括改变交货期,取消和暂停某些订货等。

⑧ 零部件完工情况统计,外购件及原材料到货情况统计。

⑨ 对生产及库存费用进行预算的报告。

⑩ 交货期模拟报告。

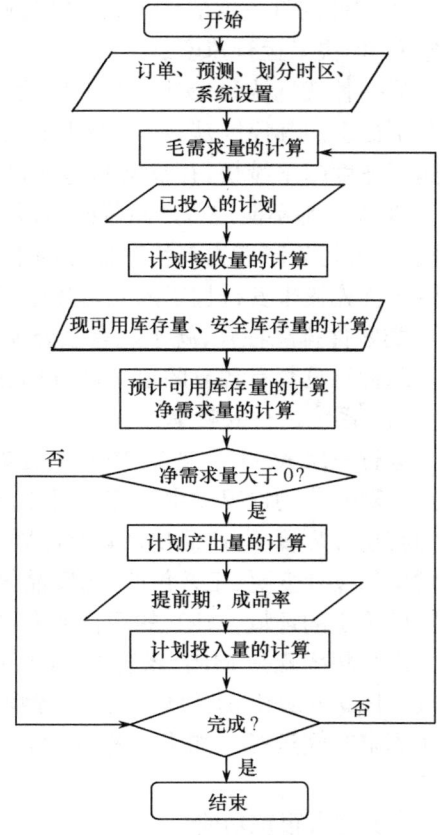

图 2-8 净需求量的计算流程

2.3.3 MRP 系统设计决策及应用中的技术问题

1. 主要设计决策

MRP 系统的主要设计决策包括计划期的长短、计划的时间单位、是否考虑 ABC 分类、系统运行的频率、采用"重新生成"方式还是采用"净变"方式等问题。

(1) 计划期的长短

计划期不能比最长的产品制造周期短,这是一个必须满足的要求。在满足这项要求的前提下,计划期越长,计划的预见性就越好,对于生产能力的合理安排也越有利;但计划期过长,会造成数据处理量大、运行时占内存多等问题。因此,在确定计划期长短时,要按企业最长的产品生产周期、企业计划工作的要求,以及现有计算机设备的能力等来决定。通常,计划期一般为一年(52 周)。对于制造周期短的产品,也可以缩短一些,如 39 周。

(2) 计划的时间单位

对于具体指挥生产的人员来讲,希望计划的时间单位小一些好;但是,计划的时间单位太小,又会造成数据量过大、占据的存储空间过多、运行时间过长等问题。实践证明,以周为计划的时间单位是比较好的。对于预计计划部分,也可采用双周或月,甚至季为计划的时间单位。

(3) ABC 分类问题

实行 MRP 要不要对零件进行 ABC 分类?这是有争议的问题,也是设计 MRP 系统必须解决的问题。

一种意见认为,应该对制造零件进行 ABC 分类。对 A 类和 B 类零件用 MRP 系统处理,对 C 类零件用订货点法处理,这样既抓住了主要零件,控制了资金占用,又节省了计算机的存储空间,加快了运行速度。

另一种意见认为,实行 MRP 就没有必要对零件进行 ABC 分类,没有必要对不同类的零件分别处理。其原因是,ABC 分类的目的是抓住重点,以适于人工处理。对于计算机,由于它的运行速度越来越快,存储空间越来越大,没有必要这样做;而且缺少一个 C 类零件与缺少一个 A 类零件都不能进行产品装配;订货点法不仅造成高库存,而且避免不了缺货;为了使计划落实,要进行生产能力与生产任务的平衡,离开 C 类零件,平衡难以进行;在生产过程中,要按零件的优先权来安排加工的先后顺序,并非 A 类零件的优先权一定比 C 类零件的优先权高,将 C 类零件排除在外,就不能有效分配优先权。

两种意见都有各自的道理,用户应按自己的条件做出抉择。

(4) 系统运行的频率

运行一次 MRP 一般要 10 小时左右。运行的频率太高,花费很大;运行的频率太低,又不能及时对变化的情况做出反应。因此,对动态的、易变的环境,MRP 的运行频率应该高一些。因为在这种环境下,产品出产计划随顾客需求的波动而改变的频率较高。从企业内部来讲,经常发生的设计变更、工艺修改、出废品等,也是促使 MRP 运行频率增高的原因。相反,对于相对比较稳定的环境,MRP 的运行频率可以低一些。

运行频率既是 MRP 系统设计的一个重要参数,又是其运行的一个重要参数。对于"重新生成"(Regeneration)系统来说,运行频率不应该高于每周一次,因为 MRP 运行时间长,只能利用周末时间运行。如果这样的运行频率还不能满足要求,则应采用"净变"(Net Change)系统。

(5) 需求跟踪功能

在进行负荷能力平衡时,常常需要知道负荷是哪一个最终产品引起的。因此,需要从具体零件的总需要量出发,通过需求跟踪(Pegging),找出决定零件总需求量的"源",这就需要需求跟踪功能。需求跟踪与 MRP 的处理过程正好相反。需求跟踪很费时,是否需要这种功能应做出抉择。

(6) 固定计划订货功能

固定计划订货的意思是,将一次运行确定的计划订货的时间及数量"冻结"起来,不随以后的运行改变。通常,MRP 每运行一次,计划订货的数量与时间就变化一次,以至于某项计划订货在正式发出之前要改变好多次。固定计划订货功能迫使 MRP 系统通过调节净需求量来适应变化。当然,这种特殊的功能只是用于控制某些特定的计划订货,而不是用于所有的计划订货。

(7) "重新生成"方式还是"净变"方式

MRP 的更新有两种典型的方式:"重新生成"方式与"净变"方式。

按"重新生成"方式,MRP 每隔一个固定的时间运行一次,每一个产品项目,不论是否发生变化,都必须重新处理一遍。"重新生成"方式是传统的处理方式,计算量大,且不能对变化及时做出反应,但系统运行次数少,数据处理效率高,还有"自洁"作用,不会把上一次运行中的错误带到新得出的计划中。因此,至今仍得到广泛的应用。

按"净变"方式,系统要按发生的变化随时运行,但运行中只处理发生变化的部分,只计算净变量。因此,"净变"方式计算量小,对变化反应及时,但系统运行次数多。

2. MRP 应用中的技术问题

(1) 变型产品

需求多样化使变型产品数量急剧增加。变型产品往往是几种标准模块的不同组合。以小轿车为例，假设车身有两个门和 4 个门两种选择，发动机有 3 种选择，空调有 3 种选择，轮胎有 4 种选择，变速器有 3 种选择，颜色有 10 种选择，则有 2×3×3×4×3×10＝2160 种变型产品。按前面所讲的方法，则有 2160 种产品结构文件，而每种文件中绝大部分内容是重复的，这将占用大量的存储空间。若以变型产品为最终产品项目来编制产品出产计划，则产品出产计划也将大大复杂化，而且很难预测每种变型产品的需求量。为了处理大量的变型产品，可以用模块代替变型产品，建立模块物料清单(Modular Bill of Materials)，以模块为对象编制产品出产计划，这样产品结构文件将大大减少。对于本例，仅有(2＋3＋3＋4＋3＋10)＝25 种模块物料清单。只需将模块做适当组合，就可在很短时间内提供给顾客所需的特定产品。

(2) 安全库存

设置安全库存是为了应付不确定性。尽管是相关需求，仍有不确定性，如不合格品的出现、外购件交货延误、设备故障、停电、缺勤等。一般仅对结构中最底层元件设置安全库存，不必对其他层次元件设置安全库存。

(3) 提前期

MRP 中使用的提前期与我们通常所讲的提前期在含义上有差别。前者实际上指零件的加工周期和产品的装配周期；后者以产品的出产时间为计算起点，确定零件加工和部件装配开始的时间标准。

提前期按计划时间单位计，此处按周计，这是比较粗糙的。确定提前期要考虑以下几个因素：排队(等待加工)时间，运行(切削、加工、装配等)时间，调整准备时间，等待运输时间，检查时间和运输时间。对于一般单件生产车间，排队时间是最主要的，约占零件在车间停留时间的 90%。这个数值只是所有零件排队时间的平均数。对某个具体零件来说，排队时间是其优先权的函数。优先权高的零件，排队时间短；优先权低的零件，排队时间长。所以，排队时间是一个很不稳定的因素。除排队时间之外，其他几个因素也是很难确定的。这些因素与工厂里的工时定额、机器设备及工艺装备的状况、工人的熟练程度、厂内运输的条件，以及生产组织管理的水平都有关系，因此，要得出精确的计算公式或程序来确定每批零件的提前期，几乎是不可能的。

当然，人们也提出一些经验公式，用来计算提前期。当排队时间是主要因素时，可采用下面的公式：

$$L = 2N + 6 \tag{2-1}$$

式中，L 为提前期，以工作日计；N 为工序数。

当加工时间是主要的因素时(如大型零件的加工)，可采用下面的公式：

$$L = kT \tag{2-2}$$

式中，L 为提前期，以工作日计；T 为工件的总加工时间；k 为系数，可取 1～4。

MRP 采用固定提前期的方法，即不论加工批量如何变化，事先确定的提前期均不改变。这相当于假设生产能力是无限的。这是 MRP 的一个根本缺陷。

(4) 批量

无论采购还是生产，为了节省订货费用或生产调整准备费用，都要形成一定的批量。

对于MRP系统,确定批量十分复杂。这是因为产品是层次结构,各层元件都有批量问题,每一层元件计划所发出订货的数量和时间的变化,都将波及下属所有元件的需求量及需求时间,这将引起一连串变动。而且,由于下层元件的批量一般比上层的大,这种波动还会逐层放大。这种上层元件批量变化引起的下层元件批量的急剧变化,称为系统紧张(Nervousness)。

批量问题还与提前期互相作用,批量变化导致提前期改变,而提前期改变又会引起批量变化。为了简化,一般把提前期当作已知的确定量来处理。为了避免引起系统紧张,一般仅在最底层元件订货时考虑批量。

(5) 优先权计划

经过MRP程序的处理,产品出产计划转化为自制件投入、出产计划和外购件需求计划。自制件投入、出产计划是一种生产作业计划,它规定了构成产品的每个零件的投入和出产的时间及数量,使各个生产阶段互相衔接、准时地进行。外购件的需求计划规定了每种外购零部件和原材料的需求时间及数量。

由自制件投入、产出计划可计算出对每一工作地的能力需求,从而得出能力需求计划。如果生产能力得不到充分利用或者负荷超过能力,则可采取调节办法,如加班加点、调整人力与设备、转外协等。如果调整行不通,则将信息反馈到编制产品出产计划模块,对该计划做出调整。当任务与能力基本平衡后,各车间可按自制件投入、产出计划编制车间生产作业计划。车间生产作业计划的实施情况要通过车间作业统计得到。由统计发现实际与计划的偏离,通过修改计划或采用调度方法纠正这种偏离,实行生产控制。从实际生产中得到的反馈信息可用来调整车间生产作业计划与能力需求计划,从而使计划具有应变性。

企业按照外购件需求计划,按时向供货单位订货;订货后,不断从供货单位得到信息,连同生产过程中零部件的完工信息,一起输送到库存状态文件中。

2.4 闭环 MRP 的基本原理

MRP可以将产品出产计划变成零部件投入、产出计划和外购件、原材料的需求计划,但是,只知道各种物料的需求量和需求时间是不够的,如果不具备足够的生产能力,计划将会落空。考虑生产能力,在内部必然涉及车间层的管理,在外部必然涉及采购。基本MRP不够用了,于是发展到闭环MRP。

闭环MRP的"闭环"实际有双重含义。一方面,它不单纯考虑物料需求计划,还将与之有关的能力需求、车间生产作业计划和采购等方面考虑进去,使整个问题形成"闭环";另一方面,从控制论的观点,计划制订与实施之后,需要取得反馈信息,以便修改计划与实行控制,这样又形成"闭环"。

在物料需求计划的形成、制订过程中,考虑了产品结构相关的信息和库存的信息。但实际生产中的条件是变化的,比如,企业的制造生产工艺、生产设备及生产规模都是发展变化的,甚至受到经济、技术和社会环境的影响,如能源供应、社会福利、经济指标的影响。基本MRP制订的采购计划可能会受到物流和供货能力、运输能力的限制,而无法保证物料的及时供应。另外,如果制订的生产计划未考虑到生产线的能力,那么在执行计划时会出现有所偏离的情况,计划并不能100%地完成,即所谓的零失误。因为信息是单向的,与管理思想不一致;而对于生产来说,要求管理信息必须是有反馈的、可以控制的,由输入到输出,经过反馈再到输入,形成信息的回流。因此,随着市场的发展及基本MRP的应用和实践,20世纪80年代在此基础上形成了闭环 MRP 理论。

闭环 MRP 理论认为,主生产计划与物料需求计划(MRP)应该是可行的,即考虑能力的约束,或者对能力提出需求计划;在满足能力需求的前提下,才能保证物料需求计划的执行和实现。在这种思想要求下,企业必须对投入与产出进行控制,也就是对企业的能力进行校验和执行控制。

现对整个闭环 MRP 的过程进行概述。

首先,企业根据发展的需要与市场需求来制订企业生产规划;根据生产规划与需求信息制订主生产计划,同时进行生产能力与负荷的分析。该过程主要针对关键资源的能力与负荷进行分析。只有通过对该过程的分析,才能达到主生产计划基本可靠的要求。

其次,企业根据主生产计划、企业的物料库存信息、产品结构清单等信息来制订物料需求计划;由物料需求计划、产品生产工艺路线和车间各加工工序能力数据(工作中心能力,有关概念将在后面介绍)生成能力需求计划,通过对各加工工序的能力平衡,调整物料需求计划。如果这个阶段无法平衡能力,还有可能修改主生产计划;采购与车间作业按照平衡能力后的物料需求计划执行,并进行能力的控制,即投入与产出控制,并根据作业执行结果反馈到计划层。因此,闭环 MRP 能较好地解决计划与控制问题,是计划理论的一次大飞跃(但它仍未彻底地解决计划与控制问题)。闭环 MRP 流程如图 2-9 所示。

从图 2-9 中可以看出闭环 MRP 的特点:

① 主生产计划来源于企业生产规划与市场需求信息(如合同、订单等);

② 主生产计划与物料需求计划的运行(或执行)伴随着能力与负荷的运行,从而保证计划是可靠的;

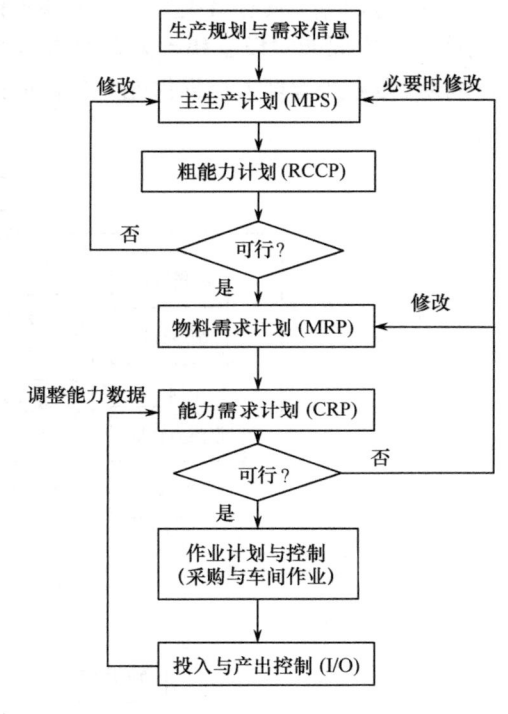

图 2-9 闭环 MRP 流程

③ 采购与车间作业的计划与执行是物料的加工变化过程,同时又是控制能力的投入与产出过程;

④ 能力的执行情况最终反馈到计划制订层,整个过程是能力不断执行与调整的过程。

2.5 能力需求计划(CRP)的基本原理

2.5.1 粗能力计划(RCCP)

主生产计划的可行性主要通过粗能力计划(Rough-Cut Capacity Planning,RCCP)进行校验。粗能力计划是对关键工作中心的能力进行运算而产生的一种能力需求计划。它的计划对象只是设置为"关键工作中心"的工作能力,计算量要比能力需求计划小得多。约束理论

(Theory Of Constraints,TOC)认为,产量和库存量是由"瓶颈"资源决定的。从这点来说,粗能力计划与约束理论的思想一致,即关键资源和"瓶颈"资源决定企业的产能,只依靠提高非关键资源的能力来提高企业的产能是不可能的。粗能力计划的运算与平衡是确认主生产计划的重要过程,未进行能力平衡的主生产计划是不可靠的。主生产计划的对象主要是最终完成品(0层物品),但都必须对下层物品所用到的关键资源和工作中心进行确定与平衡。

2.5.2 能力需求计划(CRP)

能力需求计划(Capacity Requirement Planning,CRP)也称细能力计划。它分阶段、分工作中心精确地计算出人员负荷和设备负荷,进行"瓶颈"预测,调整生产负荷,做好生产能力和生产负荷的平衡工作,具有将主生产计划和各种生产资源连接起来的管理生产和计划的功能。CRP的建立一方面能对设备和人力资源进行充分的利用;另一方面能减少加工等待时间,缩短生产周期,为生产管理人员提供能力与负荷信息。其逻辑示意图如图2-10所示。

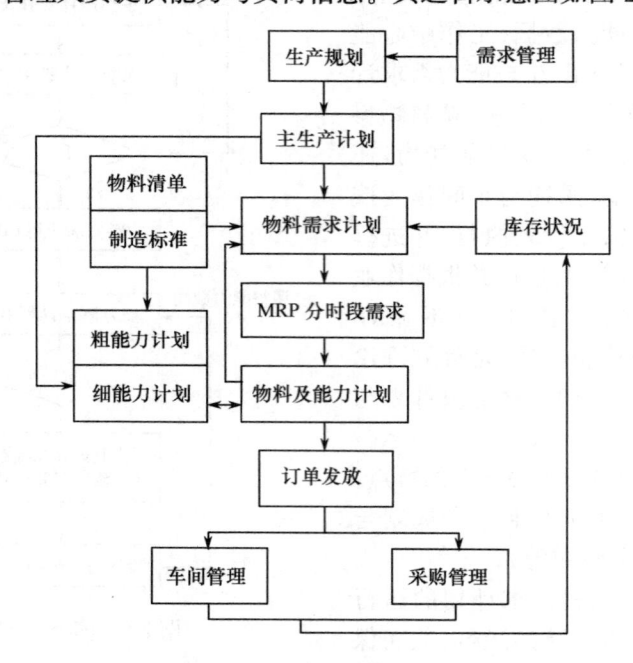

图2-10 能力需求计划逻辑示意图

2.5.3 工作中心

工作中心(Working Center,WC)是生产加工单元的统称,它在完成一项加工任务的同时也产生加工成本。它是由一台或几台功能相同的设备、一个或多个工作人员、一个小组或一个工段、一个成组加工单元或一个装配场地等组成的,甚至一个实际的车间也可作为一个工作中心,在这种情况下便大大简化了管理流程。

工作中心是ERP系统的基本加工单位,是进行物料需求计划与能力需求计划运算的基本单元。物料需求计划中必须说明物料的需求与产出在哪个工作中心,能力需求指哪个工作中心的能力。同时,工作中心也是成本核算时成本发生的基本单元和车间生产作业核实投入与产出情况的基本单元。一个车间由一个或多个工作中心组成,一条生产线也由一个或多个工作中心组成。

1. 工作中心的作用

① 工作中心是物料需求计划与能力需求计划运算的基本单元。

② 工作中心是定义物品工艺路线的依据。在定义工艺路线文件前必须先确定工作中心，并定义好相关工作中心数据。

③ 工作中心是车间作业安排的基本单元。车间任务和作业进度安排到各个加工工作中心。

2. 工作中心数据

① 工作中心基本数据：如工作中心代码，工作中心名称，工作中心简称，工作中心说明，替换工作中心，车间代码，人员每天班次，每班小时数，工作中心每班平均人数，设备数（单班、双班、三班等）及是否为关键工作中心等。

② 工作中心能力数据：指工作中心每日可以提供的工时、机台时或加工完工的产品数量。工作中心的标准能力数据由历史统计数据分析得到，计算如下：

$$工作中心能力 = 每日班次 \times 每班工作时数 \times 效率 \times 利用率 \qquad (2\text{-}3)$$

其中

$$效率 = 完成的标准定额小时数 / 实际直接工作小时数 \qquad (2\text{-}4)$$

或

$$效率 = 实际完成的产量 / 完成的标准定额产量 \qquad (2\text{-}5)$$

$$利用率 = 实际直接工作小时数 / 计划工作小时数$$

式中的工作小时可以是工人工时、机器台时或者综合考虑的有效时数。

企业在计算每班工作时数时，应分成下列两种情况统计计算。

(1) 并行（分散）作业

此类工作中心相当于一个相同加工工序的群组，如车床组、钳工班等；作业特点是物品在该工作中心的加工可以由该工作中心的任意一个加工单元完成。

(2) 关键工作中心

关键工作中心有时也称为瓶颈工序（Bottleneck），是运行粗能力计划的计算对象。关键工作中心一般具有以下特点：

① 经常加班，满负荷工作；

② 操作技术要求高，工人操作技术要熟练，短期内无法自由增加人（负荷和产量）；

③ 使用专用设备，而且设备昂贵；

④ 受多种限制，如短期内不能随便增加负荷和产量（通常受场地、成本等约束）。

注意：关键工作中心会随着加工工艺、生产条件、产品类型和生产产品等条件而变化，并非一成不变，不要混同于重要设备。

3. 建立关键工作中心的资源清单

资源清单主要包括各种计划产品占用关键资源的负荷时间（工时、台时），同时列出关键工作中心的能力清单，对超负荷的工作中心可以用不同的颜色标识（如红色）。资源清单的建立有两种方式：

① 直接维护 MPS 对象的物品的资源清单,即产品顶层物品的资源清单;

② 在工艺路线中维护物品的占用资源和消耗资源,再根据工艺路线生成 MPS 对象物品的资源清单,同时根据相关的变动情况加以维护。一般的 ERP 系统都采取这种方法。

不同的 ERP 软件可能采用不同的方法,表 2-4 是一个资源清单示例。

表 2-4 资源清单

时段:2000/1/01 至 2000/1/30

关键工作中心			需求负荷	总能力	能力超/次	负荷率
编码	名称	资源代码及名称	资源单位			
WCZ001	波峰焊	Z01+波峰焊设备	小时	1500	1350	−150	111.11%
WCZ002	IC 焊接	Z02+IC 焊接设备	小时	1000	1200	200	83.33%
WCZ003	高压测试	Z03+高压测试仪器	小时	1000	1200	200	83.33%
WCZ004	绝缘电阻测试	Z04+绝缘电阻测试仪器	小时	1200	1250	50	96%

进一步确定某工作中心各具体时段的负荷与能力,找出超负荷时段。由于 MPS 的计划对象为最终物品,它的加工、装配过程不一定用到关键工作中心。因而根据工艺路线计算时,要确定子件使用关键工作中心的时间与最终装配物品(MPS 对象)完工时间的时间差,这个时间差就是偏置时间(偏置天数)或提前期偏置。表 2-5 为工作中心能力计划。图 2-11 为工作中心能力计划图。

表 2-5 工作中心能力计划

工作中心编码:G001　　工作中心名称:1 号车床
车间编码:C01　　车间名称:机械加工车间
核算方式:设备　　日能力:16
资源代码:Z01　　资源名称:台时
计算日期:2000/01/1

时段	需求负荷	现有能力	能力超/次	负荷率
1	90	80	−10	112.5%
2	60	80	20	75%
3	70	80	10	87.5%

找出超负荷时段后,再确定各时段的负荷由哪些物品引起,各占用资源的情况如何,然后平衡工作中心的能力,同时要总体平衡 MPS 最终产品的各子件的进度(可初步平衡,详细的平衡在物料需求计划与能力需求计划制订后进行)。

工作中心编码:G001　　工作中心名称:1 号车床
车间编码:C01　　车间名称:机械加工车间
核算方式:设备　　日能力:16
资源代码:Z01　　资源名称:台时
计算日期:2000/01/1
能力

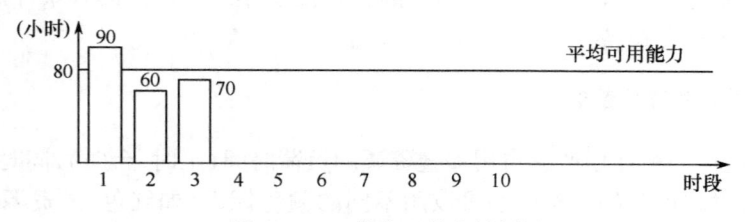

图 2-11 工作中心能力计划图

主生产计划员要对主生产计划和关键资源的能力之间的矛盾进行协调和平衡。一般从两个方面来解决这类矛盾。

① 改变负荷：重新制订计划，延长交货期，取消客户订单，减少订货数量等。
② 改变能力：更改加工路线，加班加点，组织外协，增加人员和机器设备。

主生产计划员应尽可能解决这些矛盾。若确有难以解决的严重问题，应把分析的情况及提出的建议报告给上级，协调有关部门的工作，与有关部门一起商讨解决办法。

2.6 MRP Ⅱ的基本原理

从闭环 MRP 的管理思想来看，它在生产计划的领域中确实比较先进和实用，生产计划的控制也比较完善。闭环 MRP 的运行过程主要是物流的过程，也有部分信息流；但生产的运作过程，产品从原材料投入到成品产出的过程伴随着资金的流通过程。对这一点，闭环 MRP 就无法反映出来。并且资金的运作也会影响生产的运作，因为采购计划制订需要资金的支持，同时会发生财务交易行为。

有需求才会有软件的发展，软件市场也是由需求推动的。对于新问题，人们会寻求解决方法。1977 年 9 月，美国著名生产管理专家奥列弗·怀特（Oliver W. Wight）提出一个新概念——制造资源计划（Manufacturing Resource Planning），它的简称也是 MRP，但已经是广义的 MRP。为了与传统的 MRP 区别，其名称改为 MRP Ⅱ。MRP Ⅱ 有一整套方法对制造业资源进行有效计划。MRP Ⅱ 的逻辑流程图如图 2-12 所示。

MRP Ⅱ 并不是一种与 MRP 完全不同的新技术，而是在 MRP 的基础上发展起来的一种新的生产方式。

企业中其他活动单向地从 MRP 取得信息是不够的。MRP 必须从车间、供应部门和设备部门获取信息和反馈信息，才能得出切实可行的物料需求计划。正是在这方面，闭环 MRP 将 MRP 向前推进了一步。成功地应用闭环 MRP 的人们很自然地联想到，既然库存记录足够精确，为什么不可以根据它来计算费用？既然 MRP 得出的是真正要制造和购买的元件，为什么不可以根据它做采购方面的预算？既然生产计划已被分解成确定要实现的零部件的投入产出计划，为什么不可以把它转化为货币单位，使经营计划与生产计划保持一致呢？把生产活动与财务活动联系到一起，是从闭环 MRP 向 MRP Ⅱ 迈出的关键一步。MRP Ⅱ 实际是整个企业的系统，它包括整个生产经营活动：销售、生产、库存、生产作业计划与控制等。

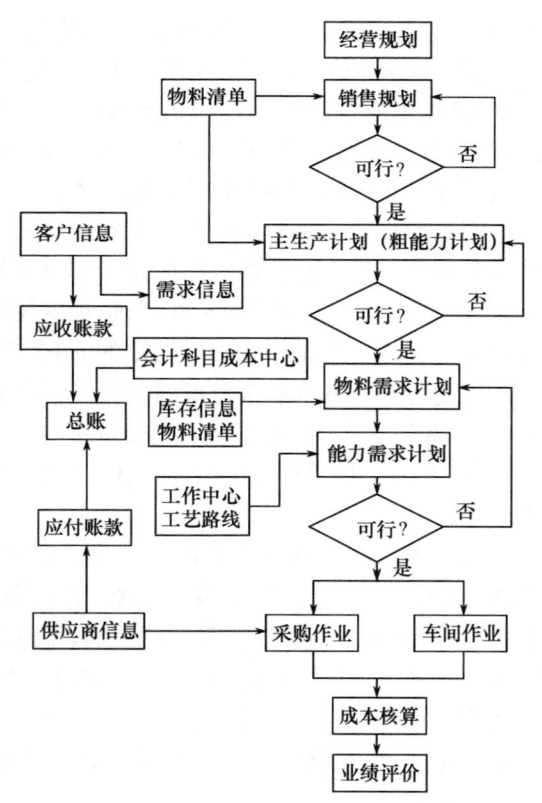

图 2-12 MRP Ⅱ 的逻辑流程图

经营规划是 MRP Ⅱ 的起始点。经营规划用来确定企业的产值与利润指标,而要实现一定的产值和利润,必须按市场的需求决定生产什么和生产多少,这是企业生产经营活动的一个最基本的决策。不过,经营规划一般只列出要生产的产品种类和总产量等。

企业按经营规划确定的产值和利润指标,并根据市场预测和企业当前的生产条件,确定主生产计划。主生产计划也确定生产什么和生产多少,但它一般以产品族为对象,而且在制订主生产计划时要进行粗能力平衡。所谓"粗能力计划",只对关键机床进行月度或季度范围内的生产任务与生产能力平衡。编制主生产计划不仅要考虑市场需求,而且要考虑企业的生产能力;不仅要考虑生产能力,而且要考虑企业当前条件,如当前原材料、毛坯和零部件库存、设备、人员状况等。按现有的生产能力和当前条件,若不能满足经营规划的要求,则将信息反馈到经营规划,使之做出相应的调整。

接着按主生产计划确定产品出产计划。产品出产计划以具体产品为对象,它规定每种具体产品的出产时间与数量,是组织生产的依据,同时也是销售的依据。因此,它是企业内生产活动和经销活动的结合点。

产品出产计划必须切实可行,它是 MRP 的一项关键输入。若不可行,必然导致 MRP 运行失败。当生产能力不够,以致通过有限的调整生产能力的方法仍不能消除这种不足时,零部件就不能按 MRP 给出的完工期限完工。这时要将信息反馈到主生产计划,使之做出调整。

MRP 输出的零部件投入、产出计划实际上可以作为车间的"生产计划",它规定了车间的生产任务,规定了车间"产品"(各种零部件)的完工期限与数量,因而可以作为对车间生产实行控制的标准和车间编制生产作业计划的依据。

车间生产作业计划要规定每个工作地每天的工作任务,使 MRP 输出的零部件投入、产出计划落实到每一道工序。编制车间生产作业计划要依据每个零件的加工路线和每道工序的工时定额,要在满足加工路线的条件下,保证安排到每台机床上的任务不发生冲突,同时保证每个零件按期完工。这是一个十分困难的问题,它需要运用排序的理论和方法。

由于对各种物料都有确定的时间要求,因而对加工这些物料所需的机器设备、工具、工艺装备、场地和工人也有时间要求,进而对一些后勤部门,如食堂、医院、澡堂等,也有确定的时间要求,使企业内一切活动都围绕物料转化准时进行。MRP Ⅱ 不再是生产部门的 MRP 了,它是整个企业的。

MRP Ⅱ 统一了企业的生产经营活动。以往,一个企业内往往有很多系统,如生产系统、财务系统、销售系统、供应系统、设备系统、技术系统、人事系统等,它们各自独立运行,缺乏协调,相互关系并不密切;在各系统发生联系时,常常互相扯皮,互相埋怨。而且,各部门往往要用到相同类型的数据,并从事很多相同或类似的工作,但往往对于同一对象,各部门的数据不一致,造成管理上的混乱。这都是由于缺乏一个统一而有效的系统。

企业是一个有机整体,它的各项活动相互关联,相互依存,应该建立一个统一的系统,使企业有效地运行。

由于 MRP Ⅱ 能提供一个完整而详尽的计划,所以可使企业内各部门的活动协调一致,形成一个整体。各部门使用共同的数据,消除了重复工作和不一致,也使得各部门的关系更加密切,提高了整体的效率。下面简要叙述 MRP Ⅱ 如何改变企业各个部门的生产经营活动。

1. 营销部门

营销部门通过产品出产计划与生产部门建立密切的联系,根据市场预测和顾客订货,使产品出产计划更符合市场的要求。有了产品出产计划,签订销售合同便有了可靠依据,可大大提高按期交货率。由于 MRP 有适应变化的能力,因此可以弥补预测不准的不足。

2. 生产部门

过去,生产部门的工作是最不正规的,由于企业内部条件和外部环境的不断变化,生产难以按预定的生产作业计划进行。这使得第一线生产管理人员不相信生产作业计划,他们认为那是"理想化"的东西,计划永远跟不上变化,因此他们只凭自己的经验和手中的"缺件表"去工作。事实上,在第一线指挥生产的工段长们不是不喜欢计划,而是不喜欢那些流于形式的、不能指挥生产的计划。有了 MRP Ⅱ 之后,计划的完整性、周密性和应变性大大加强,调度工作大为简化,工作质量得到提高。采用计算机可以实现日生产作业计划的编制,充分考虑内外条件的变化,这就使得人们从经验管理走向科学管理。由于采用 MRP Ⅱ 及其他现代管理方法,生产部门的工作将走向正规化。

3. 采购部门

采购人员往往面临两方面的困难。一方面是供方要求提早订货;另一方面是本企业不能提早确定需要的物资的数量和交货期。这种情况促使他们早订货和多订货。有了 MRP Ⅱ,采购部门有可能做到按时、按量供应各种物资,MRP Ⅱ 的计划期可长达 1~2 年,这使得一两年后出产的产品所需的原材料和外购件能提前相当长时间告诉采购部门,并能准确地提供各种物资的"期"和"量"方面的要求,避免了盲目多订货和早订货,节约了资金,也减少了库存短缺。MRP Ⅱ 不是笼统地提供一个需求的总量,而是要求按计划分期分批地交货,这为供方组织均衡生产创造了条件。

4. 财务部门

实行 MRP Ⅱ,可使不同部门采用共同的数据。事实上,一些财务报告只要在生产报告的基础上就很容易做出。例如,只要将生产计划中的产品单位转化为货币单位,就构成了经营规划;将实际销售、生产、库存与计划数相比较就会得出控制报告。当生产计划发生变更时,马上就可以反映到经营规划上,可以使决策者迅速了解这种变更在财务上造成的影响。

5. 技术部门

以往技术部门似乎超脱于生产活动以外,生产上那些琐事似乎与技术人员无关,但是,对于 MRP Ⅱ 系统来讲,技术部门提供的却是该系统赖以运行的基本数据,它不再是一种参考性的信息,而是一种控制用的信息。这就要求产品结构清单必须正确,加工路线必须正确,而且不能有含糊之处。修改设计和工艺文件也要经过严格的手续,否则,会造成混乱。按照 MRP Ⅱ 用户的经验,产品结构清单的准确度必须达到 98% 以上,加工路线的准确度必须达到 95%~98%,库存记录的准确度达到 95%,MRP Ⅱ 才能运行得比较好。

2.7 ERP 的新增功能

前面讨论了基本 MRP、闭环 MRP 和 MRP Ⅱ 的理论,这些理论在相应的阶段都发挥了重要的作用,尤其是 MRP Ⅱ 的发展与应用。从 2.6 节可以看出,MRP Ⅱ 的发展与应用产生了深远的影响。随着市场竞争日趋激烈和科技的进步,MRPⅡ思想也逐步显示出其局限性,主要表现在以下几个方面。

① 企业竞争范围的扩大,要求在企业的各个方面加强管理,并要求企业有更高的信息化集成,要求对企业的整体资源进行集成管理,而不仅仅对制造资源进行集成管理。现代企业都意识到,企业的竞争是综合实力的竞争,要求企业有更强的资金实力、更快的市场响应速度。因此,信息管理系统与理论仅停留在对制造部分的信息集成与理论研究上是远远不够的。与竞争有关的物流、信息流及资金流,要从制造部分扩展到全面质量管理、企业的所有资源(分销资源、人力资源和服务资源等)及市场信息和资源,并且要求能够处理工作流。在这些方面,MRPⅡ都已经无法满足。

② 企业规模不断扩大,多集团、多工厂要求协同作战,统一部署,这已超出MRPⅡ的管理范围。全球范围内的企业兼并和联合潮流方兴未艾,大型企业集团和跨国集团不断涌现,企业规模越来越大,这就要求集团与集团之间,集团内多工厂之间统一计划,协调生产步骤,汇总信息,调配集团内部资源。这些既要独立、又要统一的资源共享管理是MRPⅡ目前无法解决的。

③ 信息全球化趋势的发展要求企业之间加强信息交流和信息共享。企业之间既是竞争对手,又是合作伙伴。信息管理要求扩大到整个供应链的管理,这些更是MRPⅡ所不能解决的。

随着全球信息的飞速发展,尤其是 Internet 的发展与应用,企业与客户、企业与供应商、企业与用户之间,甚至竞争对手之间都要求对市场信息快速响应,信息共享。越来越多的企业之间的业务在互联网上进行,这些都对企业的信息化提出了新的要求。ERP 系统实现了对整个供应链信息进行集成管理。ERP 系统采用客户-服务器(C/S)体系结构和分布式数据处理技术,支持 Internet/Intranet/Extranet、电子商务(E-business、E-commerce)及电子数据交换(EDI)。

20世纪90年代,随着经济全球化和信息技术的应用,企业将 MRPⅡ加以扩展,加入了质量信息系统(包含产品、过程、服务、工序、工作设计、工作质量、试验室信息管理、计算机辅助设计资料的维护等),规章制度管理(包含制造业的规范、行业规范等),流程工业的应用等。

学习思考题

1. 论述 MRP 的原理与处理过程。
2. 流程型生产方式和离散型生产方式对 ERP 的适用性分别是怎样的?
3. 请说明 BOM 和工艺路线在 MRP 处理中的作用。
4. 说出编制物料需求计划的原因及物料需求计划的特点。
5. 低层码和高层码各代表什么?它们在 MPS 中的作用和顺序是什么?
6. 关键工作中心的概念与作用是什么?它与粗能力需求计划的联系是什么?
7. 主生产计划的来源是什么?
8. 在编制主生产计划时为什么要进行粗、细能力的平衡?
9. MRPⅡ系统面临新环境的局限性是什么?ERP 系统较之 MRPⅡ新增了哪些功能?
10. 提前期在 MRP 处理中的作用是什么?

第3章 ERP的主要模块

ERP系统是面向制造企业的全面解决方案,系统以MRP为核心,将企业的物料管理、规划、营销、供应、生产、财务六大管理职能融合为一个有机的整体。系统的成功应用帮助企业优化资源整体价值,提升企业管理水平,适应在生产力提高与市场竞争不断升级情况下,以人为本和知识经济的到来,保持企业持续旺盛的生命力。

3.1 ERP的总体结构

ERP系统面向制造业、机械行业、电子行业、服装行业、医药行业、化工行业、饮料行业等,以系统的业务流程为导向,应用价值为主题,将企业的基础资源、需求链、供应链管理与竞争核心构筑成三角形业务应用体系;再以业务应用为基础,构筑战略决策应用模式,从而形成金字塔形总体应用价值体系。总体结构如图3-1所示。

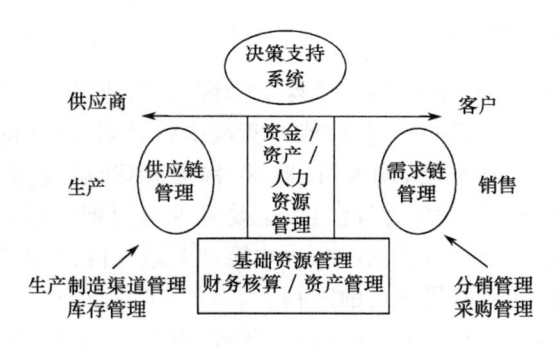

图3-1 总体结构

ERP系统覆盖企业财务、销售、采购、客户关系、人力资源、生产制造、资产管理、工程项目、商业智能以及电子商务等业务,并针对一些特定的行业,如证券、银行、基金、保险、电信、烟草流通以及公共财政等,提供了行业应用方案。

ERP可以向企业交付以下各种应用方案:
① 财务管理;
② 生产制造;
③ 网络分销;
④ 供应链管理;
⑤ 客户关系管理;
⑥ 人力资源管理;
⑦ 资产管理;
⑧ 企业门户;
⑨ 商业智能;
⑩ 电子商务。

ERP 系统的一般构成如图 3-2 所示。

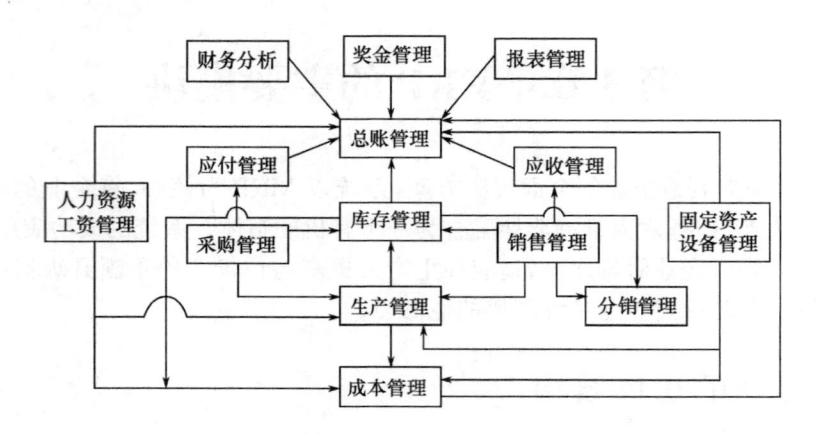

图 3-2 ERP 系统的一般构成

3.2 供应链管理模块

3.2.1 供应链管理概述

供应链管理又称运筹与供应链管理。运筹于帷幄之中,决胜于千里之外,在战场上,要赢得胜利,就要有完整的情报、周详的计划,并能切实地执行计划,弹性地变更计划,运筹就是在适当的时间将适当的后勤工作需要,即人员、器材、粮食、弹药运送到适当的地点。商场如战场,供应链管理需要市场、库存、竞争者等信息,也要妥善地规划并随时调整计划,更要能将必要的材料、资金、人力、设备供应到适当的地点,才能攻下原材料、半成品仓库、零售店等一个个"据点",进而攻下消费者的心,赢得最后的胜利。

供应链管理指从材料的源头开始,一直到消费者,有有效率且合乎成本效益的规划,执行并控制物品(包括原材料、半成品及完成品)以及相关信息的流通及储存,以满足消费者需求的过程。APICA 辞典对供应链管理的定义则是:在适当的地点,以适当的数量,取得、加工并分配材料及产品的艺术和科学。综上可知,供应链管理的目的是:在正确的时间,将正确的货物和服务送到正确的地点,并为企业带来最大的贡献。

这些活动在从原材料到完成品的通路中不断地重复着,也不断地使产品在客户心中的价值提高。由于材料供应商、工厂及客户位于不同的地点,通路意味着一连串的制造活动、运筹活动执行多次才将产品送到客户手中。通路包括实体供应通路和实体分配通路,前者代表工厂和材料供应商之间的空间及时间落差,后者是工厂和客户之间的空间和时间落差。这两个通路的活动雷同,整合起来统称为企业运筹,又称供应链管理,是指有效地整合供应商、工厂、仓库和商店,使得产品的制造及分配能在正确的数量、时间及地点进行,以满足客户的需求,并使系统成本最低。供应链中的活动,从原材料到消费者,包括物品形式的改变和流动,以及相关的信息产生、储存、流动、规划、组织及控制都属于供应链管理。

ERP 是在市场竞争的动力下发展起来的。企业为了在市场中求生存、求发展,不断地整合、优化与扩大企业的自身资源。ERP 发展的近 20 年成就,为企业资源的运用、计划起到重大作用。自 ERP 诞生之日起,关注它的人们就一直致力于企业的供应链的研究与实践;但

ERP应用之初,企业资源计划侧重于对企业内部所有资源的整合、优化与应用的管理。随着市场竞争程度的不断激化及全球经济的一体化,一个企业光凭自身内部的资源难以适应市场的发展,企业对资源的争夺已经发展到企业之外的整个供应链,因而ERP的资源计划对象从企业内部发展至企业外部的整个供应链的所有资源。

20世纪60—90年代,MRPⅡ、JIT发展到ERP,企业总在努力适应市场要求,提高自身的市场应变能力与竞争力,不断扩大经营规模,朝着集团化、多元化的经营发展,也就是朝着纵向一体化方向发展,尽量扩充内部资源,以至于零部件都想自己生产、制造。随着经济全球化与知识经济的到来,尤其是信息技术的飞速发展,市场的资源组合发生了巨大的变化,直接导致了企业由纵向一体化转向横向一体化方向发展,全面的供应链网络正在迅速构成。

20世纪90年代,美国对制造业研究后提出"敏捷制造"(Agile Manufacturing,AM)概念,得出结论性意见:单个企业难以依靠自身的调整适应市场的快速发展,并提出以虚拟企业(Virtual Enterprise,VE)或动态联盟为基础的敏捷制造模式。供应链管理的发展为"敏捷制造"提供了一种解决方案,而信息技术的飞速发展,尤其是ERP及Internet、电子商务的发展,又为供应链网络管理提供了最为有效的管理平台与工具。根据有关资料统计,供应链管理的实施可以使企业的总成本降低10%,供应链结点企业按时交货率提高15%以上,订货、生产周期缩短25%~35%等。供应链管理使供应渠道从一个松散的独立企业群体,变为一个效率更高、竞争力更强的合作团体。

ERP的发展历程一直伴随着供应链的发展,即从内部供应链发展至整个产品、市场的供应链。它最初只是局部的应用与研究,较为成熟的是分销资源计划(Distribution Resource Planning,DRP)的应用,它主要提供分销网络的库存分配,解决物流配送问题,并提供分销网络的资金运转决策,但DRP主要集中在供应链的销售网络环节上,还没有构成整个供应链网络。

美国的史迪文斯(Stevens)认为:"通过增值过程和分销渠道控制从供应商的供应商到用户的用户的流就是供应链,它开始于供应的原点,结束于消费的终点。"伊文斯(Evens)认为:"供应链管理是通过前馈的物料流及信息流,将供应商、制造商、分销商、零售商,直到最终用户连成一个整体的模式。"这两种定义虽然不尽相同,但它们的共同点很明确,就是强调从需求原点到供应原点的完整的链。通过进一步分析与研究可以知道,每个供应链的结点中都有一个核心企业,供应链是由核心企业向供应链前、后扩充而形成的一个综合网络,每个网络中的结点企业的资源在网络中流动。因此,概括来说,供应链管理是驾驭核心企业,主要通过信息手段对各个环节中的各种物料、资金、信息等资源进行计划、调度、调配、控制与利用,形成用户、零售商、分销商、制造商、采购供应商的全部供应过程的功能整体。

3.2.2 供应链管理的特点

要理解供应链管理就必须将其与传统的管理模式区分开来。

传统的计划模型根据市场订单、市场需求预测及企业自身的资源情况制订主生产计划,由此推动物料需求计划与详细的能力计划,最后进入作业控制层,下达采购订单与车间作业计划。整个供需过程属于制造企业的供应推动形式。

进入供应链式管理时代,各个结点企业的主控生产计划已经从主生产计划转移到对整个供应链的物流运作计划轨道上来。最终用户的需求推动供应链的运作,产生需求计划,这个计划是供应链物流计划的输入源,通过供应链中的核心企业平衡整个供应链的资源后做出供应链物流计划,并产生各种资源计划。计划输入到制造企业后,由制造企业产生主控生产计划,即 MPS、MRP 等,同时,结果可以进一步反馈到供应链物流计划。

供应链的结构存在相对稳定与绝对变化的运动状态,它的组织也有产生、成长、衰退与解体的生命周期。对供应链的管理必须遵循管理的原则,建立相应的管理组织,采取一定的决策方法与激励机制。

下面重点分析影响供应链稳定的因素。

1. 培养企业核心竞争力

随着市场的发展,市场对产品的要求更加多样化,同时覆盖的技术领域也越来越广泛,但企业拥有的资源毕竟有限,企业不可能一味地追求大而全,具备多方面的竞争优势,因而必须将有限的资源集中在自身的核心业务上,培养核心竞争能力。企业的核心竞争能力是企业在市场竞争中取胜的决定性、根本性的能力。例如,Intel 处理器的研发与制造,是 Intel 公司的核心竞争能力。供应链的每个结点企业都应有自身的核心竞争能力,以维持整个供应链的高效率运作。具有核心竞争能力的企业才能保持企业在供应链中的相对稳定性,而不被供应链的竞争所淘汰,才能巩固在供应链结点中的位置。

2. 建立以核心企业为运作中心的管理组织

未来市场的竞争是供应链之间的竞争,核心企业拥有供应链最核心的资源、技术及服务等,因而供应链是以核心企业为决策中心、组织中心的管理运作过程。供应链是市场的有机整体,供应链的管理也必须有组织、有计划地进行,在发挥各个结点企业的资源能力、群体决策能力的同时,要建立统一的供应链管理规则。伴随着供应链管理的产生与发展,供应链不断延伸,对最终客户的管理越来越重要,要求越来越细化,这就直接催生了又一个管理信息系统的分支,即客户关系管理(Customer Relationship Management,CRM)。有关客户关系管理的详细介绍参见后面的章节。

3.2.3 供应链管理的功能

供应链管理模块包括上游和下游供应链管理、企业对企业的电子商务交易、供应商 E-mail 资料输入及维护、供应商与本企业的采购外包订单输入与维护、第三方物流资料维护、接收客户订单程序及其维护与清除、供应商信誉额度审核等。

供应链系统功能:

① 确定或重新评估需求;
② 定义和评估用户需求;
③ 决定自制还是外购;
④ 确认采购的类型;
⑤ 进行市场分析;
⑥ 识别所有可能的资源并进行筛选;
⑦ 是评价剩余供应商的基础;
⑧ 选择供应商;
⑨ 接收配送的产品或服务;
⑩ 进行采购后的绩效评价。

供应链设计流程如图 3-3 所示。
供应链管理模块流程如图 3-4 所示。

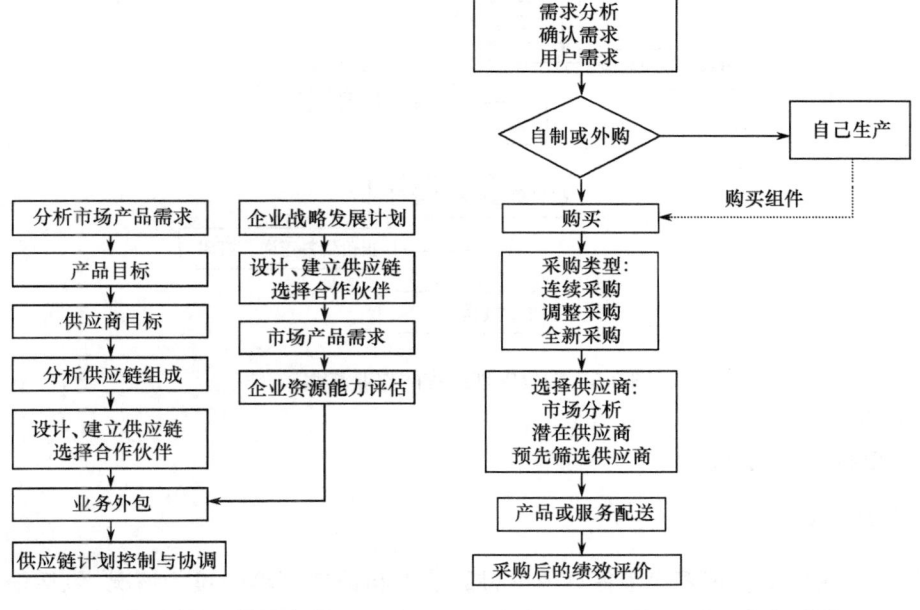

图 3-3　供应链设计流程　　　　图 3-4　供应链管理模块流程

3.3　销售管理模块

销售管理系统包含报价管理、销售订单、出货管理、出口贸易、销售分析 5 个模块。

销售管理系统为营销部门提供报价等营销相关信息,以有效掌握和控制报价,主动追踪、查核未关闭的客户销售订单,控制交货期以提高客户服务水平,进行与出/退货有关的客户信用控制、出货内容、付款条件、库存交易及出口贸易等业务处理,对销售订单资料、出货资料、退货资料进行汇总分析,提供各种分析信息。

1. 报价管理模块

报价管理模块协助营销部门处理报价单的录入、跟踪和审核作业,为营销部门提供相关信息,以达到下列目的:有效地掌握报价价格,控制报价的承诺、审核过程,主动跟踪、查核报价客户,有效及时地监督客户并跟进业务的进程(跟催),主动追踪已经报价的客户。报价管理系统的作业流程如图 3-5 所示。

报价管理系统功能:
- 售价设计(历史价格、标准价格、约定价格);
- 客户报价项目分类(库存品、非库存品、可替代品);
- 报价单复制作业;
- 报价单查询(按客户类别、按有效日期类别、按单据类别);
- 跟催查询(跟催日期、跟催业务员);
- 历史价格查询;

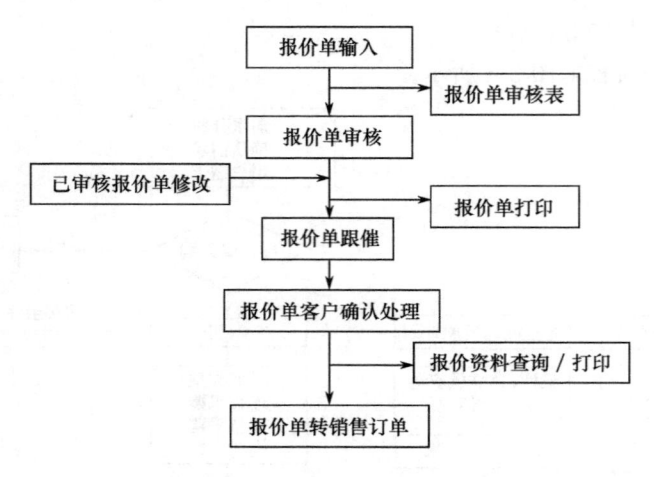

图 3-5　报价管理系统的作业流程

- 报价单客户确认；
- 报价单状态码查询。

2. 销售订单模块

销售订单模块协助管理客户销售订单资料的输入和销售订单的履行情况，包括销售订单的输入、审核、信用额度的核查、出货状况的跟踪等，并提供整个过程相关的管理信息。销售订单系统的作业流程如图 3-6 所示。

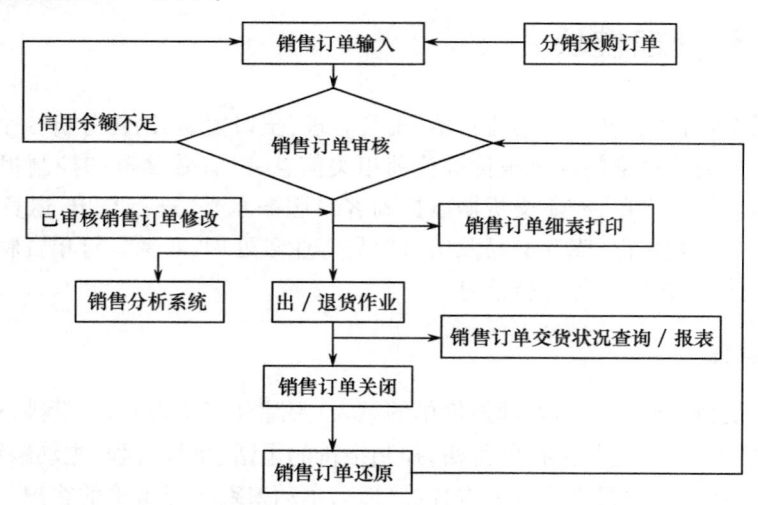

图 3-6　销售订单系统的作业流程

销售订单系统功能：

- 客户销售订单资料录入；
- 销售订单审核处理，客户信用余额计算，库存产品预约量更新，销售订单状态更新；
- 依据使用者特定的价格方式（历史价格、标准价格、约定价格）自动计价；
- 支持外币作业，并自动依据外币汇率转换本位币；
- 销售订单资料可自动转入销售分析系统；
- 销售订单已订未交量查询，客户已订未交明细表打印，销售订单明细表打印。

客户订购项目可分为：库存品；非库存品[属代（暂）付费用的记录，应客户特殊要求，依销售订单指定特性件、选用件的用料]。

销售订单资料输入时可选择设定：部门、业务员、币别、税别、发票（出货）地址、分出上/下限、收款条件、地区别、折扣率、出货仓库、预计出货日、原因码等。

3. 出货管理模块

出货管理模块负责处理与出/退货作业有关的交易，包括出/退货单输入、客户信用额度控制、出货单客户回执追踪、自动转扣库存、结转应收账款等，并提供相关的管理信息。出货管理系统的作业流程如图 3-7 所示。

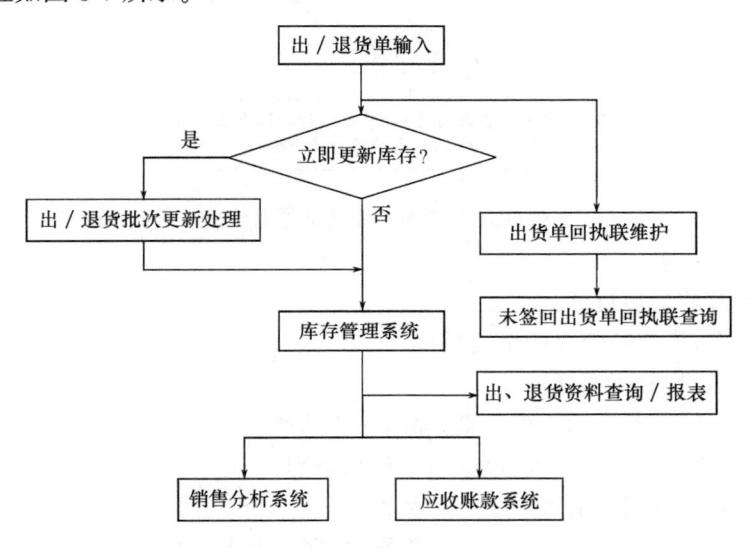

图 3-7 出货管理系统的作业流程

出货管理系统功能：
- 将客户信用额度管制点设为出货单余额；
- 一张销售订单可分批出货，也可集中出货；
- 出/退货资料变动处理方式可选择实时（On Line）或批次（Batch）更新库存资料；
- 依使用者设定的价格方式（历史价格、标准价格、约定价格）自动计价；
- 出货数量管制，提示出货上限量与下限量（有销售订单出货时），库存量不足时提示；
- 出货更新处理，客户信用余额计算及更新，销售订单已交量、库存预约量、现存量更新；
- 客户出货项目可为库存品、非库存品（可反映货款及相关费用）；
- 送货单回执联的追踪，以确保债权安全；
- 支持外币作业，并自动依据外币汇率转换本位币；
- 可做批号管理，有多个库存计量单位；
- 出/退货资料自动转入销售分析系统；
- 可自动结转应收账款系统；
- 出/退货单输入时可选择设定部门、业务员、币别、税别、发票（出货地址）、收款条件、地区别、折扣率、出货仓库、原因码等；
- 出/退货明细资料查询、报表，未开发票出货明细表。

4. 销售分析模块

本模块将销售订单及出货作业转入的资料自动汇总,提供各种分析信息,如年月销售实绩统计表、年月达成率分析表、年月成长率分析表、年月贡献率分析表、排名表等。销售分析系统的作业流程如图 3-8 所示。

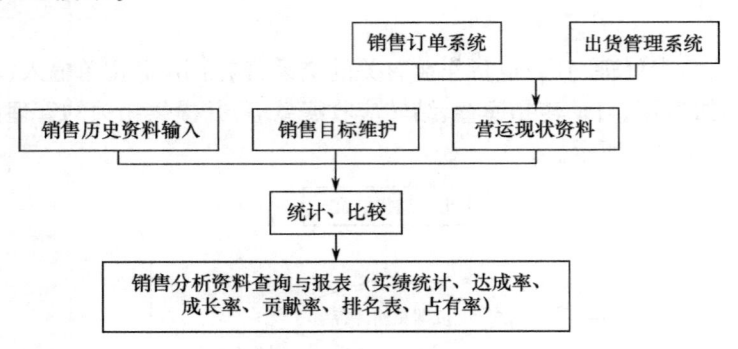

图 3-8 销售分析系统的作业流程

销售分析系统功能:
① 可维护年月的销售目标;
② 设定成长率,模拟新年度的销售目标;
③ 提供以下 14 种分析角度:
- 产品别:产品类别,部门+产品别,部门+产品类别;
- 业务员别:业务员+产品别,业务员+产品类别;
- 客户别:客户+产品别,客户+产品类别;
- 地区别:地区+产品别,地区+产品类别,地区+业务员别;
- 数量、金额:年月销售实绩统计表,年月达成率分析表,年月成长率分析表,年月贡献率分析表,排名表。

销售管理的主要业务:
① 制订销售计划和产品报价。
② 开拓市场,并对企业的客户进行分类管理,维护客户档案信息,制订针对客户的合理价格政策,建立长期稳定的销售渠道。
③ 进行市场销售预测。市场预测指根据市场需求信息,进行产品销售的分析与预测。其过程是通过对历史的、现在的销售数据进行分析,同时结合市场调查的统计结果,对未来的市场情况及发展趋势做出推测,指导今后的销售活动和企业生产活动。销售预测是企业制订销售计划和生产计划的重要依据。
④ 编制销售计划。按照客户订单、市场预测情况和企业生产情况,对某一段时期内企业的销售品种、各品种的销售量与销售价格做出安排。企业的销售计划通常按月制订(或按连续几个月的计划滚动)。企业也可以针对某个地区或某个销售员给出特殊的销售计划。
⑤ 根据客户需求的信息、交货信息、产品的相关信息及其他注意事项制订销售订单,并通过对企业生产情况、产品定价情况和客户信誉情况的考查来确认销售订单。销售部门将销售订单信息传递给生产计划人员,以便安排生产,并进行订单跟踪与管理。销售订单是企业生产、销售发货和销售货款结算的依据。对销售订单的管理是销售工作的核心。

⑥ 按销售订单的交货期组织货源,下达提货单,并组织发货,然后将发货情况转给财务部门。销售发货管理的内容包括根据销售订单中已到交货期的订单进行库存分配、下达提货单。在工厂内交货的订单由用户持提货单到仓库提货;厂外交货的订单则按提货单出库并组织发运。

⑦ 开出销售发票,向客户催收销售货款,并将发票转给财务部门记账。销售发票管理包括对销售出去的产品开出销售发票、向客户收取销售货款。ERP 系统协助用户从报价单(QT)、预开发票(PI)或销售订单(SO)开始,将客户的需求转化成企业内部的文件,即销售订单。

3.4 主生产模块

生产规划子系统包含主生产计划(MPS)和物料需求规划(MRP)两个模块。MPS 是产销协调的依据和所有作业计划的根源。在规划过程中,可以合理快速地回答类似"若……则……"的各种问题,规划者可根据预测资料和客户订单的任一组合方式,快速有效地掌握需求及供给变化所产生的影响,作为销售、企划、财务及制造等部门运行、沟通及协调的依据。

MRP 是 ERP 制造系统的核心功能。MRP 子系统依客户销售订单或预测销售订单的需求(或 MPS 计算的结果),通过物料清单展开得到毛需求,再与库存状况做比较,最后计算出各采购件、委外件及自制件的需求量,以供后续各系统(采购、委外、生产订单)计划之用。

1. 主生产计划

ERP 为制造业带来的巨大效益是一个不争的事实。ERP 是制造业管理升级不可或缺的工具,MPS 是 ERP 的标杆,当 MPS 稳定时,ERP 就不会摇摆不定。

MPS 是产销协调的依据,是 ERP 运作的核心,是所有作业计划的根源。ERP 的使用成功,一半以上的因素应归于企业能有效掌握 MPS 的运作。

在规划过程中,主生产计划可以合理、快速地回答"若……则……"的各种问题,规划者可轻易掌握"需求及供给变化所衍生的影响",快速且有效地提出产销排程计划,作为销售、企业规划、财务及制造等单位运行、沟通及协调的依据。生产订单系统的作业流程如图 3-9 所示。

主生产计划功能:

工厂日历:工厂日历是主生产计划的依据。可使执行计划符合实际各令单(生产订单或委外订单)的审核到期日,推算时以企业有效工作日为准,即当初步推算出的日期为放假日时,将自动跳过该日期,自动规划调整为下一工作日,使规划作业确实符合实际。

冻结期间:在冻结期间,不允许令单的插单作业,因各令单的最短"作业前置时间"的限制,接单后运行各种供应计划时,并非所有令单的日程均允许变更。产销排程系统的稳定可以使采购、委外、制造等相关单位建立可行的产销协调规则。若生产订单及委外订单的审核日落在冻结期间,系统将提示冲突。

需求来源:规划者可视情况选择下列任何一个方式作为依据,即预测销售订单、客户销售订单、预测销售订单+客户销售订单。

排程规划:规划时以需求(指我们要卖什么,即销售预测、客户订单)为规划源头(依据)。当需求发生变化时,须进行重排程作业,计算机会自动依新需求提出一套新供应计划,并针对上次的排程计划,另行建议必需的"应变策略",供规划者参考。

本系统依需求日倒推各令单的供应日,当需求变更时,计算机可快速针对原排程计划,提出

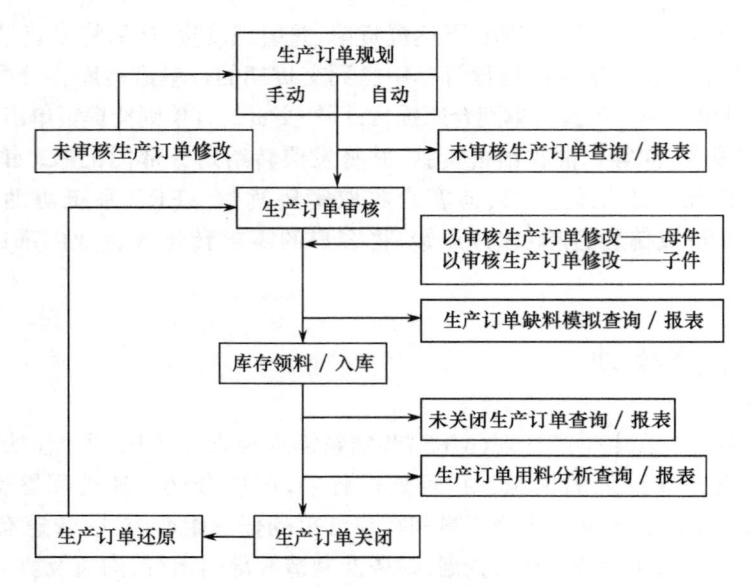

```
                    ┌─────────────────┐
                    │   生产订单规划   │
                    │  手动    自动    │
                    └────────┬────────┘
      ┌──────────────────────┼──────────────────────┐
      ↓                      │                      ↓
┌──────────────┐             │             ┌──────────────────┐
│未审核生产订单修改│            │             │未审核生产订单查询/报表│
└──────┬───────┘             ↓             └──────────────────┘
       │              ┌─────────────┐
       │              │ 生产订单审核 │
       │              └──────┬──────┘
       │                     ├──────────→ 以审核生产订单修改——母件
       │                     │             以审核生产订单修改——子件
       │                     ├──────────→ 生产订单缺料模拟查询/报表
       │                     ↓
       │              ┌─────────────┐
       │              │ 库存领料/入库 │
       │              └──────┬──────┘
       │                     ├──────────→ 未关闭生产订单查询/报表
       │                     ├──────────→ 生产订单用料分析查询/报表
       │                     ↓
┌──────────┐         ┌─────────────┐
│生产订单还原│←────────│ 生产订单关闭 │
└──────────┘         └─────────────┘
```

图 3-9 生产订单系统的作业流程

"应变策略"。规划者可快速掌握应变信息,判断需求变更的可能影响及应变策略的可行性。

拟订供给计划时,系统会自动规划,回答下列问题:我们已有什么?已有可运用的供给,即当前库存可用量及采购、委外、制造 3 种令单的未交量。

我们还需要什么?依各时格(Time Bucket)的产品需求量,扣除"我们已有的供给",再考虑产品采购、委外、制造三者的前置时间、数量政策、供需政策、安全存量等因素,规划出采购、委外及制造的运行计划。

可承诺量:业务员接单时可承诺客户的销售量(或称未受订量),即比较企业各期间的供给计划与业务的已受订量,找出二者的差值。

2. 需求规划系统

需求规划系统依客户销售订单或预测销售订单的需求(或 MPS 计算的结果),通过物料清单展开得到毛需求量,再与库存状况进行比较,最后计算出各采购件、委外件及自制件的需求量,以供后续各系统(采购、委外、生产订单)规划之用,最终由成品→半成品→原料,逐阶计算出真正的需求量,达到降低库存的目的;同时考虑在单量(On-Order)、预约量(Allocated)等的实际的供需时间,可正确地掌握需求的确实数量及时间,避免造成停工待料;生产日程有变动时,能迅速提供物料供应的情况,以利生产单位做出对策。依据产销规划,规划未来某一时段的供给余量与预计现存量。

需求规划系统可以依照不同的需求来源(预测销售订单、客户销售订单、预测销售订单+客户销售订单)计算物料需求,以适合不同的生产形态。

本系统生成的规划令单,可依各料品设定的不同供需政策生成,即可依销售订单来进行采购、委外、制造;在指定期间的需求予以合并,一起进行采购、委外、制造。各类规划令单的需求及审核日,由系统以倒推法,依 BOM 前后关系自动推算。

本系统生成的规划令单,可依各料品设定的最小采购(生产)数量和标准批量等生成,利于采购及生产的批量管理。

本系统生成的建议规划量(规划令单)资料可直接传送至各相关系统,以利继续进行生产订单、委外订单及采购订单的规划。

本系统提供令单需求的查询、打印功能,相关人员能依供需状况,在销售订单、采购、委外或自制等实况改变时,立即查询需求脉络关系,作为应变的依据。

本系统提供"BOM 需求规划"功能,通过 BOM 的直接展开,将销售订单的毛需求量算出,以毛需求量作为净需求量,规划采购、委外、自制等;或再经"BOM 需求调整",而直接在画面上与相关资料进行比较调整后,再供相关系统规划,以帮助资料尚未建立完整者使用。制造业完全采取一批对一批的生产方式者,可以用此方式取代 MRP 的规划方式。

本系统可依销售和生产部门共同讨论的结果来制订产销计划,其内容包括各料品的数量及供应起讫期间,可供生成预测销售订单,作为 MRP 的需求来源。MRP 展开时,以预测销售订单和客户销售订单两者同时为需求来源时,依据客户销售订单自动消抵预测销售订单,客户销售订单较多时,则以较多者为准。需求规划系统的作业流程如图 3-10 所示。

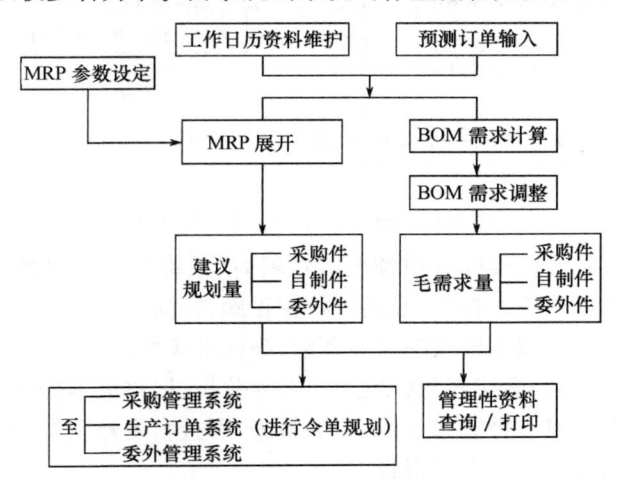

图 3-10 需求规划系统的作业流程

3. 委外管理系统

委外管理系统针对有关委外的询价、规划、锁定、审核、备料、收料追踪、结转应付账款、关闭等作业进行管理。协助企业有效掌握各委外加工的信息,如提供各种角度的跟催信息,有效掌握和控制委外进度;提供缺料模拟分析,作为调整生产进度的参考;提供依委外订单设定特殊用料功能,以便对替代料及特殊用料进行管理;提供用料分析,以有效地掌握各个委外订单的用料及成本差异信息;针对产销排程及需求规划生产的建议委外量,提供分批规划及锁定功能,使生产管理规划作业时更具弹性。委外管理系统的作业流程如图 3-11 所示。

委外管理系统功能:

- 料品委外的询价资料记录。
- 可人为手动输入委外订单,也可根据 MRP 计算的资料自动规划委外订单。
- 委外订单输入时,系统可自动带出料品的询价或历史交易单价。
- 已规划委外订单审核时,该委外订单的用料内容及数量即被预约,即各用料的可用量依所需量而减扣,以显示缺料情况。
- 提供委外订单缺料状况模拟功能,便于料品跟催,生产前先确认采购进度,避免发生断料、停工现象。

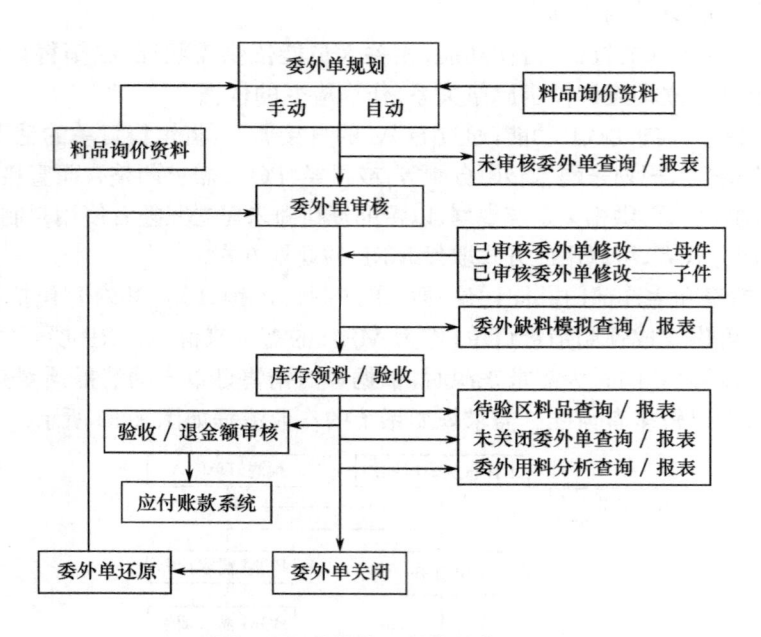

```
                    ┌──────────────┐
              ┌────→│  委外单规划   │     ┌──────────────┐
              │     │ 手动    自动 │←────│  料品询价资料 │
              │     └──────┬───────┘     └──────────────┘
 ┌──────────┐ │            │              ┌──────────────────────┐
 │料品询价资料│─┤            ├─────────────→│未审核委外单查询/报表 │
 └──────────┘ │            ↓              └──────────────────────┘
              │     ┌──────────────┐
              │     │  委外单审核   │
              │     └──────┬───────┘      ┌──────────────────────┐
              │            │              │已审核委外单修改──母件│
              │            ├─────────────→│已审核委外单修改──子件│
              │            │              └──────────────────────┘
              │            │              ┌──────────────────────┐
              │            ├─────────────→│委外缺料模拟查询/报表 │
              │            ↓              └──────────────────────┘
              │     ┌──────────────┐      ┌──────────────────────┐
              │     │ 库存领料/验收 │      │待验区料品查询/报表   │
              │     └──────┬───────┘      │未关闭委外单查询/报表 │
              │            │              │委外用料分析查询/报表 │
              │   ┌────────┴────────┐     └──────────────────────┘
              │   │验收/退金额审核  │←────────┘
              │   └────────┬────────┘
              │            │
              │   ┌────────┴────────┐
              │   │  应付账款系统   │
              │   └─────────────────┘
              │     ┌──────────────┐      ┌──────────────┐
              └────│  委外单还原  │←────│  委外单关闭  │
                    └──────────────┘      └──────────────┘
```

图 3-11　委外管理系统的作业流程

- 委外订单审核后,可依委外订单领料。领料时,系统自动带出各委外订单所需料号及用量,使用者不必再输入料号,发料审核较正确、容易。
- 领料作业及时处理,以立即反映库存资料,确保准确性。
- 提供各委外订单的实际用料与标准用料差异分析,以供成本分析及控制。
- 已审核委外订单,有多种方式查询、生成报表,可查出委外数量、预定完工日、验收数量等,可据以领料及提出完工量报告。
- 已审核委外订单,可转入成本会计系统,以作为产品成本计算的依据。
- 清款作业处理:验收单价的查核、验退单价的查核、清款明细资料打印。
- 与财务系统集成,自动生成应付账款。

依料品的制造形态,提供两种领发料方式:

① 依委外订单的审核作业,自动生成领料单(离散型, Discrete Type)。运行审核作业的同时,系统自动生成该委外订单的领料单,委外商可凭单进行领料作业。

② 依完工验收作业,自动倒扣(Back Flush)标准用料(重复型 Repetitive Type)。因料品的包装或不可分割性,承制单位领料时,实际领料数量较生产订单所需数量多,导致现场常有余料。本系统提供多张委外订单合并发料的功能,依完工验收数量,自动倒扣委外库存料数量,并自动生成领料单。

4. 产能管理系统

产能管理系统的作用在于协助企业有效地掌握车间产能负载状况,并提供相关信息,以达到下列目的:计算已审核生产订单、已规划生产订单、未规划生产订单在各工作中心的负载需求;分析各工作中心的产能负载状况,作为探讨长、中、短期生产计划可行性的依据。产能管理系统的作业流程如图 3-12 所示。

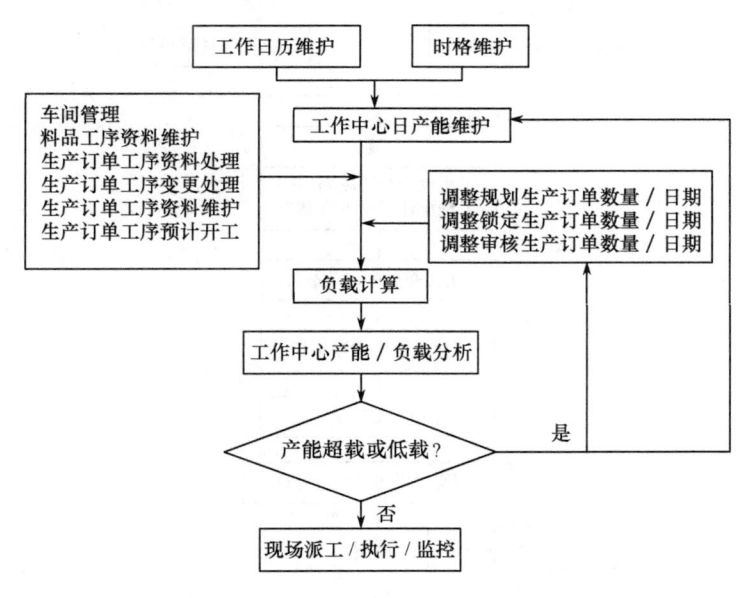

图 3-12 产能管理系统的作业流程

产能管理系统功能：
- 提供各工作中心的产能负载查询或报表资料，掌握并控制生产计划的可行性。
- 提供各工作中心的计划投入、产出日期资料，监控计划运行偏差状况。
- 提供顺推或逆推网状工艺路线排程功能，排定生产订单（已审核、锁定、规划）的工序进度。
- 可按各工作中心的工作时间，调整各工作中心的产能。
- 按工作中心产能的负载（超载或低载）状况，调整各订单的数量和日期。

5. 设计变更管理系统

设计变更管理系统的功能在于协助工程部门及生产管理部门，监控设计变更过程的各项工作，并管理相关的影响，提供所需的相关信息，以减少设计变更造成的损失。设计变更前应依原因，判断接单、制造、委外、采购的影响，并依设计变更预估完成的时间，决定如何反应。设计变更过程的记录、引发相关的设计变更、应修改的对象，都应有资料保留，可作为设计变更完成以后的行动依据，也可作为未来其他设计变更的参考。设计变更管理系统的作业流程如图 3-13 所示。

设计变更管理系统功能：
- 依各部门提出的工程设计变更要求，生成设计变更单。
- 依各工程设计变更，追踪、记录所有相关文件。
- 提供各工程设计变更的相关历史信息、进行状况。
- 提供与设计变更料品相关的信息，已投产进行中和完成品的状况。
- 可与物料清单相关子系统联结。

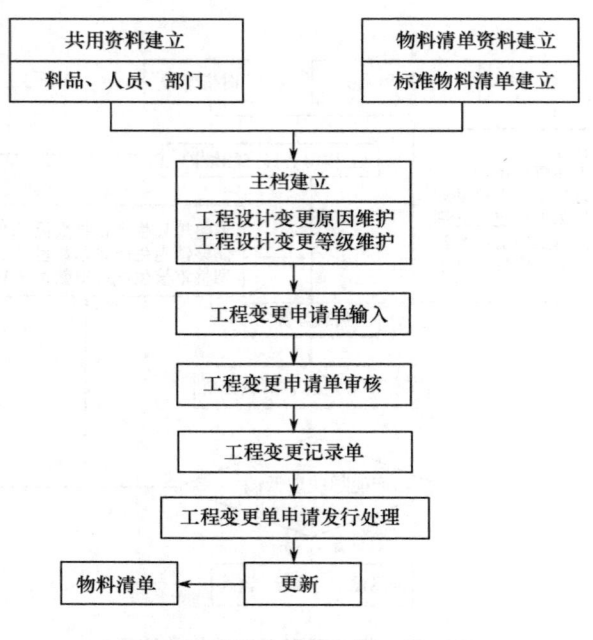

```
┌─────────────┐      ┌───────────────┐
│  共用资料建立  │      │ 物料清单资料建立 │
│ 料品、人员、部门│      │  标准物料清单建立│
└──────┬──────┘      └───────┬───────┘
       │                      │
       └──────────┬───────────┘
                  ▼
         ┌──────────────┐
         │    主档建立    │
         │工程设计变更原因维护│
         │工程设计变更等级维护│
         └──────┬───────┘
                ▼
         ┌──────────────┐
         │ 工程变更申请单输入│
         └──────┬───────┘
                ▼
         ┌──────────────┐
         │ 工程变更申请单审核│
         └──────┬───────┘
                ▼
         ┌──────────────┐
         │  工程变更记录单 │
         └──────┬───────┘
                ▼
         ┌──────────────┐
         │工程变更单申请发行处理│
         └──────┬───────┘
                ▼
   ┌────────┐      ┌──────┐
   │ 物料清单 │◄─────│  更新 │
   └────────┘      └──────┘
```

图 3-13　设计变更管理系统的作业流程

3.5　设备管理模块

设备和设施在制造企业中的作用非常重要。随着生产自动化程度越来越高，大部分制造任务直接由设备来完成，只有少部分工序由手工完成。在现代工业中企业生产加工离不开设备，某些生产类型的企业对生产设备有绝对的依赖性，这些企业的产品生产效率与生产质量大部分都通过使用和控制设备来达到，甚至个别的设备可以说是企业的生存工具。而对一些高科技设备，发达国家会限制出口（如模具制造业的多坐标数控铣床）。同时，设备又是企业固定资产的主要组成部分，它占用了大量的企业资金。因此，正确使用、精心保养和及时检修维护设备，使设备和设施处于良好的技术状态，才能保证企业进行高质量、低成本的生产，并按计划完成生产任务，从而提高企业的经济效益。利用先进的计算机技术来管理设备，是提高设备管理工作效率的重要手段。因此，设备和设施的管理是企业资源计划与管理的重要组成部分。

设备和设施是企业用以生产产品和提供服务的物质基础。对设备和设施的维护和管理的好坏，直接影响企业竞争能力和经济效益。设备最终用工作中心或关键工作中心来表示，对设备的统计用来计算工作中心的能力，再与负荷相比较，进行粗、细能力计划的平衡，以选择合适的主生产计划。

企业设备管理的工作内容：
① 建立与执行设备管理制度；
② 合理使用设备，做好设备使用培训教育工作；
③ 按规定及时做好维护工作；
④ 认真执行设备计划的修理制度，及时检测修理；
⑤ 做好设备日常台账管理工作；
⑥ 根据需要及时、有计划地改造与更新设备。

设备是用来完成某项生产加工任务的,而仪器是用来检测产品的技术参数与指标的,它们在管理中有相似之处,可以归纳为一个模块子系统。

设备管理系统通过对企业的设备与仪器台账的基本信息、运行情况、保养情况、故障和事故处理情况、设备使用部门的变动情况及有关备件管理情况等信息的管理,使各级部门能及时地了解设备从安装、使用、变动到报废等过程的信息。另外,对设备与仪器的保养、维修费用做出计划与核算,给财务提供足够的数据支持。

工作中心的维护包含以下几个方面。

关键工作中心:可以仿真未来产能状况。

绩效中心:关键工作中心的特例,用以统计绩效,并将其纳入计算,包含绩效中心的代号、名称和说明。

准备人数:该工作中心的一般准备作业人数。

作业人数:该工作中心的一般操作人数。

工作中心模块包括工作中心名称、人工成本级别、人工费用、费用率等。

产能配比模块包含件号、来源号、耗用工时、工作中心名称、工作中心能力、是否平衡等。

3.6 BOM 模块

项目是指任何购入或自制的原材料、半成品、完成品、在制品。项目一般会出现在 BOM 或库存文件中。与产品有关的基本资料是材料表和材料主文件。材料主文件描述每一个项目的属性,材料表则记录过程中某项目的下一阶材料。这两种材料是 ERP 成功的关键因素。

材料主文件描述一个项目的属性,一般包含零件号、名称、产品线、次产品线、库存分类、工程图号、自制、外包批量法则等基本内容。材料主文件描述材料的基本情况、费用,即把验收入库时的型号、尺寸、大小、厂家等信息输入计算机数据库中,以便于以后的库存管理和数据维护。材料主文件包含一般属性、计划属性、库存属性和成本属性,表示材料的一般特征和维护内容。

材料表显示构成某项目的材料构成和相关属性。材料表示母件由哪些子件做成,工艺路线则表示这些子件如何做成母件。产品结构的阶数决定于半成品的多少。在产品生产过程中,若有许多半成品需要入库、再领出来继续做成产成品,则产品结构的阶数多,而其中每一个材料表父件的途程表少。

途程表类似于工艺表,描述每一个项目所经过的工作中心及所需公式。若产品生产过程中,原材料投入后即做成产成品,中间状态的产品不是半成品而是在制品,则产品结构的阶层少,而其中的每一个材料表的母件的途程表制程就多。装配型生产属于前者,而流程型生产属于后者。材料表包括序号、版本、子件件号、副码、结构码、单位用量、损耗率、设计编号等。

物料清单(BOM)系统提供定义组成各成品的所有零配件,以作为物料需求规划、生产订单/委外领发料以及产品成本逐级向上归集(以下称为卷叠)的计算依据。

物料清单系统功能:

① 可依母件料品的结构批量,建立其所有子件料品的使用数量、损耗等资料;

② 可依子件料品设定其有效期间,作为生产订单、委外订单的用料选择依据,亦可作为展开的依据;

③ 提供物料清单的复制功能,当建立类似成品的物料清单时,可节省建档时间;

④ 提供全结构料品的整批取代与整批删除作业,以利快速变更各项物料清单;
⑤ 使用者可视实际需要,选择建立成品的产出率或组成料品的损耗率资料;
⑥ 提供多阶或单阶方式,依母件查子件的物料清单展开查询或报表;
⑦ 提供多阶或单阶方式,依子件查母件的物料清单内溯查询或报表;
⑧ 可以以汇总方式,进行物料清单的汇总查询及报表,即不分阶层,而将各阶层同一用料的用料汇总,并显示所有用料内容及用料量;
⑨ 依物料清单的内容,考虑其损耗率、使用量,计算每一母件的成本;
⑩ 自动侦查已建立的物料清单是否有逻辑上的错误,如子件成为自己的母件;
⑪ 可检查物料清单中,所有组成料品是否已存在于料品主档中;
⑫ 可建立母件结构批量,该物料清单所输入子件用量,是依据一个单位母件或成百上千单位母件的基准量而计算得出的使用量。

3.7 车间管理模块

车间管理系统提供掌握生产订单在生产现场的领料/完工信息,追踪生产订单在各工作中心的工作负载,收集各生产订单各工序的实际工时,用以计算工作中心的生产效率与实际人工成本。车间管理系统的作业流程如图 3-14 所示。

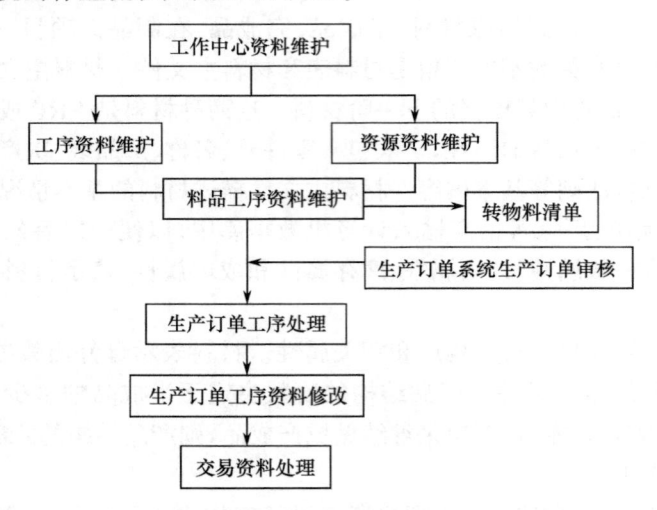

图 3-14 车间管理系统的作业流程

车间管理系统功能:

- 料品工序资料可直接转至物料清单(BOM),以节省建立物料清单的时间;
- 可依生产订单工序处理领/退料及报告完工作业;
- 掌握各生产订单工序的实际用料状况;
- 掌握各生产订单工序的完工状况;
- 掌握各工作中心的工作负载;
- 不良原因统计分析;
- 各工作中心生产效率的提交和报告。

3.8 采购管理模块

本系统是针对采购工作有关的询价、规划、请购、锁定、审核、收料追踪、历史记录、结转应付账款等作业的管理,协助采购部门有效地掌握各采购活动的信息。采购管理系统的作业流程如图 3-15 所示。

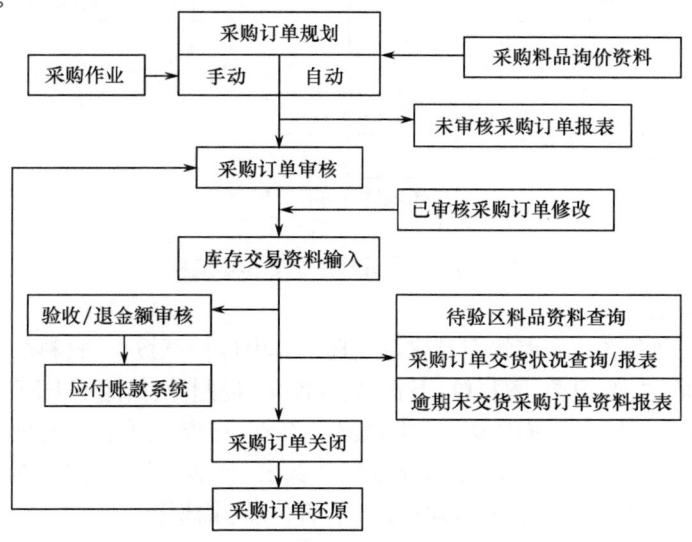

图 3-15 采购管理系统的作业流程

采购管理系统功能:
- 采购订单的规划方式有两种,即由物料需求规划系统自动生成或由使用者自行输入;
- 已审核请购单可自动转为采购订单;
- 供应商的历史交易往来资料记录;
- 料品采购的询价资料记录;
- 采购订单输入时,系统可自动带出料品的询价或历史交易单价;
- 采购订单请购、规划、锁定、审核、收料、验收、结转应付账款、关闭等状态的追踪管理;
- 采购订单逾期未交货料品资料追踪;
- 清款作业处理,其中包含验收单价的查核、验退单价的查核、清款明细资料打印;
- 与财务系统集成,自动生成应付账款;
- 采购项目可分为两种,即库存品、非库存品;
- 采购订单输入功能设定,其中包含供应商地址、收货厂商、收货厂商地址、允收上/下限、付款条件、币别、税别、预定交货日、预定验货日、验收仓库、原因码等。

3.9 库存管理模块

库存管理系统与销售订单、出货、采购、生产订单、委外、车间管理、需求规划、应收/应付账款、成本会计系统交互,控制及管理各个仓库物料的入库、收料检验、验收/退、领/退料、入库/退制、借用/归还、调拨、报废、盘点等交易,并提供相关信息。库存管理系统的作业流程如图 3-16所示。

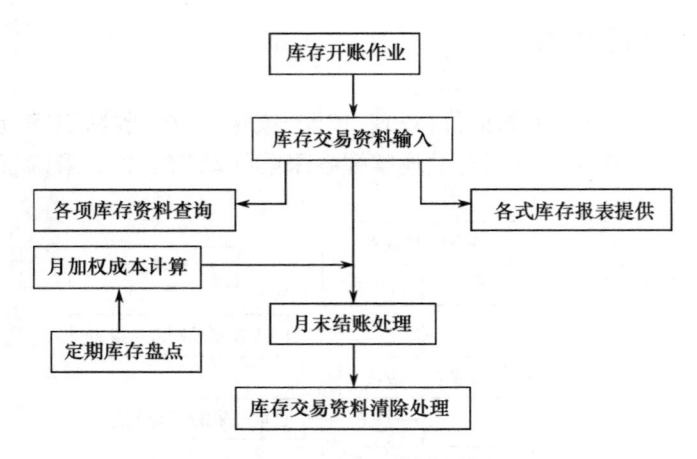

图 3-16　库存管理系统的作业流程

库存管理系统功能：
- 物料进出管理和各个仓库的交易作业处理。其中包括调拨单、收料单、收料退回单、收料检验单、验收单、验退单、领料单、退料单、入库单、退制单、借用/归还单、报废单。
- 各仓库存货作业处理。其中包括调整单、盘点作业、存货金额计算(月加权平均成本)。
- 管理信息提供。其中包括库存状况查询待员表、料品交易明细表、库存流水账、进销存明细账、库存月报表、料品采购建议表、呆滞料品明细表。
- 与其他相关子系统的集成功能。
- 多仓库管理。其中包括库存管理系统可处理数个(无限)不同仓库的库存,即各仓库料品的进、出、存等作业。任何一项料品(原物料、半成品或成品)可同时存放于不同的仓库。
- 仓库可自行定义为参与或不参与 ERP 计算。
- 批号控制。批号管理的目的是,掌握每一批料品的质量要素,以便在生产过程中做到"追踪"与"追溯"。
- 追踪。其中包括查看某一料品的某一批被用到哪些订单(生产订单或委外订单),以及此订单已入库哪一料品、哪一批号,最后利用料品出货追踪报表,查看成品已出货给哪些客户。
- 追溯。其中包括查看某一料品的某一批由哪一订单(生产订单或委外订单)入库,而此订单(生产订单或委外订单)已用哪些带批号的料品,一直追溯到出问题的原料。
- 存货成本。其中包括本系统存货成本的计算,分为采购品(原物料、成品)。
- 采购建议。采用物料需求规划系统之前,料品采购采取再订购点法。

3.10　客户关系管理模块

由于市场的飞速发展,销售、营销和服务部门的信息化程度与管理模式越来越不能适应业务发展的需要,越来越多的企业要求提高销售、营销和服务的日常业务的自动化和科学化水平,客户关系管理(CRM)的出现确实可以为企业提供较好的解决方案,但现实情况是,国内的多数企业(或者说 CRM 的潜在客户)对客户关系管理的理解还处在理念层次,缺乏较深的理解,很难从功能范围、产品特色、已有客户、行业知识等较高的层次上选择软件产品与应用服务。

客户关系管理理念是随着市场营销思想的发展而形成并得到发展的,为了理解客户关系管理理念的形成,这里先介绍市场营销的概念。现代市场营销的主要思想是识别客户的具体要求,然后优化利用各种资源,为客户提供需求,并达到最大的客户满意度,最终得到客户的回报。从这个概念中可以得出现代市场营销的几个要点:

① 目的是得到回报。
② 回报的保证是提供给客户满意的需求。
③ 手段是优化、集成利用各种资源。

客户关系管理为识别客户的需求提供了直接与间接的手段,而客户关系作为一种可利用的资源又为客户关系管理提供了巨大的发展动力。仅从字面上来看,客户关系管理其实也不是新出现的概念,但因为它是信息技术的产物,故具有全新的内涵。客户关系管理的真正意义是:管理理念+信息技术。

1. 市场竞争要求企业建立全新的客户关系管理

市场竞争加速,市场的需求信息、客户资料信息、企业内部产品信息、市场营销人员的信息,都在急速地改变与扩张,于是出现了以下一些经常遇到的问题:

① 如何整合与分析分散在企业各个部门、各级分销机构的客户信息?
② 经常出差在外的销售人员如何及时了解本公司的动态产品信息、动态客户资源信息,以及采取怎样的策略?
③ 如此众多的客户信息,营销人员怎样管理?如何知道?
④ 如何及时统计分析客户对企业的产品兴趣情况?如何了解他们对企业信息网站的访问情况?
⑤ 如何提供及时、方便的产品安装、服务信息,以避免客户重复访问、请求?
⑥ 怎样让客户及时了解企业对他们的信息响应情况?
⑦ 怎样让有关管理者及时管理营销人员的销售动态,对各项潜在的、正在进行的、已经完成的业务进行有效的管理?

针对这些问题,很多企业在多方面做了大量工作,如挖掘内部潜力、建立企业内部信息系统,并收到一定的效果,但毕竟都未做到点子上,也就是未能找到最佳方法。一般意义上的信息系统的信息化程度越来越不能适应市场、销售、服务的业务发展需要,越来越多的企业要求提高销售、营销和服务的日常业务的自动化和科学化,这种需求呼唤一种全新的管理思想与信息系统,能够全面解决类似以上的一些问题。这要求建立一个以客户为中心,面向客户各项信息和活动的全面集成管理,客户关系管理应运而生。

2. 管理发展的必然结果

随着市场的发展,企业在竞争中的管理观念不断地向前发展。尤其是近 20 年以 ERP 为首的管理信息系统的发展,企业管理的各个方面的观念无时无处不受信息技术的影响,互联网、电子商务的出现使企业直接收集与处理客户信息成为可能。管理者的观念随着市场发展而更新,以企业为主、以产品为主的观念,正在或已经转到以客户为中心的轨道上来。尤其是互联网、电子商务的出现与发展,企业的产品已经由企业独立设计步入"用户+企业设计"时代。并且,随着企业供应链管理的形成,企业与企业之间、企业与最终用户之间的关系都是以客户为中心的关系,企业与客户之间是互赢的关系,因此,这种关系中的供应链,必须重新更新传统的管理流程,理论与实践的成果触发、催化了客户关系管理的发展并使之走向成熟。

现在市场上存在较多的 CRM 软件,但对客户关系管理的明确定义却尚未形成完全统一的标准。作者认为,客户关系管理是以客户为中心的经营策略,围绕这个中心建立以信息技术为依托的管理环境,为与企业有关的所有客户工作(营销、销售、服务、物流、产品设计与生产等)的流程进行重新设计,最大程度地满足客户需求。客户关系管理也随着信息技术的发展、管理观念的更新、市场竞争的需求而不断丰富与发展。很难预测未来会出现什么样的新技术、新内容,但有一点是肯定的,那就是客户这个中心会越来越得到更好的体现。

由客户关系管理的思想可以总结出,要实现客户关系管理,一方面,要在经营管理上进行变革,对客户关系管理的相关流程进行重组;另一方面,利用信息技术提供这种管理所必需的管理平台,保证其流程畅通。管理观念的更新、业务流程重组是实现客户关系管理的基础,而信息技术的利用是使客户关系管理的思想得以落实的保证。两者从根本上说并无先后次序,是相互依存、相互促进的关系。下面就从 CRM 系统功能角度分析其软件技术的实现,领悟 CRM 软件的客户关系管理思想。

CRM 系统功能:
- 客户基本资料管理;
- 联系人管理;
- 时间管理;
- 潜在客户管理;
- 销售管理;
- 营销管理;
- 电话营销;
- 客户服务呼叫中心;
- 合作伙伴关系管理;
- 商业智能、知识管理、网上营销等。

CRM 系统中客户订单经过的路线如图 3-17 所示。

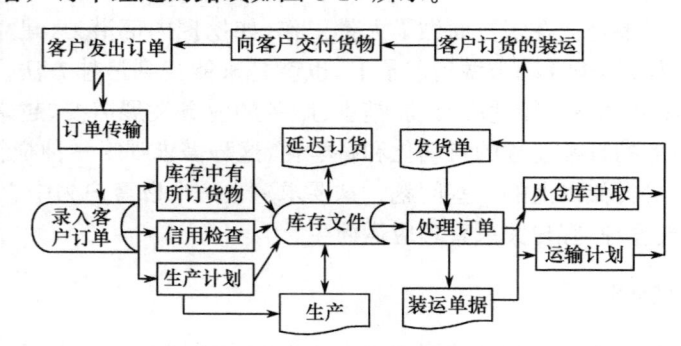

图 3-17 客户订单经过的路线

客户关系管理方案的制订流程如图 3-18 所示。

```
客户关系管理环境分析
        ↓
构建客户关系管理远景 ──→ 供应商数据库
        ↓
制定客户关系管理策略 ──→ 客户数据库
        ↓
客户服务过程分析 ──→ 订单管理 ──→ 主生产计划
        ↓
建立客户关系管理系统
        ↓
运用客户关系管理系统
        ↓
知识管理的构建与运用
```

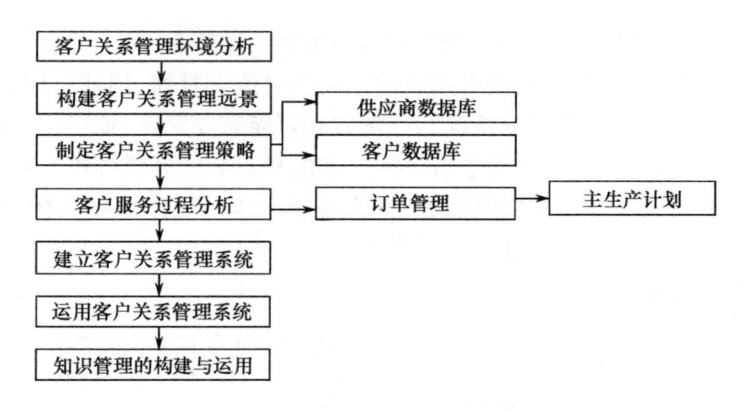

图 3-18 客户关系管理方案的制订流程

3.11 人力资源管理模块

人力资源已逐渐成为企业最重要的资源,世界著名心理学家、多伦多大学终身教授江绍伦博士曾经说过:"21 世纪的竞争是人才的竞争,中国拥有大量的人才,这是中国赢得未来竞争的优势所在。"人力资源管理的重要性,为人力资源管理信息系统提供了广阔的市场前景。市场上也有独立的人力资源管理(Human Resource Management,HRM)系统,但最好的解决方案是与 ERP 系统集成,HRM 模块连接生产管理模块、质量管理模块、财务管理模块、计划管理模块与销售管理模块等各大模块,才能全方位地进行人力资源管理绩效评估,同时为产品的成本提供人工费用(员工的报酬)。企业通过人力资源管理模块的实施,可以提高人力资源管理的信息共享程度。对高层领导来说,人力资源信息的提取与统计将更方便、快捷,同时HRM 还可以为决策支持系统(DDS)提供输入。另外,在实施过程中,通过对实施顾问、咨询专家的咨询,可以在一定程度上提高企业人力资源管理水平。一般来说,人力资源管理受企业文化、市场环境影响很大,各企业对 HRM 信息系统的要求各不相同。

人事资源管理是人力资源管理的基础工作,人力资源管理也是从人事管理工作发展而来的。人事管理的业务内容通常包括工种、职位的管理,具体有人员调动、职位调整、离职管理、假期管理、考勤管理、人事档案管理、住房管理等,其中工资管理将在报酬管理中叙述。考勤系统可以与企业的自动考勤机连接,随时掌握人员的出勤情况。根据系统的要求,通常要对一些系统的基本资料进行设置与维护,如岗位类别设置(编码、名称、工资上限、工资下限)、岗位等级、岗位名称,工资及职位变动原因设置等。

人事档案管理是人事管理的一项重要内容,通常人事档案表的内容有姓名、性别、出生年月、入职日期、学历、外语水平、学习经历、工作经历、户籍地址等。

员工薪酬基本资料包含薪资类别、本薪总额、伙食津贴、劳保额、计算薪资、借支定额、全勤奖金、加班费、所得税扣款等。

年度考勤资料包含年度行事作业、年度出勤作业、年度特休假天数计算、请假和加班管理、请假资料维护、加班资料维护、日常出勤资料维护、缺勤时数确认作业等。

考勤管理系统包含员工的基本资料、眷属、证照、技能、教育训练、奖惩等。例如,考勤管理系统中需要知道员工是否要刷卡,依照哪一套规章来统计历来出勤情况,有多少年资可计算休假天数等;薪资管理系统需要知道月薪金额、劳保。

薪资管理除包含一般的请假加班的处理外,还包含全勤奖金、年中奖金、年终奖金等,甚至三节(春节、中秋节、端午节)奖金也要考虑在内。薪资可能有月薪、周薪、日薪、时薪等,都必须顾及,也要考虑到员工可能有借支的情况。计薪方式可能有固定薪、依工作时间论件计酬等。

人力资源管理工作分析主要是为了解各种工作的特点和能胜任各种工作的人员的特点而进行的一项工作,要对某工作做出明确规定,并确定完成这一工作需要有什么样的行为过程。工作分析有两部分内容:工作描述和工作说明书。

人力资源管理系统功能:
- 输入基本资料;
- 授权填写职位说明书;
- 建立以战略为导向的 KPI 指标体系;
- 建立企业文化与价值观体系;
- 建立培训与开发体系;
- 薪酬关系设计,实现职位分析、能力分析、绩效考核分析;
- 升迁异常变动模块;
- 退休及死亡处理等。

人力资源管理系统的作业流程如图 3-19 所示。

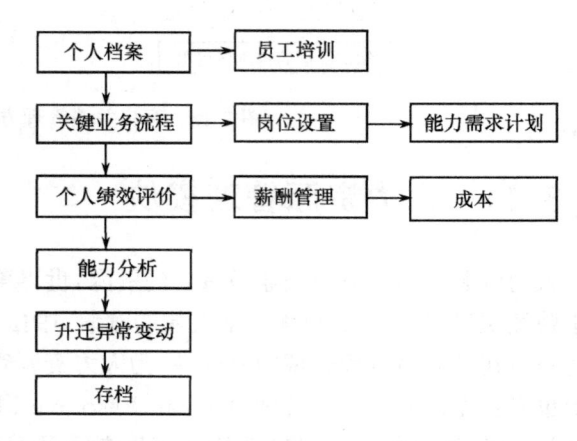

图 3-19 人力资源管理系统的作业流程

3.12 成本管理模块

公司是否获利,决定于产品的售价与成本、费用的差额。其中,成本更是关键所在。为管理者提供正确的成本信息,是 ERP 系统相当重要的任务。本章介绍制造业中包含的标准成本及实际成本。此处所谓的标准成本,指产品各阶段的(Bill of Material)途程表(Routing)及外包资料,配合低阶材料的标准单价、各个工作中心的预计直接人工分摊率、制造费用分摊率及外包单价,作为接单报价的参考或与实际成本比较的基准;且制令单或外包单的实际用量乘以加权平均单价得到材料成本、人工及制造费用(若为外包则是当期费用),以生产日报中的实际回报工时为外包费用的分摊基础,计算产品的直接人工成本及制造费用成本。税务成本采用月加权实际值。

按照企业会计准则,成本是一项综合经济指标。企业经营管理中各方面工作的业绩都可以直接或间接地在成本中反映,如产品的设计优劣、生产工艺的合理性与先进性、原材料的消耗与实际利用的偏差、生产效率的高低、产品质量的控制情况及固定资产的利用情况等,都可以通过成本直接或间接地反映出来。因而成本是反映企业工作质量的综合指标,成本控制是企业的一项重要的工作内容。企业通过对成本的计划、控制、监督、考核和分析等来加强对企业各单位与部门之间的管理,不断优化资源的利用,努力降低成本,提高经济效益。

工业企业的基本生产经营活动是生产与销售企业产品。在制品的直接生产过程中,即从原材料的投入生产到成品制成的整个制造过程中,会发生各种各样的生产耗费,概括地说,包括劳动资料与劳动对象的物化劳动耗费和活劳动耗费两大部分。具体地说,在制品的制造过程中发生的各种生产耗费主要包括原料及主要材料、辅助材料、燃料等的支出,生产单位(如分厂、车间)的固定资产的折旧,直接生产人员及生产单位管理人员的工资以及其他一些货币的支出等。所有这些支出就构成了企业在制品制造过程的全部生产费用,为生产一定品种、一定数量的产品而发生的各种生产费用支出的总和就构成了产品的生产成本。

在制品的销售过程中,企业为了销售产品也会发生各种各样的费用支出,如企业负担的运输费、装卸费、包装费、保险费、展览费、差旅费、广告费,以及销售人员的工资和销售机构的其他费用等。所有这些为销售本企业产品而发生的费用,构成企业的产品销售费用。此外,还有行政部门管理费用、财务费用等,销售费用、管理费用、财务费用与生产没有直接关系,而是按发生的期间归集,直接计入当期损益,构成企业的期间费用,一般不列入 ERP 的成本管理模块,但可以在财务管理模块中体现。

成本管理子系统与财务、生产、库存和销售等系统密切相关,它可以更准确、快速地进行成本费用的归集和分配,提高成本计算的及时性和正确性;通过定额成本的管理、成本模拟与成本计划,能够更为有效地进行成本管理。

成本管理模块系统收集生产相关系统的资料,如生产订单、车间管理、委外管理及库存管理等系统的各期交易资料,借以求算各期间各成品、半成品的实际成本(月加权平均成本)。

成本会计系统功能:
- 可依分批或分步的成本会计制度进行结账作业。
- 将成本要素分为原料、人工、制造费用、委外成本、其他费用五项,分别求算。
- 自制或委件件的原料成本、委外成本,采用订单(生产订单或委外订单)直接归属方式;制造费用及其他费用则采用分摊方式(将某期间总的制造费用、其他费用依选用的分摊基础分摊至各生产订单);而人工成本可采用订单直接归属或分摊方式。
- 人工成本、制造费用、其他费用若采用分摊方式,则其分摊基础可设为依产量或生产订单工时;可与车间管理系统集成,自动收集生产订单在各工作中心的完工工时及人工成本。
- 掌握各期间各成品、半成品及在制品的实际成本。
- 提供各项管理性报表:各个期间标准成本与实际成本对照表,在制原料成本明细表,在制品成本表、销货成本表、直接材料明细表、生产订单成本明细表、库存月报表、进销存明细账等。

企业各种成本的构成如图 3-20 所示。

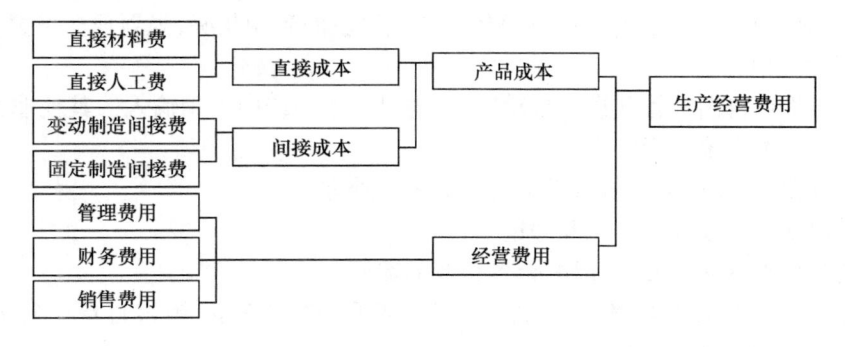

图 3-20　企业各种成本的构成

成本会计系统的作业流程如图 3-21 所示。

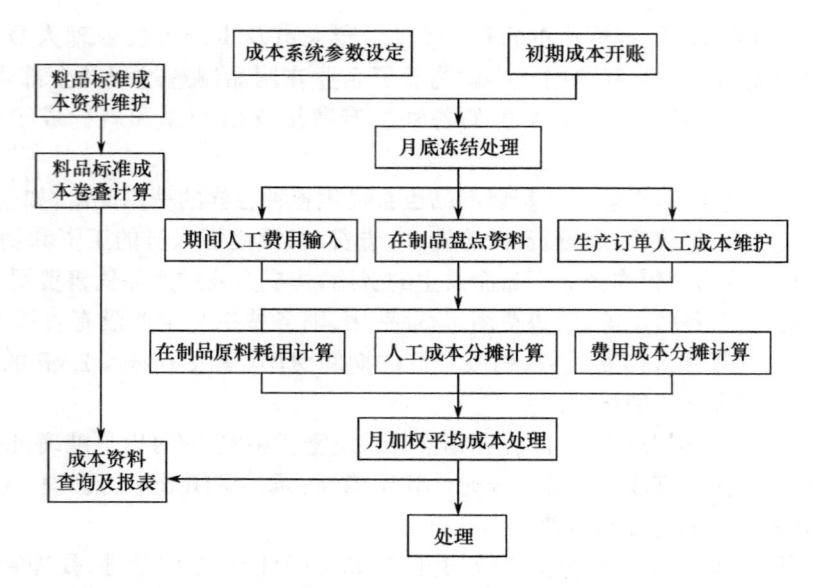

图 3-21 成本会计系统的作业流程

3.13 财务管理模块

财务管理模块包括总账、应收款管理、应付款管理、报表、资金管理、固定资产、成本核算等子模块。系统把传统的账务处理与发生账务的事务结合起来，不仅说明账务的资金现状，而且追溯资金的来龙去脉，如将体现债务债权关系的应付账、应收账与采购业务和销售业务集成起来，与供应商或客户的业绩或信誉集成起来，与销售和生产计划集成起来等，按照物料位置、数量或价值变化，定义"事务处理（Transaction）"，使与生产相关的财务信息直接由生产活动生成。在定义事务处理相关的会计科目时，按设定的借贷关系，自动转账登录，保证了"资金流（财务账）"同"物流（实物账）"的同步和一致，改变了资金信息滞后于物料信息的状况，便于实时做出决策。

1. 应收账款系统

应收账款系统处理应收账款的生成、收款冲销及分析，提供完整的应收余额资料，提供适时的催账作为客户信用控制的依据，并可依各应收账款的到期状况，规划现金来源。

应收账款系统功能：

- 销（退）货可自出货管理模块自动转入，也可在本系统中手动输入。其他非营业的应收账款可于本系统自行输入。
- 实际收款冲销时，可将所收现金与票据分别处理。
- 可处理预（暂）收款的登录及冲销。
- 提供多种收款冲销方式，以配合各企业的需要。
- 具有八种应收账款冲销方式，即总余额、年月、销售订单、销售订单＋行号、发票、发票＋行号、出货单、出货单＋行号。
- 具有两种预收账款冲销方式，即总余额、销售订单。
- 可设定客户的付款条件（依客户结算日、付款日、票期日），供收款时参考。付款目的明确显示,可以提前规划收款,提前追踪逾期收款,协助账款及早回收。
- 可将收款时所收票据及现金资料完整地转到票据现金系统上。
- 可依客户别,随时查询客户应收账款余额。
- 提供应收账款账龄分析表,供主管追踪账款回收及资金周转时参考。
- 可依客户信用额度及应收账款余额进行信用控制。
- 提供各种核对表、汇总表、明细表、分析表、日报表,作为管理的依据。
- 可处理外币作业,并自动计算外币兑换损益。
- 提供本币及所交易外币应收账款余额,以供收款冲销。

应收账款系统的作业流程如图 3-22 所示。

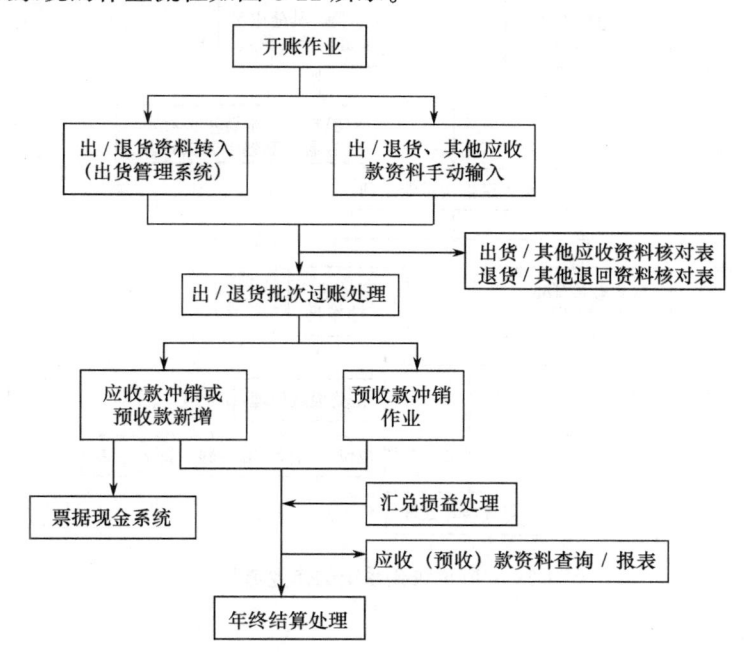

图 3-22 应收账款系统的作业流程

2. 应付账款系统

应付账款系统处理应付账款的生成、付款冲销及分析,提供完整的应付账款资料,以供对账及掌握付款需求,供现金规划用。

应付账款系统功能:

- 验收/退资料可自采购管理或委外管理模块自动转入,也可于本系统手动输入。其他应付账款资料可于本系统自行输入。
- 实际付款冲销时,可将所付的现金或票据分别进行处理。
- 可处理预(暂)付款的登录及冲销。
- 各厂商可选择八种应付账款冲销方式之一:总余额、年月、采购订单、采购订单+行号、发票、发票+行号、验收单、验收单+行号。
- 两种预付账款冲销方式:总余额、采购订单。
- 可于票据现金系统中输入应付票据,再由本系统以票据号码带出票据资料,并查核受票人。
- 可按供应商(委外商)随时查询应付账款余额。
- 提供各种应付账款核对表、汇总表、明细表、分析表、日报表。
- 可处理外币付款的冲销作业,并自动计算外币兑换损益。
- 提供本币及原交易外币应付账款余额,作为付款冲销的依据。

应付账款系统的作业流程如图 3-23 所示。

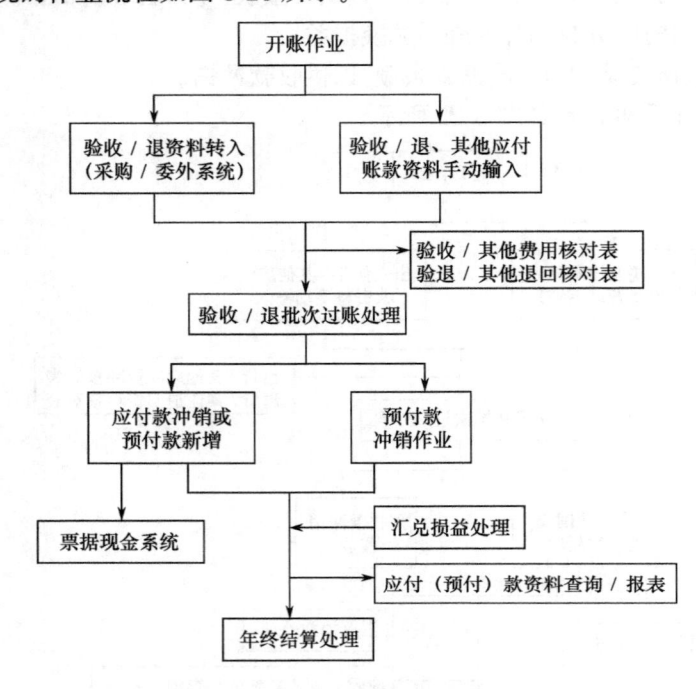

图 3-23 应付账款系统的作业流程

3. 票据现金系统

票据现金系统处理现金存取、应收/付票据的收/付票、兑现等作业,提供票据现金处理相关信息,以充分掌握票据变动及现金的提、存作业,以确保各账号的存款额正确无误。可与应收、应付账款系统集成,加强内部控制效果。提供各账号到期票据,为资金调度提供依据。依银行存款预计分析,可拟订资金运用规划。

票据现金系统功能:
- 可处理多个银行账号的现金存取、票据收付作业。
- 可将公司内部各出纳单位视为管理控制点,将其手上存有的票据及现金资料全部入账管理。
- 提供外币作业处理,自动计算汇兑损益及印出汇兑损益清册。
- 考虑票据交换时差,可依票据预计兑现日期,而非依票据到期日,提供预计存款分析,使之更切合实际存款状况。
- 提供多种票据变动处理,充分掌握票据的动态及流向。其中:
应收票据——延票、托收、撤票、贴现、兑现、作废、退票、质押;
应付票据——延票、兑现、退票、作废。

- 依各种方式查询到期票据的明细资料。
- 可查询各银行账号的预计存款逐日余额。
- 提供应付票据的提领作业,协助票据保管。
- 提供将应收票据转入应付账款作业,以支付给厂商。
- 各银行账号往来明细表及现金日报表打印。
- 提供付款通知单、支票受领证明表及支票签收表。
- 提供银行托收表给金融单位,避免票据资料的重复抄写。

票据现金系统的作业流程如图 3-24 所示。

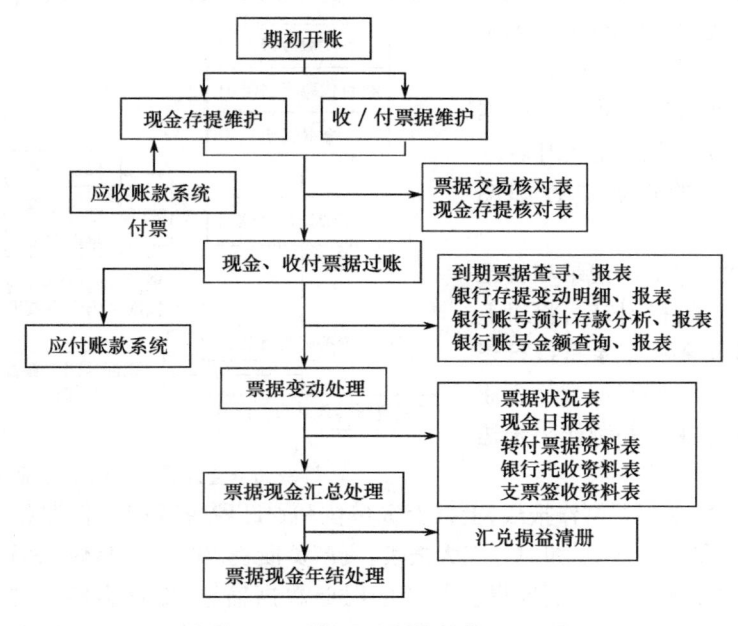

图 3-24 票据现金系统的作业流程

4. 会计界面系统

应收、应付、票据现金等系统的交易事项,可与会计界面系统设定相对应的会计分录,当各系统生成交易并经确认后,可经由本系统检核作业,自动生成对应的会计分录,供转入总账系统使用。

会计界面系统功能:

- 可预先设定任何交易事项所对应的会计分录,包括销货/销退、购货/购退、收款/付款、预收/预付、费用冲支/冲收、现金存提、票据收付及变动等。
- 可设定生成记账凭证方式,其中包括
  依天或会计期间生成凭证;
  依应收、应付、票据现金等各系统生成凭证;
  依各交易类别(如收款、退货、销货等)生成凭证。
- 可依各子系统,分别检核相关分录。
- 检核处理:将各系统交易明细逐一比对,以检查错误,若各交易代码或原因码的对应分录不完整,或未建该分录的借贷科目,则生成错误清册,详列原因以便更正,无误后再生成凭证。

- 自动编号有依各子系统、定义凭证的编号方式。
- 选择自动编号,则在检核处理时,自动给处理批号。
- 选择不自动编号,则在检核处理时,由使用者指定处理批号。
- 科目代号维护。
- 系统已设定各交易代码,可自行设定对应的凭证分录。
- 交易代码对应多凭证分录时,可再自行设定原因码加以区分。
- 各交易代码及原因码的对应凭证分录,可自行设定。
- 检核资料转凭证:依参数设定,将检核资料生成凭证。
- 凭证与各批次号码的对应关系查询,可依凭证内容查询原交易单据号码,或依原交易单据号码查询所对应的凭证内容。

会计界面系统的作业流程如图3-25所示。

会计人员将收入、支出记录和自己记的银行日记账记录进行核对,将对上的记录核销,查找出哪些记录是银行未登账的(银行未达账),哪些记录是企业未登账的(企业未达账),并制作出未达账调节表。

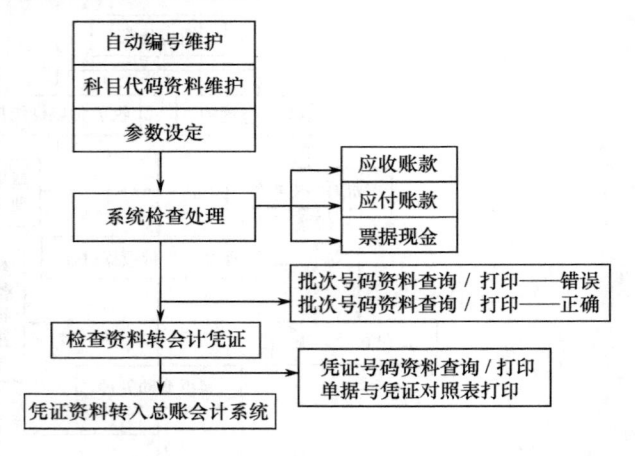

图 3-25 会计界面系统的作业流程

企业每个核算期末都要制作报表,上报上级单位和财政税务部门。各类财务报表从不同角度反映企业的经营和财务状况,如财务三大报表:资产负债表、利润表和财务状况变动表。

财务工作还能及时为企业领导提供相关的财务数据信息,如资金使用情况、企业赢利情况、资金运转情况等,这些信息是企业领导制订企业方针政策和决策时不可缺少的依据。财务分析工作汇总各类财务信息,通过分类整理和系统分析可以看出企业财务活动及经营活动中存在的问题。

学习思考题

1. BOM 的几种表示形式是什么?它们各自的优缺点。
2. 何谓供应链管理?在 ERP 中供应链管理的重要性是什么?
3. 库存管理系统功能是什么?
4. 请说出制造成本的构成。
5. 销售分析的作用有哪些?
6. 供应链管理中的横向一体化和纵向一体化各代表什么含义?
7. 请说出工厂日历的作用和表示形式。
8. 人力资源管理模块和设备管理模块对产能平衡的影响是什么?
9. MPS 主生产排程的输出为什么要有委外管理?
10. 采购管理和销售管理的区别与关系是什么?

第二篇 方 法 篇

本篇系统介绍了 ERP 系统各层计划的制订方法、基本功能以及相关的管理方法,主要内容如下:
◆ 物料需求计划(MRP)的制订方法
◆ 能力需求计划(CRP)的制订方法
◆ 主生产计划(MPS)的制订方法
◆ 项目型生产作业计划的制订方法
◆ 作业排序的基本方法
◆ 准时生产制
◆ 精益生产方式
◆ 最优生产技术
◆ 供应链管理理论与方法

第 4 章 ERP 系统各层计划的制订方法

4.1 物料需求计划(MRP)的制订方法

MRP 的工作原理:
① 根据产品的生产量,自动地计算出构成这些产品的零部件与材料的需求量及时间;
② 根据物料需求的时间和生产(订货)周期确定各零部件的生产订货时间。当计划的执行情况有变化时,还能根据新情况分出轻重缓急,调整生产优先顺序,重新编制出符合新情况的作业计划。

MRP 的目标:
① 保证按时供应用户所需的产品,及时取得生产所需要的原材料及零部件;
② 保证尽可能低的库存水平;
③ 计划生产活动、交货进度与采购活动,使各车间生产的零部件外购配套件与装配的要求在时间和数量上精确衔接。

4.1.1 MRP 的输入

MRP 的信息系统有三种输入信息,即主生产计划、库存状态和产品结构信息。

1. **主生产计划**

根据计划时间内(年、季、月)每一时间周期(月、旬、周)最终产品的计划产量制订出主生产计划,它表明计划需求每种成品(产品)的数量和时间,是企业生产什么和什么时候生产的权威文件。产品的生产计划根据市场预测和订货情况来确定,但它并不同于预测,因为预测未考虑企业的生产能力,而计划则要在进行生产能力平衡后才能确定;预测的需求量可能随时间起伏变化,而计划可以通过提高或降低水平作为缓冲,使实际各周期生产量趋于一致,生产过程均衡稳定。产品的生产计划是 MRP 的基本输入,MRP 根据主生产计划展开,并计算出这些产品零部件和原材料的各期需求量。

在 MRP 系统中还需输入独立需求项目的信息,这些独立需求信息依据独立项目的订货情况及市场预测得到。

2. 库存状态信息

库存状态信息应保存所有产品、零部件、在制品、原材料(统称为项目)的库存状态信息,主要包括如下内容:

① 当前库存量,指工厂仓库中实际存放的可用库存量。

② 计划入库量,指根据正在执行的采购订单或生产订单,在某个时间周期中这些订单的标的物的入库量。在这些订单标的物入库的那个周期内,把它们视为库存可用量。

③ 提前期,指执行某项任务从开始到完成所耗的时间。对采购件而言,是从企业向供应商发出项目订单到项目到货、入库所耗时间;对于制造或装配件而言,则指从下达工作单到制造或装配完毕所耗时间。

④ 订购(生产)批量。

⑤ 安全库存量,指为防止需求或供应方面的不可预测的需求波动,在仓库中应经常保持的库存量。

⑥ 组装废品系数、零件废品系数、材料利用率等信息。

3. 产品结构信息

产品结构信息,又称零件(材料)需要明细表,如图 4-1 所示。在图 4-1 中,以字母表示部件组件,数字表示零件,括号中数字表示装配数。从图中可以看出,最高层次 0 层的 M 是企业的最终产品,它由部件 B(每组装 1 件 M 需 1 件 B)、部件 C(每组装 1 件 M 需 4 件 C)及部件 E(每组装 1 件 M 需 3 件 E)组成。而每一个第一层次的 B 件又是由部件 C(1 件)、零件 1(1 件)、零件 2(1 件)组成,以此类推,这些部件组件和零件中,有些是工厂自己生产的,有些则是外购的。如果是外购件(如图中 E),则不必进一步分解。

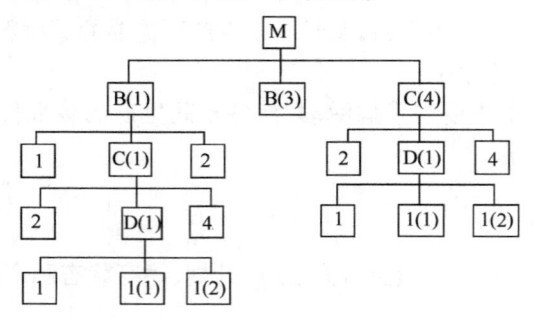

图 4-1 产品结构信息示例

当产品信息输入计算机后，计算机根据输入的产品结构文件信息，自动赋予各部件、零件一个低层代码，低层代码的引入，是为了简化 MRP 的计算。当一个零件或部件在多种产品结构的不同层次中出现，或在一个产品的多个层次中出现时，该零件就具有不同的层次码。例如，图中部件 C 处于 1 层次也处于 2 层次，其层次代码是 1 和 2。产品结构是按层次码逐级展开的。

相同零部件若处于不同层次就会重复展开，增加计算工作量。因此，当一个零部件有一个以上层次代码时，应以它的最底层代码（其层次代码数字中较大者）为层次代码。图4-1中各零部件的低层次代码表如表 4-1 所示。

表 4-1 产品 M 的各零部件代码

件 号	低层次代码
M	0
B	1
E	1
C	2
D	3
1	4
2	3
4	3
11	4
12	4

一个零件的需求量为其上层（父项）对其需求量之和，在第二层分解时，每件 M 需 4 件部件 C，部件 B 需 1 件部件 C，因此，生产一件 M 需 5 件 C，部件 C 的需求量可以在第二层次展开时一次求出，从而简化了运算过程。为了满足设计和生产情况不断变化的需要，灵活适应市场对产品需求的多品种、小批量增加的趋势，产品结构文件 BOM 必须设计得十分灵活，使企业在应用 MRP 的过程中既能从 BOM 取得与每种产品相应的零件清单，又不致在计算机中存储大量重复数据。

4. 外部零件信息

外部零件是指备品、备件的订货以及用于设备维修实验等零部件的订货，这类零件企业自身并不生产，在 MRP 中必须输入此类信息，使企业的整个生产过程能够维持正常运行。

4.1.2 MRP 参数的确定

MRP 的运行系统除需要主生产计划、产品结构以及项目的库存情况等反映生产情况的信息外，还涉及一系列的参数，如时间参数（计划展望期、周期），提前期，批量等。这些参数的选择方法是在运行 MRP 前必须解决的问题。

1. 时间参数

（1）计划展望期

计划展望期是指系统生成物料需求计划所覆盖的未来时间。计划展望期分为许多时间段或周期。MRP 计划展望期的长度应足以覆盖计划物料中最长累计提前期。最长累计提前期是产品结构层次上最长提前期之和，由层次最长提前期求和得出最长路径。

（2）时间段（周期）

计划展望期被分为称为时间段的小时间区间，把各项目的需要量、预计到货、可利用库存量、生产指令下达等一系列连续时间分割为时段，按时段组织生产作业。各段时间的生产活动一定要在该时段内完成，对生产活动的调整，也要在时段交界处进行。在全部计划展望期内，通常采用相等长度时段。

2. 提前期

提前期指执行某项任务由开始到完成所耗时间。下达订单之前的一段时间为管理提前期。实践表明,由于多种原因的影响,实际的生产提前期,一般大大超过真正用于加工产品(零件)的时间,其中包括大量的闲置时间。按照其占生产提前期的比重的大小次序,可将生产提前期的构成要素排列如下:① 排队等候加工时间;② 加工时间;③ 更换作业准备时间;④ 停放时间;⑤ 检验时间;⑥ 运输时间;⑦ 其他时间。如果需求紧急,用于计划和准备订单的管理提前期可降为 0。采购件的提前期由管理提前期、供应商提前期以及验收时间等组成;制造件的提前期是管理提前期以及制造工艺路线中每道工序的移动、排队、等待与准备、加工时间之和。

3. 批量

在 MRP 的计算中,计划订购的数量不一定正好等于净需求量,经常要进行一些调整。在实践中,常用确定批量的方法对之进行调整。这一方法又分为静态与动态两种,静态指批量进货量为一常数,动态方法下不同周期的订货量不同。常用的确定批量的方法如下。

(1) 固定订货批量(Fixed Order Quantity,FOQ)法

固定批量的订货方法可用于 MRP 控制下的所有物料,但在实践中,通常只限于订货费用比较大的部分物料。对这些物料,根据净需求量的大小变化而不断发出订货是不合算的。所以常采用固定批量的形式订货。订货的数量可以根据经验来确定。表 4-2 给出了一个例子的计算结果,其中,9 个时区的净需求量数值将沿用于以下对各种订货批量方法的讨论中。

表 4-2 固定订货批量法计算结果

时 区	1	2	3	4	5	6	7	8	9	总计
净需求量	35	10		40		20	5	10	30	150
计划订货量	60			60					60	180

(2) 经济订货批量(Economic Order Quantity,EOQ)法

这是一种在 1915 年就开始使用的批量方法,它假定需求均匀发生,从而平均库存量是订货批量的一半。确定经济订货批量 EOQ 的公式如下:

$$\text{EOQ}=\sqrt{\frac{2RS}{IC}} \tag{4-1}$$

式中,R 为年需求量;S 为一次订货费用;I 为年保管费用率;C 为物料单价。

假定该例中的时区单位是月,并假定各种有关的费用数据如下:

$$S=100, \quad C=50, \quad I=0.24$$

年需求量可从 9 个月的需求量推断出,即 $R=200$。

则将这些数据代入式(4-1),可求得 $\text{EOQ} \approx 58$。表 4-3 所示为经济批量法计算结果。

表 4-3 经济批量法计算结果

时 区	1	2	3	4	5	6	7	8	9	总计
净需求量	35	10		40		20	5	10	30	150
计划订货量	58			58					58	174

(3) 按需确定批量(Lot For Lot,LFL)法

根据各时区的净需求量来确定订货量,需要多少订多少,也称为直接批量法。每当净需求

量改变时,相应的订货批量也随之动态地调整。采用这种方法可以降低物料存储费用,因而常用于价值较高和需求量极不连续的外购件及制造件,参见表 4-4。

表 4-4　按需确定批量法计算结果

时　区	1	2	3	4	5	6	7	8	9	总计
净需求量	35	10		40		20	5	10	30	150
计划订货量	35	10		40		20	5	10	30	150

(4) 按固定时区需求量确定批量(Fixed Period Requirements,FPR)法

首先确定每批订货所要覆盖的时区数,然后由所覆盖的几个时区内的需求量来确定批量。这里,时间间隔是常数,而批量是变数,这是与固定订货批量法正好相反的。表 4-5 是按覆盖三个时区的需求量来确定批量的计算结果。

表 4-5　按固定时区需求量确定批量法计算结果

时　区	1	2	3	4	5	6	7	8	9	总计
净需求量	35	10		40		20	5	10	30	150
计划订货量	45			60			45			150

(5) 时区订货批量(Period Order Quantity,POQ)法

时区订货批量法是一种为适应间断性需求环境而在经济订货批量法的基础上修改而得的方法。这种方法首先根据各时区已知的净需求量数据,用标准的经济订货批量法算出每年的订货次数,然后用 1 年的总时区数除以订货次数,即得到订货的时间间隔,而每次订货批量覆盖此间隔内的所有需求,计算结果如表 4-6 所示。

表 4-6　时区订货批量法计算结果

时　区	1	2	3	4	5	6	7	8	9	总计
净需求量	35	10		40		20	5	10	30	150
计划订货量	85				35				30	150

例如:EOQ=58,一年的时区数=12,年需求量=200,则 200/58≈3.4,即每年订货 3.4 次;12/3.4≈3.5,即订货间隔 3.5 时区。

(6) 最小单位费用(Least Unit Cost,LUC)法

最小单位费用法与后面要讨论的两种方法有一些共同点,它们都允许订货批量和订货时间间隔有变动,它们都吸取了经济订货批量法中关于使订货费用与保管费用之和最小的思想,但各自采用的手段多少有些不同。这里要介绍的最小单位费用法实际上是一种试探法。为了确定订货批量,首先提出这样的问题:该批订货量应该等于第 1 时区的净需求量,第 1、第 2 这两个时区的净需求量之和,还是应该等于第 1、第 2、第 3 这三个时区的净需求量之和? 为解决这个问题,要算出以上 3 种批量对应的"单位费用"(即单位订货费用加上单位保管费用)。单位费用最小的那个批量将作为订货批量。

表 4-7 说明了第 1 时区订货批量(45)的计算过程,以后的订货批量可类似地计算,计算结果如表 4-8 所示。

表 4-7 最小单位费用的计算

订货费用：100 元
保管费用：每单位物料时区 1 元

时区	净需求量	存放时区数	可能的批量	保管费用 整批	保管费用 单位	单位订货费用	单位费用
1	35	0	35	0	0	2.86	2.86
2	10	1	45	10	0.22	2.22	2.44
3	0	2					
4	40	3	85	130	1.53	1.18	2.71

表 4-8 最小单位费用法计算结果

时区	1	2	3	4	5	6	7	8	9	总计
净需求量	35	10		40		20	5	10	30	150
计划订货量	45			60			45			150

(7) 最小总费用(Least Total Cost, LTC)法

最小总费用法依据的原理是，当计划期内的订货费用越接近于保管费用时，这个计划期内所有批量的订货费用与保管费用之和也越小。这与经济订货批量法所依据的原理是相同的。为了达到使总费用最小的目的，最小总费用法的具体做法就是选取尽可能使单位订货费用与单位保管费用相接近的订货批量。按这样的观点再来看表 4-7 就会发现，按最小单位费用法所选择的批量(45)所对应的单位订货费用(2.22)，大大超过了单位保管费用(0.22)。

由于最小总费用法的目的是使两种费用尽可能接近，所以可以避免像最小单位费用法那样繁杂的计算过程。在计算时，要用到一个经济单位库存时区量(Economic Part Period, EPP)的概念。单位库存时区是一个度量单位，类似于"人年"的概念，指一单位物料在仓库中存放一个时区。EPP 则是指存储一个时区内使订货费用与保管费用相等的库存量。这个数量可以直接用订货费用除以单位时区内存储单位物料的保管费用来求得。在上面的例子中，EPP=100，计算过程如表 4-9 所示。

表 4-9 最小总费用的计算

时区	净需求量	存放的时区数	可能的批量	单位库存时区
1	35	0	35	0
2	10	1	45	10
3	0	2		
4	40	3	85	130

于是，应选 85 为第 1 个订货批量，这是因为其对应的单位库存时区值 130 比较接近于 EPP 的值 100。该订货批量可以满足第 1~5 时区的需求。用同样的方法可以确定第 2 个订货批量为 65，可以满足第 6~9 时区的需求。计算结果如表 4-10 所示。

表 4-10 最小总费用法计算结果

时区	1	2	3	4	5	6	7	8	9	总计
净需求量	35	10		40		20	5	10	30	150
计划订货量	85					65				150

(8) Wagner-Whitin 算法

这种方法包含根据动态规划原理制订的一系列优化步骤。这些步骤涉及许多数学问题。概括地说，这种方法的出发点是逐一评审能满足计划期内每个时区净需求量的所有可能的订

货方案,以便找出对于整个净需求量日程表总体最优的订货方案。Wagner-Whitin 算法的确能使订货费用与保管费用之和最小,所以可用作衡量其他针对间断性需求的批量确定方法的标准。这种方法的缺点是计算工作量太大,原理也比较复杂。其计算结果如表 4-11 所示。

表 4-11 Wagner-Whitin 算法计算结果

时 区	1	2	3	4	5	6	7	8	9	总计
净需求量	35	10		40		20	5	10	30	150
计划订货量	45			65				40		150

不管计划订货批量是采用哪一种方法确定的,在实际执行时,都会由于某些因素而必须加以调整。调整时主要考虑订货的上限和下限、报废率、批量倍数。

4.1.3 MRP 系统的运行方式

MRP 系统有两种基本的运行方式:全重排式和净改变式。

第一种方式从数据处理的角度看,效率比较高,但由于每次更新需要间隔一定周期,通常至少也要一周,所以不能及时反映出系统的变化。第二种方式可以对系统进行频繁的,甚至连续的更新,但从数据处理的角度看,效率不高。以上两种方式的主要输出形式是一样的,因为不论以何种形式执行 MRP 系统,对同一个问题只能有一个正确的答案。两种方式的输入形式也基本上是相同的,只是在物料库存状态的维护上有些不同。两种方式最主要的不同之处在于计划更新的频繁程度以及引起计划更新的原因。在第一种方式中计划更新是由主生产计划的变化引起的,在第二种方式中,则是由库存事务处理引起的。

理论上讲,任何一个标准的 MRP 系统都只能是以上两种形式中的一种,但在实际应用中却很难分出两种形式的界限。一个全重排式系统可能会渗入一些净改变式系统的特点;反之亦然。实际上,一般的 MRP Ⅱ 软件系统都提供两种运行方式供选择。

MRP 系统的传统做法是建立在计划日程全面重排的想法之上的。根据这种做法,系统要将整个主生产计划进行分解,求出每一项物料按时间分段的需求数据。

在使用全重排方法时,主生产计划中所列的每一个最终项目的需求都要加以分解,每一个 BOM 文件都要被访问到,每一个库存状态记录都要经过重新处理,系统输出大量的报告。

在全重排式 MRP 系统中,由于主生产计划是定期重建的,所以每次所有的需求分解都是通过一次批处理作业完成的。在每次批处理作业中每项物料的毛需求量和净需求量都要重新加以计算,每一项计划下达订单的日程也要重新安排。

由于采用批处理方式,这种作业也就只能按一定时间间隔定期进行。在两次批处理之间发生的所有变化,如主生产计划的变化、产品结构的变化,以及计划因素的变化等,都要累计起来,在下一次批处理作业中一起处理。重排计划的时间间隔,常要从经济上考虑其合理性。就制造业已安装的 MRP 系统来说,全面重排的时间间隔通常为 1~2 周。又由于全面重排计划的数据处理量很大,所以计划重排结果报告的生成常有时间延迟。这就使得系统反映的状态总是在某种程度上滞后于现实状态。

在具体情况下,这个缺点的严重程度取决于 MRP 系统的作业环境。

在一个动态的生产环境中,生产状态处于连续的变化之中。在这种情况下,主生产计划经常更改,客户需求时时波动,订货每天都可能发生变化,常有紧急维修的订单,也有报废的情况发生,产品的设计不断更新——所有这些都意味着每项物料的需求数量和需求时间也要随之迅速改变。

在这类生产环境中，系统要有迅速适应变化的能力。而全重排式 MRP 系统至多只能每周重排一次计划。由于这类系统不能适应生产作业的节奏，所以相对来说，它的反应太慢。

在比较稳定的生产环境中，仅就物料需求而论，全重排式 MRP 系统或许能满足需求。然而 MRP 并不只局限于库存管理，它还要确保已下达订单的到货期符合实际要求。已下达订单的到货期是正确制订车间作业任务优先级和作业顺序的基础。因此保证订单的完成期能随时更新，使它总能符合当前情况，这是非常重要的。然而，一个以周（甚至更长时间）为周期重排计划的 MRP 系统，显然不能使订单的完成期时时处于与当前情况相符的状态。

由以上讨论可以看出，在 MRP 系统的使用中，重排计划的时间间隔是一个重要问题，也是系统设计的一个重要参数。以小于一周的时间间隔来运行全重排式系统是不切实际的。为了能以更小的时间间隔重排计划，必须寻找一种新的方法，这种方法既考虑到数据处理的经济性（重排计划的范围、时间区段和输出数据量），又能避免批处理作业中时间滞后的弊端。于是，净改变式 MRP 系统便应运而生。

在运行 MRP 系统时，需求分解是最基本的作业。它既不能省略，又无捷径可走，仅可以将分解的工作分散进行。净改变式 MRP 系统就是从这一点出发，采用频繁地进行局部分解的作业方式，取代以较长时间间隔进行全面分解的作业方式。

局部分解是使净改变式 MRP 系统具有实用价值的关键，因为局部分解缩小了每次制订需求计划运算的范围，从而可以提高重排计划的频率。由于分解只是局部的，作为输出结果的数据自然也就少了。在净改变式 MRP 系统中，所谓局部分解是从以下两种意义上来说的：一是每次运行系统时，都只需要分解主生产计划中的一部分内容；二是由库存事务处理引起的分解只局限在该事务处理所直接涉及的物料项目及其下属层次上的项目。

与全重排方式相比较，净改变方式使系统能够做到以下几点：
① 减少每次发布主生产计划后进行需求计划运算的工作量；
② 在两次发布主生产计划的间隔期间也可以对计划中的变化进行处理；
③ 连续更新，及时产生输出报告，从而可以尽早通知管理人员采取相应的措施。

从系统使用人员的角度看，净改变式 MRP 系统最突出的优点是它能对状态变化迅速做出反应。

净改变式 MRP 系统也有不足之处，归纳如下。

(1) 系统的自清理能力较差

全重排式系统具有较好的自清理能力。因为在这种系统中，每次运行都是对新的主生产计划进行处理。而原有主生产计划也就自然而然地被完全抛弃，原计划中的所有错误也随之一起清除。这样，新计划的分解与需求计划编制是从头开始的。当然，如不清除在先前处理中引起错误的因素，原有的错误仍会出现。

采用净改变式 MRP 系统的企业都具有一套辅助程序，用于计划全面更新工作，必要时用来代替净改变程序。通过重新产生所有的需求数据对系统进行一次大清理。在实际应用中，净改变式 MRP 系统一般每年清理一次。

(2) 数据处理的效率相对较低

净改变式 MRP 系统的数据处理效率较低，成本较高，这主要是由于在库存事务处理和做分解运算处理时要多次访问库存记录，但是，净改变式 MRP 系统着眼于库存管理和生产计划的效率，而不是数据处理的效率。建立和开发 MRP 系统也和建立与开发其他企业管理计算机应用系统一样，有一个在数据处理效率和其所支持的管理系统效率之间进行权衡的问题。

在这些情况下,数据处理效率的小目标总是服从于改善企业管理效率的大目标的。

(3) 系统对变化过于敏感

净改变式 MRP 系统常常表现得过于敏感。这是因为在这种系统中,每次文件更新都相当于重排计划,这样,系统可能要求管理人员不断修正已经进行的作业。这是让管理人员感到头痛的一个问题,特别是对那些不能随意更改到货日期的已下达的采购订单,更是如此。为了正确评价净改变式 MRP 系统的这一特点,必须区分以下两个问题:一是系统给出最新的信息;二是根据系统提供的信息,以适当的频度采取行动。显然,这是两个不同的问题,而且,可以独立于前者而对后者做出决定。在完全掌握最新信息的基础上,有选择地对某些可以忽略的因素取消相应的措施总比不了解情况而不采取措施要好。就计划的编制来说,系统的"敏感性"应当说是净改变式 MRP 系统的一个长处。就计划的执行来说,过度的敏感是应当、也完全能够适当地加以抑制的。

4.2 能力需求计划(CRP)的制订方法

4.2.1 相关概念

1. 生产能力的概念

生产能力是指企业的固定资产在一定时期内,在一定的技术组织条件下,经过综合平衡后,所能生产的一定种类产品最大可能的产量。工业企业的生产能力是指直接参与产品生产的固定资产的生产能力,在查定生产能力时,不考虑劳动力不足或物资供应中断等不正常现象。

可以将年、季、月、日、班、小时作为计算企业生产能力的时间跨度,但通常按年来计算。按年计算的企业生产能力可与企业年度生产计划任务相比较,同行业的不同企业也常以年生产能力互相比较;计算流水线的生产能力常采用轮班、小时等为时间单位;生产能力以实物指标为计算单位。

2. 生产能力的种类

企业的生产能力可分为设计能力、计划能力和实际能力三种。

(1) 设计能力

设计能力是指在企业设计时确定的生产能力。它是由设计企业生产规模时,所采用的机器设备、生产定额及技术水平等条件决定的。通常,设计能力一般是在企业建成投产,经过一段时间熟悉和掌握生产技术工艺后,生产进入正常状态时才能达到的生产能力。

(2) 计划能力

计划能力是指企业在计划期内能够达到的生产能力。它是根据企业现有的生产技术条件与计划期内所能实现的技术组织措施情况来确定的。

(3) 实际能力

实际能力是在企业现有的固定资产、当前的产品方案、协作关系和生产技术组织条件下所能达到的生产能力。

设计能力是企业制订长期规划、安排企业基本建设和技术改造的重要依据。计划能力和实际能力是企业编制生产计划的依据,也可以说是计划期生产任务与生产条件平衡的依据。

4.2.2 生产能力的测定

1. 测定生产能力的程序

① 确定企业的专业方向和生产大纲。企业的生产能力是按照一定的产品品种方案来计算的,因此,在测定生产能力时,首先要确定企业的专业方向和产品品种、数量方案。

② 做好测定生产能力的准备工作。测定生产能力的准备工作包括组织准备和资料准备,首先,要向企业职工宣传测定生产能力的重要性,动员全体职工积极配合测定工作;其次,要组成全厂和车间的测定生产能力小组,配备一定的技术人员和管理人员,具体负责测定生产能力的工作,要制订测定生产能力的计划,明确职责;再次,要收集和整理测定生产能力所需的各种数据资料。

③ 分别计算设备组、工段时间和车间的生产能力。

④ 进行全厂生产能力的综合平衡。测定企业的生产能力,应当从基层开始自下而上地进行,即首先计算和测定各生产线、各设备组的生产能力,在此基础上计算和测定各工段的生产能力,然后计算和测定车间的生产能力,最后在综合平衡各车间生产能力的基础上,测定企业的生产能力。

2. 生产能力的计量单位

生产能力以实物指标为计量单位。常见的实物计量单位有具体产品、代表产品及假定产品。由于企业及其生产环节的产品特点、生产类型和技术条件不同,所以计算生产能力也将采用不同的计量单位。

(1) 具体产品

在产品品种单一的大量生产企业中,计算生产能力时的生产率定额用该具体产品的时间定额或生产该产品的产量定额。企业生产能力以该具体产品的产量表示。

(2) 代表产品

在多品种生产的企业中,在结构、工艺和劳动量构成相似的产品中选出代表产品,以生产代表产品的时间定额和产量定额来计算生产能力。代表产品一般选代表企业专业方向、结构工艺相似的产品,总劳动量(即产量与单位劳动量乘积)最大的产品。代表产品与具体产品之间通过换算系数换算。换算系数为具体产品与代表产品的时间定额的比例,即

$$K_i = T_i / T_0 \tag{4-2}$$

式中,K_i 为产品 i 的换算系数;T_i 为产品时间定额(台时);T_0 为代表产品时间定额(台时)。

(3) 假定产品

在产品品种数较多,各种产品的结构、工艺和劳动量构成差别较大的情况下,不能用代表产品来计算生产能力,此时,可以假定产品为计量单位。假定产品是由各种产品按其总劳动量比重构成的一种假想产品。例如,企业生产纲领规定生产 A、B、C 三种结构、工艺不相似的产品,其产量分别为 600、350、80,单位产品台时定额分别为 100、200 和 250,则各产品的总劳动量依次为 60 000、70 000 和 20 000 台时,总劳动量之和为 150 000 台时。因此,三种产品的总劳动量比重为 $\theta_A = 0.4$(即 60 000/150 000),$\theta_B = 0.133$,$\theta_C = 0.467$,则一个假定产品中含 0.4 个产品 A、0.133 个产品 B 和 0.467 个产品 C。

假定产品劳动量的计算公式为

$$t_\theta = \sum_{i=1}^{n} t_i \theta_i \qquad (4\text{-}3)$$

式中，t_θ 为单位假定产品的台时定额（台时/件）；t_i 为产品的台时定额（台时/件）；θ_i 为产品的劳动量比重；n 为产品品种数。

产品品种繁多而且不稳定的单件小批生产企业，也常采用产品的某种技术参数作为计量单位，如发电设备的功率（千瓦）；铸造、锻压、金属结构等工厂、车间，也常采用重量单位作为计量单位。

3. 设备组生产能力的计算

设备组中的各个设备具有以下特点：在生产上具有互换性，即设备组中的任何一台设备都可以完成分配给该设备组的任务，并能达到规定的质量标准。

① 在单一品种生产情况下，设备组生产能力计算公式为

$$M = F_e \cdot S / t \qquad (4\text{-}4)$$

式中，M 为设备组的年生产能力；F_e 为单台设备年有效工作时间；S 为设备组内设备数；t 为单位产品的台时定额（台时/件）。

设备组生产能力的单位为具体产品计量单位，如台或件等。如果设备组生产能力采用重量单位，则公式中的 t 是单位重量台时定额。

② 在多品种生产情况下，当设备组的加工对象结构、工艺相似时，采用代表产品计量单位来计算设备组的生产能力。

【例 4.1】 某车床组共有车床 8 台，每台车床全年有效工作时间为 4650 小时，在车床组上加工结构与工艺相似的有四种产品 A、B、C、D，根据总劳动量最大的原则，选择产品 B 为代表产品。各产品的计划产量与台时定额如表 4-12 所示。产品 B 在车床上的单位产品台时定额为 50，则以产品 B 为计量单位表示的车床组生产能力为

$$M = 4650 \times 8 / 50 = 744 \quad (件)$$

将代表产品 B 表示的生产能力，换算为各具体产品的生产能力的过程如表 4-13 所示。车床组的负荷系数为 720/744＝96.8%。

表 4-12　产品计划产量与台时定额表

产品名称	A	B	C	D
计划产量	280	200	120	100
台时定额	25	50	75	100

表 4-13　生产能力计算表

产品名称	计划产量	台时定额	换算系数	换算为代表产品的产量	以代表产品表示的能力	换算为具体产品表示的能力
A	280	25	0.5	140	744	289
B	200	50	1	200		207
C	120	75	1.5	180		124
D	100	100	2	200		103
合计	700	—	—	720		723

③ 在多品种生产情况下,当设备组的加工对象结构、工艺不相似时,应采用假定产品计量单位来计算设备组的生产能力。

计算以假定产品计量单位表示的设备组生产能力,需要计算假定产品的台时定额,根据假定产品的台时定额和设备组在计划期内的有效工作时间,求出以假定产品计量单位表示的生产能力。然后,将用假定产品计量单位表示的生产能力,再按生产计划草案中规定的产品品种换算为具体产品的生产能力。

【例 4.2】 某车床组有设备 15 台,每台车床全年有效工作时间为 4800 小时,在车床组上加工 A、B、C、D 共 4 种在结构和工艺上相差较大的产品。采用假定产品计量单位来计算设备组的生产能力,产品的计算产量、台时定额以及假定产品为计量单位计算车床生产能力的计算过程如表 4-14 所示。设备组的负荷系数为

$$60\,000/191.8/375 = 83.4\%$$

表 4-14 以假定产品为计量单位的生产能力计算表

产品名称	计划产量	台时定额	总劳动量	总劳动量比重	假定产品台时定额	以假定产品计量单位表示的生产能力	换算为具体产品的生产能力
A	100	200	20 000	0.33	191.8	375	119
B	80	270	21 600	0.36			96
C	160	100	16 000	0.27			194
D	60	40	2400	0.04			72
合计	—	—	60 000				—

4. 工段(车间)生产能力的计算和确定

生产能力取决于设备的工段(车间),可以在计算设备组生产能力的基础上,确定工段(车间)的生产能力。各设备组的生产能力一般是不相等的。因此,确定工段(车间)生产能力时,要进行综合平衡工作。通常以主要设备组的生产能力为综合平衡的依据。主要设备组是指在工段(车间)生产中起决定作用,完成劳动量比重最大或者贵重而无代用设备的设备组。生产能力不足的设备组为薄弱环节,要制订消除薄弱环节的措施,应尽可能利用富裕环节的能力来补偿薄弱环节。如果一个车间内有多个加工工段,则先按上述方法确定出各工段的生产能力,根据主要工段的生产能力,经过综合平衡以后确定车间的生产能力。

5. 企业生产能力的确定

当各个生产车间的生产能力计算出来后,便可确定企业的生产能力,企业的生产能力取决于各个生产车间的成套程度。由于企业的产品品种、产量及其他技术组织条件总是在变化的,所以,出现不成套、不平衡的现象是经常发生的。这就需要进行综合平衡工作,以便使企业的生产能力在适应条件变化的情况下,达到最佳水平,企业生产能力综合平衡的内容主要包括两个方面:一是各基本生产车间之间生产能力的平衡;二是基本生产车间与辅助生产车间之间,以及生产服务部门之间生产能力的平衡。基本生产车间与辅助生产车间的平衡,一般以基本生产车间的生产能力为基准,核对辅助生产车间的生产能力配合情况,采取措施使之达到平衡。

4.2.3 能力需求计划

物料需求计划的计划内容是物料,具体内容包括需要的物料编码、物料数量和需用时间

等;而能力需求计划的计划内容是能力,具体内容包括工作中心加工能力、员工工作时间、设备加工效率等。能力需求计划起到一个计划转换器的作用,把 MRP 转换成 CRP,将 MRP 下达的生产订单和已下达但未完成的订单转换成生产能力负荷,并分解为每个工作中心在各时区的能力需求。另外,CRP 又起到一个工作延伸扩散器的作用,把有关物料计划管理和控制工作向设备计划管理和控制工作、人力资源计划管理和控制工作方面延伸和扩散,使得整个 ERP 系统有可能把物料管理、设备管理和人力资源管理等多种职能工作作为一个整体系统筹管理。制订能力需求计划的一般过程如图 4-2 所示。

能力需求计划制订的步骤如下:

① 收集资料数据:包括物料需求计划表、已下达订单、产品工艺规程、工作中心文件、工作中心/车间日历。

② 计算工作中心负荷:计算每个工作中心的负荷和可用能力,计算每个物料每道工序的开工和完工日期,按时段计算每个工作中心的总负荷。

③ 编制负荷图,分析超负荷时段及原因:重点分析产品能力需求、计划安排及工作中心能力。

④ 调整工作中心超负荷状况:通过改变负荷或改变能力改善超负荷状况。

下面举例说明能力需求计划编制的方法。

【例 4.3】 已知产品 A 的结构如图 4-3 所示,其 MRP 输出结果如表 4-15 所示,产品 A 的工艺路线文件如表 4-16 所示。

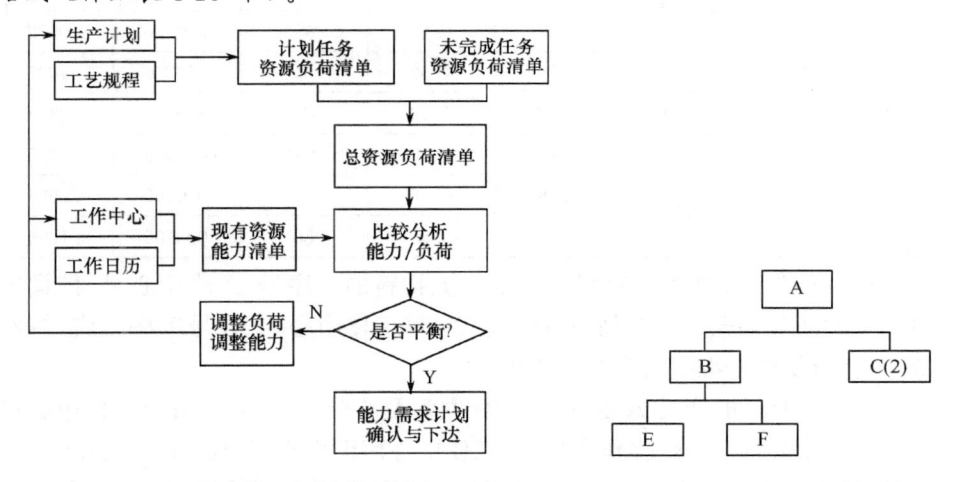

图 4-2 制订能力需求计划的一般过程

图 4-3 产品 A 结构图

表 4-15 产品 A 的 MRP 输出结果

物料编码	项目	周次									
		1	2	3	4	5	6	7	8	9	10
A	主计划	25	25	20	20	20	20	30	30	30	25
B	毛需求量	25	25	20	20	20	20	30	30	30	25
	计划接收量	38									
	预计可用库存量(14)	27	2	20	0	20	0	30	0	25	0
	计划投入量		38		40		60		55		

(续表)

物料编码	项 目	周次									
		1	2	3	4	5	6	7	8	9	10
E	毛需求量		38		40		60		55		
	计划接收量		76								
	预计可用库存量(5)	5	43	43	3	3	55	0	0	0	0
	计划投入量				112						
F	毛需求量		38		40		60		55		
	计划接收量										
	预计可用库存量(22)	22	64	64	24	24	44	44	69	69	69
	计划投入量	80			80		80				
C	毛需求量	50	50	40	40	40	40	60	60	60	50
	计划接收量	72									
	预计可用库存量(33)	55	5	40	0	40	0	60	0	50	0
	计划投入量	75		80		120		110			

表 4-16 产品 A 的工艺路线文件 单位:小时

物料编码	工 序 号	工作中心号	单件加工时间	批量生产准备时间	平均批量(件)	单件准备时间	单件总时间
A	10	30	0.09	0.40	20	0.0200	0.1100
B	10	25	0.06	0.28	40	0.0070	0.0670
C	10	15	0.14	1.60	80	0.0200	0.1600
	20	20	0.07	1.10	80	0.0138	0.0838
E	10	10	0.11	0.85	100	0.0085	0.1185
	20	15	0.26	0.96	100	0.0096	0.2696
F	10	10	0.11	0.85	80	0.0106	0.1206

从产品 A 的工艺路线文件中可获得产品及相关物料的工序号、工作中心号、批量生产准备时间、单件加工时间等信息。如产品 A 需要在 30 号工作中心的 10 号工序完成,单件加工时间为 0.09 小时,批量生产准备时间为 0.4 小时。

从工艺路线文件中可知,产品 A 的加工、装配共涉及 5 个工作中心,每个工作中心每天工作 8 小时,每个工作中心都有一位操作人员,则工作中心额定生产能力的计算公式为

额定生产能力＝每人每日可用工时数 × 有效人数 × 利用率 × 效率

每个工作中心的利用率、效率不完全一样,具体参数如表 4-17 所示。例如,10 号工作中心利用率为 98%,效率为 99%,则其每天可用能力为 8×1×0.98×0.99＝7.76 额定小时。

表 4-17 工作中心与工作中心的可用能力

工作中心号	每天工作小时数	利用率(%)	效率(%)	可用能力(额定小时/天)
10	8	98	99	7.76
15	8	98	99	7.76
20	8	95	98	7.45
25	8	95	95	7.22
30	8	95	90	6.84

在收集了上述资料后,下一步即计算工作中心的能力负荷。方法是用从 MRP 中获得的

产品及各相关物料的计划投入量的订单数量,乘以从工艺路线文件中获得的单个物料每道工序的加工定额工时,再加上每道工序的生产准备时间。例如,计算 20 号工作中心的能力需求,它主要负责物料 C 的 20 号工序加工工作,从 MRP 输出结果(见表 4-15)中得,C 的计划投入量为 75、80、120 和 110;从工艺路线文件(见表 4-16)中得,C 在 20 号工序上的单件加工时间为 0.07 小时,批量生产准备时间为 1.10 小时。则物料 C 的 20 号工序的 75 订单数量的能力负荷为 75×0.07＋1.10＝6.35 小时。产品 A 有关工作中心的能力负荷计算过程及结果如表 4-18 所示。

表 4-18　产品 A 有关工作中心的能力负荷计算过程及结果

物料编码	工序号	工作中心号	订单数量(件)	能力负荷(小时)
A	10	30	20	20×0.09＋0.4＝2.2
			25	25×0.09＋0.4＝2.65
			30	30×0.09＋0.4＝3.1
B	10	25	38	38×0.06＋0.28＝2.56
			40	40×0.06＋0.28＝2.68
			60	60×0.06＋0.28＝3.88
			55	55×0.06＋0.28＝3.58
C	10	15	75	75×0.14＋1.6＝12.1
			80	80×0.14＋1.6＝12.8
			120	120×0.14＋1.6＝18.4
			110	110×0.14＋1.6＝17
	20	20	75	75×0.07＋1.1＝6.35
			80	80×0.07＋1.1＝6.7
			120	120×0.07＋1.1＝9.5
			110	110×0.07＋1.1＝8.8
E	10	10	112	112×0.11＋0.85＝13.17
	20	15	112	112×0.26＋0.96＝30.08
F	10	10	80	80×0.11＋0.85＝9.65

下面计算各工序占用的工作中心时间,即生产作业时间。一般情况下,生产作业时间的单位采用小时。能力负荷除以可用能力即可得到生产作业天数,再将其转换为小时数(小数取整),计算结果如表 4-19 所示。

表 4-19　产品 A 的生产作业时间

物料编码	工序号	工作中心号	可用能力(小时/天)	能力负荷(小时)	生产作业时间(天)	生产作业时间(小时)
A	10	30	6.84	2.2	2.2÷6.84＝0.32	3
				2.65	2.65÷6.84＝0.39	4
				3.1	3.1÷6.84＝0.45	4
B	10	25	7.22	2.56	2.56÷7.22＝0.35	3
				2.68	2.68÷7.22＝0.37	3
				3.88	3.88÷7.22＝0.54	5
				3.58	3.58÷7.22＝0.50	4

(续表)

物料编码	工序号	工作中心号	可用能力(小时/天)	能力负荷(小时)	生产作业时间(天)	生产作业时间(小时)
C	10	15	7.76	12.1	12.1÷7.76=1.56	13
				12.8	12.8÷7.76=1.65	14
				18.4	18.4÷7.76=2.37	19
				17	17÷7.76=2.19	18
	20	20	7.45	6.35	6.35÷7.45=0.85	7
				6.7	6.7÷7.45=0.90	8
				9.5	9.5÷7.45=1.28	11
				8.8	8.8÷7.45=1.18	10
E	10	10	7.76	13.17	13.17÷7.76=1.70	14
	20	15	7.76	30.08	30.08÷7.76=3.88	32
F	10	10	7.76	9.65	9.65÷7.76=1.24	10

为了计算各工序在工作中心的开工日期和完工日期，还需要知道物料在各工作中心的等待时间、传送时间和排队时间，这些数据如表 4-20 所示，单位为小时。需要注意的是，表 4-20 列出了从库房到生产加工地点的传送时间，而不考虑其等待时间，因为物料只有在需要时才出库，不需等待。

表 4-20 物料在工作中心的等待时间、传送时间和排队时间   单位：小时

工作中心号	等待时间	传送时间	排队时间
10	0	1	2
15	1	1	2
20	1	1	1
25	1	1	1
30	1	1	1
库房	0	1	0

下面采用倒序排产法计算物料的能力需求计划编制过程。倒序排产法是用工序的完工时间减去等待时间、传送时间、排队时间和生产加工时间（准备时间和加工时间）得到工序开工时间的方法。

【例 4.4】 仍以物料 C 为例。由表 4-16 可知，物料 C 的加工工艺路线依次是 15 号工作中心的 10 号工序和 20 号工作中心的 20 号工序。物料 C 的加工经过了 3 个不同的位置，即库房、10 号工序和 20 号工序。根据表 4-19 和表 4-20 可以得到物料 C 的各种时间数据，将这些时间数据进行汇总，结果如表 4-21 所示。

表 4-21 物料 C 的时间数据汇总   单位：小时

工序号	工作中心号	排队时间	生产作业时间	等待时间	传送时间
库房		0	0	0	1
10	15	2	13	1	1
			14		
			18		
			19		

第 4 章 ERP 系统各层计划的制订方法

(续表)

工序号	工作中心号	排队时间	生产作业时间	等待时间	传送时间
20	20	1	7	1	1
			8		
			11		
			10		

下面分析物料 C 的开工时间和完工时间。按照工厂日历每周工作 5 天,每天工作 8 小时,每天开始上班时间是早上 8 点,下班时间是 16 点。

若物料 C 的提前期是 1 周,根据表 4-15 可知,物料 C 在第 1 周的计划投入量 75 用于第 2 周产品 A 的装配作业。这 75 件的最晚完工时间是第 1 周的最后一个工作日。也就是说,20 号工序必须在第 1 周的周五 16 点前完成。由于 20 号工序的 20 号工作中心转移物料到其他工作中心的等待时间和传送时间都是 1 小时,因此,20 号工序在 20 号工作中心的加工操作最晚必须在周五 14 点完成。又因为在 20 号工作中心的生产作业时间是 7 小时,则物料 C 最晚必须在周四 15 点开始加工。因物料 C 在到达 20 号工作中心之前需要排队 1 小时,因此它必须最晚在周四 14 点之前到达 20 号工作中心。按上述过程,物料 C 最晚必须在周四 12 点完成 15 号工作中心的加工,最晚必须在周二的 15 点开始加工,最晚必须在周二 13 点到达 15 号工作中心,最晚必须在周二的 12 点离开库房。采用倒序排产法得到的时间需求都是最晚时间,即最晚开工时间和最晚完工时间。至此得到物料 C 的 10 号工序和 20 号工序的最晚开工时间和最晚完工时间,如表 4-22 所示。我们把最晚开工时间和最晚完工时间简称为开工时间和完工时间。

表 4-22 物料 C 的开工时间和完工时间

工序号	工作中心号	负荷(小时)	开工时间	完工时间
10	15	12.1	周二 15 点	周四 12 点
20	20	6.35	周四 15 点	周五 14 点

按照上述步骤可以求出物料 C 的分时段能力需求计划,将同一时段(周)的能力负荷汇总在一起,结果如表 4-23 所示。

表 4-23 物料 C 的分时段能力需求计划　　　　　　　　　　单位:小时

物料编码	工作中心号	当期	1	2	3	4	5	6	7	8	9	10
C	15		12.1		12.8		18.4		17			
	20		6.35		6.7		9.5		8.8			

按照上述计算过程,可得到其他物料的分时段能力需求计划,具体见表 4-24。

表 4-24 物料 A、B、C、E、F 的分时段能力需求计划　　　　　　单位:小时

物料编码	工作中心号	当期	1	2	3	4	5	6	7	8	9	10
A	30		2.65	2.65	2.2	2.2	2.2	2.2	3.1	3.1	3.1	2.65
B	25			2.56		2.68		3.88		3.58		
C	15		12.1		12.8		18.4		17			
	20		6.35		6.7		9.5		8.8			
E	10					14.17						
	15					30.08						
F	10		9.65				9.65		9.65			

根据表 4-24 中的各物料分时段能力需求计划,将每个工作中心的能力进行汇总,即可得

到如表 4-25 所示的各工作中心能力需求计划表。

表 4-25　各工作中心能力需求计划表　　　　　　　单位：小时

工作中心号	当期	1	2	3	4	5	6	7	8	9	10
10		9.65			14.17	9.65		9.65			
15		12.1	0	12.8	30.08	18.4	0	17			
20		6.35		6.7		9.5		8.8			
25		0	2.56	0	2.68	0	3.88	0	3.58	0	0
30		2.65	2.65	2.2	2.2	2.2	2.2	3.1	3.1	3.1	2.65

得到各工作中心能力需求计划后,就可根据可用能力与能力负荷数据绘制能力与负荷直方图,如果能力大于负荷,则表示能力有余,设备有闲置;如果能力小于负荷,则表示能力不足,需要调整能力或负荷;如果能力等于负荷,表示能力与负荷一致,这是最佳的结果。

调整能力的措施包括加班、增加人员和设备、提高工作效率、更改工艺路线及增加外协处理等。调整负荷的措施包括调整生产批量、修改 MRP 或 MPS、推迟交货期甚至撤销订单等。

4.3　主生产计划(MPS)的制订方法

主生产计划是 MRPⅡ 计划体系中的一个重要计划层,它通过对企业生产计划大纲的细化,根据客户订单和预测,在企业可用资源的条件下,在计划展望期内,把产品系列具体化,即它是对最终产品所制订的生产计划。主生产计划是企业 MRP 的直接来源,反映了生产什么(一般为最终产品)、生产多少、什么时间开始生产和什么时间交货等问题,但它没有回答生产这些产品需要什么、需要多少和何时需要的问题,这些是由 MRP 来回答的。

4.3.1　主生产计划的作用

主生产计划在整个计划体系中起着承上启下的作用,实现了宏观计划与微观计划之间的过渡与连接。主生产计划通过均衡生产,化解了生产需求与企业可用资源之间的矛盾,保证了计划的可行性和对企业资源的充分利用。主生产计划是粗略平衡企业生产能力负荷与可用能力的方法,是经过粗能力计划校验过的可行的生产计划。另外,主生产计划将销售、工程、生产等部门紧密地联系到一起,成为市场销售与生产制造之间的桥梁。若主生产计划欠佳,则会出现以下不良现象：

① 影响工厂资源的利用,出现超负荷或设备及人工闲置的局面。
② 出现很多紧急订单或造成大量在制品积压,占用大量资金。
③ 导致对用户的服务水平降低(如造成延期交货等),损害企业信誉。
④ 最终失去整个计划编制系统的可靠性,不能及时交货,资源浪费,失去客户,影响产品的市场占有率。

4.3.2　主生产计划制订的原则

原则 1：最少项目原则。即用最少的项目安排主生产计划。项目过多,会增加预测和管理的难度,分散企业的生产能力,难以形成规模优势。

原则 2：只列出可构造项目,而不是一些项目组或计划清单项目。MPS 应列出实际的、独立的、具有特定型号的产品项目,而不是一些项目组,这些产品可分解出具体的、可识别的零部件,这些零部件是可以通过采购或生产加工获得的项目,而不是计划清单的项目。

原则3:列出对生产能力、财务或关键材料有重大影响的项目。就生产能力而言,要列出那些对生产和装配过程有重大影响的项目,如一些大批量项目、造成生产能力的瓶颈环节的项目和通过关键工作中心的项目等。就财务而言,要列出为公司创造高额利润的项目,如所含零部件比较贵重、原材料昂贵、生产工艺费用高或对部件有特殊要求的项目。就关键材料而言,要列出那些提前期长或供应厂商有限的项目。

原则4:适当考虑预防性维修设备时间。

原则5:对有多种选择的产品,用成品装配计划(Final Assembly Schedule,FAS)简化MPS。也就是说,对于有多种选择的项目,一般将MPS设立在基本部件一级,用FAS来装配最终项目,因而不必预测确切的最终项目的配置,仅根据用户的订单为成品装配制订短期的生产计划。

4.3.3 主生产计划的对象

根据主生产计划制订的原则可知,主生产计划的对象不一定都是最终产品,生产计划方式不同,主生产计划的对象也会有所区别。

在面向订单设计(ETO)的企业中,最终产品往往很复杂,且在很大程度上是按照客户特定要求来设计和生产的。这种生产模式下的产品多数属于为客户量身定做的,其产品可能只生产一次,以后可能不会重复生产。因此在ETO企业中,MPS的计划对象一般是最终产品。

在面向订单生产(MTO)的企业中,经常用少量原材料和零部件生产多种产品,且这些产品往往具有价值高、交付期短的特点,如飞机、轮船等。在这种生产方式中,企业的制造技术和产品质量尤为重要,因此,MPS的计划对象往往是价值高、生产提前期长、技术工艺复杂、性能重要的原材料和零部件。

在面向订单装配(ATO)的企业中,产品规格较多,但产品结构基本相同,都是由一些基本组件和通用件组成的,而每一项基本组件会有多种不同的选择,典型产品如计算机、汽车等。因此,在ATO企业中,根据最少项目原则,MPS的计划对象往往是基本组件或通用件。

在面向库存生产(MTS)的企业中,产品种类较少,需要大量的原材料和零部件,在接到订单前完成产品的生产。在这种生产方式中,企业非常重视市场预测、经营战略和生产计划等工作,因此,在MTS企业中,根据最少项目原则,MPS的计划对象往往是最终产品。

需要注意的是,企业的生产是个复杂的系统工程,不同的产品具有不同的特点。因此,企业中MPS的计划对象也要具体问题具体分析,其确定结果一定要符合企业生产管理的特点。

4.3.4 主生产计划的编制

1. 主生产计划编制的约束条件

表4-26为某摩托车厂1～6月的综合生产计划,表4-27是某摩托车厂踏板式摩托车1～2月的主生产计划。比较两个表,可明显地看出这两种生产计划之间的关系和区别。综合计划是企业对未来一段较长时间内企业的不同产品系列所做的概括性安排,它不是一种用来具体操作的实施计划;而主生产计划把综合计划具体化为可操作的实施计划。如表4-26所示,在该企业的综合生产计划中,未来2个月踏板式摩托车系列产品的月产量分别为1500辆和1600辆,但实际上该企业生产的踏板式摩托车按马力大小分为三种不同车型:50型、100型和150型。按抽象

概念的踏板式摩托车是无法组织生产的,只能按具体的规格型号(如50型、100型和150型)组织生产。表4-27是根据表4-26的综合生产计划所制订的主生产计划。

表4-26 某摩托车厂1~6月的综合生产计划

月　　份	1月	2月	3月	4月	5月	6月
踏板式摩托车产量(辆)	1500	1600	1600	1650	1700	1700
普通摩托车产量(辆)	2000	1900	1850	1900	1800	1800

表4-27 某摩托车厂踏板式摩托车1~2月的主生产计划

月　　份	1月				2月			
周　　次	1	2	3	4	5	6	7	8
50型产量		250		250		100		100
100型产量	200	200	200	200	300	300	300	300
150型产量	100		100		100		100	
月　产　量	1500				1600			

制订主生产计划的内容:首先,对综合计划分解和细化;其次,当一个方案制订出来以后,需要与所拥有的资源(设备能力、人员、加班能力、外协能力等)平衡,如果超出了资源限度,就需调整原方案,直到得到符合资源约束条件的方案,或得出不能满足资源条件的结论。在后一种情况下,需要对综合生产计划做出调整或者增加资源。所以,主生产计划的制订是一个反复试行的过程。最终的主生产计划需要得到决策机构的批准,然后作为物料需求计划的输入条件。

主生产计划制订的约束条件主要包括三个方面:其一,主生产计划所确定的生产总量必须等于综合生产计划确定的生产总量。这一点从表4-26和表4-27所示的某摩托车厂的例子中看得很清楚。在该例中,1月份的生产总量分为三种不同车型:50型500辆、100型800辆和150型200辆,生产总量与综合生产计划一致,共1500辆。其二,综合计划所确定的某种产品在某时间段内的生产总量(也就是需求总量)应该以一种有效的方式分配在该时间段内的不同时间生产。这种分配应该是基于多方面考虑的,如需求的历史数据、对未来市场的预测、订单以及企业资源条件等。此外,在该例中,主生产计划是以周为单位的,但也可以以日、旬或月为单位。当选定以周为单位以后,必须根据周的生产能力来考虑生产批量的大小,其中重要的考虑因素是作业交换时设备的调整费用、机会损失和库存成本等。其三,在决定产品批量和生产时间时必须考虑资源的约束。与生产量有关的资源约束有若干种,如设备能力、人员能力、库存能力(仓储空间的大小)、流动资金总量等。在制订主生产计划时,必须首先掌握这些约束条件,根据产品的轻重缓急分配资源,将关键资源用于关键产品。

2. 主生产计划制订的步骤

主生产计划制订的步骤包括计算现有库存量、确定主生产计划量与生产时间、计算待分配库存等。为简便起见,暂不考虑最终产品的安全库存。

(1) 计算现有库存量

现有库存量是指每周的需求被满足之后剩余的可利用的库存量,计算公式为

$$I_t = I_{t-1} + P_t - \max\{D_t, \text{MO}_t\} \tag{4-5}$$

式中,I_t 为第 t 周周末的现有库存量;I_{t-1} 为第 $t-1$ 周周末的现有库存量;P_t 为第 t 周的主生产计划量;D_t 为第 t 周的预计需求量;MO_t 为第 t 周的订货量。

式(4-5)中减去预计需求量和订货量的最大者是为了最大限度地满足需求。仍然以某摩

托车制造企业为例,为100型踏板式摩托车产品制订一个主生产计划,该产品1月份的预计需求量为800件、2月份的预计需求量为1200件,期初库存量为500件,生产批量为600件,订货量见表4-28。按式(4-5)计算的结果如表4-28所示。

(2) 确定主生产计划量和生产时间

主生产计划量和生产时间应保证现有库存量是非负值,一旦现有库存量在某周有可能为负值,应立即通过当期的主生产计划量补上,这是确定主生产计划量和生产时间的原则之一。具体的确定方法是当本期期初库存量与本期订货量之差大于0时,则本期主生产计划量为0;否则,本期主生产计划量为生产批量的整数倍,具体是一批还是若干批,要根据两者的差额来确定。根据上述方法确定前述例子的主生产计划量和生产时间,如表4-28所示。

表 4-28 某产品各期的现有库存量、主生产计划量和生产时间

月 份	1月				2月			
周次	1	2	3	4	5	6	7	8
预计需求量	200	200	200	200	300	300	300	300
订货量	150	150	100	100	0	0	0	0
现有库存量	300	100	500	300	0	300	0	300
主生产计划量	0	0	600	0	0	600	0	600

(3) 计算待分配库存量(Available To Promise Inventory, ATP)

待分配库存量是指销售部门在确切时间内可供货的产品数量。待分配库存量的计算分两种情况:其一是,第一期的待分配库存量等于期初现有库存量加本期的主生产计划量减去直至主生产计划量到达前(不包括该期)各期的全部订货量;其二是,以后各期只有主生产计划量时才存在待分配库存量,计算方法是该期的主生产计划量减去从该期至下一主生产计划量到达期以前(不包括该期)各期的全部订货量。根据上述方法计算主生产计划各期的待分配库存量,如表4-29所示。

表 4-29 某产品主生产计划各期的待分配库存量

月 份	1月				2月			
周次	1	2	3	4	5	6	7	8
预计需求量	200	200	200	200	300	300	300	300
订货量	150	150	100	100	0	0	0	0
现有库存量	300	100	500	300	0	300	0	300
主生产计划量	0	0	600	0	0	600	0	600
待分配库存量	200		400			600		600

在前例中,假定该企业接收到该产品的4个订单,其订货量分别是100件、300件、100件、150件,其交货期分别在第2周、第5周、第3周、第4周。根据前面计算的主生产计划量和各期的待分配库存量,按订货的先后顺序来安排,企业可满足前3个订单的要求,第4个订单可以与客户协商在第6周交货,否则只好放弃。当接受前3个订单以后,调整后的主生产计划如表4-30所示。

表 4-30 调整后的主生产计划

月 份	1月				2月			
周次	1	2	3	4	5	6	7	8
预计需求量	200	200	200	200	300	300	300	300
订货量	150	250	200	100	300	0	0	0
现有库存量	300	50	450	250	−50	250	−50	250
主生产计划量	0	0	600	0	0	600	0	600
待分配库存量	100		0			600		600

(4) 用粗能力计划评价主生产计划备选方案的可行性,模拟选优,给出主生产计划报告

主生产计划的初步方案是否可行,需要根据资源约束条件来衡量,资源约束条件主要指生产能力的约束。通常用粗能力计划(Rough-Cut Capacity Planning,RCCP)来检查主生产计划方案的可行性。粗能力计划方法主要有三种:能力清单法、资源描述法和综合因子法。仍然以某摩托车制造企业为例,表 4-27 是 50 型、100 型、150 型踏板式摩托车三种型号产品 1~2 月的主生产计划,现在用综合因子法来判断该方案是否可行。

① 确定直接劳动因子和全部关键工序的总劳动时间。关键工序指该工序的能力需求经常超出其实际能力的那些工序,整个产出将受这些工序制约。这些工序的工作时间被称为关键时间,因为它们制约着主生产计划的可行性。最有效地利用关键时间,可以得到最大产出。假定某关键工序每周的工作时间为 400 小时,如果由于某种原因在某周只使用了 300 小时,即使下周的需求量为 500 小时,本周失去的 100 小时也不可能再被利用了,本例中确定了甲、乙两个关键工序。直接劳动因子一般用每件产品的直接劳动时间来表示,在综合因子法中,使用标准时间来计算每一产品在各工序所需直接劳动时间,然后将各关键工序的直接劳动时间汇总,即可得出一个直接劳动因子。将全部非关键工序的直接劳动时间汇总,得出第二个直接劳动因子,表 4-31 所示是上例中三种产品的两个直接劳动因子。

表 4-31 三种产品的两个直接劳动因子

产 品	关键工序	非关键工序	总 计
50 型	2	5	7
100 型	1.5	8	9.5
150 型	2	6	8

② 确定每一关键工序的负荷因子。负荷因子为该关键工序的劳动时间占全部关键工序总劳动时间的百分比。要确定每一关键工序的负荷因子,需要参考历史数据,首先确定在某一特定时间段内每一关键工序所需的劳动时间;然后确定其分别在总关键劳动时间中所占百分比,即可得到每一关键工序的负荷因子。确定摩托车产品生产中每一关键工序的负荷因子,首先,确定甲、乙两工序的负荷因子。

表 4-32 三种产品关键工序的负荷因子

工 序	劳动时间总计	负荷因子(%)
甲(小时)	25 200	60
乙(小时)	16 800	40
全部关键时间(小时)	42 000	100
全部非关键时间(小时)	48 000	

表 4-32 提供了头一年的数据,其中甲的总劳动时间是 25 200 小时,占头一年全部关键工序总劳动时间的 60%,这样甲的负荷因子为 60%,则可相应推出乙的负荷因子是 40%,假定今年两工序的情况仍不变。

③ 计算主生产计划的负荷估计量。主生产计划中某工序的负荷估计量就是计划期全部关键工序的总劳动时间与该关键工序负荷因子的乘积。直接劳动因子和负荷因子都确定之后,就可计算负荷估计量。针对主生产计划而言,负荷估计量是对每一关键工序所需劳动时间的大致估计,也可以是对全部关键工序或全厂所需劳动时间的估计。首先,对于每一单位计划期,用每种产品的主生产计划量乘以其相应的关键工序的直接劳动因子,得出每期的全部关键时间。同样,还可计算每期的全部劳动时间;其次,对于每一单位计划期,用每一关键工序的负荷因子乘以全部关键时间即可得到计划期各关键工序的负荷估计量。

根据表 4-31 和表 4-32 给出的直接劳动因子和负荷因子,可计算该例中主生产计划的负

荷估计量。例如,在第一周,主生产计划规定生产 200 件 100 型产品和 100 件 150 型产品,则可算出所需的全部关键时间为

$$1.5×200+2×100=500\ (小时)$$

全部劳动时间为 $(1.5+8)×200+(2+6)×100=2700$ (小时)

其他周的计算也可用相同的方法得出;然后,用负荷因子可计算每一关键工序的劳动时间,例如,在第 1 周:

关键工序甲的劳动时间为 $500×60\%=300$ (小时)

关键工序乙的劳动时间为 $500×40\%=200$ (小时)

估计的结果如表 4-33 所示。

表 4-33 某公司摩托车产品主生产计划方案的负荷估计量

周次	1	2	3	4	5	6	7	8	总计
甲工序(小时)	300	480	300	480	390	390	390	390	3120
乙工序(小时)	200	320	200	320	260	260	260	260	2080
全部关键时间(小时)	500	800	500	800	650	650	650	650	5200
全部非关键时间(小时)	2200	2850	2200	2850	3000	2900	3000	2900	21 900
全部劳动时间(小时)	2700	3650	2700	3650	3650	3550	3650	3550	27 100

④ 比较各关键工序的实际能力和上述计算出的负荷估计量。分析该主生产计划方案的可行性,以便采取相应的措施。如果该主生产计划所需的全部直接劳动时间在企业所拥有的总劳动时间内,同时也符合企业生产经营中的其他约束条件,则认为该主生产计划是可行的,否则就要采取相应的对策或修改主生产计划。

综合因子法是制订粗能力计划的一种简便易行的方法,当主生产计划的产品组合基本稳定时,综合因子法可得到满意的结果,但用来计算负荷估计量的负荷因子通常根据历史数据来推断,其前提条件是未来的需求与过去的需求相同,这一假设意味着产品组合不变。而实际上产品组合不可能一直保持不变,如果产品组合变了,显然综合因子法就不适用了,此时宜采用能力清单法。此外,综合因子法不能反映每一工序在不同计划期内能力需求的波动,这种情况下宜采用资源描述法。

制订合理的主生产计划的同时要注意处理好三个相关问题:
① 主生产计划与综合计划的衔接;
② 主生产计划的相对稳定化;
③ 不同生产类型下主生产计划的变型。

4.3.5 主生产计划的维护

在整个经营管理计划体系中,经营规划、生产规划等对 MPS 的影响很大,但只是一种指导性的影响,不是直接的。随着各种影响因素的变化,MPS 也将不断地调整适应。为了制订出稳定的 MPS,其调整的限制条件和难易程度都要为生产计划人员提供一个可控范围。因此,在主生产计划制订阶段提出计划展望期、时段、时区和时界的概念,以便维护 MPS。

计划展望期是指 MPS 计划的作用范围。主生产计划所覆盖的时间范围一般为 3~18 个月。对于主生产计划,计划展望期应至少等于项目的总累计提前期或多出 3~6 个月。

时段是计划展望期的时间周期单位,是时间段落、间隔、时间跨度的意思,是描述计划时间的粒度单位。划分时段是为了准确说明计划在各个时段上的各数据量,如需求量、计划产出量和计划投入量等。

时界即时间界限,用以表明编制计划的政策或过程发生变化的时点。在 MPS 中有两个时界点,即需求时界和计划时界。需求时界一般与产品的总装提前期是一致的,也可以大于总装提前期。计划时界一般与产品的累计提前期是一致的。须注意的是,由于需求时界和计划时界都与产品的提前期相关,因此,二者是动态数据,会随着具体产品的不同而不同。

时区即时间区间,说明某一计划的产品在某时刻处于该产品的计划跨度内的时间位置。产品的计划展望期由近及远依次包括需求时区、计划时区和预测时区。

在需求时区,订单已下达,该订单中的产品已经开始制造,这些产品的计划不能轻易被调整。计划时区中的订单是确认订单,表示该时区订单中的产品数量和时段不能由 ERP 系统自动调整,只能由生产计划人员修改。预测时区中的订单是计划订单,这种订单中的数据在情况发生变化时由 ERP 系统自动调整。

主生产计划的维护方法具体包括两种,即再生法和净改变法。

① 再生法。重新编制计划,将原有计划数据全部作废。该方法的数据处理量大,运行时间长,主要采用批处理方式,定期执行。再生法主要适用于运行环境稳定、计划变动不频繁的企业。

② 净改变法。该方法仅对改变的部分重新生成计划,数据处理量小,运行时间短。主要采用联机处理方式,随时运行。净改变法主要适用于运行环境和计划变化频繁的企业。

学习思考题

1. 物料需求计划(MRP)的输入信息有哪些?
2. MRP 系统中主要参数有哪些?如何确定这些参数?
3. 确定订货批量的方法有哪些?试比较这些方法的异同?
4. 如何制订能力需求计划(CRP)?
5. 主生产计划编制的步骤有哪些?
6. 假设产品 P 由 3 个单位 A 及 4 个单位 B 制成;A 由 3 个单位 C 和 4 个单位 D 制成;D 由 2 个单位 E 制成。各种物料的提前期分别为:P,2 周;A、B、C,1 周;D、E,3 周。设在第 14 周 P 的需求量为 50 个单位。假设各种物料目前没有库存;批量按照直接批量原则。

(1) 试画出产品结构图。
(2) 制订一个 MRP 计划表。

7. 物料 W 未来 10 周的净需求量如表 4-34 所示。W 的提前期为 2 周,每次的订货成本为 9 元,保管成本为 0.02 元/件周。期初库存量为 70 件。采用最小成本法确定这 10 周内的订货时间和订购批量。

表 4-34　物料 W 未来 10 周的净需求量

时间	1	2	3	4	5	6	7	8	9	10
净需求量	20	10	15	45	10	30	100	20	40	150

8. 物料 D 每次的订购成本为 100 元,保管成本为 0.5 元/件周。在未来 8 周的净需求量如表 4-35 所示。分别采用直接批量法、EOQ 法、最小成本法确定订购批量以及相应的总成本。

表 4-35　物料 D 未来 8 周的净需求量

时间	1	2	3	4	5	6	7	8
净需求量	20	30	10	50	20	40	50	30

第 5 章　ERP 的相关管理方法

5.1　准时生产制(JIT)

准时生产制(Just In time,JIT)又称无库存生产方式(Stockless Production)、零库存(Zero Inventories)、一个流(One Piece Flow)或者超级市场生产方式(Supermarket Production)。JIT 的实质是什么？实施 JIT 的条件是什么？什么是精益生产方式？这些都是本章要回答的问题。

5.1.1　JIT 的实质

1. JIT 的出发点

JIT 的出发点是不断消除浪费,进行永无休止的改进。

为什么要不断消除浪费？归根结底是为了提高企业的竞争力。成本领先是一种市场竞争策略,要降低成本,就要不断消除浪费。有两种不同的经营思想,一种经营思想称为"成本主义",用公式表示就是：价格＝成本＋利润,即随着原材料价格的上涨,工资、奖金的提高,成本要升高,为了获得必要的利润,只有提高售价。另一种经营思想是利润＝价格－成本。从数学上看,这个式子与前一个式子没有什么区别,但它代表了完全不同的经营思想。这个式子的意思是,价格不是某个企业可以决定的,而是在市场上形成的,要想获得较高的利润,只有不断降低成本。JIT 遵循的是后一种思想。按照后一种思想行事,企业就可以在竞争中立于不败之地。因为在经济不景气的时候,成本高的企业得不到利润,甚至亏损,就被淘汰；成本低的企业还可以得到少量的利润,能够维持生存和发展。所以,不断消除浪费、降低成本,是积极进取的经营思想,是企业的求生之路。"成本主义"是消极被动的经营思想,它将导致企业亏损、破产、倒闭。消除浪费,就要不断挖潜,不断消除浪费,才能使成本由"西瓜"那样大变成"西瓜籽"那样小。

这里所说的浪费,比企业通常所说的浪费的概念要广泛得多、深刻得多。按照丰田汽车公司的说法,凡是超过生产产品所绝对必要的最少量的设备、材料、零件和工作时间的部分,都是浪费。这个定义有含糊之处,什么是"绝对必要"的？没有一定的标准。美国一位管理专家对这个定义做了修正。他提出,凡是超出增加产品价值所必需的绝对最少的物料、机器和人力资源的部分,都是浪费。这里有两层意思：一是不增加价值的活动,是浪费；二是尽管是增加价值的活动,所用的资源超过了"绝对最少"的界限,也是浪费。

在生产过程中,只有实体上改变物料的活动才能增加价值。加工零件,增加价值；装配产品,增加价值；油漆包装,也增加价值。但是,还有很多我们常见的活动并不增加价值。点数不增加价值；库存不增加价值；质量检查也不增加价值；搬运不仅不增加价值,反而会减少价值(常常引起损伤)。这些不增加价值的活动,却增加了成本,因而都是浪费。浪费是应当不断消除的。

2. 理想的生产方式

如前所述,JIT 的名称很多,其实它们说的都是一回事。"无库存"或"零库存",表示没有暂时闲置的资源,"无库存生产"就是不提供暂时不需要的物料的生产,即提供的都是当时需要的东西,这就是"准时生产"的意思。"一个流"是指需要一件,生产一件,零件一个一个地流动,也是"准时生产"的意思。

JIT 认为库存像是恶魔,它不仅造成浪费,还将许多管理不善的问题掩盖起来,使问题得不到及时解决,就像水掩盖了水中的石头一样。比如,机器经常出故障、设备调整时间太长、设备能力不平衡、工人缺勤、备件供应不及时等问题,由于库存水平高,不易被发现。JIT 要通过不断减少各种库存来暴露管理中的问题,以不断消除浪费,进行永无休止的改进。

说 JIT 是一种理想的生产方式,有两个原因。一是因为它设置了一个最高的标准、一种极限,就是"零"库存。实际生产可以无限地接近这个极限,但却永远不可能达到零库存。有了这个极限,才使得改进永无止境。二是因为它提供了一个不断改进的途径,即降低库存→暴露问题→解决问题→降低库存,这是一个无限循环的过程。例如,通过降低在制品库存,可能发现生产过程经常中断,原因是某些设备出了故障,来不及修理,工序间在制品少了,使后续工序得不到供给。要使生产不发生中断,可以采取两种不同的办法。一种是加大工序间在制品库存,提供足够的缓冲,使修理工人有足够的时间来修理设备;另一种是分析来不及修理的原因,是备件采购问题还是修理效率问题?能否减少修理工作的时间?后一种办法符合 JIT 的思想。按 JIT 的思想:"宁可中断生产,决不掩盖矛盾"。找到了问题,就可以分析原因,解决问题,使管理工作得到改进,从而达到一个新的水平。当生产进行得比较正常时,再进一步降低库存,使深层次问题得到暴露,通过解决新的问题,使管理水平得到进一步提高。因此,推行 JIT 是一个不断改进的动态过程,不是一朝一夕可以完成的。

进行改进的途径,并不一定从"降低库存"开始。当管理中的问题很明显时,可以先解决问题,然后降低库存。如果现存的问题很多,不去解决它,还要降低库存,那就会使问题成灾,甚至使企业瘫痪。"降低库存"要逐步进行,不能一次降得太多。否则,也会造成问题成堆,解决问题无从下手。但是,很多问题往往隐藏得很深,尤其是当管理水平已达到较高水平时,就不容易发现,在这种情况下通过降低库存来暴露问题是必要的。

3. 综合的管理技术

JIT 基本思想简单,容易理解,但是,实现 JIT 却不容易,因为实施 JIT 几乎要涉及企业的每一个部门,渗透到企业的每一项活动之中。日本丰田汽车公司从看到美国的超级市场开始,就有了准时生产的思想,但还是经过了 20 多年坚持不懈的努力,才达到比较完善的地步。因为 JIT 是一项综合的管理技术,它涉及产品的设计;生产计划的编制;机器的改造;设备的重新布置;工序的同期优化;设备的预防维修;生产组织和劳动组织的调整;人员的再培训等各方面的工作。任何一个环节不改进,JIT 就推行不下去。JIT 是生产管理上的一次革命。那种急功近利,要求"立竿见影",短期内就"大见成效"的思想不符合 JIT 不断改进的思想。

5.1.2 看板控制系统

1. JIT 的起源

丰田汽车公司的看板管理经历了一个产生、发展和完善的过程。早在该公司初建阶段,丰田喜一郎就提出了"非常准时"的基本思想。这一思想是实行看板管理的原则和基础。20 世纪 50 年代初,看板管理的积极推行者,当时在丰田汽车公司机械工厂工作的大野耐一,从美国超级市场的管理结构和工作程序中受到启发,从而找到通过看板来实现"非常准时"思想的方法。他认为,可以把超级市场看作作业线上的前一道工序,把顾客看作这个作业线上的后一道工序。顾客(后工序)来到超级市场(前工序),在必要的时间就可以买到必要数量的必要商品(零部件)。超级市场不仅可以"非常及时"地满足顾客对商品的需要,而且可以对顾客买走的商品"非常及时"地进行补充(当计价器对顾客买走的商品进行计价之后,载有购走商品数量、种类的卡片就立即被送往采购部,使商品得到及时的补充)。20世纪50年代后期日本也出现了超级市场,这就为丰田推行看板管理提供了直接的研究资料。但是,流通领域与生产领域毕竟是两个不同的领域,要在工业企业中实行看板管理并不是一件容易的事情。1953年,丰田公司先在总公司的机械工厂试行了看板管理。以后,为了全面推行看板管理,丰田公司进行了多年的摸索和试验,1962年在整个公司全面实行了看板管理。

到20世纪70年代,丰田采用的生产方式已扩展到汽车工业以外。虽然各个企业的做法不尽相同,但其基本思想是一致的。

在日产柴油机公司专家的指导下,我国二汽车桥厂转向节生产线于1987年初开展了"一个流生产方式"的试点,仅用了9个月的时间,就取得很大的成效。据报道,该生产线的产量提高了29.8%,人员减少了28%,废品率下降了68%,在制品减少了79.9%,设备故障停工率下降了84%。

2. 推进式系统和牵引式系统

对于加工装配式生产,产品由许多零件构成,每个零件要经过多道工序加工,要组织这样的生产,可以采用两种不同的发送生产指令的方式。

一种是由一个计划部门根据市场需求,按零部件展开,计算出每种零部件的需求量和各生产阶段的生产提前期,确定每个零部件的投入产出计划,按计划发出生产和订货的指令。每一工作地、每一生产车间和生产阶段都按计划制造零部件,将实际完成情况反馈到计划部门,并将加工完的零部件送到后一道工序和下游生产车间,而不管后一道工序和下游生产车间当时是否需要,物料流和信息流是分离的。这种方式称为推进式(Push)方法。实行推进式方法的生产系统称为推进式系统,如图5-1所示。

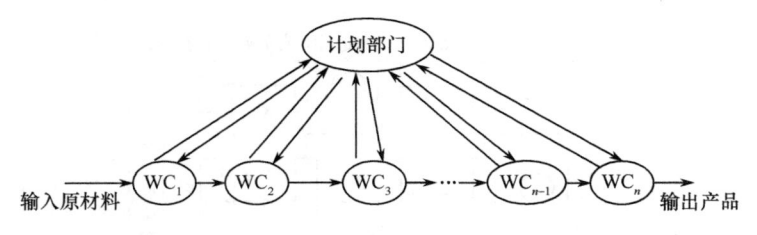

图 5-1 推进式系统

另一种是从市场需求出发,由市场需求信息牵动产品装配,再由产品装配牵动零部件加工。每道工序、每个车间和每个生产阶段都按照当时的需要向前一道工序、上游车间和生产阶段提出要求,发出工作指令,上游工序、车间和生产阶段完全按这些指令进行生产。物料流和信息流是结合在一起的。这种方式称为牵引式(Pull)方法。实行牵引式方法的生产系统称为牵引式系统,如图5-2所示,日本丰田汽车公司的生产系统就是牵引式系统。

对于推进式系统,进行生产控制的目的就是保证按生产作业计划的要求按时完成任务。但在实际上,由于计划难以做到十分精确,加上不可避免的随机因素的干扰,一般不能做到每

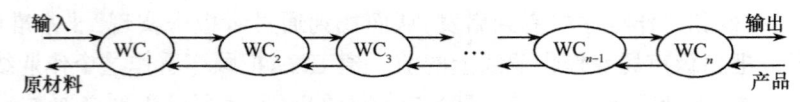

```
输入 →  WC₁ → WC₂ → WC₃ → ... → WCₙ₋₁ → WCₙ → 输出
原材料                                              产品
```

图 5-2 牵引式系统

道工序都按时完成,这就需要取得实际进度和计划要求偏离的信息,并采取纠正措施。纠正措施可以是加快实际进度(如加班、加点),以保证计划完成;也可以是修改计划进度,使之符合实际情况。

MRP 与 JIT 相比,是一个比较完善的计划方法。它的基本思想也是按需准时生产,但是能否进行准时生产,不是由 MRP 系统本身决定的。因为任何计划都不可能把未来的情况考虑得十分周全,很多意想不到的事情会在计划的执行过程中出现,迫使管理人员要么修改计划,要么采取一切行动,保证计划实现;而且,零部件和产品的生产提前期也难以做到十分精确,将所有的提前期取整成周,本身就有很大误差。所以靠推进式系统,即使是 MRP 这样比较完善的方法实行的推进式系统,也难以真正做到准时生产。

采用牵引式系统可以真正实现按需生产。如果每道工序都按其后工序的要求,在适当的时间,按需要的品种与数量生产,就不会发生不需要的零部件生产出来的情况。

3. 丰田的看板控制系统

看板,又可当作传票卡,是传递信号的工具。它可以是一种卡片,也可以是一种信号、一种告示牌。看板及其使用规则构成了看板控制系统。

实行看板管理之前,设备要重新排列,重新布置。做到每种零件都有起源,零件在加工过程中有明确固定的移动路线。每一个工作地也要重新布置,在制品与零部件存放在工作地旁边,而不是存放在仓库里。这一点很重要,因为现场工人若能亲眼看到他们加工的东西,就不会盲目地过量生产;同时,工人可看到什么样的零部件即将用完,需要补充,也就不会造成短缺,影响生产。重新放置使得加工作业的每一个工作地都有两个存放处:入口存放处和出口存放处。对于装配作业,一个工作地可能有多个入口存放处,如图 5-3 所示。车间内设众多存放处,好像变成了库房。这种车间与库房合一的形式是看板控制的一个特点,是准时生产的初级阶段。

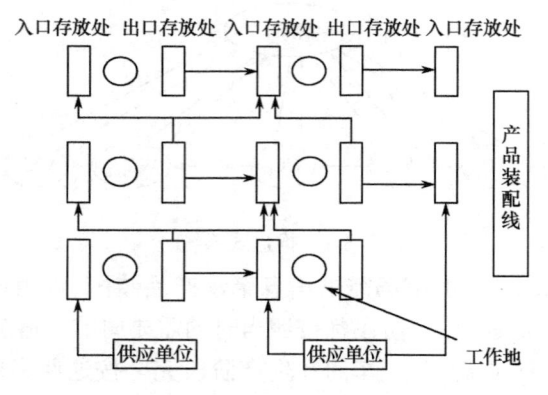

图 5-3 JIT 的设备布置

(1) 看板

看板分两种,即传送看板和生产看板。传送看板用于指挥零件在前后两道工序之间移动。当放置零件的容器从前一道工序的出口存放处运到后一道工序的入口存放处时,传送看板就附在容器上。当后一道工序开始使用其入口存放处容器中的零件时,传送看板就被取下,放在看板盒中;当后一道工序需要补充零件时,传送看板就被送到前一道工序的出口存放处相应的容器上,同时将该容器上的看板取下,放在生产看板盒中。可见,传送看板只是在前一道工序的出口存放处与后一道工序的入口存放处之间往返运动。

每一个传送看板只对应一种零件。由于一种零件总是存放在一定的标准容器内,所以,一个传送看板对应的容器也是一定的。传送看板通常包括的信息有零件号、容器容量、看板号(如发出5张的第3号)、供方工作地号、供方工作地出口存放处号、需方工作地号、需方工作地入口存放处号。典型的传送看板如图5-4所示。

从供方工作地: 38♯油漆	零件号:A435 油箱座	到需方工作地: 3♯装配
出口存放处号: No.38-6	容器:2型(黄色) 每一容器容量20件	入口存放处号: No.3-1
	看板号: 3号(共发出5张)	

图5-4 典型的传送看板

生产看板用于指挥工作地的生产,它规定了所生产的零件及其数量。它只在工作地及其出口存放处之间往返。当需方工作地转来的传送看板与供方工作地出口存放处容器上的生产看板对上号时,生产看板就被取下,放入生产看板盒内。该容器(放满零件)连同传送看板一起被送到需方工作地的入口存放处。工人按顺序从生产看板盒内取走生产看板,并按生产看板的规定,从该工作地的入口存放处取出要加工的零件,加工完规定的数量之后,将生产看板挂到容器上。

生产看板上通常有以下信息(全部或部分):要生产的零件号,容器的容量,供方工作地号,供方工作地出口存放处号,看板号(如发出4张的第1号),所需物料(所需零件的简明材料清单、供给零件的出口存放处位置),其他信息(如所需工具等)。企业类型不同,看板信息也不尽相同,图5-5所示为一个生产看板示例。

```
工作地号:38♯油漆
零件号:A435油漆座
放于出口存放处:No38-6
所需物料:5♯漆,黑色
放于:压制车间21—11号储藏室
```

图5-5 生产看板示例

(2) 用看板组织生产的过程

为简化起见,假设只有三个工作地,其中3号为装配工作地。对于装配工作地,可能有很多工作地向它提供零件,因而它的入口存放处会有很多容器,存放着各种零件。

产品装配是按装配计划进行的。当需要装配某台产品时,3号工作地就发出传送看板,按传送看板规定的供方工作地及出口存放处号,找到存放所需零件的容器。将容器上挂着的生产看板取下,放到2号工作地的生产看板盒中,并将传送看板挂到该容器上,将容器运到3号工作地的入口存放处相应的位置,供装配使用。2号工作地的工人从生产看板盒中取出一个生产看板,按生产看板的规定,到2号工作地的入口存放处找到放置所需零件的容器,从中取出零件进行加工。同时将该容器上的传送看板放入2号工作地的传送看板盒中。当生产的数量达到标准容器的要求时,则将生产看板挂到该容器上,将容器放于2号工作地的出口存放处规定的位置。同样,将2号工作地的传送看板送到1号工作地的出口存放处,取走相应的零件。按同样的方式,逐步向前推进,直到原材料或其他外购件的供应地点。

用看板控制物流的全过程如图5-6所示。

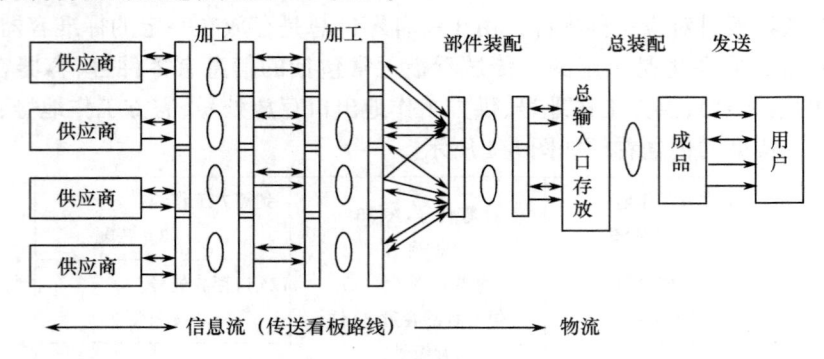

图 5-6 用看板控制物流的全过程

(3) 需要多少看板

实行看板管理需要确定发出的看板数。尽管各个企业的看板系统不同,但计算看板数的方法却基本一致。可以按下式来计算所需的看板数 N,即

$$N = N_m + N_p \tag{5-1}$$

$$N_m = DT_w(1+A_w)/b \tag{5-2}$$

$$N_p = DT_p(1+A_p)/b \tag{5-3}$$

式中,N_m 为传送看板数;N_p 为生产看板数;D 为对某零件的日需求量;b 为标准容器中放置某种零件的数量;T_w 为零件的等待时间(日),即传送看板的循环时间;T_p 为所需的加工时间(日),即生产看板的循环时间;A_w 为等待时间的容差;A_p 为加工时间的容差。其中 A_w 和 A_p 应该尽可能接近于零。

【例 5.1】 对某零件的日需求量 $D=24\,000$ 件/天,标准容器放置该零件的数量为 $b=100$ 件/箱,每天实行一班制,8小时为一工作日。$T_w=1$ 小时,$T_p=0.5$ 小时,$A_w=A_p=0.2$,求所需传送看板数和生产看板数。

解:

$$N_m = \left[24\,000 \times \frac{1}{8}(1+0.2)\right]/100 = 36 \text{ (个)}$$

$$N_p = \left[24000 \times \frac{0.5}{8}(1+0.2)\right]/100 = 18 \text{ (个)}$$

需要传送看板36个,生产看板18个。

由式(5-2)和式(5-3)可以看出,工件等待时间越长,所需传送看板数越多;同样,生产时间越长,则所需的生产看板数越多。

反过来,如果我们要缩短工件等待时间和加工时间,可以通过减少发出的看板数来实现。当然,减少看板数并不能直接缩短工件的等待时间和加工时间,只能暴露出生产管理中的问题,让人们看到,究竟是什么原因使得工作等待时间和加工时间不能进一步缩短,从而采取措施,改进管理。

当零件在两个工作地之间传递时,如果只有一个用户(后一道工序),则只需一组移动看板;如果有多个用户,则需多组传送看板。

如果只需要计算看板总数 N,则可按下式计算

$$N=D(T_w+T_p)(1+A)/b \tag{5-4}$$

式中,A 为时间容差;其他变量意义同式(5-1)、式(5-2)和式(5-3)。

(4) 看板管理的主要工作规则

使用看板的规则很简单,但执行必须严格。

① 无论是生产看板还是传送看板,在使用时,必须附在装有零件的容器上。

② 必须由需方到供方工作地凭传送看板提取零件或者由需方向供方发出信号,供方凭传送看板传送零件。总之,要按需方的要求传送零件,没有传送看板不得传送零件。

③ 要使用标准容器,不许使用非标准容器或者虽使用标准容器但不按标准数量放入。这样做可减少搬运与点数的时间,并可防止损伤零件。

④ 当从生产看板盒中取出一个生产看板时,只生产一个标准容器所容纳数量的零件。当标准容器装满时,一定要将生产看板附在标准容器上,放置到出口存放处。且按照看板出现的先后顺序进行生产。

⑤ 次品不交给后一道工序。出现次品本来就是浪费,如果把次品交给后一道工序,不仅会造成新的浪费,而且会影响整个生产线的工作。所以,在严格控制次品发生的同时,还必须严禁次品进入后一道工序。

按照这些规则,就会形成一个十分简单的牵引式系统。每道工序都为后一道工序准时提供所需的零件,每个工作地都可以在需要的时候从其前一道工序得到所需的零件。使物料从原材料到最终装配同步进行。做到这一点就可以消除人们的紧张心理,避免零件囤积造成的浪费。

4. 准时生产的实现

用看板组织生产的过程表明,有两个存放在制品的地方:前一道工序的出口存放处和后一道工序的入口存放处。这两处在制品数越少,则生产的准时性就越好。每减少一次在制品,都要大大改进各方面的管理,付出极大努力。至于减少原材料和外购件库存,还与供应厂家有关,更不易做到。但是,只要初步实现了按牵引方式组织生产,就到达了进入准时生产的一个起始点。从这里开始,就可以沿着 JIT 方式指引的方向不断改进。

实际上,大多数在制品存放在出口存放处,出口存放处的在制品数量可按发出的生产看板数计算,因为生产看板挂在出口存放处的容器上。当传送看板附在容器上时,则容器不是处于搬运过程中,就是放在入口存放处。于是,可以用发出的传送看板数来计算处于搬运过程和入口存放处的在制品数量。因此,控制看板的发出数量就控制了工序间的在制品数量。

通常,可以用下述方法来控制与调整在制品的数量:

① 在固定生产作业计划期的初期发出看板。固定生产作业计划期指能将生产作业计划确定下来不再改变的时间范围,它取决于各个企业所处的条件,一般为 10~30 天。

② 减少看板数,使之维持前后工序平衡即可。

③ 减少看板数,如出现问题,则找出原因。当需要找出某一工作地生产上存在的问题时,则减少发出的生产看板数;当需要找出物料搬运方面以及需方工作地存在的问题时,则减少发出的传送看板数。

④ 生产中的问题有些是预先发现的,有些则只有通过减少在制品库存的方法才能发现。

⑤ 要让每一个人,从工人到管理人员,都动脑筋想办法来解决发现的问题。比如,让大家

思考有无新的主意来减少调整准备时间？更换机器或采用预防维修可否减少停机时间？如何更好地实现生产率与需求率之间的平衡？等等。

⑥ 采用最简单易行的、花费最少的方法使生产在新的低库存水平下运行。

⑦ 当在较低库存水平下生产能够平稳地运行时，再减少一些看板。

⑧ 重复以上过程，直至不需要看板就实现了准时生产。

这是一个无止境的改进过程。在这个过程中，要把问题摆在每个人的面前，让大家想办法解决。这个过程是不断收紧的过程，它使人们永远不会自满，永远会面临新的问题。这正是JIT的实质所在。

5.1.3 组织准时生产的条件

JIT要求做到生产平准化(Level Production)。所谓平准化，就是要求物料流的运动完全与市场需求同步，即从采购、生产到发货各个阶段的任何一个环节都要与市场合拍。只有实现平准化生产，才能减少乃至消除原材料、外购件、在制品与成品的库存。前面讨论了如何不断减少在制品库存的问题。要实现JIT，还要不断减少成品库存和原材料库存。本节将要讨论如何通过混流生产来减少成品库存、通过准时采购来减少原材料和外购件库存，以及组织JIT的其他条件。显然，要做到各个阶段供给与需求完全同步，是十分困难的。平准化是一种理想状态，要接近这种状态，必须具备以下几个条件：组织混流生产，减少调整准备时间，建立JIT制造单元，准时采购，从根源上保证质量。

1. 组织混流生产

混流生产是为适应外部市场变化和企业内部组织生产的要求提出的。欲使企业生产系统在品种和产量的调整上，像通过变阻器调整电阻那样方便灵活，实际上是做不到的。但如果企业能够实现混流生产，就可以在满足市场不断变化的需求的同时，使成品库存大大减少。

例如，按市场需求，某厂3月份要生产A、B、C、D 4种产品，每种产品的月产量如下：A产品400台，B产品300台，C产品200台，D产品100台，总共1000台。该月有25个工作日。

对于这个例子，可以在一个月内每种产品各生产一次，也可以生产多次。当每种产品各生产一次时，可以先生产A产品400台；然后生产B产品300台，再生产C产品200台，最后生产D产品100台。这是一种扩大批量的组织生产方法，它可以节省调整准备时间。但是，市场需求情况一般不是这样的。由于一个企业的产品一般都有多个用户，每个用户对产品的品种、规格、型号、式样以及色泽的要求不同，要求交货的具体时间也不相同。按照需求的这种特征，企业应该在尽可能短的时间内(比如一天)提供尽可能多的品种。扩大批量的方法势必造成一部分产品一时供大于求，销售不出去，造成积压。同时，另一部分产品生产不出来，供不应求，发生缺货。这两种情况都造成损失和浪费，使企业丧失销售时机，失去市场。另外，从企业内部的组织生产来看，批量大固然给组织生产带来一定方便，但会造成资源浪费。由于面临多品种生产，企业必然要配备多种设备与多种技能的工人，准备多种原材料。如果一段时间只生产一种产品，会造成忙闲不均。在生产某一种产品时，可能一部分车间和设备超负荷运行，部分工人加班加点，某些原材料和外购件一时供应不上。相反，另一部分车间和设备负荷不足，甚至空闲，工人无事可干，某些原材料和外购件暂时积压，造成浪费。过了一段时间，生产另一种产品时，空闲的可能变忙，忙的可能变空闲。这样势必造成浪费。

如果减少批量，每天生产A产品16台、B产品12台、C产品8台、D产品4台。一个月25

天重复 25 次,情况就会好得多。对于顾客来讲,无论需要哪种产品,每天都可以得到,产品积压与短缺的情况将大大减少,企业内部资源利用情况也将好得多。但是,月生产频率为 25,调整准备时间就为原生产安排(月生产频率为 1)的 25 倍。要避免这种损失,就要设法减少每次调整准备时间。如果每次调整准备时间降为原来的 1/25,则可以补偿这种损失。进一步扩大生产频率,可以做到按"AAAA→BBB→CC→D"这样的顺序轮番生产,1/4 个工作日重复一次,一个月重复 100 次。这样,对顾客的服务与对企业资源的利用情况就更好。当然,总的调整准备时间将更多。

这样改进下去,可以达到一个极限,即按"AB→CAB→CA→B→AD"这样的顺序重复生产,这就达到了理想的情况,实现了混流生产。虽然仍然是 1/4 个工作日重复一次这个循环,但生产频率更大了。A 产品每月重复生产 400 次,B 产品重复 300 次,C 产品重复 200 次,D 产品重复 100 次。它可以保证每隔 26.2 分钟向顾客提供一台 A 产品,每隔 35 分钟提供一台 B 产品,每隔 52.5 分钟提供一台 C 产品,每隔 105 分钟提供一台 D 产品。

像这样减少批量,扩大生产频率,不仅提高了对顾客的服务水平,改进了制造资源的利用,而且还有以下好处:

(1) 使工人操作更容易熟练

按扩大批量的做法,工人生产完 400 台 A 产品之后,再生产 300 台 B 产品,然后再生产 200 台 C 产品,最后生产 100 台 D 产品,每个月只重复一次。由于相隔时间长,可能在生产 D 产品时,对 A 产品的制作过程和操作方法已不太熟悉,甚至忘了。相反,按扩大频率、减少批量的方法,工人每天都在重复生产不同的产品,会对几种产品的操作越来越熟练。熟练有助于提高效率。

(2) 提高了对需求的响应性

当生产频率为 1 时,可能某顾客恰恰在 400 件 A 产品生产完之后来订 A 产品,若没有存货,则该顾客要等到下个月再生产 A 产品时才能得到满足。相反,生产频率为 100 时,物流大大改善,顾客几乎随时都可以得到不同的产品。

(3) 降低了库存量

在制品库存量与生产批量成正比,生产批量每减少 1/2,在制品库存量就降低一半,成品库存量也将大量减少。对于随时可得到货的高频率生产,没有必要专门设置一定的成品库存。

(4) 缩短了每台产品的制造周期

批量生产加长了毛坯准备周期、零件加工周期和产品装配周期。批量越小,则每台产品的制造周期越短。

2. 减少调整准备时间

如果机器的调整准备时间不能压缩,则扩大生产频率会使调整准备占用的时间大大增加,这是不合算的。减少调整准备时间使生产系统具有柔性,使它能够非常快地从生产一种产品转向生产另一种产品,从加工一种零件转向加工另一种零件。

从广义上讲,从生产一种产品到生产另一种产品的转换时间应该包括生产技术准备时间。缩短调整准备时间,要求快速设计、试制出新产品,快速编制工艺,设计工艺装备,快速制造工艺装备,准备原材料及毛坯,尤其是大型铸锻件。从狭义上讲,调整准备时间是指机器从加工一种零件到加工另一种零件的转换时间。本文主要从狭义上讲柔性。

(1) 如何提高生产系统的柔性

要提高生产系统的柔性可以从两个方向努力：一是改变劳动工具，二是改变劳动对象。劳动工具包括机器设备、工夹模具等，劳动对象则是各种物料。

改变劳动工具主要指购置具有柔性的加工设备，如数控机床、加工中心、柔性制造单元等。也包括改造现有的设备和工艺装备，使其在加工不同零件时能快速调整。

改变劳动对象主要指从不同产品中找出设计属性和制造属性相似的零件，将相似零件分类归族。同一族零件由于制造工艺相似，可以用构成一个生产单元的一组机器来加工。由于一族零件相似，其加工中的转换时间可以大大减少，从而提高生产系统的柔性。这就是成组技术的思想。

两种途径都可以使生产系统的柔性提高，但它们并非互不相容。恰恰相反，只有将这两种途径互相结合，互相渗透，才能更有效地提高生产系统的柔性。

通过改造现有的设备和工艺装备来提高生产系统的柔性，是一种值得推广的方法。只要能完成既定的加工任务，机器越简单越好。复杂的机器不仅价格高昂，而且由于组成它的元件多，可靠性也低。很多普通设备和工艺装备，经过改造是可以缩短调整准备时间的。

(2) 减少调整准备时间的办法

从泰罗和吉尔布雷斯夫妇开始，工业工程师们曾对如何缩短加工时间进行了很多研究，从机器和工具的改造，到工人操作的简化，都付出了卓有成效的努力。用同样的方法来研究如何缩短调整准备时间，也会取得显著的效果。

通常，可以采用以下方法来减少调整准备时间：

① 尽可能在机器运行时进行调整准备。机器正在加工零件 A，接着要加工零件 B。在加工 A 时，就可为加工 B 进行准备。将加工 B 所需的工具、夹具、模具和机器附件准备好，在一定位置上摆放整齐。就像外科医生做手术前一样，做好一切准备工作。当机器加工完 A，马上就可以拆卸加工 A 所需的夹具模具，换上加工 B 所需的工艺装备。为了使工人在做准备时不忘记任何一件需要进行的工作，可以将加工一定零件的准备工作内容写成条文，并经过一段时间的实践后使其完善。

采用这样的方法，可使机器停止运行的时间减到最少。这种方法虽然简单，但效果十分显著。按照日本一些企业的经验，采用这种方法可使调整准备时间减少 50%。

② 尽可能消除停机时的调整时间。停机时要更换工艺装备及机床附件，其中用于调整工艺装备及机床的时间往往占一大部分。如果从调整方法上改进，又可减少余下调整准备时间的 50%。经验表明，对工艺装备进行改进有可能消除大部分定位时间。

③ 进行人员培训。当企业推行平准化生产时，工人的工作将主要是进行工件转换过程的调整准备。因此，要对工人进行从事调整准备工作的训练，如同以前对工人进行操作训练一样。应该像训练消防队员那样训练工人，使他们能够在一个工件加工完之后，像扑灭火灾那样迅速动作，在极短的时间内完成调整准备工作。

④ 对设备和工艺装备进行改造。要了解每台设备的工作范围，按其工作范围来研究简化调整准备工作的方法。尽管两台设备相同，其工作范围也不一定相同。只有了解设备的工作范围，才能有的放矢地进行改进。在做这项工作时，还需要了解工厂的有关规划与打算，了解产品的变化、工艺的改进等，以免浪费时间与精力。

要仔细研究现有的调整准备方法，找出其不合理之处。

3. 建立 JIT 制造单元

实行 JIT 的第一步是"把库房搬到厂房里"。大大小小的入口存放处和出口存放处,就像大大小小的库房。"把库房搬到厂房里"的目的是使问题明显化。工人看到他们加工的零件还没有为后一道工序所使用,就不会盲目生产,只有看到哪种零件即将使用完时,才会自觉地生产。第二步是不断减少工序间的在制品库存,"使库房逐渐消失在厂房中",实现准时生产。

为了推行 JIT,需要对车间进行重新布置与整理,实行定置管理。要依据所生产的产品和零件的种类,将设备重新排列,使每个零件从投料、加工到完工都有一条明确的流动路线。零件存放到车间会带来一些问题。如果零件杂乱无章地堆放,需要时难以找到,就会造成生产中断,甚至引起安全事故。因此,所有零件必须放在确定的位置上,并要用不同的颜色做出明显的标记。要及时消除一切不需要的东西,创造一个整洁的环境。

要开展"5S"活动。5S 是指整理(Settle)、整顿(Straighten)、清扫(Scavenge)、清洁(Sanitary)和素养(Schooling)。整理指区分要与不要,将不需要的东西及时清理出现场;整顿指对整理后需要的物品进行合理摆放;清扫指清除垃圾、油水、杂物、铁屑等;清洁指维持整理、整顿、清扫的状态,使设备、工艺装备、工位器具、零件无污物,环境清洁美化;素养指通过前"4S",使人们的道德观念和纪律得到加强,做到严格遵守规章制度,尊重他人劳动,养成良好的习惯。

对车间进行重新布置的一个重要内容是建立 JIT 制造单元。JIT 制造单元是按产品对象布置的。一个制造单元配备有各种不同的机床,可以完成一组相似零件的加工。JIT 制造单元有两个明显的特征:一是在该制造单元内,零件是被一个一个地经过各种机床加工的,而不是像一般制造单元那样一批一批地在机床间移动的。在单元内,工人随着零件走,从零件进入单元到加工完离开单元,始终是一个工人操作。工人不是固定在某台设备上,而是逐次操作多台不同的机器,这与一般的多机床操作不同。一般的多机床操作通常是由一个工人操作多台相同的机器。二是 JIT 制造单元具有很大的柔性,它可以通过调整单元内的工人数使单元的生产率与整个生产系统保持一致。

JIT 制造单元一般采用 U 形布置,如图 5-7 所示。U 形布置使工人能集中在一起,增加了工人之间接触的机会,也使工人在转换机器时行走路线较短。如果采用直线布置,工人从机器 1 到机器 9 将行走较长距离;而采用 U 形布置,工人转过身来就行了。

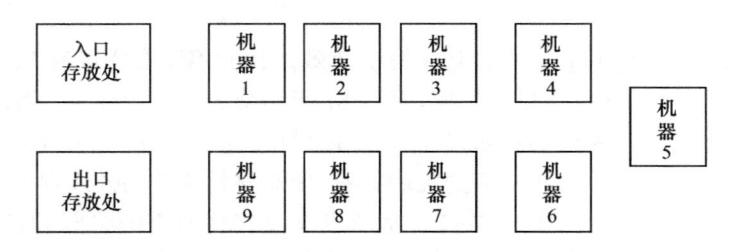

图 5-7 采用 U 形布置的 JIT 制造单元

可以把 JIT 制造单元看作一个可同时供多个工人进行多道工序加工的机器,一个单元只需设置一个入口存放处和一个出口存放处,不必为每台机器单独设置入口存放处和出口存放处。

为了维持制造单元的生产率与产品装配的生产率一致,保证同步生产,要使单元的固定生产能力有富余,机器设备数按最高负荷配置。当生产率改变时,只要调整制造单元的工人数量就可以满足需要。JIT 有一条重要的原则,即认为工人是最重要的资源,劳动力的闲置是最大的浪费。因此,每当生产节拍改变时,都要调整工人的数量,使每个工人都有较满的工作负荷。调整工人数量比改变机床数要容易得多,也迅速得多,这使得制造单元具有很大的柔性。由于工人具有多种操作技能,一个制造单元的多余工人可以安排到另一个任务较重的制造单元中去工作,从而使劳动力得到合理而充分的利用。

4. 准时采购

推行 JIT,除了消除在制品库存和成品库存之外,还要消除原材料和外购件的库存。消除原材料与外购件的库存,比消除工序间在制品库存还要困难,因为它不仅取决于企业内部,还取决于供应厂家。然而,由于原材料和外购件占有大量资金,不消除这种浪费,推行 JIT 的效果就不会好。因此,必须消除采购过程中的浪费。

采购中有大量活动是不增加产品价值的。订货、修改订货、收货、开票、装卸、运输、质量检查、入库、点数、运转、送货等,都不增加产品的价值。准时采购的目的就是要消除这些浪费,消除原材料与外购件的库存。

如何消除这些浪费?应该先从供货质量抓起。如果供货质量可以保证,就可以取消购入检查。有人认为取消购入检查会增加风险,实际上,推行 JIT 减少了质量不合格的风险。

要消除采购中的浪费,就应该选择尽量少的、合格的供应厂家。要同供应厂家建立新型的关系。这种关系应该是长期的、互利的。因为只有建立长期的关系,才能解决供货质量问题,只有双方都有利,才能建立长期合作关系。合格的供应厂家具有较好的设备、技术条件和较好的管理水平,可以保证准时供货,保证质量。选择尽量少的供应厂家,是因为企业的力量和资源有限,只能帮助较少的供应厂家去消除浪费,组织好准时生产。面对上千个供应厂家,企业是无计可施的。

在选择供应厂家时,要考虑 5 个因素:质量、合作的愿望、技术上的竞争力、地理位置和价格。把价格放到最后,并非价格不重要,而是当前 4 个条件具备时,才谈得上讨论价格。而且在多数情况下,前 4 个因素较好的供应厂家,价格也可能是较低的。即使不是这样,双方建立起合作关系之后,企业也可以帮助供应厂家实施 JIT,找出降低成本的方法,使价格降下来。当建立良好的合作关系之后,很多工作可以简化,以致消除,如订货、修改订货、质量检查等,从而减少了浪费。

美国 Xerox 公司在实行准时采购上取得了成效。1980 年,该公司有 5000 家供应厂家。经过筛选,到 1985 年降为 300 个供应厂家,到 1987 年初降为 260 个供应厂家。1985 年,该公司挑选了 25 个质量合格且距公司不超过 40 英里的供应厂家进行准时采购的试验。公司每天用卡车从这 25 个厂家运来一天所必需消耗的物资,使原材料和外购件库存大为减少。由于这 25 个厂家的质量有保证,取消了购入检查。运货卡车直接将所需的物资运到需要的地方,消除了收货、装卸、入库等一系列环节,减少了浪费,并使库房成为多余的东西。该公司还采用一种能回收的塑料容器代替以往用过就扔的包装物。这种塑料容器还起着看板的作用,当它们送到供应厂家时,就起着订单的作用,从而取消了订货手续。

Xerox 公司实行准时采购使原材料与外购件库存大幅度下降,并使采购物资的价格下降了 40%～50%,这是准时采购带来的效果。

5. 从根源上保证质量

质量是实行 JIT 的保证,不从根源上保证质量,则不可能成功地实行 JIT。当需要一件才生产一件时,如果某道工序出了废品,则后续工序将没有输入,会立即停工。所有上游工序都必须补充生产一件,这样就完全打乱了生产节拍。要实行 JIT,必须消除不合格品。

传统的质量管理的方法是:加工零件或生产产品→检查→挑出合格品或合格批→交给用户。对于能返修的不合格品要进行返修或降级使用;对于不能返修的不合格品,则报废。这种方法主要依靠事后把关来保证质量。其实,经检查确定的合格品或合格批,也不能保证百分之百合格。因为错检或漏检时有发生,且采用抽样检查得出的合格批中一定包含一定数量的不合格品。

与传统质量管理不同,全面质量管理强调事前预防不合格品的发生,要从操作者、机器、工具、材料和工艺过程等方面保证不出现不合格品。它的座右铭是:开始就把必要的工作做正确。强调从根源上保证质量。

JIT 给全面质量管理增加了新的特色。它使"必要的工作"这一模糊的概念变得十分清楚,大大提高了质量管理的有效性。"必要的工作"是指那些增加价值的活动。不增加价值的活动是应该消除的,把不增加价值的工作做得正确不但是不必要的,而且是浪费。

使质量管理工作从事后把关变成事前预防,要经过三个步骤:正确地规定质量标准,使工艺过程得到控制和维持这种控制。

产品是为用户所用的,产品只有能够满足用户的需要,才算达到了质量标准。因此,应该对用户的要求进行明确规定,将其作为产品质量的标准。

有两种用户:一种是企业外部的用户,他们是企业产品的最终消费者;另一种是企业内部的用户。每一个生产阶段、每一道工序都是前一个生产阶段、前一道工序的用户。全面质量管理不仅要规定外部用户对质量的要求,而且要规定内部用户对质量的要求;不仅要对外部用户提供符合要求的产品,而且要对内部用户提供符合要求的在制品。

要使工艺过程得到控制,需要做好两件事:一是操作工人参与,二是要解决问题。操作工人的参与对于工序质量控制至关重要。工人在操作过程中要收集必要的数据,发现问题,实行自检。解决问题要采取正确的方式,采用必要诊断方法找出影响质量的根本原因。是否找出根本原因有一个标准可衡量:该问题是否重复出现? 如果没找到根本原因,不采取措施消除产生该种质量问题的根本原因,则这种质量问题一定会再现。错误的方式就是"有病乱投医",只求解决质量问题,将能采用的方法都用上,而不管是什么办法真正起了作用。结果,问题还可能出现。即使问题不再出现,也不知是什么办法使之不再出现。

一旦工艺过程处于控制状态,就要维持这种控制状态,才能保证质量。维持控制状态可以采用三种方法:操作者更多地参与、统计过程控制和防错。

要使操作工人参加维持控制状态的活动,首先要使他们了解后一道工序的要求。其次要有反馈机制,通过控制图使工人了解工序是否处于控制状态。最后要使工人懂得如何采取行动,纠正所出现的偏差。

统计过程控制基本上是一种反馈控制机制,即通过过去的信息去控制将来的操作。反馈控制对 JIT 是不够的,应该采取事前控制,即在缺陷出现之前就采取行动,防止缺陷出现。统计过程控制方法一般适用于可以定量的场合,如长度、直径、重量、数量等。但工序控制中有更多的因素是非定量的,如机器运转的声音、环境的污染、不正确的设备调整和误操作等,是不能用统计方法进行控制的。这就需要防错的方法。

试验证明,当正确的操作方法与错误的操作方法一样容易做的时候,人们总是选择正确的操作方法。防错方法的实质就是要使正确的操作容易做,而使错误的操作难以做或者不能做。例如,设计一种工艺装备,当它安装得不正确时,它会使机器不能运转。这就保证了工艺装备的安装错误不致影响加工质量。防错方法不仅可用于工序质量控制,而且可用于检查和产品设计。防错方法与统计过程控制方法同样重要。

如前所述,JIT需要全面质量管理的支持,质量是实行JIT的保证。反过来,JIT可以促进质量的提高。

对于传统的生产方式,一道工序往往持续数周地加工一种零件,等到后一道工序加工这种零件时,若发现有质量问题,则已造成很大损失,要返修或报废一大批零件。同时,事隔数周,该工序的工人已经加工其他零件,他已记不起究竟是哪方面的操作出了问题,也难以找出产品质量问题的根本原因。

实行JIT,需要一件才生产一件,当加工过程出现问题时,可以立即得到反馈信息,立即采取纠正措施。后一道工序是前一道工序的用户,是前一道工序质量最权威的检验者,而且实行的不是抽检,是100%的检查。这不仅取消了工序间的专职检查,消除了这一不增加价值的活动,而且更彻底地保证了质量。

另外,当某道工序出现质量问题时,生产就会停下来。这种压力迫使每个操作者保证质量,防止继续生产废品,有利于找出问题的根本原因。

在开始实行JIT时,不可能使工艺过程得到完全的控制,因而不可能消除不合格品,但是,一定要做到有预见性,预估会出多少不合格品。要使生产过程有预见性,其中很重要的一条是保证设备的可靠性,要保持设备处于可用状态,保证设备在运行中不发生故障。为此,要对设备进行全面生产维修。

其中,预防维修在实行JIT时是很重要的。日本一些企业,两个工作班之间一般有2~3小时间隔,这个时间正好用来进行预防维修。如同一列火车到站、一架飞机降落到机场上一样,为保证安全运行与飞行,要进行检修。

5.2 精益生产方式

精益生产(Lean Production,LP)方式是美国麻省理工学院国际汽车项目组(International Motor Vehicle Program,IMVP)的研究者John Krafoil给日本汽车工业的生产方式起的名称。之所以用"Lean"这个词,是因为与大量生产方式相比,LP只需要一半的人员、一半的生产场地、一半的投资、一半的工程设计时间、一半的新产品开发时间和较少的库存,就能生产出质量更好、品种更多的产品。

精益生产方式既是一种原理,又是一种新的生产方式。它是继大量生产方式之后,对人类社会和人们的生活方式影响最大的一种生产方式,是新时代工业化的象征。

5.2.1 精益生产方式的起源

精益生产方式起源于日本丰田汽车公司。它的出现不是偶然的,有其深刻的历史渊源。为了说明精益生产方式的起源,先要从大量生产方式谈起。

1. 从手工生产方式到大量生产方式

(1) 手工生产方式

19世纪末,法国巴黎机床公司开始制造汽车,它采用的是一种典型手工生产方式。

工人都是熟练的技术工人,他们不仅懂机械设计和材料,而且具有高超的操作技术。他们与P&L公司签订合同,在手工工场独立地完成产品设计和制作。P&L公司完全按顾客的要求生产汽车,因此,几乎没有两辆车是相同的。零件由不同的工人制造,各种零件形状与尺寸都有差异,在装配汽车时只能对零件进行选配。这样制作的汽车成本很高,且易出故障。但顾客是富翁,他们并不关心成本、驾驶与维修,他们所关心的只是气派、速度和自己独特的风格。

手工生产方式的特点是:工人以师傅带徒弟的方式培养,具有高超技术;组织分散;产品设计和零件制造分散;使用通用机器;实行单件生产。

(2) 大量生产方式的兴起

1908年,亨利·福特推出了他的T型车。该车驾驶和修理都比较方便,不用专门的司机和机械师。福特设想像生产别针和火柴那样来生产T型车,以使劳动生产率大幅度提高,成本大幅度降低。

进行大量生产的技术关键是零件的互换性和装配的简单化。零件具有互换性才能使任何地方的任何人加工的零件都能装配到一起,才可实行更广泛的分工。装配简单化则不需全能的装配工,大大节省了装配时间。零件互换性和装配的简单化是采用装配生产线的前提条件。

按照福特提出的"单一产品原理",公司只生产T型车一种车型。由于车型固定,零件可做到标准化。专门生产一定种类的零部件,可采用专用高效的机器设备。细化分工使工人只需完成一、二道简单工序,操作可以标准化。操作时间短,加快了产品出产的节奏。另外,使用传送带,使每个工件按固定的节奏从一道工序流向另一道工序,工人不能随意地多干或少干,保证了生产过程总体上的优化。

实行大量生产方式的结果,是生产率大幅度提高。1908年,514分钟(8.56小时)生产一辆车。1913年,2.3分钟生产一辆车。1914年,实行流水线生产后,只要1.19分钟就生产一辆车。随着产量提高,成本大幅度下降。1908年,刚出现的T型车售价为850美元一辆,到1926年,售价仅为290美元一辆,几乎人人都买得起。

由于分工精细、操作简化,工人只需几分钟训练,就能上装配线干活。工人甚至语言不通,也能共同制造汽车。这是由于工业工程师对生产组织及设备安排进行了精心设计。操作简化使非熟练工人找到了工作,同时也使人们从此陷入一种单调乏味的生活。

在生产组织上,福特最初从其他公司购买发动机、底盘和其他一些零件,然后组装成汽车。后来,全部零件都自己生产,其原因是其他公司未实行大量生产方式,成本太高,公差太大,交货不及时。

福特在不同国家和地区建立了生产不同型号汽车的工厂,但每个工厂只生产一种车型,他的思想是,通过以标准形式生产产品,极大地降低成本,从而使得公众富裕。

随着大量生产方式在全世界的广泛传播和应用,一些小的汽车公司被淘汰、被兼并。美国原来有100多家汽车公司,到后来只剩12家,其中最强的三家(通用、福特和克莱斯勒)占全部销售额的95%。

福特的大量生产方式使美国的劳动生产率大大提高,是促使美国成为世界上经济最发达国家的因素之一,也改变了美国人的生活方式。

2. 从大量生产方式到精益生产方式

(1) 大量生产方式的衰落

第一次世界大战后,以美国企业为代表的大量生产方式逐步取代了以欧洲企业为代表的手工生产方式;第二次世界大战之后,以日本企业为代表的精益生产方式又逐步取代了大量生产方式。看来,任何一种生产方式都不可能是万古长青的,都有一个产生、发展与衰退的过程。因为任何一种生产方式都有其优点,也有其缺陷。当社会发展到具备使其优势得以充分发挥的条件时,这种生产方式就占统治地位;当条件发生了变化,其优势得不到发挥或得不到充分发挥,而缺陷成为主要问题时,这种生产方式就衰退。发展是螺旋式上升的,大量生产方式否定了手工生产方式,精益生产方式又否定了大量生产方式。

福特的大量生产方式有一个根本的缺陷,那就是缺乏适应品种变化的能力,即缺乏柔性。福特因创造了大量生产方式而成为"汽车大王",但是,后来正是由于他顽固坚持生产 T 型车一种车型,他的公司陷入困境。

消费者一般先要解决"有没有"的问题。当"有没有"的问题解决之后,紧接着要解决"好不好"的问题。福特汽车公司推出的 T 型车,正好满足了当时一般人的需求:要拥有一辆车,只要价廉、耐用就行。当这个需求得到满足之后,人们就要追求式样美观、舒适、省油等,即使价格高一点也不在乎。这时,朴素、坚固、价廉的 T 型车就不受欢迎了。

耐人寻味的是,为什么福特汽车公司在长达 19 年的时间内始终生产 T 型车?除福特顽固保守、死抱住"单一产品原理"不放之外,还由于他的庞大的专用机器体系完全是为了永远生产 T 型车而建立的。它没有柔性,不能生产别的车种。改变原有的设备,不仅耗资巨大,而且要停产一年。这是一个不能轻易做出的决策。

虽然在随后的 50 多年,大量生产方式被推广到全世界,并得到很多改进,但是它的固有缺陷并没有得到弥补。专用、高效、昂贵的机器设备缺乏柔性,使大量生产者拒绝开发新品种。为了使高昂的固定成本分摊到尽可能多的产品上,生产线不能停工。而为了保证不间断地生产,就需要各种缓冲,于是产生过量的库存、过多的供应厂家、过多的工人、过大的生产场地。

这种缺陷在能源紧张、原材料价格上涨、工资提高、消费多样化的时代,显得格外突出。著名的福特汽车公司在 20 世纪 80 年代初险些破产,只好反过来向过去的学生——日本丰田汽车公司学习精益生产方式。表 5-1 引用了 20 世纪 90 年代初世界汽车装配厂的统计资料,它充分说明了大量生产方式的衰落。在表中,在日本的日本汽车装配厂是精益生产方式的代表,在欧洲的汽车装配厂是大量生产方式的代表,在北美的美国汽车装配厂和日本汽车装配厂不同程度实行了精益生产方式。

表 5-1 20 世纪 90 年代初世界汽车装配厂指标比较(平均值)

比较内容 地区	在日本的日本汽车装配厂	在北美的日本汽车装配厂	在北美的美国汽车装配厂	在欧洲的汽车装配厂
生产率(小时/辆)	16.8	21.2	25.1	36.2
质量(百辆车装配缺陷)	60.0	65.0	82.3	97.0
生产场地(平方尺/年·辆)	5.7	9.1	7.8	7.8
返修区大小(占装配场地%)	4.1	4.9	12.9	14.4
8 种代表性零件的库存(天数)	0.2	1.6	2.9	2.0

(续表)

比较内容 \ 地区	在日本的日本汽车装配厂	在北美的日本汽车装配厂	在北美的美国汽车装配厂	在欧洲的汽车装配厂
加入工作小组的工人比例(%)	69.3	71.3	17.3	0.6
工作轮换(0为不轮换,4为常轮换)	3.0	2.7	0.9	1.9
平均每个雇员建议数	61.6	1.4	0.4	0.4
职业等级数	11.9	8.7	67.1	14.8
新工人培训时间(小时)	380.3	370.0	46.4	173.3
缺勤率(%)	5.0	4.8	11.7	12.1
焊接自动化程度(%)	86.2	85	76.2	76.6
油漆自动化程度(%)	54.6	40.7	33.6	38.2
装配自动化程度(%)	1.7	1.1	1.2	3.1

(2) 精益生产方式的出现

1950年春天,丰田汽车公司丰田喜一郎到美国仔细参观了福特汽车公司在底特律的Rouge工厂。丰田喜一郎发现,这个当时世界上最大、最有效率的汽车制造厂,有可改进之处。回到日本之后,经过与生产管理专家大野耐一仔细研究,得出一条重要结论:大量生产方式不适于日本。原因是当时日本经济十分困难,不可能花大量外汇去购买美国的技术与装备,也不可能耗巨额资金去建设Rouge那样的工厂。当时日本国内市场对汽车的需求量小,需要的汽车品种却相当多,也不可能实行大量生产方式。受新劳工法制约,日本老板不能像美国老板那样,把工人当作可互换零件,随时解雇。日本企业也不像美国企业,在大量生产中雇用大量移民。

汽车生产中需大量冲压件。冲压件的加工需要在压力机上配备重达数吨的模具,压制不同的零件需要不同的模具。在美国,更换模具是由专家来完成的。换一次模具常常需要1~2天时间。为了提高效率,西方一些汽车制造厂常常配备数百台压力机,以至于数月甚至数年才更换一次模具。这样大量生产冲压件,造成在制品库存相当高。而且,一旦工序失控,会大量生产不合格产品,造成大量报废,大量返工。在很多实行大量生产方式的工厂,大约有20%的生产面积和25%的工作时间是用来返修产品的。

为了解决换模问题,大野耐一花了十多年时间研究出一种快速换模方法,他利用滚道送进送出模具,采取一种一般操作工人可迅速掌握的调整办法,使换模时间减为3分钟。3分钟换模使加工不同零件与加工相同零件几乎没有什么差别,于是可以进行多品种小批量生产。这样做的结果是每个零件的制造成本比大量生产的还低。其原因是,小批量生产使在制品库存大大降低,使加工过程的质量问题得以及时发现,避免了大量生产不合格品和大量返修。而且,一机多用,降低了固定成本。

大量大批生产通过专用机床和专用工艺装备来提高加工的速度和减少调整准备时间,从而实现高效率加工。精益生产方式突破了"批量小,效率低,成本高"的限制,打破了大量生产方式"提高质量则成本升高"的惯例,使成本更低,质量更高,能生产的品种更多,是一种可以淘汰大量生产方式的新的生产方式。

(3) 三种生产方式的比较

精益生产方式综合了手工生产方式和大量生产方式的优点,克服了两者的缺点,使它成为新形势下最有生命力的生产方式。表5-2对三种生产方式作了简明对比。

表 5-2　三种生产方式的简明对比

	手工生产方式	大量生产方式	精益生产方式
产品特点	完全按顾客要求	标准化,品种单一	品种规格多样,系列化
加工设备和工艺装备	通用,灵活,便宜	专用,高效,昂贵	柔性高,效率高
分工与工作内容	粗略,丰富,多样	细致,简单,重复	较粗,多技能,丰富
操作工人	懂设计制造,具有高操作技艺	不需专门技能	多技能
库存水平	高	高	低
制造成本	高	低	更低
产品质量	低	高	更高
权利与责任分配	分散	集中	分散

5.2.2　精益生产方式的基本思想

1. 精益生产方式的基本含义

英文词"Lean"的本意是指人或动物"瘦",没有脂肪。译名"精益生产"反映了"Lean"的本意,也反映了"Lean Production"的实质。日本人工作上追求完美,在制造上讲双"零"——零缺陷和零库存。这就是"精"和"益"的所在,"精"指质量高,"益"指库存低。

企业中的库存占用生产面积,占用厂房、设备和人员,造成资金大量占用。不仅如此,库存还掩盖了管理中的各种问题,使企业丧失竞争力,甚至导致企业亏损、破产。

当然,"益"并不完全指库存。从一般意义上讲,精益生产方式是指对一切资源的占用少,对一切资源的利用率高。资源包括土地、厂房、设备、物料、人员、时间和资金。精益的含义包括质量高。质量高的产品在消耗同样多的物化劳动和活劳动的条件下,可以提供更好的功能、更可靠的性能和更长的使用寿命。这实质上是对资源的利用率高。

精益生产方式是由资源稀缺引起的,其思想早就有了。我国江浙一带,人口稠密,土地资源紧张。只有实行"精耕细作",充分利用每一寸土地,才能生产足够多的粮食和蔬菜,供众多人口消费。"精耕细作"指的就是农业上的精益生产方式。

2. 精益生产方式的基本原理

精益生产方式的基本原理是:不断改进,消除对资源的浪费,协力工作和沟通。不断改进是精益生产方式的指导思想;消除浪费是精益生产方式的目标;协力工作是实现精益生产方式的保证。

(1) 不断改进

改进,就是永远不满足于现状,不断地发现问题,寻找原因,提出改进措施,改变工作方法,使工作质量不断提高。改进与创新,都是进步和提高。改进是渐进式的进步,是细微的改变,其过程是连续的、日积月累的,会获得巨大的成功;创新是跃进式的进步,是显著的变化,其过程是不连续的。创新,可为少数人所为,改进则必须众人努力。如果创新之后无改进,则实际成果会降低;如果创新之后继续改进,成果将更大,如图 5-8 所示。日本人学习美国人提出的全面质量管理,经过改进,后来居上,就是证明。日本的成功,首先在观念上,就是要进行永无休止的改进。改进是众人之事,是每个职工的责任,应该成为每个职工的指导思想,成为职工生活的一部分。事物是发展变化的,新事物、新问题天天都会出现,任何先进的方法都有缺陷,都有改进的余地。谁能不断改进,谁就能赢得竞争。

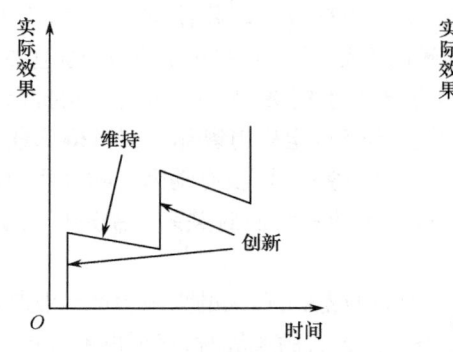

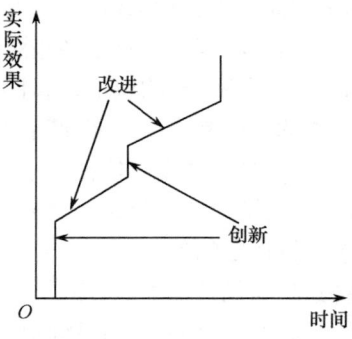

图 5-8 "创新＋维持"与"创新＋改进"的效果比较

(2) 消除浪费

本章给出了浪费的定义。对资源的占用和对资源的利用只能进行相对比较，而对于库存和质量却可以给出一个绝对的标准：零库存和零缺陷。零是一种极限，可以无限地接近它，但永远不可能达到。工作上没有缺陷，则没有改进的余地。双零使得改进永无止境，只有达到双零，才能说在质量与库存方面完全消除了浪费。

(3) 协力工作(Teamwork)

协力工作是将职业、专长不同的人组织到一起，以小组的形式完成特定任务的工作方式。它是对传统分工方式的革命。大量生产方式将分工推向极端，致使每个人只能从事极其简单而专门的工作，极大地妨碍了人的创造力的发挥，使最重要的资源只能发挥简单机械设备所能发挥的功能，是对人力资源的极大浪费。

现代社会的一个趋势是走向综合。分工虽然使效率空前提高，但过细的分工也使协调空前复杂。协调的复杂将导致工作效率下降。协力工作将使协调简化。协力工作还可集中不同职业和专长的人的意见，从而提高工作质量和工作效率，使得改进不断进行。操作工人、维修工人、工业工程师、管理人员协力工作，可使生产现场出现的问题迅速解决；设计人员、工艺人员、销售人员和管理人员协力工作，才能使并行工程得以实现，使新产品开发周期大大缩短。要对市场做出快速响应，不仅企业内部要协力工作，企业还必须与供应厂家、顾客协力工作。

(4) 沟通

人员之间、部门之间、企业与顾客、企业与供应厂家之间都需要沟通，及时传递信息，以便相互了解。没有沟通，谈不上协力工作。为此，小组的每个成员都必须了解其他成员的专业和工作内容。这样，才能有共同语言，才能将自己的工作放到全局中去考虑，才能避免片面性。沟通可以面对面进行，也可通过各种通信手段来实现。现代化的通信手段是实现组织之间沟通的物质条件。

5.2.3 精益生产方式的主要内容

精益生产方式的主要内容包括工厂现场管理、新产品开发、与用户的关系、与供应厂家的关系等方面。对于现场管理，即如何通过看板系统来组织生产过程，实现准时生产，前面已经详细介绍，这里仅对与用户的关系、新产品开发、与供应厂家的关系，以及精益企业的概念进行讨论。

1. 与用户的关系

在亨利·福特时代，汽车制造厂与用户不直接联系。汽车制造厂将产品批发给很多较小的中间商,顾客到中间商那里去购买汽车。为了减少库存资金,制造厂将成品卖给中间商,将收回的资金用于购买原材料和零件。对于某些滞销的产品,则采用搭配的办法,强迫中间商接受。因为较小的中间商好比福特公司的雇工,随时可能被取消资格,无力与福特公司抗衡。所以制造厂与用户是完全隔离的。在制造厂内部,产品开发部门不能从销售部门那里得到任何关于用户需求方面的信息,改进产品也就没有依据。中间商只顾多赚钱,没有动因去收集用户的意见。由于供不应求,销售部门成了一个官僚机构,与中间商形成一种敌对关系。制造厂由于生产单一,对用户的特殊要求一概拒之门外。

亨利·福特这种与用户的关系,提供了一个坏的先例,后来的大量生产企业基本是按这种方式处理与用户的关系的。这种方式在面临精益生产方式的挑战时,就再也维持不下去了。

以丰田汽车公司为代表的精益生产方式,在处理与用户的关系方面采取了完全不同的态度与做法。"用户至上""用户第一"是公司处理与用户关系的指导思想。在这种思想指导下,公司采取了积极主动的态度,搞"主动销售"。他们不是等待用户上门,而是主动上门了解情况,征求意见,搞售前和售后服务。

丰田汽车公司是通过自己的销售渠道(不是中间商)在日本销售产品的,其销售渠道遍布全国,通过不同渠道销售不同的产品。各销售渠道与产品开发过程紧密联系在一起。在某种新型汽车开发过程中,负责该车的销售人员也参加开发小组的工作。

丰田汽车公司重视提高销售人员的素质。销售人员中很多是大学毕业生,他们一到公司就要参加公司举办的强化培训班,学习产品推销。销售人员组成小组,每天上班、下班时都要开小组会,安排检查工作。其余时间小组成员到各自工作的地区上门销售。小组全体成员每月开一天会,系统地研究并解决所遇到的问题。

销售人员在他们所负责的区域将每户家庭的情况都标在图上。定期对用户进行访问,了解各种情况,比如,每家有几辆小汽车?使用了几年?谁制造的?性能如何?有多大停车地方?家里有多少小孩?小汽车在家里有哪些用途?何时需买新车?等等。销售小组成员系统地将这些信息转达产品开发小组,并对新车应该具有哪些性能提出建议。在下一次访问这个家庭时,将符合用户要求的车型给用户看,如果用户决定购买,销售人员可帮助用户提出订单。

工厂按订单排出生产日程表,并将日程表交给零件供应厂家。日本的工厂能在两周以内将用户所需的汽车交给用户。在西方,起码需6周,甚至长达数月。由于按订单生产,成品一出产就交给用户,成品库存很低。

诚然,上门销售比一般推销产品所付出的代价要大,平均每个销售人员每月销售的汽车数也比美国的公司少一些。但是,销售人员及时为产品开发提供大量宝贵的信息,省去了费时的、花费大而常常又是不准确的市场评估活动。而且,通过上门销售方式提供高水平的服务,使用户与生产厂商建立长期相互信任的关系,使新的竞争者难以插足。这也是西方汽车难以进入日本市场的一个重要原因。

2. 新产品开发

不断开发新产品是形成竞争优势的一个主要因素。缩短新产品开发周期,是成功推出新产品的关键。美国通用汽车公司开发 GM—10 新产品整整花了 7 年时间。由于开发周期长,新产品不能及时赶上市场的需求,导致新产品销售量只有原计划的 60%。与此形成鲜明对照的是日本本田汽车公司,它开发第四代 Accord 只花了 4 年时间,产品一出厂便成为最畅销的车型。原因何在？在于精益生产方式在产品开发上有4个方面与大量生产方式不同。

(1) 领导

在日本企业，开发新产品小组的负责人拥有很大权力，他是领导者，而不是一般协调人。小组负责人是一个让人羡慕的职位，容易得到提升。相反，在美国企业，小组负责人没有实权，他的工作只是协调。他要说服来自不同职能部门的小组成员共同工作，这使得他在问题面前无能为力。

(2) 协力工作

在日本企业，为了开发新产品，由项目负责人组织一个小组，小组一直工作到新产品开发完成。小组成员来自不同的职能部门，包括市场评估、生产计划、设计、工艺、生产管理各部门的人员。虽然，小组成员保持与各自职能部门的联系，但他们的工作完全在项目负责人的控制之下，因工作业绩由项目负责人考核，项目负责人还可决定小组成员今后能否参加新项目的工作。

相反，在西方一些公司，小组成员只是短期从职能部门借来的。在项目进行过程中，主要任务从一个部门转移到另一个部门，小组成员也在不断变换。由于小组成员只有受到本职能部门领导的重视才能得到提升，他们只能为各职能部门的利益说话，不可能从开发新产品的角度提出建议，也不可能协力工作。

(3) 沟通

西方企业在开发新产品时，一些重大的决策问题总到最后才决定。原因是小组成员回避矛盾，加上工作是从一个部门到另一个部门序贯地进行，成员之间沟通非常困难。相反，实行精益生产方式的日本企业一开始就将小组所有成员召集到一起，小组成员发誓要对项目负责，大家互相沟通，一开始就将一些重大问题确定下来。虽然随着项目的进行，某些部门（如市场评估和产品计划）的人不必继续参加小组活动，但由于重大问题一开始就决定了，项目也能较顺利地进行。

(4) 并行开发

将各部门人员合并在一起可使很多工作并行地进行，从而大大地缩短开发周期。在开发新产品过程中，模具设计和模具加工周期很长。为了加快开发速度，可使模具毛坯的准备与车身设计同时进行。由于模具设计者提前从车身模具设计者那里得到了汽车的大致尺寸和组成车身的零件种类，于是便可以提前订购模具的毛坯。当设计最后完成时，毛坯就能准备好。在大量生产方式下，一般是序贯地进行各项工作的。模具制造周期一般需要两年。而按并行开发方式，模具制造周期仅为一年，缩短了一半时间。

3. 与供应厂的关系

现代的汽车结构非常复杂，一个典型的车型通常由1万多个零件构成，组织众多零件的设计与制造是一个十分困难的任务。

亨利·福特把一切生产任务都交给自己的公司做。由于管理十分复杂，问题很多。后来，该公司只好将零件制造承包给独立的企业，但图纸是本公司提供的，价格是双方商定的。因此，有一个处理与零件供应厂关系的问题。在如何处理装配厂与零件供应厂的关系方面，精益生产方式与大量生产方式也有很大不同。

在大量生产方式下，装配厂与零件供应厂之间是一种主仆关系。当装配厂的某种新产品的零件图纸出来之后，才开始选择供应厂。选择的标准是谁要价低，就选谁。当然，要求供应厂保证达到设计要求并按期交货。在这一生产方式下，汽车装配厂的供应厂数通常在1000～

2500之间。供应厂由于不了解整个产品,甚至也不了解与所制造的零件相关的部件,不知如何保证整个产品质量,也不知从何处改进。多个供应厂生产的零件往往难以装配到一起。更重要的是,供应厂也没有改进工作的积极性。装配厂为了获取更多利润,采取让供应厂之间竞争的办法来降低成本。在利润分配上,绝大部分利润归装配厂,供应厂不仅得利很少,而且还可能像一个雇工一样被解雇。因此,它们没有长期合作的打算,也没有改进质量的积极性。

在精益生产方式下,供应厂与装配厂是一种合作关系。供应厂是从合作共事过的企业中挑选的。在新产品开发初期,供应厂就可以参加进来,根据承担的任务,按不同层次组织起来。装配厂只与第一层供应厂直接联系。第一层供应厂一般承包一个独立部件的设计与制造。第一层供应厂根据需要再将该部件的零件给第二层供应厂承包。以此类推。这样,装配厂只需同较少的供应厂直接打交道。日本的汽车制造厂的供应厂一般只有300家左右。

在决定零部件的价格时,装配厂按市场行情确定汽车的目标价格,然后与供应厂一起考虑合理的利润,推算各部分的目标成本。为了达到目标成本,双方共同利用价值工程方法,找出每一个能降低成本的因素。然后,第一层供应厂与装配厂商量如何达到目标成本,并使供应厂有合理的利润。在零件生产过程中,再利用价值分析方法对加工制造的每一步进行分析,以进一步降低成本。

供应厂能够主动降低成本是因为降低成本可以给它们带来更多利润。供应厂与装配厂约定,供应厂通过自己的努力带来的成本降低,从而多获得的利润归供应厂所有。这样做的结果虽然使装配厂在一定时期减少了利润,但供应厂的积极性被调动起来,有利于改进产品质量,降低产品成本,提高产品竞争力。从长远看,对装配厂无疑是有利的。

4. 精益企业

全面实行精益生产方式的企业是精益企业(Lean Enterprise)。精益企业包括以下5个方面的含义。

(1) 产品

产品实质上是一种需求满足物,是企业向外界提供的东西,它包括有形的和无形的。产品必须精益。只要能提供满足顾客需求的功能,产品包含的物化劳动和活劳动越少越好,任何多余的劳动都是浪费。从这点出发,所设计的产品在制造中要尽可能少地消耗原材料、能源、资金和人工,而且产品要使用方便、可靠、节能。精益产品不仅要创造成本低,而且要使用成本低。使用成本关系到用户能否实行精益生产方式,具有重要的社会效益。使用成本与产品质量的关系十分密切。

(2) 生产过程

生产过程包括产品设计、工艺编制、供应、加工制造和库存等方面。企业要提高生产系统的柔性,加快生产过程,提高对市场变化的响应速度;要运用并行工程的思想缩短从设计到出产产品的整个生产周期,并运用看板系统实现准时生产和准时采购,使原材料、在制品和成品的库存向零挑战。

(3) 工厂布置尽可能少地占用并最有效地利用土地和空间

土地是不可再生资源,良田是有效利用太阳能生产粮食和蔬菜的工厂,精益工厂必须占地少。生产设备要有柔性,可以一机多用。设备布置要紧凑有序,充分利用空间,并能按产品变化方便地进行重新布置。工厂布置是实行精益生产方式的前提。

(4) 组织

精益企业具有全新的组织及人际关系。对内,企业不仅要彻底改变机构臃肿、人浮于事的状态,而且要对劳动分工做出调整;要在组织的各个层次建立功能交叉、任务交叉的小组,实行协同工作,保证不同职能的工作人员相互沟通;实行并行工程,缩短新产品开发周期和生产技术准备周期,提高工作过程的质量和产品质量;要广泛实行分权,让下级和工人分享权力与责任,让他们有充分的自主权和积极性去做好各自的工作,在现代社会,权力过分集中不仅容易做出错误的决策,而且会降低组织的应变能力和工作效率,一个成功的管理者的基本条件之一是让其下属能充分发挥主动性与创造性,工人与管理者的合作是日本企业成功的重要条件。

(5) 环境

经济发展带来了环境污染。大量生产,大量消费,大量污染,使我们居住的地球失去了生态平衡,也使人类受到惩罚,遭受各种灾害。对自然资源掠夺性的开采,导致人类生存的危机。防治污染应该是企业的一项社会责任。耗油量少的汽车排放的废气也少,占用和消耗资源少的企业对环境的污染也小,因此,精益企业是少污染的企业,这也是"精益"的一个含义。

5.3 最优生产技术(OPT)

最优生产技术(Optimized Production Technology,OPT)是以色列物理学家E. Goldratt博士于20世纪70年代末首创的一种用于安排企业生产人力和物料调度的计划方法。最初它被当作最优生产时间表,20世纪80年代才改称为最优生产技术,后来又进一步发展成为约束理论。OPT产生时间不长,却取得了令人瞩目的成就,是继MRP和JIT之后出现的又一项组织生产的新方式。

作为一种新的生产方式,OPT吸收了MRP和JIT的长处,其特别之处不仅在于提供了一种新的管理思想,而且在于它的软件系统。OPT的两大支柱是OPT原理及OPT软件。

5.3.1 OPT的目标

OPT的倡导者认为,制造企业的真正目标只有一个,即在现在和将来都能赚钱。衡量一个企业是否能赚钱,通常采用以下三个指标:

① 净利润(Nit Profit,NP)。即一个企业所赚钱的绝对量。净利润越高的企业,其效益越好。

② 投资收益率(Return On Investment,ROI)。即一定时期收益与投资的比值。当两个企业投资额大小不同时,单靠净利润是无法比较其效益好坏的。

③ 现金流(Cash Flow,CF)。即短期内收入和支出的钱数。没有一定的现金流,企业也就无法生存下去。

以上三个指标不能直接用于指导生产,因为它们一般不能全面反映问题。例如,究竟采用多大批量为好? 无法直接从这三个指标做出判断。因此,需要一些作业指标做桥梁。如果这些作业指标好,以上三个指标就好,则说明企业盈利。

按照OPT的观点,在生产系统中,作业指标也有三个:

① 产销率(Throughput,T)。按OPT的规定,它不是一般的通过率或产出率,而是单位时间内生产出来并销售出去的量,即通过销售活动获取金钱的速率。生产出来但未销售出去的产品只是库存。

② 库存(Inventory,I)。它是一切暂时不用的资源。它不仅包括为满足未来需要而准备

的原材料、加工过程中的在制品、一时不用的零部件、未销售的成品,而且还包括扣除折旧后的固定资产。库存占用资金,产生机会成本及一系列维持库存所需的费用。

③ 运行费(Operating Expenses,OE)。它是生产系统将库存转化为产销量的过程中的一切费用,包括所有的直接费用和间接费用。

按照 OPT 的观点,用这三个指标就能衡量一个生产系统。如果从货币角度考虑,T 是要进入系统的钱,I 是存放在系统中的钱,而 OE 是将 I 变成 T 而付出的钱。

现在我们来分析三个作业指标与 NP、ROI、CF 的关系。

当 T 增加,I 和 OE 不变时,显然 NP、ROI 和 CF 都将增加;当 OE 减少,T 和 I 不变时,NP、ROI 和 CF 也会增加。然而,当 I 减少,T 和 OE 不变时,情况就不那么简单了。I 减少使库存投资减少,当 T 不变时,ROI 将增加。同时,I 减少可以加快资金周转,使 CF 增加。但是,I 减少,T 和 OE 不变时,NP 却不会改变,因而能否使企业赚钱还不清楚。通常,I 减少可以导致 OE 减少。而 OE 减少,将导致 NP、ROI 和 CF 增加,从而使企业赚钱。但是,通过减少 I 来减少 OE 的作用是随着 I 减少的程度而减弱的。当 I 较多时,减少 I 可以明显减少维持库存费,从而减少 OE。然而,当 I 减少到一个较低水平时,再继续减少 I,则对减少 OE 作用不大。可是,为何日本一些公司在已达到世界上最低的库存水平之后仍然要尽力继续减少库存呢?其中必有缘故。

原来,减少库存还能缩短制造周期。缩短制造周期是提高企业竞争能力的一个重要因素。缩短制造周期,对于缩短顾客的订货提前期,提高对顾客订货的响应能力,以及争取较高的价格都有很大作用。于是,制造周期的缩短导致市场占有率的增加,从而导致未来产销量的增加。

作业指标与财务指标的关系如图 5-9 所示。

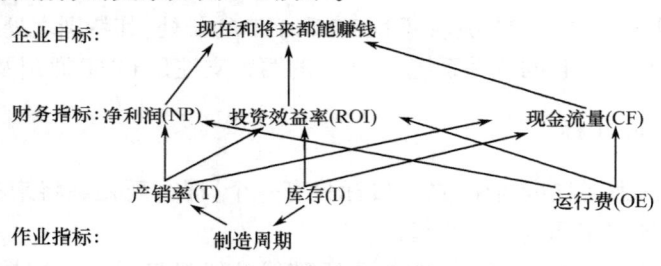

图 5-9 作业指标与财务指标的关系

5.3.2　OPT 的基本思想和九条原则

1. OPT 的基本思想

瓶颈(Bottlenecks)是 OPT 最重要的概念。

任何一个制造组织都可以看作将原材料转化为产品的系统。在这个系统中,制造资源是关键的部分。通常,制造资源指的是生产产品所需的机器设备、工人、厂房和其他固定资产等。

按照通常的假设,在设计一个企业时,可以使生产过程中各阶段的生产能力相等,即达到能力的平衡,但这只是一种理想状态。因为,生产是一个动态的过程,需求随时都在变化,能力的平衡在实际中是做不到的。因此,在生产过程中必然会出现有的资源负荷过大,成为"卡脖子"的地方,即变为"瓶颈"。这样,企业的制造资源就存在瓶颈与非瓶颈的区别。

按 OPT 的定义,所谓瓶颈(或瓶颈资源)指的是实际生产能力小于或等于生产负荷的资源,这类资源限制了整个生产系统的产出速度。其余的资源则为非瓶颈。

因此，要判别企业的制造资源是否存在瓶颈，应从资源的实际生产能力与它的生产负荷（或对其附加的需求量）来考察。这里说的需求量不一定是市场的需要量，而是指企业为了完成其产品计划而对该资源的需求量。

假设某产品 P 的生产流程如下：

原材料→机器 A→机器 B→市场

市场需求为每周 25 个单位；机器 A 的生产能力为每周生产 15 个单位；机器 B 的生产能力为每周生产 20 个单位。

在这里，相对市场需求来说，机器 A 与机器 B 都应该为瓶颈。但根据 OPT 的定义，只有机器 A 为瓶颈，因为机器 B 的生产能力虽然每周只有 20 个单位，但每周只能接到机器 A 所能生产的 15 个单位的最大生产负荷，即其生产能力超过了对其的需求量，为非瓶颈。如果企业又购买了一台机器 A，那么机器 B 为唯一的瓶颈。这时，尽管两台机器 A 每周能生产 30 个单位，但市场需求要求其每周只生产 25 个单位。而机器 B 每周只能生产 20 个单位，小于对其每周生产 25 个单位的生产要求，则为瓶颈。从这个例子可以看出，生产能力小于市场需求的资源，按 OPT 的定义不一定为瓶颈。

根据以上定义，任何企业都只该存在少数瓶颈。按 OPT 的观点，瓶颈数目一般小于 5 个。瓶颈与非瓶颈之间存在 4 种基本关系：① 从瓶颈到非瓶颈；② 从非瓶颈到瓶颈；③ 从瓶颈和非瓶颈到同一装配中心；④ 瓶颈和非瓶颈相互独立。如图 5-10 所示。

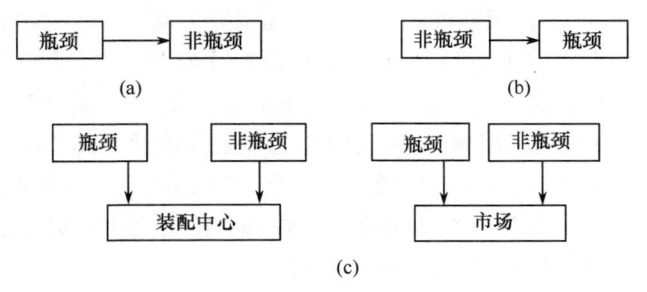

图 5-10 瓶颈与非瓶颈的关系

2. OPT 的 9 条原则

OPT 的基本思想具体体现在 9 条原则上，这 9 条原则是实施 OPT 的基石。

OPT 有关生产计划与控制的算法和软件，就是按照这 9 条原则提出和开发的。此外，这些原则也可以独立于软件之外，直接用于指导实际的生产管理活动。下面逐条叙述这 9 条原则。

(1) 平衡物流，而不平衡能力

平衡生产能力是一种传统的生产管理方法，它要求各工作地的生产能力都与市场需求平衡，试图通过平衡能力来生成一种连续的产品流。生产线平衡方法就是这种方法的一个很好的范例。从能力的角度来看，制造产品的工作被分解为大致相等的部分，人们通过考察生产加工过程中的各种制造资源来平衡它们的生产能力，以保证各种资源都达到最大的利用率，同时在生产中形成一个通过这些资源的连续物料流。

OPT 则主张在企业内平衡物流，认为平衡能力实际是做不到的，因为波动是绝对的，市场每时每刻都在变化，生产能力总是相对稳定的。一味追求做不到的事情将导致企业无法生存，所以，必须接受市场波动及其引起的相关事件这个现实，并在这种前提下追求物流平衡。所谓物流平衡,就是使各个工序都与瓶颈机床同步。

(2) 非瓶颈的利用程度并非由它们自己的潜力所决定,而是由系统的约束决定的

系统约束就是瓶颈。因为系统的产出是由所经过瓶颈的量决定的,即瓶颈限制了产销量。而非瓶颈的充分利用不仅不能提高产销量,而且会使库存和运行费增加。图 5-10 所示的瓶颈与非瓶颈的四种基本关系说明:

① 非瓶颈为后续工序,只能加工由瓶颈传送过来的工件,其利用率自然受瓶颈的制约;

② 虽然非瓶颈为前道工序,能够充分利用,利用率可以达到 100%,但整个系统的产出是由后续工序,即瓶颈决定的,非瓶颈的充分利用只会造成在制品库存的增加,而不改变产出;

③ 由于非瓶颈与瓶颈的后续工序为装配,此时非瓶颈也能充分利用,但受装配配套性的限制;

④ 由非瓶颈加工出来的工件,其中能够进行装配的在制品必然受到瓶颈产出的制约,多余部分也只能增加在制品库存。

对于第 4 种关系,非瓶颈的利用率虽不受瓶颈的制约,但显然应由市场需求来决定。从以上分析容易看出,非瓶颈的利用率一般不应达到 100%。

(3) 资源的"利用"(Utilization)和"活力"(Activation)

资源的"利用"与"活力"不是同义词,"利用"是指资源应该利用的程度,"活力"是指资源能够利用的程度。

按照传统的观点,一般将资源能够利用的能力加以充分利用,所以"利用"和"活力"是同义的。按 OPT 的观点,两者有着重要的区别。因为需要做多少工作(即"利用")与能够做多少工作(即"活力")之间是不同的。所以在系统非瓶颈的安排使用上,应基于系统的约束。例如,一种非瓶颈能够达到 100% 的利用率,但其后续资源如果只能承受其 60% 的产出,则其另外的 40% 产出将变成在制品库存,此时从非瓶颈本身考察,其利用率很好,但从整个系统的观点看,它只有 60% 的有效性。所以"利用"注重的是有效性,而"活力"注重的则是可行性。从平衡物流的角度出发,应允许非瓶颈资源有适当的闲置时间。

(4) 瓶颈上的损失就是整个系统的损失

一般来说,生产时间包括加工时间和调整准备时间,但瓶颈与非瓶颈所用的调整准备时间的意义是不同的。因为瓶颈控制了产销率,瓶颈上中断 1 小时,是没有附加的生产能力来补充的。而如果在瓶颈上节省 1 小时的调整准备时间,则将能增加 1 小时的加工时间,相应地,整个系统增加 1 小时的产出。所以瓶颈上 1 小时的损失便是整个系统 1 小时的损失。因此,瓶颈必须保持 100% 的利用率,尽量增大其产出。为此,对瓶颈还应采取特别的保护措施,不使其因管理不善而中断或等工。增大瓶颈物流的方法一般有如下几种:

① 减少调整准备时间和频率,瓶颈上的批量应尽可能大;

② 实行午餐和工休连续工作制,减少状态调整所需的时间;

③ 加工前反复进行质量检查;

④ 利用时间缓冲器。

(5) 非瓶颈获得的 1 小时是毫无意义的

在非瓶颈上的生产时间除了加工时间和调整准备时间之外,还有闲置时间,节约 2 小时的调整准备时间并不能增加产销率,而只能增加 1 小时的闲置时间。当然,如果节约了 1 小时的加工时间和调整准备时间,可以进一步减少加工批量,加大批次,以降低在制品库存和生产提前期。

(6) 瓶颈控制了库存和产销率

因为产销率指的是单位时间内生产出来并销售出去的量,所以它受企业的生产能力和市场的需求量两方面的制约,而它们都是由瓶颈控制的。如果瓶颈存在于企业内部,表明企业的生产能力不足,因受到瓶颈能力的限制,产销率也受到限制;而如果企业所有的资源都能维持高于市场需求的能力,那么,市场需求就成了瓶颈。这时,即使企业能多生产,但由于市场承受能力不足,产销率也不能增加。同时,由于瓶颈控制了产销率,所以企业的非瓶颈应与瓶颈同步,它们的库存水平只要能维持瓶颈上的物流连续稳定即可,过多的库存只是浪费,这样,瓶颈也就相应地控制了库存。

以上 6 条原则都是涉及资源的,下面 3 条是涉及物流的。

(7) 转运批量可以不等于(在许多时候应该不等于)加工批量

车间现场的计划与控制的一个重要方面就是批量的确定,它影响到企业的库存和产销率。OPT 采用了一种独特的动态批量系统,它把在制品库存分为两种不同的批量形式,即

① 转运批量——指工序间转运一批零件的数量;

② 加工批量——指经过一次调整准备所加工的同种零件的数量,可以是一个或几个转运批量之和。在自动装配线上,转运批量为 1,而加工批量很大。

根据 OPT 的观点,为了使瓶颈上的产销率达到最大,瓶颈上的加工批量必须大。另外,在制品库存也不应增加,所以转运批量应该小,意味着非瓶颈上的加工批量要小,这样就可以减少库存费用和加工费用。

(8) 加工批量应是可变的,而不是固定的

这一原则是原则(7)的直接应用。在 OPT 中,转运批量是从零部件的角度来考虑的,而加工批量则是从资源的角度来考虑的。由于资源有瓶颈和非瓶颈之分,瓶颈要求加工批量大,转运批量小,同时考虑到库存费用、零部件需求等其他因素,加工批量应是变化的。

(9) 安排作业计划应同时兼顾所有的约束,提前期是作业计划的结果,而不应是预定值

传统的制订作业计划的方法一般包括以下几个步骤:确定批量、计算提前期、安排优先权,据此安排作业计划和根据能力限制调整作业计划,再重复前三个步骤。而在 OPT 中,提前期是批量、优先权和其他许多因素的函数。在这点上,OPT 与 MRP 正好相反。在 MRP 中,提前期一般都是预先制订的,而从下面的例子可以看出,提前期应该是后制订的。如某个企业有两批订货,要求零件 A 与零件 B 各 100 件。A、B 两零件都需在机床 M 上加工 0.35 小时。如果假设该企业有两台机床 M,则 A、B 的提前期都为 35 小时(100×0.35);但如果该企业有一台机床 M,则当 A 先加工时,其提前期为 35 小时,而 B 要等 35 小时才能加工,其提前期实际上为 70 小时。反之亦然。所以提前期应是计划的结果。

5.3.3 DBR 系统

以 9 条原则为指导,OPT 的计划与控制是通过 DBR 系统实现的。DBR 系统即"鼓(Drum)""缓冲器(Buffer)"和"绳索(Rope)"系统。实施计划与控制主要包括以下步骤:

(1) 识别瓶颈

这是控制物流的关键,因为瓶颈制约着企业的产出能力。一般来说,当需求超过能力时,排队最长的机器就是"瓶颈"。如果我们知道一定时间内生产的产品及其组合,就可以按物料清单计算出要生产的零部件。然后,按零部件的加工路线及工时定额,计算出各类机床的任务工时。将任务工时与能力工时比较,负荷最高的机床就是瓶颈。因为瓶颈上损失 1 小时就是

系统损失1小时,所以在瓶颈上要采取扩大批量的办法来提高瓶颈的利用率。扩大批量可以使调整准备时间减少。

瓶颈控制着企业生产的节奏——"鼓点"。要维持企业内部生产与瓶颈同步,存在一系列问题,其中一个主要问题就是如何使生产过程既能满足市场或顾客的需求,又不产生过多的库存。实际上,顾客要求的交货期是不以企业何时能生产出来决定的。因此,安排作业计划时,除了要对市场行情进行正确的预测外,还要对不同顾客的交货期赋予不同的优先权。在瓶颈上要根据优先权安排生产,并据此对上下游的工序排序,得出交付时间。OPT的处理逻辑就是使交付时间尽可能与交货期限相符。找出瓶颈之后,可以把企业里所有的加工设备划分为关键资源和非关键资源。

(2) 基于瓶颈的约束,建立产品出产计划(Master Schedule)

一般按有限能力,用顺排方法对关键资源排序,这样排出的作业计划是切实可行的。

① "缓冲器"的管理与控制。

要对瓶颈进行保护,使其能力得到充分利用。为此一般要设置一定的"时间缓冲"(Time Buffer)。时间缓冲的意思是,所提供的物料要比预定的时间提前一段时间到达,以避免瓶颈出现停工待料情况。

② 控制进入非瓶颈的物料,平衡企业的物流。

进入非瓶颈的物料应被瓶颈的产出率(即"绳索")所控制。一般按无限能力,用倒排方法对非关键资源排序。非关键资源排序的目标是使之与关键资源的工序同步。倒排时,采用的提前期可以随批量变化,批量也可按情况分解。

③ 根据OPT的原理合理安排批量与批次。

瓶颈的批量是最大的,而瓶颈的上游工序则是小批量多批次的。瓶颈前的加工工序的批次又和各道工序的调整准备时间有关。如果上游工序的调整准备时间少,或瓶颈的加工时间和前一台机器的加工时间之差大,则批次可以较多,批量可以较小;反之,批次则可能较少,甚至和瓶颈的批次相同,加工批量也和瓶颈的批量相同。

④ 要考虑实施计划与控制的费用。

在制品库存费用、成品库存费用、加工费用和各种人工费用都应考虑。要在保证瓶颈加工持续的情况下,使得整个加工过程的总费用最少。

(3) "绳索"

如果说"鼓"的目标是使产出率最大,那么,"绳索"的作用则是使库存最小。我们知道,瓶颈决定着生产线的产出节奏,而在其上游的工序实行牵引式的生产,等于用一根看不见的"绳索"把瓶颈与这些工序串联起来,有效地使物料依照产品出产计划快速通过非瓶颈作业,以保证瓶颈的需要。所以,"绳索"起的是传递作用,以驱动系统的所有部分按"鼓"的节奏进行生产。在DBR的实施中,"绳索"是由一个涉及原材料投料到车间的详细的作业计划来实现的。

"绳索"控制着企业物料的进入(包括瓶颈的上游工序与非瓶颈的装配),其实质和"看板"思想相同,即由后道工序根据需要向前道工序领取必要的零件进行加工,而前道工序只能对动用的部分进行补充,实行的是一种受控生产方式。

在OPT中,产出节奏是受控于瓶颈的,也就是"鼓点"。没有"瓶颈"发出的生产指令,就不能进行生产,这个生产指令是通过类似"看板"的东西在工序间传递的。

通过"绳索"系统的控制,使得瓶颈前的非瓶颈设备均衡生产,加工批量和运输批量减少,可以缩短提前期以及在制品库存，同时又不使瓶颈停工待料。

所以，"绳索"是瓶颈对其上游机器发出生产指令的媒介，没有它，生产就会混乱。

5.3.4 OPT软件系统

OPT软件首先是由Creative Output有限公司开发的。实践表明，应用OPT软件使许多企业取得了巨大的经济效益，因此OPT也越来越被人们所重视，OPT软件的用户也由大型企业扩展到中小企业。OPT软件有OPT21和OPT5000，其中，OPT21主要是针对大中型企业的，OPT5000则是面向小型企业的。

(1) OPT软件的工作原理

OPT软件系统主要基于一个保密算法，该算法的核心在于识别瓶颈和对瓶颈排序。从模块构成来看，OPT系统主要由BUILDNET、SPLIT、SERVE和BRAIN几个模块构成，如图5-11所示。

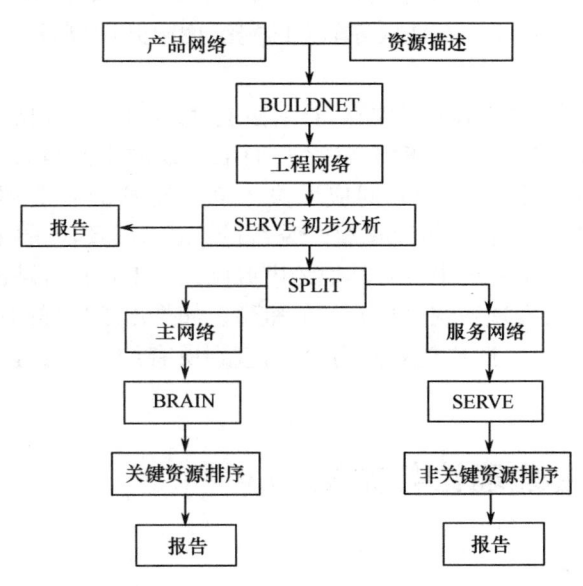

图5-11 OPT系统构成

(2) OPT软件的功能

"产品网络"准确地表示了一个产品是怎样制造出来的，它包含产品结构文件和加工路线文件两部分内容，只不过在OPT中这两部分信息通过网络结合在一起，构成一个文件。

对于企业现有的各种资源的具体描述是在"资源描述"模块中完成的，其中包括每种资源（机器、工人、空间等）及其替代资源和它们之间的相互影响、允许加工时间、用于加工的某种资源的数量等。BUILDNET模块将"产品网络"和"资源描述"模块中的信息结合起来，生成一个工程网络。BUILDNET的一个强有力的地方表现在其模型化的语言上。该语言能精确地描述生产制造中的大量数据，从而使得OPT可对企业进行成功而精确的模型化构造。在工程网络中，可以对各种可选择的作业，甚至可选择的物料清单进行详细的描述。据称，在这样的网络中，完全描述各种关系只需24个数据字段。BUILDNET还具有提示数据逻辑错误的功能，例如，物料清单没有与工艺路线相连，存在没有去处的库存，或顾客提出了不存在的产品需求等。

另外，BUILDNET 具有便利的数据修改维护功能，从而保证了数据的相对精确。一旦工程网络建立起来，接下来就要确定瓶颈，这是由 SERVE 模块通过运行工程网络以及采取类似 MRP 的倒排方法来完成的。

SERVE 的一个输出是各资源的负荷率，这些负荷率与按 MRP 系统生成方式生产的数据类似。资源的负荷率一般是参差不齐的，通常将超量的负荷前移或后移来实现能力平衡，但这涉及产品结构的所有层次，极难实现。SERVE 模块在计算各资源的负荷率的基础上，还计算每种资源的平均负荷率，并以此来确定瓶颈。如果工程网络的数据完全精确，很明显，平均负荷率最高的就是瓶颈。当瓶颈确定之后，SPLIT 模块将工程网络分成两部分：主网络（关键资源网络）和服务网络（非关键资源网络）。主网络由瓶颈作业和其下游作业（包括顾客需求在内）构成。对于主网络，通过 BRAIN 模块采用有限能力顺排的方法编制作业计划，目标是使瓶颈的空闲时间为零，使产销率最大。所生成的不仅有生产计划，而且确定了每个作业的传送批量和加工批量。对于服务网络，再通过 SERVE 模块采用无限能力倒排的方法编制作业计划。第二次调用 SERVE 模块时，不是从订单上的完工期限开始倒排，而是从 BRAIN 模块确定的完工期限倒排。

在生产计划生成之后，接着还应设置安全库存或"缓冲器"。在两个关键的地方一般要设置安全库存，一是瓶颈前；二是非瓶颈与瓶颈、加工路线的交叉点。这些位置的工件应安排在其需要时间之前到达，提前多少时间应取决于某一特殊的制造环境，通常为几天或一个星期。交叉点工件的提前到达，可以使整个系统的产出不受延迟的干扰。

以上步骤一旦完成，如果系统中没有其他约束或瓶颈，OPT 的结果也就生成了。然而，通常在第一个循环的最后，会发现系统中还有其他瓶颈。如果出现这样的情况，则应重新检查数据的合理性，重复以上过程，一般要重复五到六次，直到所有约束都能够转移到工程网络的关键资源部分为止。

5.4 供应链管理理论与方法

5.4.1 SCM 概述

1. 供应链的产生

早在 20 世纪 60 年代，物流（Physical Distribution，PD）的概念在一些国家出现了。它是指物料或商品在空间与时间上的自由位移。这个时期人们注意的往往是流通领域的物流，如运输、仓储等。人们同时发现，如果使用一些方法，如减少重复运输、实现装卸自动化、减少库存或改变包装等，物流成本将会大大降低。除节约物资消耗、增加销售额和降低劳动消耗而增加利润之外，还有第三个利润源泉，那就是物流。因此，物流管理就应运而生了。在当时，物流管理指为了满足顾客要求，对从起始点到消费点之间的原材料、在制品和产成品进行有效的、节约成本的流动和储存，以及对有关信息进行计划、实施和控制。

之后，在战争中，人们将战时的生产、采购、运输、配送等活动作为一个整体进行统一的部署和规划，当作后勤管理。它带有一种军事命令性质，必须在指定的时间，把指定的物料送到指定的地点。目的是使战略物资补给的费用更低，物资流动的速度更快。后勤管理方法被引入企业，成为企业后勤。人们的注意力开始转向生产领域。

物流的概念从流通领域扩展至生产领域，这意味着物流涵盖了从供应商到生产者，再到消费者的广泛范围。

物流管理的发展经历了物流前期、个别管理时期、综合管理时期、扩大领域时期、整体体制时期和一体化时期。

(1) 物流前期

在物流前期,物流管理是按照不同的功能和不同的场所互不联系地分别进行的。

(2) 个别管理时期

在物流前期管理的发展中,虽然物流是按照不同的功能和不同的场所,互不联系地分别进行的,然而,在这个过程中,个别物流部门却开始注意物流成本,产生了物流成本管理的意识,出现了个别物流业务管理的现象。

(3) 综合管理时期

当越来越多的人对物流成本感兴趣之后,物流管理就开始由个别业务管理现象向综合多种物流业务的独立的物流管理部门发展。

(4) 扩大领域时期

随着深入发展,物流开始不断扩大领域,影响生产、销售、采购等各项管理业务,涉及供应商、制造商、代理商等各个方面。

(5) 整体体制时期

随着物流领域的不断扩大,人们的观念也在变化,特别是当系统工程知识丰富之后,人们开始认识到物流的范围是一个物流整体,从系统工程的观点来看,这个整体就是物流系统。

(6) 一体化时期

现代物流管理的发展达到了一体化时期。不同部门之间,不同企业之间,通过建立以物流信息为核心的一体化系统,共同达到提高效益、降低成本的目的。

一体化物流系统具有三种形式:垂直一体化、水平一体化和物流网络。

垂直一体化是纵向一体化,指上下游之间一体化,如供应商为上游,中间是制造商,而下游则是客户。

水平一体化是横向一体化,指同一行业的企业之间通过水平方向的物流合作,实现规模经济,达到提高效益和降低成本的目的。

物流网络是纵向和横向一体化的集成,既有上下游关系物流,又存在行业之间的交叉物流,实际上组成了一个网络。

一体化物流系统的出现是有其历史背景的,那就是由于现代经济全球化的到来,市场竞争出现了白热化状况,客户需求多样化,各种企业意识到降低成本的最大出路是寻求供应商、制造商、客户成本的共同降低,只有这样,产品价格才会下降,市场竞争力才会增强,企业才有出路。从上游供应商到下游客户,他们共同的愿望是加强相互之间的联系,组成链接关系,将以上所有接触点上的供应商、制造商、分销商、零售商、消费者组成一条功能网链的结构模型,以便更好地控制信息流、物流、资金流和商业流。

从以上发展过程可以了解供应链的基本概念,即在产品加工和流通过程中,供应商、制造商、分销商、零售商和消费者组成的功能网链结构模式称为供应链(Supply Chain),如图 5-12 所示。

供应链又称需求链,因为它是企业之间为满足消费者的需求而进行的业务上的联合。上游为其下游供应物料,下游对上游产生物流需求。

供应链还被当作增值链,这是因为从原材料加工、产品流通,直至产品送到消费者手中的过程中,这根链延伸至供应商的供应商、客户的客户,各相关企业可以提供附加的增值产品和

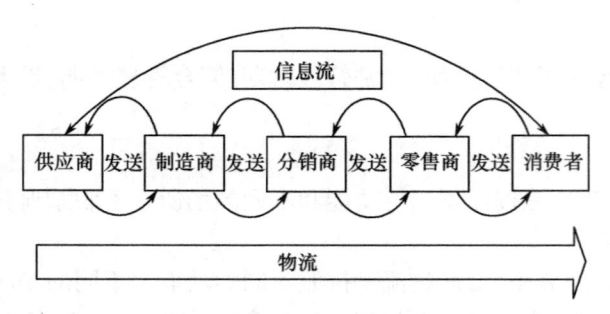

图 5-12　供应链

增值服务,为供应链增加了价值。例如,物料经过包装美化外观而增加了价值。在价值链中,关键活动是安排价值群体中的角色,然后由不同的经济角色来创造价值。

供应链的发展经历了初期的单纯企业内部供应链、包含企业内部供应链,以及围绕核心企业,包括上游供应商的供应商、下游客户的客户的集成供应链。

当然,信息技术的高速发展,Internet 的出现,为供应链信息管理提供了非常好的工具,使供应链有可能组建和建成。

2. 供应链的流通过程

供应链中存在 4 种流程,分别是物流、商流、信息流和资金流。

(1) 物流

物流的流通过程是发送货物的程序,起点为供应商,终点为消费者。在物流的流通过程中,要求时间短而成本低。这是一种单向流。

(2) 商流

商流是交易的流通过程,它是接受订货、签订合同等的程序。在商流的流通过程中,要求流通形式多元化。这是在供应商与消费者之间的双向流。

(3) 信息流

信息流是商品信息及交易信息的流动过程,它是从订货至发货信息的程序。在信息流的流通过程中,要求能建立一个完备的信息系统。这是在供应商与消费者之间的双向流。

(4) 资金流

资金流是货币的流通过程,是资金回收的程序。在资金流的流通过程中,要求资金流畅通无阻。这是由消费者至供应商的单向流。

3. 供应链的类型

(1) 虚拟供应链

虚拟供应链是一种由特定的服务中心为供应链成员提供技术服务的动态供应链。虚拟供应链是一种网络式结构,它以信息服务中心为核心,由客户、制造商、零售商等组成。

(2) 敏捷供应链

敏捷供应链是一种按照需要进行快速组合所建立的供应链。敏捷供应链的出现主要是为了应付快速变化的环境,通过快速组建和快速调整来赢得时间,赢得市场。

4. 供应链管理

供应链管理(Supply Chain Management,SCM)是对供应链业务及各种伙伴关系进行计划、组织、协调和控制的一体化管理。

由于企业不断地采取及时系统、MRP 等新的制造策略,成本在不断降低,当供应链出现之后,企业也想通过对供应链的管理进一步降低成本,因为在供应链中还有不少成本降低的空间,例如,仓储设备的闲置、运输路线的合理安排等。显然,以上这些都是供应链需要管理的内容。此外,供应链伙伴之间应该建立怎样的关系?如何分享信息?产生的收益又如何分配?怎样衔接合作伙伴的计划?时间上如何配合?供应链的无缝链接目标通过什么方法来达到?合作伙伴之间发生了矛盾怎么处理?以上种种问题只有通过对供应链进行有效管理才能解决。综合以上问题,对供应链进行管理的理由可以归纳为以下几点。

(1) 供应链的复杂性

从供应链的模式中可以看到,供应链是一种较为复杂的链接,它是由不同的合作伙伴所组成的。在链接中,既存在成员之间合作的一面,也存在成员之间冲突的一面。比如,供应商希望能与制造商建立长期的业务关系,以保证有长期的客户;而制造商也希望存在此种关系,以保证制造的稳定性。但是,客户多变的需求打破了这种业务关系。当客户变化以后,制造商不得不改变计划,致使供应商的目标落空。因此,对于供应链这样一个复杂的网络,需要寻找最佳的管理策略进行管理。

(2) 供应链的动态性

供应链是一个随市场而多变的系统。这种变化给制造商带来产品生产的较大波动,同时也给供应商带来原材料供应的较大波动。对于这样一个随时间变化的动态系统,比较难以指挥,需要有敏捷的反应,才能够应付瞬息万变的局面。

(3) 供应链的匹配性

供应链的匹配性指上游的供应与下游的需求之间的匹配。在供应链上,对这种匹配的要求很高。一旦供应链上出现不匹配现象,就意味着供应链的链接是有缝的,整个供应链有可能失去控制,成为一种松散的结合。

鉴于供应链的复杂性、动态性、匹配性以及其他一些性能,就要对供应链进行管理,而且这种管理有一定难度。

5.4.2 SCM 的效益

供应链管理(SCM)与传统的物流管理有着质的区别。供应链管理不仅是多个企业的联合体,而且是多个企业的融合体,因为整个供应链是一个整体,供应链管理就是对这个整体的各种资源进行管理。这种管理必须运用战略思想、集成方法、协调手段进行。

根据 Aberdeen Group 2000 年 1 月发表的"电子商务供应链"中有关网络经济中客户需求的执行白皮书所记载的资料,SCM 的效益如表 5-3 所示。

表 5-3 SCM 效益表

对于业务活动中存在的问题或难题	SCM 能够做到
库存缺货	减少 90%
计划时间	减少 95%
库存水平	减少 50%~90%
从订购到交货的时间	减少 50%~90%
运转时间	减少 50%

(续表)

对于业务活动中存在的问题或难题	SCM 能够做到
周期	减少 27%
供应链成本占总收入的份额	减少 20%
库存周转率	增加 200%
按时交货率	增加 40%
年收入	增加 27%

这里就库存减少、资源共享、时间和人工节省、成本下降、降低风险等几方面做进一步说明。

(1) 库存减少

通过 SCM 可以使供应商很快了解制造商原材料的库存状况：什么物料急需，什么时间需要，需要多少等。然后根据实际需要进行备料，避免了库存积压。制造商可以了解客户需求情况：什么商品紧俏，需求量多大，什么时间需要等。然后根据实际需求组织生产，与市场始终保持紧密的联系，减小了生产的风险。

利用供应链上的共享信息，供应链实现了可视化。供应链的可视化功能可以通过中央互联网站来实现。供应商使用标准的互联网浏览器实时地监视制造商的库存及其他有关信息，以便使自身的生产和供应的送达能力与需求方的要求协调一致，实现供应商管理库存。这样一来，原材料供应商通过登录上网，了解了制造商的原料库存；零件供应商通过发出预先发运通知，向制造商发出零件即将送达的信息；包装供应商也会因为某个关键包装的需求而受到库存过低的警告；制造商能够保持良好的库存水平，减少了库存成本、仓储空间和管理费用的支出，改善了与供应商们的关系，使供应商成为供应链团队中的一员。

SCM 之所以会有以上功能，主要依靠电子数据交换(Electronic Data Interchange, EDI)或者 Internet 的信息技术使销售、配送、生产、采购等信息实现共享。各企业由于掌握了供应链中物流的流动信息而能及时根据信息进行自我调整。如果不能实现信息共享，一旦市场波动，将会引起生产混乱、供货混乱，造成库存积压。

(2) 资源共享

供应链是一个大的集合体，各种物流资源的集合体，因此它具备丰富的物流资源，如各种物流仓储设备、配送中心等。企业各自独立分散时，企业对物流资源的投资费用大，而且拥有的资源也不可能完备。然而，有了供应链，供应链上的各个成员可以充分利用供应链上的各种资源，避免了重复投资，减少了浪费。

(3) 时间和人工节省

由于在上下游合作伙伴之间可以建立一种长期稳定的关系，因此减少了业务交易中的谈判、签约等手续，缩短了业务流程，无形之中节省了交易时间，节约了人工。

(4) 成本下降

由于供应链上能实现信息共享，从而能使企业及时安排生产、掌握库存状况，使畅销商品齐全，商品缺货现象相应减少，消费者为得到商品所花时间减少，方便了购买，流通货物所有库存商品就能及时销售。库存下降，减少了仓储费用及商品积压，减少了滞销商品和贬值商品，加速了资金周转。供应链资源共享，使各企业资源投资费用下降。此外，由于节省了时间和人工，也降低了费用。

各方面费用降低，综合起来的效果是成本大大地降低了。

(5) 降低风险

由于信息共享,市场动向就能及时传递给供应链上的各点,使企业早做准备,及时变更计划,进行战略性的管理,从而将市场变化的风险降到了最低的程度,随之,商机也增加了。

SCM 的作用引起了人们的关注,不断地提高 SCM 的水平成为许多企业的目标。相信在未来的市场上将会由供应链与供应链之间的竞争替代企业与企业之间的竞争。

5.4.3 SCM 的原理

SCM 是新鲜事物,它的出现并不是凭空的,而是有一定理论依据的,包括战略合作伙伴关系、双赢原理、拉式模式等。

在介绍一些理论依据之前,这里先讨论一下 SCM 的原则。

1. SCM 的 7 项原则

无论供应商、制造商,还是分销商、零售商,都可以根据自身的实际情况以最好的方式运用 7 项原则。这 7 项原则的内容如下。

(1) 划分客户群

供应链上的成员可以根据客户的需求来划分客户群,以便为特定的客户制订特定的服务模式,而不同企业可以根据自身的特点采用不同的标准来划分客户群,这些标准可以是客户的消费金额、合同的履约情况、货款回收情况等。当划分客户群的工作完成之后,可以为不同客户编制不同的服务计划,并分析客户群的获利情况。

(2) 设计后勤网络

为了充分利用供应链的资源,为特定客户群服务时必须设计一套后勤网络,如组织运输、安排仓储等。这套网络中也包括第三方物流企业在内,它不一定是以地理位置来划分的网络,而是为了更好地利用供应链上的资源。

(3) 倾听市场需求

SCM 覆盖了整个供应链上的各个结点,打破了公司之间的壁垒,因此可以很好地协调运行,并及时发现订货中的问题,考虑各方面的约束条件。

(4) 实行时间延迟

时间延迟是一种管理策略,它是指在客户指定交货时间的最后一刻才进行交货,也就是将供应链上的提前期缩短了。这样既满足了客户的要求,又解决了仓库货物堆积问题,减少了库存。"时间就是金钱"的概念在这里得到充分的体现。

(5) 建立双赢策略

在供应链上的供应方和需求方之间要建立一种共享收益的双赢合作关系。在这个前提下,才能通过合作来降低供应链的总成本,降低产品价格。

(6) 建立信息系统

在整个供应链范围之内,可以建立一个集成的信息系统。在这个系统内,可以处理日常业务,共享信息,调整供应与需求。可以制订计划和做出决策,评价供应商、制造商、第三方物流等的服务质量,进行战略分析。

(7) 建立考核准则

对于供应链的各个环节,需要进行业绩的考核。考核的方法可以在合作伙伴之间统一使用。例如,采用统一报表方式来推动跨部门的业绩衡量。报表可以在供应链上通行无阻,打破了企业之间的隔阂,使各企业为共同的目标做出一致的努力。

2. 战略合作伙伴关系

在传统管理中,企业与企业之间往往处于一种对立的状态,这种对立表现在合同谈判、签订协议、价格争论等各个方面,双方互不信任,互相防备,总之处于一种非伙伴关系的状态。

然而,随着社会的进步,这种现象在逐渐消失,取而代之的是各成员之间建立一种长期亲密的关系,它是供应链各个成员之间建立的协作关系,在这个基础上,成员内部的企业之间的业务流程趋向集成。这是两者共担风险、共享收益、共享资源的一种关系。成员们有着共同的目标、长期的合作关系。这种关系不同于双方的交易活动,它可以使双方获得长期的利益,步调更加一致。

建立战略合作伙伴关系可以使产品增值,也可以促进销售,互相利用资源,加强技术合作,相互学习,取长补短,长期交流,计划更加周密,有利于产品质量的提高及成本的降低。

① 相互信任。从交易关系走向伙伴关系的基础是信任,各方首先应从协议方面、能力方面以及信誉方面、取得相互信任,才能真正结成联盟。

② 解决矛盾。建立战略合作伙伴关系之后,并不等于一切问题都解决了,实际上合作双方之间还会产生新的矛盾、新的冲突,如分配利益上的矛盾、策略上的矛盾、经营上的矛盾。特别是当供应链所产生的经济效益不高时,这种矛盾会扩大,甚至达到不可收拾的地步,以致破坏了战略合作伙伴关系。

③ 权力运用。解决供应链上的问题一般可以采用协商的方法,这也是 SCM 的作用所在。然而,若供应链中企业经济力量悬殊较大,企业影响力相差甚远,供应链中产业的地位发生变化,这些情况都可能导致企业之间的平等关系遭到破坏,一些企业在供应链中的地位上升,而另一些企业在供应链中的地位下降,此时,地位高的企业很可能利用权力进行控制,造成以权压人的局面出现。当然,这时的战略合作伙伴关系会受到很大的伤害。

3. 双赢原理

(1) 双赢原理的概念

在战场上,总有一方战败,而另一方胜利,意味着一方输了,而另一方赢了。然而近年来,在管理中,人们改变了以往的观念,双赢原理开始受到人们的欢迎,人们在各方面管理中尽量应用此原理,以求获得成功。

双赢(Win-Win)原理是指在市场中,并非一方损失,另一方收益,而是双方均有收益。例如,零售商不一定要依赖压低进价的方式来增加利润,以致损害制造商的利益。制造商不一定要依赖压低原材料进价的方式来降低成本,以致损害供应商的利益。而零售商与制造商的利润可以通过供应链上的信息共享和快速反应,使商品畅销而得到。这样,零售商和制造商,制造商和供应商各方面均没有受到损害。供应链成员之间不存在利害冲突,而是共同创造新利益的合作伙伴关系。这种没有胜败,共同取胜的理念称为双赢。

(2) 双赢原理的应用

要建立起双赢关系,必须具备一定的条件,首先是合作双方的目标要一致;其次是要共同创造效益;最后,还需要共同分配收益。

要建立起双赢关系,双方必须具有一个共同目标。例如,增加销售额是零售商、制造商和供应商的共同愿望,零售商希望消费者多购商品,制造商希望零售商多进货,供应商希望制造商多购买原材料,因此,增加销售额是一个统一的目标,并且通过不断分解,可以找到实现这一目标的方法。例如,可以采取降低销售价格的方法;也可以通过信息畅通,快速反应,使商品适销对路,从而大大提高销售额。前者应用的是输赢原理,可能会使制造商和供应商受损;后者应用的是双赢原理,零售商、制造商和供应商均不受损,供应链上的伙伴们围绕增加销售额的共同目标,在不损害双方利益的前提下,共同创造效益,共同享受收益的分配。

4. 推式供应链和拉式供应链

(1) 推式供应链

在传统管理中,往往以制造商为中心,由制造商根据市场订单和经验预测来制订生产计划,销售计划和物料供应计划,然后,再将这些计划下推至零售商,上推至供应商。因此,零售商、供应商与制造商在供应链上结合得是否紧密就完全取决于制造商了。在这种情况下,制造商为了降低预测的风险,必须加大库存量,以防备市场产品的缺货。同样,零售商为了保证销售,也不得不加大库存量,无形中增加了成本,不得不以压低价格的方法将增加的成本转嫁给制造商。即使客户消费是稳定的,但是由零售商至制造商、供应商的订货量都是不稳定的,也就是说,越往供应链上游,订购量的波动就越大。所以,以制造商为中心的方式实质上是由制造商分别至供应商及零售商的一种推式供应链。

推式供应链不能应付需求的波动,而为了应付需求的波动,库存冗余度较大,积压较多,造成产品过时,滞销产生。

(2) 拉式供应链

在现代管理中,如何消减库存、将库存降为零是人们所关注的问题,因为降低库存意味着大大降低成本,这是 SCM 的最终目标。由于进行了客户需求、客户价值等方面的分析,了解了市场需求的动向,制造商能以客户为导向来组织生产,因此情况就大不相同了。需求来源于实际,数据更加准确,整个供应链上的提前期就大为缩短,需求波动也将变小。这种以客户为中心,真正由客户驱动生产的方式是一种拉动的方式,生产目标由下游客户来拉动,当作拉式供应链,它是一套以"刚好、及时"为原则的严密的拉式系统。

拉式供应链能满足客户需求,使库存处于最佳状态,是一种先进的管理技术。但这种技术对供应链的管理基础、人员素质、信息系统的应用要求较高,需要具备一定条件。

5.4.4 SCM 的功能

按照 SCM 的发展,SCM 的功能分为两种情况:一种是初期 SCM 的功能;另一种是集成 SCM 的功能。

1. 初期 SCM 的功能

在 SCM 发展的初期,SCM 的基本功能有:企业内部与企业之间的供应需求管理,以及供应链上的物料管理和财务管理。

(1) SCM 的各种状况

图 5-13 所示的供应链由企业内部的各个子工厂、仓库、分销中心、客户和供应商所组成。由于必须适应地理位置互相分隔的各个部门的情况,供应链就变得很复杂,这种复杂性表现在供应链的流动过程中,涉及以下各个不同环节。

① 一个或多个客户,而每个客户又会有不同的发货、付款、销售方式。

② 一个或多个分销商,由他们决定发货地点。
③ 一级或多级地区性分销中心。
④ 一级或多级地区性仓库。
⑤ 一个或多个成品或半成品工厂。
⑥ 一个或多个供应商,而每个供应商又会有不同的产品及价格。

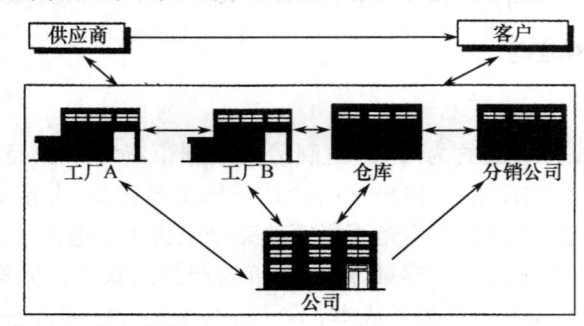

图 5-13 供应链的常见形式

SCM 的信息系统包括工厂 A 与 B 的数据库、仓库的数据库、分销中心的数据库以及公司总部的数据库。此外,还可以通过 Internet 或者 EDI 与供应商和客户进行信息交换。

当分销中心收到销售订单之后,若有足够库存满足订单要求,分销中心就可以直接进行处理,发运产品;若没有足够库存满足订单要求,分销中心将产生对上游供应点仓库的需求,通过分销需求计划自动产生这种需求。当仓库不能满足需求时,则产生对上游供应点工厂 B 的需求,如果工厂 B 生产此产品时需要从其他工厂得到零件,则产生对上游供应点工厂 A 的需求,工厂 A 生产时需要采购原材料,通过 Internet 或者 EDI 将需求传送至上游供应点的供应商,而物料将在供应链中反方向流动。

(2) 初期 SCM 的各项功能
① 供需管理。

供需管理是 SCM 的重要功能,它不仅包括企业内部的供需管理,也包括供应商和客户的信息和进度管理。图 5-14 所示为供应链的供需管理流程。从图中可以看出,供应链的需求(细线箭头表示)是由客户、分销中心、仓库、工厂 B、工厂 A 流向供应商的,也可以直接由客户、公司流向供应商。供应商的供应(粗线箭头表示)是由供应商、工厂 A 或 B、仓库、分销中心流向客户的。

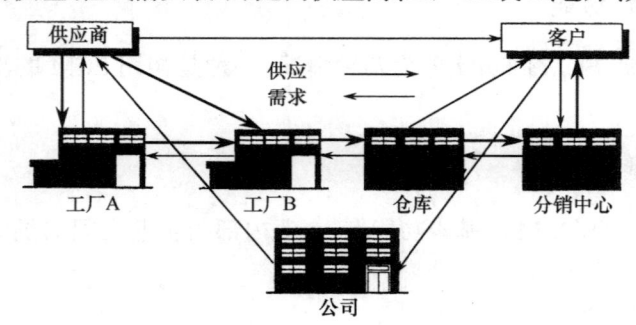

图 5-14 供应链的供需管理流程

供应商的信息和进度由采购功能来管理,客户信息和进度由销售功能来管理,企业内部的供应与需求由制造库存和运输功能来管理。

所有的供需信息都可以通过不同的结点来收集,供需信息自动在数据库之间传递。

② 物料管理。

在具备供需信息之后，可以根据这些信息来编制计划和执行计划。制造工厂可以通过物料清单、库存控制、加工单、质量管理等来管理自身的生产过程。

③ 财务管理。

供应链的财务管理主要管理供应商、制造商和客户之间的资金往来情况，即应收款与应付款。同时制造商也要对内部资金的往来情况进行管理，控制现金流量和降低成本。

（3）分销需求计划（DRP）的应用

① DRP 的运行。

DRP 也产生计划单，它是一种使物料从一个地点转运至另一个地点的计划单。它与物料需求计划 MRP 不同，MRP 产生的是采购单和加工单，如图 5-15 所示。

DRP 用于拥有多个地点并且地点之间有内部供需关系的公司。在这些地点可以建立公司的信息系统，应用不同的计算机和建立不同的数据库。

供应点向需求点提供物料，二者通过网络连接。图 5-15 表示零件由分销中心至工厂 B，由工厂 B 至工厂 A，供应链中的每个 DRP 零件都被指定了特定的网络。运行 DRP 时，由于分销中心产生了对工厂 B 的需求，因此必须先在分销中心运行 DRP，然后再在工厂 B 运行 DRP、MRP，最后在工厂 A 运行 MRP。

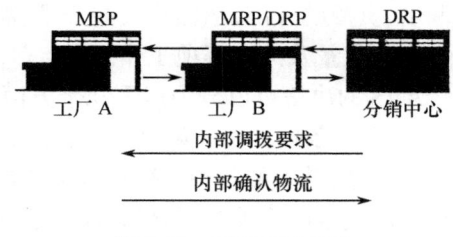

图 5-15 DRP 和 MRP

② 需求点的 DRP。

在需求点上执行 DRP 计算时，得到的结果是时间阶段的计划、净需求和供应计划。DRP 与 MRP 不同，它是为满足分销零件产生的内部需求而使用的。因此，DRP 必须在整个分销网上进行协调。

在需求点运行 DRP 产生了需求，这种需求将由其他地点供应物料来满足。当供应链上所有的数据库都连接时，需求会立即由一个地点的输出系统传送至另一个地点的输入系统。

综合以上过程，首先要启动 DRP，然后检查分销计划，检查需求，最后输出需求，传送需求。

③ 供应点的 DRP。

需求由需求点传送至供应点之后，就成为供应点的需求，可以用来启动 MRP，如果此需求无法满足，则应当进行修改，修改的内容将自动地送回需求点，以便重新运行 DRP。

如果此需求能够满足，在供应点上即产生一份分销订单，需求单如同采购申请单，而分销订单好似采购单。分销订单上有关项目的修改也可以送回需求点，以便重新计划。

综合以上过程，首先输入需求，然后在确认需求之后，建立和输入分销订单，根据分销订单和需求的核验，进行领料及发货。

在网络中的每一个连接之处都可以指定一种运输方式，进行地点之间的物料发运，并可以查询有关项目的提前期和到期日。

此外，SCM 还具备标准化软件，以保证不同点可以互相通信并统一数据的格式。

2. 集成 SCM 的功能

（1）集成 SCM 的各项活动

到集成 SCM 的发展阶段，SCM 的内容更为深入和广泛。不仅 SCM 的短期计划得到重视,长期计划也引起了重视。从短期来看,管理者们关心的是何时采购何种原材料,如何充分利用生产资源安排好生产,怎样合理安排运输路线,如何编制履行合同的计划,怎样履行对客户的承诺,等等;从长期来看,管理者们关心的是选用怎样的策略与供应商建立关系,在何处设立工厂为宜,怎样才能建立国际运输网络,如何开展网络营销,如何应对产品供不应求的局面,等等。

以上这一切都是 SCM 需要解决的问题,而这些问题的解决不仅依赖于企业之间的信息系统、企业内部的信息系统,还需要有决策支持系统(Decision Support System,DSS)的支持。

(2) 高级计划排程(APS)

供应链中的 DSS 往往被当作高级计划排程(Advanced Planning and Scheduling,APS)。

利用 APS 可以帮助进行物流网络设计、存货的配置、配送中心选址、库存产品管理、运输的调度、资源的分配、运输路线的安排、需求计划的预测、供应计划的制订、产品产量的确定、决定仓库的数量及大小等项工作。

APS 的决策可以分为以下几个方面。

① 准备数据。在决策之前,通过供应链中已存在的各种存储数据工具,如数据库或数据仓库,对供应链上的各种与决策有关的数据进行收集、核对、分类、汇总等数据整理工作,以保证具备高质量的决策数据,做好决策前的数据准备工作。

② 选择分析方法。数据分析工作可以通过数据查询、统计分析、数据挖掘、联机分析处理、建立经济数学模型、模拟等方法进行。在各种分析方法中,数据查询、统计分析、建立经济数学模型、模拟方法是比较常见的方法;而数据挖掘和联机分析处理却是近年来随着信息技术的发展而出现的新方法。

数据挖掘是从数据库或数据仓库的大量数据中提取隐藏的信息财富的一种新方法,也是数据库技术的新发展。当然,数据挖掘的出现满足了企业经营者的需要,因为人们希望从越来越多的数据中找出重要的信息,得出一些分析性的结论,以便帮助决策者做出正确的决策。数据挖掘使用的是大量的数据、具体的数据和净化的数据,通过决策树等方法进行自动分析,这种分析是具有一定深度的。

联机分析处理(OLAP)是另一种数据分析方法,借助 OLAP 技术,可以将数据转变为有价值的信息资源。它是一种对多维数据库的数据进行多维分析的方法。多维模型将电子表格的行和列扩展为三维或更多维,即从多个角度来了解多种指标的多个值。维可以是时间、产品、产品系列、地区。用户分析的对象可以是销售额这样的综合数据。多维模型的查询是非常快的。OLAP 一般用于根据对用户的假设进行验证的场合,使用时,由于受到用户能力的影响,所以分析问题的深度不够。

OLAP 的用户有两种:一种是分析报告的制造者。他们是企业的财务、市场、销售等方面的人员,为决策者揭示发展趋势或发现异常,构造假设的分析模型,对价格、政策变动对销售的影响进行预测,对预算的准确性等问题进行分析。另一种是分析报告的使用者。这些分析报告是以报表、图形或多媒体简报形式提供的。

③ 采用多种输出结果。决策的结果可以以报表、图形、多媒体简报的形式给出,采用专家知识库提供解决方案,供决策者选择。此外,由于供应链的特点,供应链的合作伙伴往往处于分散的地理环境之中,因此必须处理好不同地理位置的关系,选用提供特殊输出形式的工具,如地理信息系统,以便解决区域性给决策者带来的麻烦,如物流网络设计、合理运输路线选择等。

（3）集成 SCM 的各项功能

① 采购管理。

集成 SCM 的采购管理，即 Internet 采购，它包含采购自助服务、采购内容管理、货物来源的分配、供应商的协作、收货及付款、采购智能等功能。集成 SCM 的采购管理与传统采购管理不同，它由交易关系转变为合作伙伴关系，由为避免缺料的采购转变成为满足订货的采购，由被动供应转变为主动供应，由制造商管理库存转变为供应商管理库存。

在采购管理中，可以运用及时系统的原理，做到及时采购，实现零库存。以最低的价格获得所有的物料，以最大限度降低成本。

② 销售管理。

集成 SCM 的销售订单管理客户自助服务、订单配置、需求获取、订单履行、开票以及销售智能等功能。集成 SCM 的销售管理与传统销售管理不同，它由推式市场模式转变为拉式市场模式，由以制造商为中心转变为以客户为中心，由等待型销售转变为创造型销售，由一般渠道销售转变为网络营销。

在销售订单管理中，运用客户价值原理，利用由传统的虚拟信息源所获取的需求信息，对客户要求迅速做出反应，以便达到扩大销售、提高利润的目标。

③ 高级计划排程。

高级计划排程是实现集成 SCM 的重要部分，它包括综合预测、供应链计划、需求计划、制造计划和排程、供应链智能等功能。高级计划排程是传统管理中所缺少的功能。

高级计划排程功能可以发展多设备分布和生产计划，利用 Internet 优化企业在全球的供应链业务。可以通过 DRP、供应链计划（Supply Chain Planning，SCP）帮助企业得到快捷无缝的计划系统。

SCM 的敏捷制造是集成 SCM 的一部分，它包括多模式制造、混合制造、国际化、质量与成本管理以及运作智能等功能，采用最佳的制造方案来提高运营效率和加速业务周转。

④ 交易平台。

除以上功能之外，集成 SCM 还为用户提供交易平台，它具有订单目录、现货购买、来源分配、拍卖、付款、后勤管理、协作计划与排程、关键绩效指标等功能。

集成 SCM 中的交易平台有三种模式。

- 一对一模式：图 5-16 所示为一对一模式。从图中可以看出，在这种模式中，一个企业与另一个企业相连接，其应用系统也相连接。
- 一对多模式：图 5-17 所示为一对多模式。从图中可以看出，在这种模式中，一个企业通过交易平台与多个企业连接。从信息系统角度来看，它表示

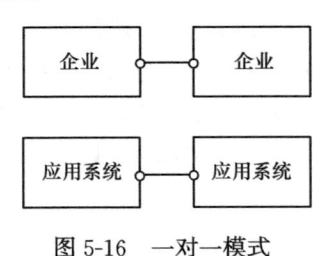

图 5-16　一对一模式

一个企业的应用系统通过交易平台与多个如图 5-16 所示的一对一模式企业连接。图 5-17 则表示一个企业的多个应用系统通过交易平台与多个企业连接。

- 多对多模式：图 5-18 所示为多对多模式。从图中可以看出，在这种模式中，多个企业与多个企业通过专用交易平台连接。

无论一对一还是一对多模式，在交易平台中，企业与客户、供应商交换的都是制造、财务、需求计划、服务等信息。

通过交易平台可以建立一种会员制，各企业可以以会员身份支付一定会费来参加交易活

动。供应链上需要增加何种功能、什么时间增加也由会员企业投票来决定。

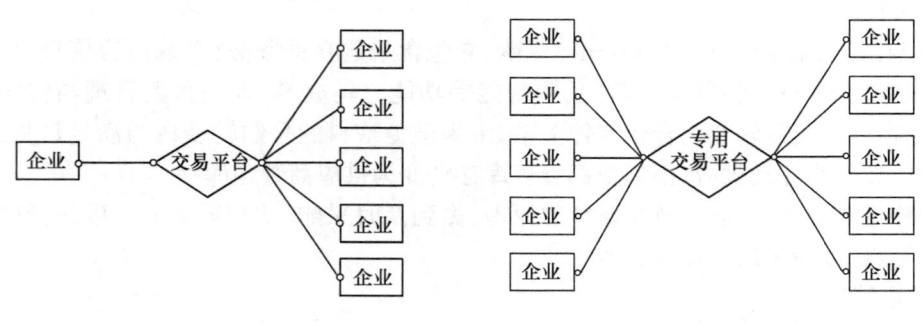

图 5-17　一对多模式　　　　　　　图 5-18　多对多模式

5.4.5　SCM 的实施

SCM 的实施与 ERP 的实施不一样,实施 SCM 的难度比较高。这是因为 ERP 的实施只涉及一个企业,而 SCM 的实施涉及企业外部,包含上游及下游的许多企业。因此,这是需要有较高的集成度才能完成的事业。当然,建立一套切实可行而完美的实施方案就是一项必不可少的工作了。SCM 的实施有以下各个环节。

1. 确定 SCM 的战略目标

在建立 SCM 之前,首先要确定 SCM 的战略目标。这也是供应链上所有成员的一致目标,因为供应链管理是一个整体的管理。要确立战略目标,需要对现状进行分析,现状的分析可以分为两个阶段。

(1) 分析业务目标

供应链上的成员是为了共同的目标而走到一起的,这个共同的目标就是降低成本,提高利润,增强竞争力。为了达到这个目标,必须研究销售、产品等各方面的问题,例如,供需信息如何快速传递?新产品开发速度如何掌握?如何联合控制成本?如何共同参与质量的控制?如何做到准时交货?等等,可以将各种目标按照重要程度进行排列。

(2) 分析现有供应链

从计划约束条件、运作以及业绩等方面来分析现有供应链中各结点所存在的问题。这些问题可以分为企业内部的、供应链链接方面的、与其他供应链竞争方面的。

在以上分析的基础上,可以确定 SCM 的战略目标,确定改革的方案,以及拟定 SCM 的设想。

2. 组建实施推进团队

实施团队由与 SCM 相关的人员所组成,他们是掌握一定产品知识的技术人员、管理部门和供应商之间联系的组织人员、具有决策权力的企业高层管理者。这个团队需要有一位充分了解各企业和供应链的领导者,他应该具有一定的组织能力和协调能力,能够处理好各方面的关系。

3. 选择合作伙伴

合作伙伴的选择也是 SCM 设计的首要工作,因为合作伙伴选择得是否恰当将会对SCM

产生很大的影响。

合作伙伴的选择是有原则的,这些原则是合作伙伴能增加产品的价值、提高销售水平、有效利用资源、加速运转过程、具有互补作用、增进技术合作。

在选择供应商时还可以对以上原则进一步具体化,例如供应商是否能长期合作?供应的产品质量如何?供应商在行业中的经验如何?供应商的服务水平如何?供应商的信息系统是否已建立?等等,通过调查研究可以选择理想的合作伙伴。

4. 组建供应链

当供应链各伙伴统一了认识,愿意建立合作关系之后,建立供应链的条件也就成熟了,接下来可以组织正式组建供应链的各方签订协议。协议中要强调目标一致、信息共享和利益分享。

当以上工作完成之后,可以对这种合作的绩效做进一步的评估。

5. SCM 的设计

根据供应链中成员的情况及相互关系、地理位置分布,运用供应链软件提供的功能可以建立供应链网络。

SCM 的运作主要是通过建立信息系统来实现的。SCM 信息系统需要完成以下工作:

① 以产品为主线,采集供应链上各个结点(包括供应商、制造商、分销商、零售商等)所提供的数据。

② 以供应链上各个结点为单位,读取信息系统中的数据,以保证得到信息,并且此信息具有唯一性。

③ 利用分析数据运行 SCM,也可以进行供应链上成员企业之间的单位转换及报表转换,寻找 SCM 运行的最佳状态。

采集数据、读取数据和分析数据的功能是通过 SCM 信息系统的集成来实现的,而这种集成又是建立在供应链高级计划排程应用软件、应用接口程序、数据库、通信设备、接口设备、图像设备、互联网等信息技术基础之上的。

此外,对 SCM 来说,还必须在供应链各成员之间建立一套运行的规程,如报表标准化、产品编码标准化、接口软件标准化等。

6. SCM 软件的运行

当 SCM 设计完成之后,可以装入测试数据进行 SCM 软件的试运行,发现错误,及时修改,使 SCM 系统不断地完善,最终投入正式运行。

5.4.6 SCM 软件

1. SAP 公司的 SCM 软件 SAP SCOPE

SAP 是国际上著名的应用软件公司。SAP 总部设在德国南部沃尔道夫市。公司成立于 1972 年,1988 年成为德国股票上市公司,1995 年年底成为世界第五大软件供应商,同年在中国设立了子公司。

除 ERP 软件之外,SAP 公司还提供供应链的优化、计划及执行的解决方案 SAP SCOPE,

这是一个企业内部和企业之间实时决策和决策分析的结合物。SCOPE 的关键组成部分是高级计划优化器 APO,而 APO 又是基于 SAP 的业务框架之上的,它将实时协作决策支持和高级计划与优化的内容合并到 SAP 的 ERP 系统之中。APO 与底层执行系统之间强有力的集成层,使 APO 与底层能够立即完整无缺地获取连线业务处理的业务数据,它还利用高级优化算法库、高性能内存缓冲区的数据处理器进行计划和优化。

APO 采用用于分析的常驻内存和可配置的特殊数据模型,这个数据模型提供以下新功能:供应链主控室、需求计划、供应网络计划和配置、生产计划和详细排程,以及全局可用量确认。

(1) 供应链主控室

供应链主控室是一个用于供应链的建模、导航和控制的图形化"工具面板"。APO 提供一套完整的用于管理复杂供应链的工具,在 APO 内部解决复杂问题,它给用户提供的是一个使用简单但又功能强大的图形界面,这就是供应链主控室。它不仅允许浏览供应链,而且对底层业务计划和排程处理的控制能力也较强。利用 APO 的供应链设计,借助供应链主控室,用户可建立一个供应链的图形概貌。

底层的控制框架使这些视图适合用户的特殊需要,以便生成主控室应用的特殊形式。这个主控室还可以设置条件并连接到问题解决方案的屏幕上。

开始使用 APO 时,首先要为特定的供应链建立一个图形化的模型。利用供应链设计功能,首先从网络结点库中选择并搭建供应链。网络结点应包含以下对象:供应商位置、工厂、分销中心、仓库、客户位置、运输路线及供需关系。

以网络结点形式所表现的 APO 对象源于应用计划模型。这些计划模型存在于 APO 内部,其数据可从供应链各结点提取。比如,ERP 中的详细资源能力在 APO 中以工厂能力的形式汇总列出。利用用户图形界面所建立的网络结点对象,表示了来自内部和外部资源的信息。内部对象能够标识执行系统内部的连接关系对象;外部对象能够识别企业外部的数据对象,这些数据有多种来源,可以包含供应商、第三方运输商或客户,可以利用各种接口方式自动输入。

一旦建立网络结点、有关数据和对象,则在供应链网络的各个结点上,可利用供应链设计功能建立链接关系。这些已经或尚未在 ERP 中存在的各个供应链网络结点之间的链接关系,可以在供应链设计中动态地定义。

① 供应链的详细视图。

整个供应链的图形显示可以变得很大。例如,一个公司的供应链可以包含成百上千个结点。通过简化浏览和控制详细的供应链,供应链设计使用户能更有效地创建和维护供应链网络结点。

通过一系列的图像定位和缩放操作,可以浏览整个供应链的任何细节,可以对所选的任何操作细细琢磨。在 ERP 中,只需轻轻点击网络结点,就可以得到联机分析处理信息的细节,用这种方法,可以浏览底层信息,如分销中心仓库中的产品生产、来自客户的订单或供应商计划;能够浏览内部网络,包括工作中心、生产线、库存及物料移动。

② 可配置的用户界面。

供应链主控室作为管理和优化供应链的强大而灵活的工具,采用主控室功能来识别广泛的、具有各种不同应用需求的用户,在控制框架中建立供应链主控室,使用户能够定义自己的桌面环境。用户自定义桌面环境使计划员能够在供应链主控室中定制自己的桌面布局,包括视窗的大小、位置以及内容。此外,客户可以配置与特定的计划域和处理相关的特定应用程序主控室视图,这些特定的计划域和处理是指扩展的工厂、资源和生产计划排程、分销中心、交通和库存。扩展的供应链主控室前端为 Java 或 Web 的浏览界面,它吸取了互联网的优点。

③ 报警监控功能。

供应链主控室有一个处理所有 APO 中的例外和错误情况的报警监控功能。报警监控功能利用一系列事件触发器和已建立的报警条件自动识别供应链中的问题。这些问题对于企业满足各种需求是一种潜在的约束。报警监控的因素有物料、能力、运输和存货限制,以及对交货能力、成本流程和生产能力的度量。

独立的用户可以有选择地预订适用于其计划域的消息类型和对象。当收到例外信息时,计划器可以同时打开几个窗口,其中是解决问题的方法,如优化运算法则、启发解决法、手工重新排程或模拟等,用工作流驱动处理流程,通过 E-mail 将消息和通知传递给计划员。用这种方法,智能化的消息可以用来触发问题的解决方案、下游的计划和执行功能,以及作为通报其他计划员的通知。

(2) 需求计划

这是一个具有统计预测技术和需求计划特征的工具箱,它用来产生最精确的预测结果。

① 需求计划的作用。

APO 的需求计划是一套高级的预测和计划工具,它可以使企业按需求信号和图示来尽早地捕获需求变化。及时和精确的视图使计划员能够:

- 大幅度提高预测质量。
- 模拟显示消费者采购行为,以便更好地了解买方动态。
- 用集成处理方法进行各种预测,如销售、市场等。
- 与客户预测相结合。

APO 的需求计划部分将来自各个网络结点的数据和预测方法,如多元线性回归法,结合起来,产生一系列高级计划函数。计划处理结果可以自动地提供给供应链的其他结点。

② 需求计划的集成性。

需求计划和业务信息库的紧密结合使计划员能够使用先进的联机分析处理技术 OLAP 实施多维的追溯、历史数据的分析、计划和业务智能处理。APO 将大量数据集成到计划处理过程中,使计划员能够进一步理解影响需求的因素。用这种方法,APO 可以生成一个功能强大的、高精密度的需求计划,这种紧密的集成所带来的好处包括以下几个方面:

- 通过基于需求的实时决策驱动下游的供应链系统。
- 通过精确的中期预测优化资产的利用。
- 通过长期预测支持战略计划。

③ 需求计划的基本功能。

APO 的需求计划解决方案利用多维数据表示法,使用户能用多种方法对数据进行分割,能够进行数据的追踪和回溯,能够灵活地使用日历期间(周、月)和定制测量对象(数据、收入、利润等),这就产生了一个功能强大、灵活的计划工具。

需求计划利用 APO 的报警监控来报告例外事件,如订单量超过预测量、潜在的库存短缺和库存积压。用户可以访问问题解决方案屏幕,对预测和有关的计划进行调整。另外,需求计划还包括预测精确度报告,以便用户将预测的产品、客户及时间期间与实际需求数据进行比较,进一步提高预测的精确度。典型的应用程序包含以下几个方面:

- 合作预测。将来自企业内外的预测集中输入到一个公共库中。来自市场、销售、后勤部门的计划员（甚至包括第三方供应商）可以有效地合作，为需求计划生成一致的预测。预测可以实时更新，并提供潜在的业务问题，如预测偏差和库存短缺。
- 生命周期管理。确定新产品导入所考虑因素（如产品的转让、替换和拆卸）的时间，以便使产品生命周期的管理具有更多方法。
- 促销计划。通过促销计划来抵消无法预料的需求变更。这种促销计划是考虑了一些问题的，如利润目标、产品可用性和历史数据。也可以对事件影响进行预测，如利用历史数据对未来需求的价格涨跌进行预测。
- 新产品预测。利用模型对新产品进行预测。这个模型来自对相似产品的预测、历史需求数据以及全部市场反馈，将各个部门的预测集成为统一的预测，用POS数据监控产品的启动和生命周期。
- 因果分析。识别和预测外在因素的影响，如图形的变化、环境的变化、社会和政治因素。利用各种技术来分析实际需求，如多元线性回归，混合的非限制的因素（价格、温度等）。

（3）供应网络计划和配置

供应网络计划是一种方法，它是一种建立完整供应网络的决策方法。配置是一种用于计划的工具，它可以对运输时的网络分布进行重新平衡和优化。

① 供应网络计划和配置的作用。

企业可以利用APO的供应网络计划方案去解决供应与需求的匹配问题。APO将采购、制造、分销及运输集成为一个一体化的模型。通过模拟整个供应网络和相关的约束条件，APO可以同步工作并计划整个供应链上的物流活动，可以产生一个对采购、生产、库存和运输的切实可行的计划。

APO也包括这样的功能：企业能够动态地决定库存应何时和怎样被分配。APO系统利用高速缓冲区中的全部有效数据，通过应用计算规则和用户规则来建立配置计划。作为集成的供应网络计划解决方案的一部分，APO配置方案使计划员能够在执行的过程中动态地平衡和优化分销网络。供应网络计划和配置处理的结合能够确保工厂分销和运输资源的优化使用，以满足预测和实际需求，其达到的结果如下：提高客户服务水平、改善反应时间、减少库存和缓冲量、减少周期时间、最大化投资回报率和最小化供应链成本。

② 供应链模型。

图5-19所示为供应链模型。

APO在整个供应链网络上的同步工作的中枢是一个全面供应链模型。计划人员利用供应链设计功能建立一个模型，模型包括供应链上的若干实体，如供应商、生产工厂、库存设置和运输路线。

APO提供带有数据的高速缓冲区，如汇总资源和来自各种网络结点上的物料约束条件。与计划处理有关的数据，如库存、能力、订单等，能够从底层执行系统及业务信息仓库中提取。高速缓冲区动态地维护所有相关数据的同义语描述。为了便于复杂供应链的管理，供应链主控室使得计划员能够构造供应链网络的结点。计划员能够通过追溯很容易地获得网络上的明细信息。

附加的实体的详细模型，如工厂、仓库设施、供应商、运输方式和路线，都包含在供应链模型中。生产模型包含一个计划BOM和工序合成，其中包含生产成本、生产周期、资源消耗、物料和效率的属性。与之相似的运输模型包含模式、产品、重量和体积的能力，车队规模以及成本。

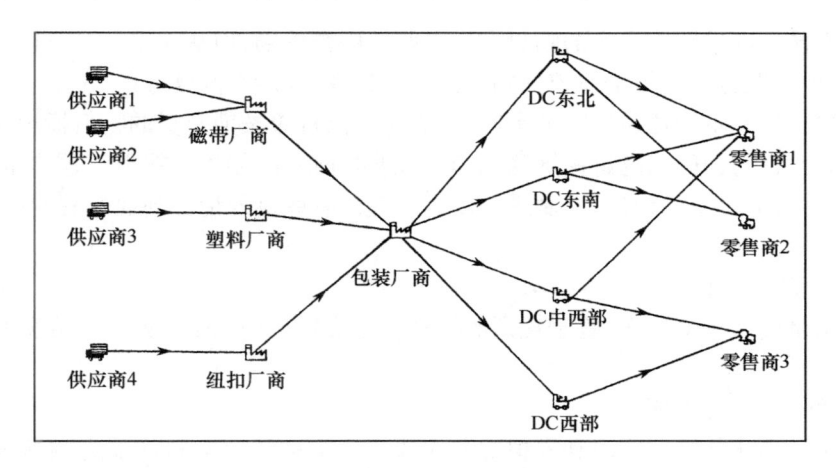

图 5-19　供应链模型

通过维护整个供应链模型，APO 大大简化了供应链管理，并为计划的编制提供了方便。

③ 供应网络计划和配置的功能

APO 通过将各种运算法则与实时决策支持、响应能力和多工厂资源逻辑理论相结合，提供一个完整的供应链。

供应网络计划和配置功能包括：假设分析、供应与需求的动态匹配、供应商管理的库存、短期库存和分销优化、配置建议、图形的成像和控制、报警监控。

(4) 生产计划和详细排程

APO 的生产计划和详细排程是利用动态追溯和优化技术快速响应的计划，详细排程是有限的序列和生产资源、分配的实时排程，用来产生一个最理想的生产排程。

生产计划和详细排程的作用：快速地响应市场的需求，不但要求企业对需求能够做出准确的预测，而且要求企业具有交付这些需求的能力。供应网络计划和配置已考虑并确保在整个供应链中物料和资源的最佳和平滑处理，生产计划和详细排程则是以工厂为基础来完成这项任务的，可以得到一个可行的主生产计划。

生产计划和详细排程与 APO 的需求计划、供应网络计划和配置完美地集成，以便生成一个完全可行的带有约束条件的生产排程，反过来，这个排程又转换成能被执行过程驱动的详细排程。它能带来以下效益：

- 拖期交货最少，从而使客户满意。
- 瓶颈资源得到有效利用，准备时间最少，从而得到最好的投资回报。
- 具有可行的生产排程，从而减少加班。
- 更好的资源协调，从而提高生产率。
- 减少库存成本并通过较好的物料发放来降低在制品库存。

生产计划和详细排程的功能：生产计划和详细排程是 APO 中的一组集成工具，它使制造商能够对变化的条件做出快速反应。它不仅提供一个有一定约束力的解决方案和优化设计，而且使计划员具有快速的反应能力。

APO 的生产计划和详细排程使用户能够快速生成可执行的、对资源进行了有效优化的计划并使企业达到最快的响应速度。通过由 APO 内的其他计划功能所生成的结果，用户能够使用丰富的图形工具和资源去执行生产计划和排程的功能。

物料计划与详细能力计划同时产生一个订单排程运算法则，用来生成能力和下一级物料计划。虽然不能保证采购或生产的物料在报警监控中被识别，但从这里，计划员可以打开问题解决窗口，其他问题也会被报警监控识别出并等待处理，如能力问题等。

报警监控将那些不能按时采购或生产，以满足产品订单按期交货的物料标识，在报警监控系统中，计划员可以打开"问题解决屏幕"。其他的例外情况，如生产能力问题和违背交货日期问题，也会在报警监控中标识出，以做进一步的处理。有些例外情况则通过驱动决策支持工具来帮助计划员解决问题。

(5) 全局可用量确认

全局可用量确认指多层次、基于规则的物料检查，这个检查需要从全局角度考虑分析、生产、运输能力以及成本。

① 全局可用量确认的作用

全局可用量确认能够按实时和模拟的方式执行一个多层次物料和能力的检查。另外，为了得到更好的效果，可以对汇总的、长期驻留内存的数据执行检查。全局可用量确认能够实现整个供应链的同步处理，以及立即获取产品的可用量，在产品交付的承诺方面，使公司保持一个高度的自信度。

这项处理还涉及以下一些关键标准：

- 产品替换——如果产品或部件没有可用量，系统将会基于选择标准，自动选择一个替代产品。
- 替代库位的选择——与产品替换相同，物料也可以来自其他替代库位。这个逻辑可以与产品替换规则集成。
- 分配——提前期较短的产品或部件可以直接分配给客户、市场或订单等。可用量确认的计算会考虑这些分配。

② 全局可用量确认的功能

用户可以对新需求进行模拟来确定其影响，可以对订单、预测和产品可用性进行模拟，模拟可以得出一个结果以及对结果的解释。例如，可用性是否由于分配或使用了替代产品而受到限制？这些将在与用户的对话中提到。

全局可用量确认储存了相关的数据，使 APO 高速缓冲区的使用更技术化，如内存中用于快速反应的数量、分配、替代等，因此，计划员在客户挂断电话前就可以做出工作订单的承诺。

除 APO 部分之外，SCOPE 还有另一个部分，该部分当作后勤执行系统。

5.4.7 ERP 与 SCM 的集成

在传统管理中，许多业务均由企业独自承担，形成了一种大而全的管理方式，比如，加工、包装、运输等工作均由自己承担，工作速度慢而效果差。然而，在现代管理中，企业将业务越来越多地转包出去，而自身把精力集中于擅长的核心业务上。转包出去的业务由企业在全球的合作伙伴来承担，这样就形成了一种虚拟企业的供应链环境，企业对外的依赖性将会增加，企业的采购和外协资金将会占成本的 70%。所有这一切都会随着市场变化而运行，这就涉及企业外部管理，也就是对供应链的管理。要做好外部管理，首先要做好内部管理。SCM 的基础是企业内部管理，SCM 必须得到内部管理的支持。例如，若企业库存管理的信息化工作没有做好，库存数据既不准确，也不及时，那么，让供应商来管理企业库存是绝对做不到的。只有应用 ERP 中的库存模块管理好库存，通过 BOM 的分解推算出物料需求，了解需要的零部件及原材料的采购时间及数量，供应商才能通过可视化库存及时预测需要的供应量，以便在准确的时间将货物送达。

　　ERP 系统具有将管理功能集成的特点,起到了采集数据和读取数据的作用。这种集成仅限于企业内部,一切着眼于本企业,是企业内部资源的全面管理,而这种仅靠一个企业的资源的做法是远远不能满足市场快速响应要求的。同时,ERP 也缺少决策人员所需要的辅助决策的功能,因为在系统中无法实现优化器的功能。如运输计划如何安排、工厂地址应如何选择、仓库应放在哪里、配送过程怎样合理化等一系列问题。以上这些均属于分析数据,是将采集的数据经过数据挖掘才能得到的。而 SCM 的高级计划排程(APS)正是解决以上问题的好工具。此外,SCM 还具有外部资源的管理功能,能够适应快速变化的市场。因此,ERP 和 SCM 如果能够互补而产生一个新系统的话,将是比较理想的。

　　SCM 需要 ERP 的集成数据来进行供应链的分析,以便提供决策。而 ERP 也需要 APS 的优化功能来进一步提升管理水平。SCM 与 ERP 的发展,使企业之间信息和资源的集成成为可能,资源的概念从单个企业扩展到外部企业。不仅一个企业将自身的资源数据库向客户或供应商延伸,而且供应链上许多企业的数据库相互连接,不同企业的数据库一起展示在同一个交易平台上。

　　ERP 与 SCM 的集成是通过 ERP 的销售、采购、生产模块与 SCM 的销售订单、采购、APS、敏捷制造模块完成的。具体的集成表现在许多方面,这里仅举例加以说明。

　　(1) SCM 将实时协助决策支持和高级计划优化的功能合并到 ERP 系统之中。
　　(2) 在 APS 中以工厂能力方式汇总列出 ERP 的详细资源能力。
　　(3) 订单请求通过 Internet 输入 ERP 的销售系统,销售系统向 APS 发出有关订货产品可用量查询的请求。订单通过 APS 中的生产计划和详细排序模型进行运算,供货能力考虑了能力和物料的情况,运算的结果再传送给 ERP 的销售模块。
　　(4) 在 SCM 中,有关工厂和仓库设施、供应商、运输方式及路线的详细模型都包含在供应链模型之中,而生产模型包含 ERP 中的计划 BOM、工序及生产成本。
　　(5) SCM 可以帮助构造灵活的采购、库存、分销、运输、销售和服务之间的链,它对 ERP 是开放的,它与 ERP 是一种技术上紧密结合的关系。
　　(6) APS 与 ERP 低层数据以及其他企业数据保持同步。
　　(7) ERP 系统中的各项计划与供应链计划中的计划和决策内容无缝集成,如采购计划、销售计划、生产计划等。

5.5　客户关系管理(CRM)

5.5.1　CRM 概述

　　社会由工业社会进入信息社会后,发生了巨大变化,这些变化对企业产生了深刻的影响,表现在以下各个方面。

　　(1) 经营思路从以产品为中心转向以客户为中心

　　由于产品之间的差距日益缩小,而客户将目光投向服务,客户对服务的要求不断提升。所以,企业的注意力就从产品转向客户,因为客户是企业的另一项重要资源。企业需要充分利用以客户为中心的人力和财力资源,来达到提高经营效果的目的。

　　(2) 管理战略从市场占有率转向客户占有率

　　企业往往关注市场占有率,以此来衡量企业的效益。殊不知此种占有率是经常变动的,因为一旦客户的要求得不到满足,大批客户就会离你而去。因此,只有客户占有率高,特别是长期客户占有率高,才是比较实在的,而这些长期客户就是忠诚的客户。

(3) 经营成果的标志从投资回报率转向客户保持率

企业经营的好坏可以用投资回报率来考核,这是毫无疑问的。然而,在不同时期,同样的投资其回报率可以是不相同的。如果使用客户保持率来衡量经营成果,将更能说明问题,因为任何时期只要客户保持率高,其经营效果必然是好的。

(4) 提高利润的手段从内部的节支转向外部的增收

为了得到较高的利润,企业长期以来千方百计地使用各种方法挖掘内部潜力以降低成本,越来越多的企业应用 ERP 软件和进行业务流程重组,使内部管理的效率提高,完成优化工作。但是,仅仅依靠内部节支的方法提高利润终究是有限的,企业只有将精力由内部转向外部,增加收入,才能不断地提高利润。而增加销售收入的最好途径就是吸引客户,满足客户的各种个性化要求,以便达到较高的客户满意度。

(5) 信息管理由分散走向集成

企业内部的各个管理部门是一个松散的联合体。各部门分工比较明确,但是行动协调比较困难。营销部门只负责向客户介绍公司的产品;销售部门只关心客户购买的意向;服务部门只了解客户的服务要求;投诉部门只担任客户投诉意见的收集和处理工作;财务部门只知道客户付款情况。以上各种信息都分散地保留在企业的各个部门。

客户对产品的了解程度、购买的意向、对服务的要求、投诉的意见、付款的情况等种种信息是相互分隔的。企业各个部门对客户不能做到全面了解,影响了企业对客户的管理。因此,从内部管理来看,有必要将分散的信息汇总成综合的信息,将分散的部门协调为集成的团队。

(6) 信息技术的发展由局部网络走向全球网络

以上几个方面均从管理的角度来说明 CRM 有必要实现,但是,如果没有实现的手段,那只是一纸空文。而当今社会所提供的手段是先进的信息技术,这一点就为 CRM 的实现创造了条件,提供了工具。在传统的管理中,与客户交流的工具是电话、传真、面谈,而现代的工具却是互联网上的交流、呼叫中心等。加上原有的交流工具,可谓多种渠道全面开通,而客户信息如同源源不断的流水通过各种渠道流向企业,使企业内外信息畅通并且集成。企业各个部门都能共享客户信息,全面了解客户情况,快速而准确地进行业务处理。

总之,以客户为中心、客户占有率、客户保持率、客户满意度、客户忠诚度均是围绕客户而言的,而要留住客户,必须在企业与客户的关系上做文章。

5.5.2 CRM 的概念

当企业的商业策略和销售手段由坐等客户上门转向主动上门推销之后,企业的销售情况也随之大为改观。坐等上门方式是被动的推式方法,而上门推销则是基于"一对一"理论的主动的拉式方法。拉式方法能使企业了解客户群的消费动向,跟踪客户的消费意向,得出消费趋势,准确判断市场需求,企业与外界的关系就越来越密切了。

企业与外界的关系主要表现在三个方面。

① 企业与客户的关系:企业与客户是通过销售、营销和服务支持连接在一起的。企业可以从这种关系中收集客户数据,进行分类、整理,从而充分地了解客户,以便对市场做出正确的分析。

② 企业与供应商的关系:企业与供应商是合作伙伴的关系。企业通过与供应商的交往,

收集供应商数据,进行分析和评价,从而充分地了解供应商,以便对产品材料的供应能力做到心中有数。

③ 企业与代理商、零售商的关系:企业与代理商、零售商的关系是以共同利益为目标的合作关系。企业通过与合作伙伴的合作,了解合作伙伴的动向,共同推动市场发展。

在以上三种关系中,客户是一个重要的方面,企业要在客户关系方面下功夫,要留住老客户,争取新客户,研究客户,寻找客户关系。

市场对客户关系的需求使 CRM 理念提升,而信息技术的飞速发展,使 CRM 得以实现,CRM 就在这样的环境下产生了。它已经成为现代社会的一股潮流、管理变革的一种思路、提高效率的一项技术、具体实施的一套软件。

如果问任何一家公司与客户是否有关系,他们都会回答:我们与客户当然有关系。这是一种什么关系呢? 一句话,是买卖关系。然而,CRM 是指企业通过与客户之间及时而多方面的沟通与交流,进而与客户建立长期良好的关系,这种关系甚至超出了交易的范畴。企业由此也获得了更多客户信息,最终获得更多客户。显然,这也是一种将客户资源转化为企业收益的管理方法,是一种新颖的管理机制,实现这种管理机制的目的是改善企业与客户之间的关系。它用于企业的市场营销、销售、服务与支持等各个与客户有关的方面。这种管理机制能使企业在营销、销售、服务与支持各个方面形成一种协调的关系。

CRM 始终强调以客户为中心,是一种顾客驱动的模式,是一个通过先进的计算机应用技术与优化的管理方法的结合,建立、收集、使用和分析客户信息的系统,这个系统的信息由企业各部门共享,以便统一对客户进行系统研究,研究的中心不是建立模型,而是建立关系。建立有关老客户、新客户、潜在客户的档案,从中找出有价值的客户,并且不断挖掘客户的潜力,开拓企业的市场,以获得最大利润。

CRM 本身是一种管理方法,它借助信息技术,迅速发展成为软件。CRM 所带来的效益的诱惑力和增强市场竞争力的良好前景,使 CRM 软件一出现就得到各行各业的青睐。1998年至1999年,世界 CRM 市场收入增长了71%,CRM 软件的应用遍及制造、金融、保险、软件、科技等各个行业。

CRM 发展的第一阶段是前端办公室(Front Office)型阶段,所提供的软件主要是为销售部门服务的,因为销售部门在一个企业里是与客户联系的前方窗口,相当于一个最前方的办公室。

CRM 发展的第二阶段是电子商务型阶段。所提供的软件还是为销售部门服务的,但是,这种服务可以在互联网上完成。这是一种新颖的销售方式。

CRM 发展的第三阶段是分析型阶段,所提供的软件是一个完善的智能分析系统,它通过为决策者提供有关客户问题的决策信息而帮助决策者做出明智的决策。

从以上发展可以看出,CRM 由于互联网的介入而如虎添翼,它利用 Web、呼叫中心等多种渠道,实现了企业与客户的无缝连贯交流,大大提高了工作效率。CRM 与电子商务的紧密结合,使企业与客户之间实现了实时的、互动的以及个性化的联系,建立了新颖的客户关系。

CRM 成为电子商务的前端,是电子商务的重要组成部门。

CRM 又被分为一般 CRM 及电子商务下的 eCRM,eCRM 能够以自助的服务替代人工服务,增强了服务的价值,降低了成本,加快了服务的速度,提高了客户的满意度,使客户关系管理水平又提高了一步。

5.5.3 CRM 的作用

CRM 是一种新颖的企业战略和管理手段。CRM 与 ERP 系统无缝结合，会产生很好的效果。CRM 在开拓市场、吸引客户、减少销售环节、降低销售成本、提高企业运行效率等方面比单纯地运用 ERP 软件会带来更大的效益。具体表现在以下方面。

(1) 开拓市场

通过使用电话、传真、互联网等多种工具，企业与客户可以进行频繁的交流，扩大了销售活动的范围，增加了与客户往来的信息，加快了信息传递的速度，出现了更多的商机，掌握了市场的最新动态，把握了竞争的最好时机。

(2) 吸引客户

由于客户与企业有较多的渠道进行交流，一方面企业联系客户更方便；另一方面客户也可以选择喜爱的方式与企业交流，客户服务和支持加强了，客户满意度提高了，企业吸引住了客户，留住了老客户，找到了新客户，企业的客户队伍在不断地扩大。

(3) 减少了销售环节

由于与客户交流的营销、销售、服务与支持的任何企业员工，均可以通过系统给出的由四面八方汇集的客户信息，全面地了解客户的情况，同时也可以将自身所得到的客户信息输入系统，使销售渠道更为畅通，信息的中间传递环节减少，销售环节也相应地减少。

(4) 降低了销售成本

由于销售环节的减少，投入的销售人员相应地也减少了，人员工资费用降低了，销售管理费用相应地也减少了，当然，销售成本也就跟着降低了。

(5) 提高了企业的运行效率

由于客户信息增多，企业通过对客户信息的加工和处理，提炼出许多宝贵的分析数据，为产品销售的数量、成本、市场风险、客户变化等各方面的决策提供了依据，这些决策的执行使企业在经营过程中的运行效率提高了。

(6) 加强了各部门的协调

许多企业的市场营销、销售、客户服务与支持部门都是作为独立的实体工作的，由于部门界限的原因，不同的业务功能往往难以交流，难以协调，从而无法将注意力集中在客户方面。因而，客户的意见很多，满意度及忠诚度大大降低。

CRM 导入之后，能够设法建立一个企业各个部门共享的通信和交流的信息窗口，使以上情况得以改观。不同部门能从建立客户关系的共同目标出发，相互配合、相互支援，提高为客户服务的效率。

(7) 提高员工工作的有效性

企业导入 CRM 之后，可以提高对客户的反应能力，并对客户服务的全过程更加清楚。企业可以通过清晰的流程和严格的步骤去规划与客户之间交往的一切活动，使现有的客户和潜在客户得到满足，使他们能够获得更多的精神上或物质上的收获，这样一来，就可以留住客户，扩大客户队伍。

CRM 为企业架设了一座最佳的与客户沟通的桥梁，这座桥梁就是 CRM 的解决方案。这个方案的执行会增强员工的客户服务意识，进一步规范流程，实现客户管理的自动化和智能化，从而改善和加强与客户的关系，达到提高企业效益的根本目标。

5.5.4 CRM 的原理

CRM 能够得到迅速发展,是和 CRM 所基于的理论分不开的,CRM 的基本原理涉及重视客户价值、应用"一对一"理论、定位客户类型、推行拉式市场模式等方面。

1. 重视客户价值

有位外国软件公司的总经理宣称,他的公司拥有两样财富:一是几千家客户;二是一支优秀的销售队伍。确实如他所说,在今天这个客户驱动的市场中,人们不仅关心产品质量、准时交货问题,而且迫切需要了解以下信息:什么样的新客户对产品有兴趣?他们容易接受哪种销售方式?哪些客户对报价有反应?哪些客户是企业的长期客户?哪些客户容易投向竞争对手?……这些信息是客户对产品、服务和无形资产的满意度的反应,这种反应是很有价值的,它来自客户,也就是客户价值。

客户对产品的感觉,反映在对产品的选择、产品的价格方面;客户对服务的感觉,反映在增值服务的提供方式、增值服务的提供品种方面。这些感觉若比较好,客户满意度就会比较高。当然,客户满意度并不等于客户忠诚度,企业不仅希望客户满意度高,更希望客户忠诚度也高。

企业提供的产品和服务越有价值,客户对企业也就越忠诚。然而这个价值是没有统一标准的,因为不同客户的需求是不一样的。企业必须了解客户的真正需求是什么。例如,有的客户要求企业具有良好的信誉度,有的客户要求企业有优秀的员工,还有的客户要求企业提供一些特殊的服务……因此,企业只有通过对客户信息的调查研究,做出有价值的分析,根据客户的不同要求,为他们提供不同的附加值。

重视对客户价值的管理可以显著地提高企业盈利的能力,因此,企业越来越注重客户价值,并建立以它为导向的战略来改善业绩,争取保留及发展最有价值的客户。要让客户参与价值的创造活动,只要客户使用了企业的产品或接受了企业的服务,产品和服务就有了价值,而利润则来自客户所创造的价值。

当然,要有效地利用客户价值,还必须克服组织、技术、分析中的一些障碍,因为以产品为导向的传统思维模式和组织结构会成为以客户为导向的行动的阻力。

对客户价值的了解需要通过与客户的交流得到,而信息技术的发展又为这种交流提供了很好的工具。企业通过在 Internet 上与客户的互动式交流,可以对客户有一个全面的认识、持续的了解和深入的分析。

要实现客户价值管理,企业可以制订一份新的业务计划,计划一个新的业务流程,通过各种渠道获得客户关系信息,建立客户利润潜力核算模型,分析客户的行为,了解客户的真正价值,为不同客户设计不同的业务规则和措施,在所有与客户接触点上提供全套服务。

2. 应用"一对一"理论

传统的营销活动通过千篇一律的客户调查表、淡季打折的广告牌、形形色色的优惠卡、眼花缭乱的积分卡、大肆宣扬的中奖活动等群体式服务方式来争取客户。然而,客户调查表给客户增加了填写的负担;微利的打折广告,客户对其兴趣不大;优惠卡给客户增添了携带的麻烦;积分卡的游戏规则使客户感到烦琐;中奖活动的喧闹场面客户不一定喜欢。总之,这些以金钱方式向客户购买忠诚度的方法是行不通的,它只是一种奖励式的单向交流而已。企业不会与客户建立起一种以填表、积分、中奖、优惠卡等为基础的关系,而应该建立起一种互相信任、相互了解、尊重客户、关心客户、倾听客户意见的友好关系。所以,以上各种方法就逐渐地被冷落了下来,因为客户的忠诚是买不到的,也不是一天就能建立的,而是要经过长期的培育才能建立的,这种长期的关系是由企业与客户共同管理的。企业只能通过与客户的交流行为来增加客户的忠诚度。

取代以上营销方式的是"一对一"的个性化服务。这种方式将企业与客户之间的简单交易行为转化为解决方案的服务,而 CRM 正是建立在客户关系"一对一"理论基础上的个性化服务。

不同客户的价值是不一样的,各个客户的需求也是不一样的。因此,企业应该开展一种个性化的服务去满足不同客户的需求。具体的做法可以是:同每个客户建立关系;同每个客户进行交流;了解客户的特殊需求,甚至他们的兴趣与爱好。在客户关系的整个生命周期中跟踪客户;通过收集工作汇总客户信息建立客户档案,做到了解每个客户,关怀每个客户,满足每个客户,为不同客户提供不同的服务。只有这样,才能真正留住客户,留住企业发展的资源。

3. 定位客户类型

企业所面对的无数客户,无论是老客户、新客户、潜在客户,还是回头客户,都需要企业"一对一"地认真对待。除此之外更重要的是,企业还必须对客户的类型进行进一步的分析。

从客户关系的角度来看,客户可以分为关系客户和交易客户两种。

关系客户和供应商之间是依赖的关系,他们关心的是产品的质量和服务、购物的环境、购物时所花费的时间和精力,他们希望找到一家公司,双方建立一种长期友好的关系,供应商能够"一对一"地为他们服务,而且终生服务。至于价格,不是主要考虑的因素。毫无疑问,这类客户能给企业带来可观的利润,客户的忠诚度很高,是价值较高的客户,属于高利客户。

交易客户和供应商之间纯粹是买卖的关系。他们关心的是产品的价格和打折动向,至于采购所花费的时间和精力,他们并不太关心。当价格不合适时,他们会转移采购的方向,所以谈不上什么客户忠诚度。因此,这类客户给企业带来的利润较低,属于低利客户。

当企业了解以上两类客户的情况之后,一定会从中得出一个结论:那就是要千方百计地呵护好关系客户,将营销工作目标对准关系客户。在营销过程中,给他们以特别的待遇,为他们提供特殊的照顾,将营销费用和时间主要投放在此类客户身上。

关系客户又可以分为给公司创造最大利润的关系客户、可能为给公司创造最大利润的关系客户、将要失去价值的关系客户三种类型。当然,在这三类关系客户中,企业应该将目光投向给公司创造最大利润的关系客户身上。

客户又可以分为有用有利及无用无利的,只有有用有利的客户,才是真正的利润所在。

4. 推行拉式市场模式

在物资短缺的时代,实行的是推式市场模式。推式市场模式往往是由预测来启动的,根据预测的需求产生产品的需求,然后推向客户,即由企业来引导市场的需求,通过库存来调整市场的需求。在推式市场结构中,企业为主动方,客户为被动方。企业从中可以得到部分效益。

推式市场模式的主要优点是企业资源利用具有可预测性,其主要缺点是,由于这种预测很可能是不准确的,因此就有可能产生呆滞产品,这些存货将会给企业带来一定风险,因为过多的产品堆积使客户对产品销售更加敏感,销售额反而减少,以致造成销售的恶性循环。

在物资丰富的时代,实行的是拉式市场模式,拉式市场模式往往是由客户需求来启动的,由客户需求来产生产品需求。它是一种将需要的产品,在需要的时间,按需要的数量供给客户的市场模式,又称及时系统(Just In Time,JIT)。拉式市场模式由客户来引导市场的需求,在拉式市场结构中,客户为主动方,企业为被动方,企业向客户让利,并不断地创造新的资源和新的需求。

拉式市场模式的主要优点是,需求准确,库存降低,甚至达到零库存,因此成本下降。其主要缺点是,对预期的需求反应不够迅速。

CRM 的新观念是建立在拉式市场模式之上的,客户是主动的,销售人员采取的是耐心倾听客户需求的销售方式,因此,销售人员处于被动地位。拉式市场模式是一种较为有利的模式,能够通过客户与销售人员的交流,做到更好地沟通,便于企业了解客户的感觉,掌握市场脉搏,取得较大的效益。

5.5.5 CRM 的内容

CRM 主要涉及企业的市场、销售和服务三个管理部门,这三个部门各自的目标是开拓市场、加强销售和提高服务质量。CRM 将三者的目标统一起来,加以协调,并通过信息的综合分析,达到企业级管理的要求。

CRM 的内容有销售自动化、营销自动化、客户服务与支持以及商务智能四个部分。

CRM 可以通过电话、传真、Web、呼叫中心等多种渠道,以互动的方式加以实现。因此,CRM 是一种融合多种功能、使用多种渠道的管理方法。

1. 销售自动化

销售自动化(Sales Force Automation,SFA)指以自动化方法替代原有的销售过程,这个自动化方法即信息技术。有了销售自动化,可以缩短销售周期,并使销售人员及时掌握市场信息,获取销售利润。

销售自动化可以通过向销售人员提供计算机网络及各种通信工具,使销售人员了解日程安排、佣金、定价、商机、交易建议、费用、信息传送渠道、客户关键人物图片信息、报纸新闻等,它是面向销售人员的。客户则可以通过网上交易来购买企业的产品和服务。

CRM 的销售自动化部分主要包含现场销售、电话销售与网络销售、客户管理、奖金管理、日历日程表等功能。

(1) 现场销售

在许多 CRM 软件中,现场销售是一个十分重要的功能,它不仅包括软件技术,还包括相关的硬件技术,目的是方便现场销售人员在远离公司的时候,可以利用便携式计算机或掌上电脑及时与公司取得联系,以便及时地提交客户的现场订单、接受新的任务、查询客户信息。当然,对于某些企业来说,现场销售部分不一定有实施的必要。

(2) 电话销售与网络销售

电话销售与网络销售是重要的销售渠道,一般需要通过这两种方式之一来建立销售订单。无论是电话销售还是网络销售,都需要在计算机上提供客户信息及产品信息,以便在客户通过某渠道与销售人员接触时,帮助有关人员获得该客户的相关信息。例如,呼叫中心的接线员在接线时能迅速地从计算机屏幕上看到呼叫客户的相关信息。电话销售中的接听人员在客户打入电话时,也能迅速地从计算机屏幕上查阅该客户的历史档案。

在网上销售时,企业不仅在网上建立门户,发表有关产品的布告,还要在网上与客户互动,为客户服务，从而建立与客户的关系。

在 CRM 中，呼叫中心是一项较为常用的功能，它是企业与客户交流的窗口。目前，我国的呼叫中心数、呼叫次数、电话数均在迅速增长。呼叫中心一般由智能网络、自动呼叫分配、交互式语言应答、计算机电话综合应用、来话呼叫管理、去话呼叫管理、集成工作站、呼叫管理、呼叫计费等部分所组成，其中有一些核心结构。例如，计算机电话综合应用部分（Computer Telephone Integration，CTI）就是一种核心结构，它可以将计算机与电话结合起来，实现信息共享，使客户在计算机上自动查询；当需要专人服务时，又能找到适当的服务人员，提供在线电话服务。此外，CTI 还具备屏幕弹出和数据传递等功能，弥补了 Internet 无法与客户实现面对面交流的缺陷，通过技术的融合，使呼叫中心成为真正的服务中心。呼叫中心的管理人员则应做到处处以客户为第一，尽快为客户解决问题，积极与客户建立关系，主动解决客户的投诉。

呼叫中心目前正在向交互中心发展。当然，交互中心是建立在 CTI 基础之上的，但是增加了历史记录报告、辅助决策工具、实时资源分配工具等业务应用，并将这些业务应用与客户呼叫、电子邮件、Web 访问、传真发送技术连接起来。

CRM 强调与客户交流渠道的多样性，如电话、网络、现场、传真等。这样不仅可以为客户提供方便，还可以增大与客户交流的机会。多种渠道的存在要求企业具备融合各个渠道的能力，保证客户无论通过哪种渠道均能顺利达到目的。各种渠道的最终结果是建立一份销售订单。

（3）客户管理

客户管理包括现有客户管理、潜在客户管理。公司的所有客户信息都存放在公司的数据仓库中，这些信息主要是为实现日常销售服务的。除此之外，还必须对客户信息进行详细的分类和分析。在 CRM 中，企业各个部门所获得的客户信息能够以集成的方式存储在一起，以便每个与客户有关的部门人员都能够共享客户信息。

由销售部或者客户服务部等可得到有关潜在客户的信息，如已注册却无购买记录的客户，CRM 的潜在客户管理能够记录所有与企业接触的潜在客户的信息，无论此客户是通过何种渠道而来的，并且能够分析和有效利用这些信息来改善与客户的关系，以便吸引更多的客户。

（4）奖金管理

销售人员的奖金是由销售部门经理根据销售人员的日常业绩表现决定的，而呼叫中心接线员的奖金则是依据订单录入的错误次数来决定的。在 CRM 的奖金管理中，可以计算每个销售人员的工作量、销售贡献额、利润贡献额等，为准确地考核员工的业绩提供客观的数据，同时，也可以灵活地设置奖金的提成方法，并且依据奖金提成方法计算出每个销售人员的奖金。

（5）日历日程表

日历日程表对于每个公司员工的工作安排可以利用公司现有内部网和外部网的功能来实现。在理想的 CRM 中，根据业务流程，即工作流，上级可以为下级，或者一个部门为另一部门，进行相应任务的安排，这些任务可以通过网络送到各个员工的日历日程表中。这样就可以保证企业内部的信息准确、及时、有效地交流。

2. 营销自动化

营销自动化是销售自动化的补充。营销自动化通过营销计划的编制、执行和结果分析，清单的产生和管理，预算和预测，资料管理，建立产品定价和竞争等信息的知识库，提供营销的百科全书，进行客户跟踪、分销管理，以达到营销活动的设计目的。

在企业的各个职能部门中,目前具有市场营销功能的部门主要是市场部。市场部负责公关活动的策划和实施、促销活动的计划和实施、广告发布、刊物的设计和广告的投放等。CRM中营销自动化的主要功能有营销活动管理、营销百科全书、网络营销、日历日程表等。

(1) 营销活动管理

市场部的各项营销活动的有关项目都可以在 CRM 中表示,如地点、媒体、开始日期、结束日期、任务进度、责任人、预算、开支、预测效果等信息。通过计算机处理,保证了工作信息准确、及时地传递,便利了管理及有关信息的共享,并使市场部员工摆脱了日常的重复工作,可以将注意力集中于营销活动的有效策划上。

(2) 营销百科全书

企业在数据仓库中存放了许多种在销商品的基本信息,同时要求列出各种商品的定价、性能等详细信息。在 CRM 的营销功能中有一部"营销百科全书",它能够为公司提供有关产品的定价、性能、竞争信息等知识。

(3) 网络营销

企业网上商店的公告栏虽然已经具备某些网络营销的功能(可以发布促销信息),但是公告栏是一种非主动的信息发布方式。CRM 要求企业能够通过各种方式发布信息,如个性化网页、针对不同客户定制的邮件、公告栏。这就要求 CRM 必须具备个性化网页的自动生成功能以及电子邮件中心。有些企业在实施 CRM 之前已具备自己的电子邮件收发系统,可以将 CRM 的营销功能和自己的电子邮件发送系统集成。

(4) 日历日程表

同销售自动化中的日历日程表功能相似,在营销自动化中,也可以利用公司现有内部网和外部网的功能来实现公司员工的工作安排,将相应的任务安排通过网络送到各个员工的日历日程表中,以保证公司内部信息的交流。

3. 客户服务与支持

客户服务与支持(Customer Service & Support,CSS)是 CRM 的重要部分,它是通过呼叫中心和互联网来实现的,这样便于产生客户的纵向及横向销售业务。CSS 为客户提供了产品质量、业务研讨、现场服务、订单跟踪、客户关心、服务请求、服务合同、维修调度、纠纷解决等功能。

对于维修站、现场服务及售后服务部门来说,提高服务质量、加快服务速度、保证客户满意是非常重要的。要达到以上目的,必须建立一套完善的服务与支持管理体系。这套管理体系能够实现保修的跟踪、服务合同报价和服务电话报价、服务费用及配件消耗价格单的开具、预防维护和安装要求的自动产生、求助电话的管理、维修日程及人员的安排等。CSS 的功能一般包括如下几点。

(1) 安装产品的跟踪

CSS 是根据产品发货、自动更新的销售或保修产品记录以及购买者信息进行管理的,它按照保修项目规定的服务内容和条件进行服务。

(2) 服务合同管理

在 CSS 中预设置了各种服务合同的样本,规定了服务条件、服务方式(热线电话、现场维修等)、服务人员、产品费用及有效范围各项内容,并且协助缩短收账周期,并可以与销售管理的开发票作业相联系,开出发票。

(3) 求助电话管理

求助电话是服务方式中一种较为常见的方式。对于客户的求助电话,都应按照优先权规则及时处理,并且及时地进行服务人员的分派,以确保客户能尽快得到回音。

求助电话管理可以记下求助所需的配件和人工,按配件价格和服务费用开出订单,可以为补充服务配件的储存量下订单,也可以根据预设的标准检修程序,记录配件和人员信息,开出发票。

(4) 退货和检修管理

如果产品有问题而需要退货,可利用物料审核功能进行退货审核。当收到退货时,可以发出替代物品或者在检修之后入库。

(5) 投诉管理和知识库

在传统企业中,客户投诉工作往往是靠手工方式来管理的,整个业务流程没有相应的软件支持。客户服务部在接到客户的投诉电话或者网上投诉的信息之后,用手工方式记录下来,然后依靠主观判断、请示上级等方式提出解决方案,因此,交互处理过程较长。CRM 中有关于问题及解决方案的知识库和投诉管理功能,当客户提出相应的问题时,投诉接待员将投诉的有关内容记录在计算机中,同时这部分投诉内容将作为客户管理中客户信息的一部分。

如果是常见的问题,可以通过知识库迅速找到标准解决方案,这样就缩短了解决问题的时间,使客户满意度上升。如果投诉问题的解决过程比较长,投诉管理系统可以给相关人员分配任务,并跟踪投诉的处理过程。

(6) 客户关怀

在企业以往的服务流程中,往往没有类似客户关怀的功能。CRM 的客户关怀功能能够依据分析工具对客户的满意度、销售额、忠诚度、利润贡献进行分析,然后根据分析结果制订客户关系计划。由于客户关怀和 CRM 的其他功能集成,所以制订的客户关系计划可以自动执行,相应的任务步骤可以在其中描述和设置,并且可以自动分配到各个责任人。

(7) 日历日程表

客户服务部分的日历日程表功能与销售自动化、营销自动化中的日历日程表功能相同。

4. 商务智能

当销售自动化、营销自动化和客户服务与支持三方面的功能实现之后,将会产生大量有关客户和潜在客户的各方面信息,这些信息是宝贵的资源,利用这些信息可以进行各种分析,以便产生涉及客户关系的商务智能方案,供决策者及时做出正确的决策。因此,除以上三方面功能之外,尚可以增加的一个功能就是商务智能。

CRM 为企业的各级人员提供了强大的数据统计分析功能,实现了商务智能的作用。商务智能包括销售智能、营销智能、客户智能等内容,CRM 的商务智能是一种通过数据挖掘产生报表,并对报表进行分析和决策支持的工具。

5.5.6 CRM 的实施

1. CRM 应用的条件

CRM 是提高企业竞争力的方法,是提升企业管理水平的工具,也是企业获得高额利润的手段,但是,CRM 的应用不是短时间内能成功的,也不是都能成功的,存在失败的可能。因此,CRM 的应用是有条件的,具体来说,有以下五个条件。

(1) 确定集成管理的目标

CRM 涉及企业的销售、营销、客户服务与支持三方面功能,这些功能是集成的,信息是共享的。功能涉及企业的销售部、营销部、服务部,这些部门却是分散的。但是,CRM 在这些部门的应用必须是集成的,而不是孤立的、个别的应用,更不能将它仅仅看作销售部门的工作。不然的话,尽管用了 CRM,但根本达不到 CRM 的要求。所以,在确定 CRM 应用目标时,应从企业整体目标出发,制订完整的计划。也需要由高层部门进行协调,所以高层管理者必须直接参与领导 CRM 项目的开展。

(2) 具备集成管理的基础

CRM 的功能是企业管理内容中的一部分,而这些功能若不和企业库存、生产、财务等其他管理功能结合,CRM 是很难发挥作用的。一个企业若生产不正常、库存管理混乱、财务制度不健全,有 CRM 也发挥不了作用。客户不满意,客户关系也就无法建立。因此,在应用 CRM 之前,企业必须衡量一下自身,管理是否规范？制度是否健全？数据是否准确？在充分评估之后,再应用 CRM 的决策。

当然,如果企业已经应用 ERP,再应用 CRM,使两者无缝地结合起来,也就具备了一定的应用基础,能够真正使 CRM 发挥作用。

(3) 配备集成管理的资源

CRM 是一个带有较多技术色彩的应用软件。它要求与客户建立多种沟通的渠道,而且这些渠道是集成的、高效的。它需要具备高性能的网络应用支持环境,提供标准的网络浏览器,建立集中的客户数据仓库,使数据达到标准化和统一化。此外,它还要求充分利用数据仓库的客户信息,展开数据挖掘工作,达到智能化的要求。

(4) 具有集成系统的设计思想

由于 CRM 本身是一个集成度较高的系统,高度共享信息是此类系统的特点。而要做到这一点,系统设计的思路必然是站在整体的高度展开的,系统的结构必然是构件式的。这就要求设计者必须具备系统工程的知识,只有这样,建立的 CRM 才是真正的集成系统。

(5) 承担投资费用

应用 CRM 的投资还是比较大的,有的甚至高达上百万元。一个 CRM 项目的成本由以下几方面组成:软件厂商和咨询公司的服务费用(占 38％)、软件费用(占 28％)、硬件费用(占 23％)、电信费用(占 11％)。企业欲建立 CRM,就必须做好承担 CRM 费用的准备,只有具备了以上条件,才有可能应用 CRM。当然,企业在了解以上 CRM 成本范围之后,应该设法最大限度地降低 CRM 的成本。

2. CRM 的实施

当企业选定并购买 CRM 软硬件之后,就进入了实施阶段。CRM 的实施符合一般通用信息系统的规则。实施一般分为以下 6 个方面。

(1) 确定目标

首先需要确定 CRM 实施的战略目标和分阶段目标,以便进一步编制战略实施计划和分阶段实施的详细日程表。

(2) 成立项目组织

按照目标的要求,成立 CRM 项目指导委员会,以推进和领导 CRM 项目的展开。项目指导委员会可以由企业级管理者来领导,委员会成员包括销售、营销、服务部门主管、信息部门主管。

(3) 开展培训

以上各项工作准备就绪,就可以在企业内开展各项有关 CRM 导入的培训工作,包括系统管理员的软硬件培训、用户软件操作培训以及 CRM 原理培训等。

(4) 给出 CRM 解决方案

在正式使用 CRM 系统之前,需要对企业现有系统的业务流程进行分析,并结合 CRM 的业务流程进行企业流程重组,以便按照 CRM 的先进管理思路改变原有系统,制订本企业的 CRM 解决方案。

(5) 系统测试

软硬件系统到位之后,可以展开系统的测试工作,给出一些应用的数据,对软件的功能进行测试,并检查系统的运行结果是否正确。

(6) 正式运行

测试工作完成之后,参考操作手册和测试流程,企业可以自行编写一套实施规范。规范的内容包括功能名称、操作人员、操作内容及步骤、完成时间等。这套规范相当于企业 CRM 的岗位责任制度,用以保证系统的正常运行。

3. CRM 实施成功的因素

实施一个完整的 CRM 项目往往需要几年的时间,但是许多企业通过 ERP 的建立、电子贸易的实现和 SCM 的应用,已经具备实现 CRM 的部分要素,建立了一些数据仓库,保存了不少数据,因此可以大大缩短 CRM 实施的过程,减少实施的时间。

CRM 实施成功的因素有以下 5 个方面。

(1) 企业核心层的重视

企业核心层不仅是 CRM 项目的投资决策者,更重要的是对这项投资要有深刻的认识,了解 CRM 的实施将会带来巨大效果,做好 CRM 实施前的组织准备工作,安排好实施前的人员培训。

(2) 实施人员的选择

由于 CRM 的功能是销售、营销、客户服务与支持三个方面,所以在 CRM 的实施中,涉及的主要是销售业务及服务业务方面的人员,而被选中的这些人员不仅要学会操作 CRM 软件,更重要的是要按 CRM 的新颖业务流程来处理企业业务,丢弃原来习惯的营销理念及手工方法,迅速地转变管理观念,以便适应 CRM 系统的企业新文化。

(3) 具有明确的实施目标

企业不仅对 CRM 软件各个方面的功能要有透彻的了解,更需要结合自身业务需要解决的问题及要求、达到的经营指标,建立明确的实施目标,制订切实可行的实施计划,以保证实际业务需求的实现。

(4) 选择合适的软件供应商

企业可以根据实施目标有针对性地从具有不同特点的 CRM 软件中选取适合本企业的。不同企业对以上三方面功能的侧重面有所不同,虽然 CRM 软件中都包含销售、营销、客户服务与支持三方面内容,但是各个软件的具体功能范围和功能大小是不一样的。

(5) 实施要有基础

CRM 软件中的数据来自企业的前台和后台管理,因此在实施 CRM 之前,首先要做好后台计算机的应用工作。如果企业已全部或部分完成 ERP 系统的实施,那么 CRM 的实施将更有保证。

5.5.7 CRM 软件

CRM 软件目前正在迅速发展,2017 年全球软件市场规模达到 395 亿美元,年增长率为 16%。全球前五家 CRM 软件供应商的市场份额占 42% 以上,而中国 CRM 软件市场规模预计在 2020 年达到 95.52 亿元。这里,选择几个 CRM 软件,分别做一些简要的介绍。

1. Siebel System

Siebel 公司是 CRM 市场中的领先者,它的 CRM 产品备受大型企业的青睐,许多企业通过 Siebel System 的应用获得了丰厚的收益,提高了运营效率。

Siebel System 的主要特点:

① 提供性能良好的客户分析工具,能够给出客户公司中关键人物的图片信息并配有详细的帮助信息。

② 提供营销百科全书,拥有关于产品、竞争对手及其他企业的信息。

③ 可以通过个性化的报纸显示一般性的新闻、新的交易情况,使销售人员了解其竞争对手的信息。

④ 实现字级的同步化。允许企业将以字段为单位变化的销售信息复制到服务器系统。

⑤ 内置的预销售及交叉销售能力可以自动显示企业应给予客户什么样的折扣。

Siebel System 的基本功能:

① 呼叫中心功能:呼叫中心、服务、电话销售、配置、定价、公告板、主动服务和销售分析。

② Siebel、Com 应用功能:电子销售、电子营销、电子拍卖、电子服务、电子合作、电子邮件响应、电子渠道、电子配置、电子咨询、电子目录、电子定价、电子培训、电子商务分析。

③ 渠道应用功能:电子渠道、电子销售、电子服务、电子配置、电子定价、电子渠道分析。

④ 现场服务和现场销售功能:销售、现场服务、专业服务、配置、定价、佣金管理、远程学习、手机服务、语音服务、手提式服务、电子公告板、主动自愿服务、销售分析、服务分析。

⑤ 营销应用功能:营销、电子营销、电子智能、电子公告板、自愿服务、多功能查询。

⑥ 工业应用功能:科技行业电子化、服装行业电子化、汽车行业电子化、医疗行业电子化、通信行业电子化、消费品行业电子化、能源行业电子化、公共事业电子化、财政部门电子化、保健行业电子化、保险行业电子化、药物行业电子化。

⑦ 电子业务分析功能:电子智能、多功能查询、销售分析、营销分析、服务分析、电子商务分析、渠道分析。

2. Oracle CRM 系统

Oracle CRM 系统特点:

① 提供报告、分析功能和商务智能组件,决策者可针对所有的面向客户的活动和应用软件的信息进行访问和分析。

② 具有在多种与客户交流的渠道中实现 CRM 应用同步化的能力,可以横跨多种渠道而和谐地工作。

③ 基于互联网技术建立其应用体系。用户可以通过标准 Web 访问应用系统。

④ 与 ERP 集成，企业可以实现跨系统的分析和商务智能。

Oracle 的 CRM 系统模块比较特别，因为它具有特殊的产品功能：集成的销售、市场营销、服务、电子商务，以及呼叫中心应用软件及其三个关键战略（客户智能、融会贯通的渠道、基于互联网技术的应用软件体系结构）。

(1) 关键战略

① 客户智能。客户智能指的是横跨多个应用软件模块及各行业的业务部门而进行的客户信息分析，连接各种市场营销活动的能力（如按预定的财务结果执行一个市场营销行动的能力），以及使企业能够改进其市场营销行动的有效性。在最新版的应用软件中，可以提供报告、分析和商业智能组件，使决策者们能够针对其所有面向客户的活动和应用软件对信息进行访问和分析。在以后推出的 CRM 软件版本中，将能提供更多的分析，并与分析性应用软件领域的拳头产品——商业智能系统(BIS)集成。

② 融会贯通的渠道。融会贯通的渠道指的是在多种与客户交流的渠道中实现 CRM 应用同步化的能力。CRM 的功能应用模块可横跨多渠道并和谐地工作。例如，一个 Web 上的客户需求通过 Oracle 的知识库访问技术支持信息，如果该客户在 Web 上的请求无法得到满足，那么他可能通过电话或者计算机电话集成(CTI)技术与呼叫中心的服务代表进行联系，客户可通过电话查询其订货状况、研究悬而未决的服务问题或请求额外的产品信息，客户通过电话请求得到的信息与他通过 Web 查到的信息或从销售自动化应用软件的销售代表处得来的信息完全相同。

③ 基于互联网技术的应用体系结构。Oracle 能够提供基于 Web 的 CRM 解决方案。为了解决企业实施和维护客户/服务器(C/S)环境的高昂费用问题，Oracle 对其应用软件的体系结构进行了重新设计并使其符合互联网的计算模型。该模型将应用建立于一个集中管理的服务器上，应用系统的维护和升级也就变得更加容易，同时还能使用户通过标准的 Web 浏览器访问应用系统。

(2) CRM 的功能组件

CRM 由 5 个功能组件构成，即销售、市场营销、服务、电子商务和呼叫中心应用软件。

① 销售应用软件。这是一项全面的销售自动化解决方案，其设计目标是提高销售的有效性，销售应用软件是由 5 个组件构成的。

销售：该组件是销售应用软件的基础，它的设计目标是帮助决策者管理其销售运作，它的关键功能是任务额管理、销售队伍管理和地域管理。

现场销售(Field Sales)：该组件是专为在现场工作的专业人员设计的，它包含的功能有联系人和客户管理、销售机会管理、日程表、佣金预测、报价、报告和分析功能。

移动销售(Plam Devices)：该组件是套装解决方案的新成员，包含许多与现场销售组件相同的特性，不同的是，它使用掌上型计算设备。该组件也支持同步技术。

电话销售：对于内部销售代表来说，该组件包含报价生成、订货单创建、联系人与客户管理等功能。它还包含一些专门针对电话商务的功能，如电话路由、呼入电话屏幕提示、潜在客户管理以及回应管理。

销售补偿(Sales Compensation)：该组件允许销售经理创建和管理销售队伍的奖励和佣金计划，还能使销售代表直观地了解各自的销售业绩。

② 市场营销应用软件。该组件的设计目标是使市场营销专业人员能够对直接市场营销活动的有效性加以计划、执行、监视和分析。该组件中使用了工作流技术，以便使一些共同的任务

和商业流程自动化。此外，还向市场营销专业人员提供分析其市场营销行动有效性的功能。

市场营销应用软件使营销部门有能力执行和管理通过多种渠道进行的多个市场营销活动，同时还能对活动的有效性进行实时跟踪。

电信业市场营销组件利用市场营销的基本功能，可提供针对电信公司的商业客户需求的额外功能。

市场营销应用软件的其他功能包括帮助市场营销机构管理其市场营销材料和宣传品、列表生成和管理、授权和许可、预算以及回应管理。

③ 服务应用软件。该组件包含4个集成的应用软件，它们集成于与客户支持、现场服务和仓库管理相关的商业流程的自动化和优化之中。

服务：该组件是服务应用系统的核心。该应用可执行CTI功能。它包含现场服务派遣、现有客户管理、客户产品全生命周期管理、服务技师档案和地域管理等。此外，它与Oracle的ERP应用系统的集成可提供管理和运行间服务机构所必需的功能，其中包括集中式的雇员定义、订单管理、后勤、部件管理、采购、质量管理、成本跟踪、发票和会计管理。

合同：从其名称上来看，该组件的设计目标是帮助创建和管理客户服务合同，从而确保客户可以获得与所花的钱相当的服务水平和质量。它使各企业能够跟踪保修单和合同的续订日期，并且利用合同提供的事件功能表安排预防性的维护行动。

客户关怀：该组件可执行CTI，它是一个客户与其供应商联系的通路。它的设计目标是使客户能够对自己的问题加以日志式的记录并解决。客户关怀包含的功能有联系人管理、动态客户档案、任务管理以及提供解决关键问题的方案。同时，它还能与其他产品集成在一起，这样就可对信息进行编辑、存储和管理，以及检索问题答案或解决方案。

移动现场服务：这一无线组件可使在现场的服务技师或工程师实时访问服务产品和客户信息。同时，他们还可以通过该组件与派遣他们的办公室进行通信。

④ 电子商务应用软件。作为CRM的一个关键组件，电子商务应用软件使企业能够将其业务扩展到网络上。随着网络作为新型商业渠道的重要性与日俱增，Oracle将继续扩展其核心的CRM应用，以便企业能够充分利用电子商务带来的便利。电子商务应用软件的组件如下：

Store：该组件使企业能够建立和维护基于网络的界面，以便通过网络销售产品和服务。此外，Oracle还提供销售配置软件，这使各企业都能实施从配置到订货的个性化电子商务解决方案。

Marketing：该组件是与Store联系在一起的，它使企业能够创建个性化的促销和产品建议，并通过网络向客户发出。

Payment：电子商务的交易组件，它使企业能够对其支付处理解决方案进行配置和布置。

Bill & Pay：企业使用该组件后，其客户便能够通过网络查看和支付账单。

Support：该组件允许客户提出和查看服务请求、查阅常见问题的答案、订货并检查供货状况。该组件与呼叫中心是集成在一起的，并具有电话回呼功能。

⑤ 呼叫中心应用软件。指Oracle Sales、Marketing和Service应用软件的电话功能。该解决方案包括与呼入和呼出电话处理集成在一起的CTI服务器。呼叫中心组件已与应用软件集成在一起，此外，还为电信、公用事业和金融服务等行业提供垂直式的呼叫中心解决方案。

Telephony Manager：该组件是一个CTI服务器，它能够提供与自动电话分配器和集成式语音回应平台的集成,还提供智能电话路由、动态代理屏幕提示、警告传送(语音电话和代理屏幕数据传送)以及一些先进的管理功能。该组件还具备行动管理和预测拨号功能。

Can Center Intelligence:这是 CRM 商业智能的第一个版本。该组件提供专门针对呼叫中心活动的关键性能指标。

Tele Business for Financial Services:该组件是一个代理桌面软件,它可以提供电子市场营销、电子销售和电子服务功能,特别适用于金融服务企业。该组件支持呼入和呼出电话处理。

Tele Business for Telecommunications and Utilities:该组件是一个代理桌面软件,它可以提供针对某一行业的电子市场营销、电子销售和电子服务,特别针对电信和公用事业。该组件支持呼入和呼出电话处理。

3. CRM 软件在中国的应用

数据显示,在移动办公、CRM、HR 服务这三个企业服务市场中,2017 年国内品牌厂商市场份额占地超过 75%,但相对而言,CRM 领域的国产化率较低,CRM 市场的国内品牌市场规模约为 30.62 亿元,总体占比约为 70.4%。从竞争态势来看,国内品牌的 CRM 厂商在产品技术方面与 Salesforce 等国外厂商还存在较大差距,这种差距主要表现在产品顶层设计、框架设计,以及技术架构平台、与 AI 结合等方面;同时,在大客户尤其是与跨国集团公司的竞争方面处于劣势,在客户全生命周期运营等先进理念的引领方面,也存在较大差距。

根据数据,中国已是亚太地区增长最迅速的 CRM 应用市场。在中国,本土 CRM 软件已经逐渐发展,具代表性的有八骏、销售易、纷享销客、钉钉系 CRM 等一系列软件。

5.5.8 ERP 与 CRM 的集成

在 ERP 系统中,采购、库存、销售等各项功能组成后台的企业内部管理。然而,随着企业由以产品为中心向以客户为中心转变,CRM 出现了。CRM 系统中的营销、销售、服务与支持三大功能属于企业前端办公自动化的内容,也属于企业内部管理。ERP 与 CRM 的集成如图 5-20 所示。

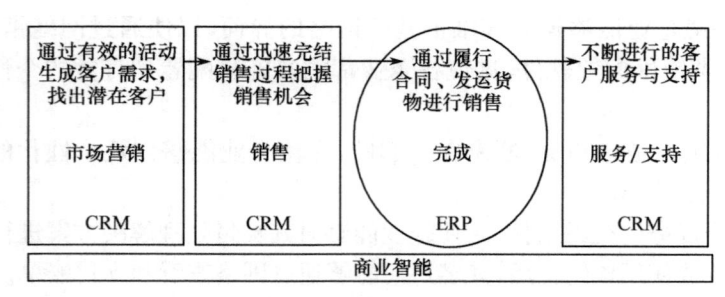

图 5-20 ERP 与 CRM 的集成

从图中可以看出,前端是 CRM 丰富的营销管理功能,接着是具有 CRM 多种渠道方式的销售管理功能,然后是将 CRM 所产生的销售订单输入 ERP 的销售订单模块、销售管理及应收账等模块,以及 CRM 所提供的客户服务与支持功能。

CRM 提供了从识别客户、生成有需求的客户,到销售结束、订单产生以及售后服务的完整信息,使企业营销、销售、服务与支持的非自动化的业务流程实现了自动化,使各环节中离散的流程变为汇总和协调的流程。但是,如果没有ERP 系统各项功能的后台支持,CRM 将无法发挥其作用。因为如果生产速度太慢,原材料采购不到,没有库存,即使有大批订单也无法准时交货,CRM 也就无能为力了;所以,只有将 CRM 与 ERP 的财务、库存、生产、采购等模块无缝地集成,才能真正发挥 CRM 的作用。

ERP 与 CRM 的集成能使客户的需求得到满足,留住现有客户和潜在客户。在这个过程中,CRM 提供具体执行的框架,而 ERP 则提供资源的应用及其实际的操作,CRM 从盈利方面,ERP 从成本方面,共同为提升企业的效益做出贡献。

ERP 与 CRM 从以下两方面进行集成。

1. 数据的同步更新

CRM 的专长是营销、销售、服务与支持功能,它是以前端互动方式来实现的。在前端 CRM 将采集的数据向后台传送,例如,销售订单及服务需求数据要由前端传递至后台 ERP 中。因此,在这两个系统之间就产生了前端数据库必须与后台数据库中的数据保持一致的问题,一旦前端 CRM 的数据发生变化,后台 ERP 的数据也应进行同步更新。而这种情况一般发生在 CRM 的销售订单、客户服务功能与 ERP 的销售、财务等功能之间的数据交换中,以及与供应链系列模块的数据交换中。

除由前端向后台传递数据之外,也可用后台的 ERP 数据库直接接收从网上传递过来的数据,企业的合作伙伴通过浏览器进行数据的查找。当然,这样一来,ERP 与 CRM 就必定集成在一起了。

为了保证 ERP 与 CRM 数据的同步更新,当一个系统数据更新之后,另一个系统也必须进行更新,而且必须尽快地进行更新,不然的话,两个系统中的同一项信息就会不一致。在着手完成一笔销售业务时,首先由 ERP 系统将销售报价、客户信息等传递给 CRM,然后销售订单数据由 CRM 系统传递给 ERP 系统,ERP 系统接着开始对销售订单进行登录、计算等各项处理,处理结束之后应该立即将处理结果传递给 CRM 系统,以免前端所看到的仍然是处理之前的销售订单信息。

实现 ERP 与 CRM 系统之间数据同步更新的方法是在 CRM 与 ERP 接口之间使用一个中间件,将两者集成起来。中间件的接收器接收由 ERP 服务器传送来的产品报价、客户信息等,存入中间件,然后将信息传送至 CRM 中并进行数据转换。同时,中间件接收器接收 CRM 传送过来的有关销售订单的信息,存入中间件,然后将信息传送至 ERP 中并进行数据转换。

如果不想通过中间件的方法来实现以上转换过程,可以将 CRM 模块嵌套在 ERP 之中,由 ERP 直接取数,这也是一种前端与后台无缝集成的模式,数据的同步更新当然是毫无问题的了,因为它们是在一套系统之中运行的。

2. 业务流程的集成

ERP 与 CRM 之间存在相互支持和依赖的关系。ERP 为 CRM 中的数据库或数据仓库提供丰富的数据,而 CRM 的分析结果和对市场的预测为 ERP 提供决策数据。CRM 从客户关系方面增加了销售额,ERP 则从生产流程方面降低了成本,而这一切的最终目的是使企业得到较高的利润。

CRM 与 ERP 相比,在客户关系方面有所突破,它帮助企业更好地利用一切围绕着客户的资源,并将这些资源集中用于客户,增加了销售额,降低了销售成本,提高了企业的效益,而 ERP 与 CRM 的集成将使以上效果更为显著。

ERP 和 CRM 可以分享共同的技术组件、工具和商业规则,简化系统存储和协作。ERP 和 CRM 之间有不少集成点,涉及财务、销售订单、采购、库存等方面,使企业能够在不同系统之间进行数据分析,从而实现商务智能的功能。

CRM 软件商 Siebel 公司和 Oracle 公司相继推出了各自的中间件——Siebel Enter-prise Connector 和 Oracle Application Interconnect,通过中间件,使其 CRM 产品与不同公司的 ERP 软件相集成。

由于客户智能和多种渠道的出现、Internet 的迅速发展,CRM 为企业引进了新的思维和新的模式,再加上与 ERP 的集成,必然会给企业带来新的商机。

学习思考题

1. 简述 JIT 的出发点及其与传统生产方式的区别。
2. 低库存对企业有何意义?
3. 比较牵引式和推进式系统的异同点。
4. 简述看板控制系统的工作过程。
5. 如何从根本上保证质量?
6. 降低调整准备时间或费用的方法有哪些?
7. 如何实现准时采购?
8. 讨论供应商在 JIT 中的地位和作用。
9. 精益生产方式的基本思想是什么?
10. 为什么精益生产方式比大量生产方式的成本更低、质量更好、品种更多?
11. 精益生产方式包括哪几方面内容?
12. 你从精益生产方式得到什么启示?
13. 讨论 OPT 与 JIT 在计划过程、控制重点和方式以及基本目标中的区别。
14. 实施 SCM 可以给企业带来哪些效益?

第三篇 应 用 篇

本篇主要介绍 ERP 系统的实施、评价、选型,以及典型 ERP 软件产品的结构和功能,主要内容如下:
- ◆ 实施 ERP 系统应遵循的原则、步骤和方法
- ◆ ERP 系统的评价体系、标准和方法
- ◆ ERP 软件产品的选型
- ◆ SAP 软件的结构和功能
- ◆ Fourth Shift ERP 系统的结构和功能
- ◆ 用友 ERP-U8 系统的总体结构及功能

第 6 章 ERP 系统的实施

6.1 ERP 系统实施面临的主要问题

实施指在企业信息系统建设过程当中,由相关人员组成特定项目组,根据客户的需要,向企业提供一种个性化、专业化的服务,更进一步讲是向企业提供一种有助于其实现管理目标的一整套有价值的解决方案,并指导用户完成管理软件的客户化服务,帮助企业实现科学化管理、降低成本、提高效率。这一过程中有许多非常棘手的问题。

6.1.1 企业业务流程重组

1. 业务流程重组的概念

业务流程重组(或企业过程重组、企业经营过程再造)(Business Process Reengineering,BPR)是由美国的 Michael Hammer 和 Jame Champy 提出,在 20 世纪 90 年代达到全盛的一种管理思想。它强调以业务流程为改造对象和中心,以关心客户的需求和满意度为目标,对现有的业务流程进行根本性再思考和彻底性再设计,利用先进的制造技术、信息技术以及现代化的管理手段,最大限度地实现技术上的功能集成和管理上的职能集成,以打破传统的职能型组织结构(Function-Organization),建立全新的过程型组织结构(Process-Oriented Organization),从而实现企业经营在成本、质量、服务和速度等方面的巨大改变。它的重组模式:以作业流程为中心,打破金字塔状的组织结构,使企业能适应信息社会的高效率和快节奏,适合企业员工参与企业管理,实现企业内部上下左右的有效沟通,具有较强的应变能力和较大的灵活性。

在这个定义中,"流程""根本性""彻底性""巨大改变"是应关注的 4 项核心内容。业务"流程"重组关注的是企业的业务流程,一切重组工作全部围绕业务流程展开。业务流程是指一组共同为顾客创造价值而又相互关联的活动。哈佛商学院教授 Michael Porter 将企业的业务流

程描绘成一个价值链(Value Chain),竞争不只发生在企业与企业之间,确切地说,发生在企业各自的价值链之间。只有对价值链的各个环节(业务流程)实行有效管理的企业,才有可能真正获得市场上的竞争优势。

"根本性"表明业务流程重组所关注的是企业核心问题,如"我们为什么要做现在的工作""我们为什么要用现在的方式做这份工作""为什么必须由我们而不是由别人来做这份工作"等。通过对这些根本性问题的仔细思考,企业可能会发现自己赖以存在或运转的商业假设是过时的甚至错误的。

"彻底性"再设计意味着对事物追根溯源,对既定的现存事物不是进行肤浅的改变或调整修补,而是抛弃所有的陈规陋习及忽视一切规定的结构与过程,创造发明完成工作的全新方法;它是对企业进行重新构造,而不是对企业进行改良、增强或调整。

"巨大改变"意味着业务流程重组追求的不是一般意义上的业绩提升或略有改善、稍有好转等,进行重组就要使企业业绩有显著的增长、极大的飞跃。业绩的显著增长是 BPR 的标志与特点。

2. ERP 系统实施中进行业务流程重组的必要性

对于上面的解释,可能有人会问:ERP 只是一套管理软件,我们实施 ERP 为什么非要进行业务流程重组呢? 这也是许多应用 ERP 的企业在认识上的一个误区。其实,ERP 的应用,不仅仅是引入一套现代化的管理软件,使企业的日常经营管理活动自动化,更重要的是要对企业传统的经营方式进行根本性的变革,使其更加合理化、科学化,从而大幅度地提高企业的经营效益。可以说,企业应用 ERP 后效益的提升,一方面来自 ERP 软件本身,另一方面得益于业务流程重组。这也是我们强调在 ERP 应用中进行业务流程重组的重要性的原因。具体来说,它的必要性体现在以下方面。

ERP 软件的功能实现要求企业必须进行一定的业务流程重组。ERP 软件的应用改变了传统的经营管理方式,它将企业的经营管理活动按照功能分为制造、分销、财务、人力资源管理等几大模块,它们的功能实现无疑要求企业对原有的组织机构、人员设置、工作流程进行重新安排,以保证 ERP 功能的实现。例如,ERP 系统运行需要大量、有效的基础数据,而系统自身是无法判断这些数据准确与否的。这就需要对基础数据进行优化分析,也就是说,企业在 ERP 应用前一定要开展管理咨询和业务流程重组,通过强化企业管理来确保基础数据的准确性。这一阶段的工作是不可逾越的,特别是对于长期处于粗放管理状态的企业而言,就显得更为必要。比如,企业应用 ERP 可降低库存量和资金占用,但如果不对安全库存量、采购提前期、采购批量和市场行情等进行准确的分析和设定,那么 ERP 又怎能有效地降低库存量和资金占用呢? 诸如此类的问题不解决,ERP 应用效益难以实现,企业产生的效益也就有限。

ERP 软件的应用要求企业实施业务流程重组。从根本上讲,企业应用 ERP 的目的在于改善企业经营管理,提高企业经济效益。这就要求企业能够借助于 ERP 在企业中的应用,不断地优化业务流程,使整个经营活动更加符合科学管理的要求。对任何企业来说,在现有的业务流程中都会存在一些不合理的地方,如果不能首先对这些不合理的流程进行彻底改造,而仅仅盲目地将原有的业务流程通过 ERP 软件的实施进行自动化转变,则 ERP 实施的效果可想而知。利用 ERP 系统使复杂或者不产生价值的流程自动化并不能提高生产力或提高业绩,只会导致低效和浪费。

由此可见,业务流程重组是促进企业成功应用 ERP 的一个重要因素,它的作用不容忽视。

那么，我国的企业在实践中又应该怎样利用 ERP 带来效益呢？这就是下面所要讨论的问题。

6.1.2 企业文化

1. 企业文化的概念

20 世纪 80 年代初，美国哈佛大学教授特伦斯·迪尔和麦金赛咨询公司顾问阿伦·肯尼迪出版了《公司文化——企业生存的习俗和礼仪》一书，成为论述企业文化的经典之作。该书没有明确地给企业文化下定义，但从全书的内容可以看出，企业文化是由 5 个要素组成的系统，即价值观、英雄人物、习俗仪式、文化网络和企业环境。

那么具体的企业文化定义是什么呢？

关于企业文化的定义，据统计共有 180 多种，可谓仁者见仁，智者见智。各种观点间的区别主要在于企业文化含义的范围上。在本书中我们采用徐国华教授的观点：企业文化是企业全体职工在长期的生产经营活动中培育形成并共同遵循的最高目标、价值标准、基本信仰和行为规范，它是企业观念形态文化、物质形态文化和制度形态文化的复合体。

企业文化的定义尽管尚未达成共识，然而关于企业文化特质的描述，几乎是相同的。

历史性，企业在一定的时空条件下产生、生存与发展，企业现象本身就是当时社会政治、经济、文化的折射，企业本身就是创造历史的载体。可以说，企业文化是历史的产物，必定带有历史的烙印；反过来，企业文化一旦形成，也会改造企业所处的环境。

人本性，企业文化是一种以人为本的文化，着力于对企业中人的因素的管理与激发，尊重和重视人的因素在企业发展中的作用，以文化因素去挖掘企业的潜力。

复杂性，每个企业都在特定的环境中生存与发展，所面临的历史阶段、发展程度，以及本身固有的文化积淀都不相同。成功是不能复制的，企业文化也同样不能复制。

动态性，一个企业的企业文化一旦形成，就具有在一定时期之内的相对稳定性，但是随着企业的发展以及企业生存环境的变化，企业文化也随之发生改变。

有机性，企业文化是一个整体有机系统，企业文化的各个构成要素以一定的结构形式排列，各个要素相对独立，各司其职。

2. ERP 应用中企业文化构建的必要性

通过前两篇的论述，我们已经知道 ERP 不仅仅是一套软件，它既是一种管理思想，又是一种管理模式。它吸收了追求资源有效集成及配置、供应链管理、精益生产、企业流程再造等管理思想，因而也倡导了其中包含的经营哲理和价值观体系，称为 ERP 文化。因此，ERP 的实施过程本质上是一场文化协调、变革的过程。

企业文化与 ERP 文化的差异要求企业对自身文化做出相应的调整。ERP 文化带有明显的西方色彩，与我国企业文化存在着明显的差异，主要表现在集权与分权的观念、稳定平衡与戏剧性变化的观念、因循守旧与变革创新的观念等。ERP 所建立起来的管理系统和组织架构打破了传统的企业边界和等级结构，领导不是凌驾于员工之上的官僚，系统界限趋于模糊，组织结构趋向网络化，在整体利益起主导作用的原则下，强调员工的团队精神和部门之间的协作精神。在我国很多企业特别是国有企业中，由于科层制等级森严，企业管理的执行通常是上级下达任务，对个人业绩的考核带有领导的主观色彩，并在此基础上决定员工的升迁。另外，在企业的经营管理哲学方面也存在一些明显的差异。比如，ERP 文化比较强调"理性"管理，注重规章制度、组织结构、契约等的作用，而我国文化则更强调"人性"的管理，如强调人际关系、人的主体意识、主体潜能的发挥等作用。我们只有在尊重我国国情的基础上，弘扬和培育先进的文化，摒弃落后的文化，树立起真正适应市场的经营理念和价值观，构建起先进的管理运营组织体系，形成有自己特色的企业文化，ERP 系统方能发挥出应有的作用，我国企业方能获得健康持续的发展。

ERP 整个生命周期都要求企业对自身文化做出相应的调整。ERP 项目的实施，ERP 系统的运行、维护和不断改进都是由人完成的。企业的经验和实践告诉我们，实施的风险绝大部分来自于人，实施中和运行后遇到的阻力和困难也同样出自于人。其中包括 ERP 阶段个人利益的调整和权力的再分配所涉及的观念转变，系统切换阶段涉及的部门之间的团结协作，系统上线运行后流程监控、数据录入中涉及的诚信和责任心，系统维护和二次开发中涉及的人力资源的匮乏等。而这些问题的解决正是企业文化建设的自身课题和根本内涵，通过企业工作环境和生活环境的改善，营造一个吸纳人才和有利于人才成长的良好环境，增强企业的凝聚力和向心力，在此基础上，充分发挥企业文化的激励作用，激发广大职工以高昂的士气，自觉地为企业、为实现自己的人生价值而发奋工作。在 ERP 实践中，自觉调整自身的企业文化，能降低实施风险，增加成功因素。

企业文化的动态性特质也要求企业对自身文化做出相应的调整。ERP 系统本身并不能使企业的管理水平得到实质性的提高，只有应用 ERP 系统之后，企业不断地提升运用 ERP 的能力，找到自身的内部劣势和外部威胁，通过各种管理手段进行弱化甚至消除，同时，增强自身的优势，抓住外部的机遇，才能使企业的盈利水平大幅上升，这才是 ERP 系统真正的核心，也是最难的地方。实施 ERP 系统，必然促使企业对采购管理、现场生产管理、库存管理、销售管理、售后服务管理、成本管理、质量管理、知识管理等各个方面的事务进行变革，甚至演化为 6.1.1 节提到的业务流程重组。企业环境的变化是形成企业文化唯一的而且又是最大的影响因素，一系列的变革，必然要求企业文化与之相适应。

由此可见，企业文化是 ERP 系统整个生命周期中不容忽视的一个重要因素。把握好企业文化和 ERP 的关系，不仅能促使 ERP 系统的成功实施、运作和维护，而且能够给企业注入新鲜的血液，增强企业活力，最终给企业带来丰厚的利润。

6.1.3 一项需要亲力亲为的工作

多年来在 ERP 的实施过程当中，人们总结出这样一条经验：ERP 的成功实施应由企业内部来完成。换句话说，ERP 的实施过程当中所涉及的全部工作应由企业内部人员来完成，而不应该依靠企业外部人员，不能依靠企业顾问或软件供应商等去完成实施过程中的工作。虽然企业外部人员有时确实能为企业实施 ERP 提供很有价值的专业性意见，起到积极的作用，但通常是普遍性的，只有企业内部人员才真正全面了解企业的情况，提出的对企业现状进行改革的见解才有权威性，最终用户最有发言权。

一旦将实施与最终使用的责任分离，由不同的人来承担，那么就会出现责任纠纷问题。一旦出现问题，实施者会说这是使用不当造成的，而使用者会说这是实施不当造成的。无一例外，那些能够充分利用 ERP 系统获取较大利润的公司都让使用者承担了 ERP 实施的任务。因此，实施过程中的一个关键问题就是：在实施 ERP 的过程当中，ERP 系统每一部分的实施人员应该是实施之后的实际使用人员。

6.1.4 把ERP实施工作放在应有的重要位置

在ERP的实施过程中，往往指定人员兼职完成实施ERP的工作，而这些人员还有更重要的、更繁忙的本职岗位工作要完成，如争取客户的订单、安排发货、给职工发工资、保证机器运转正常、进行企业管理运作等。对于他们来说，所有的这些岗位工作之外的其他工作都要排在次要位置，ERP的实施工作同样不属于他们最重要的工作，都要排在次要的位置。而要成功地实施ERP系统，的确需要在整个公司所有事务中赋予这项工作非常高的优先权，除公司基本运营之外，ERP的实施将是一项最重要的工作。

毫无疑问，每个公司的经营运作都是靠人完成的，总经理也好，销售、生产、财务等部门的经理也好，公司的其他职员也好，总之，是靠公司的所有人力资源共同努力来完成公司运营的。这种兼职完成ERP系统实施的状况正是许多公司不能成功实施ERP的原因。

此外，还有其他一些影响因素，例如，ERP常被误认为计算机系统，但实际上它是由计算机软硬件辅助组成的人的系统；再如，ERP的实施被不少高层管理人员认为只要将一大堆庞杂的软件安装完毕就万事大吉了，而没有深刻地认识到，如果实际工作程序没有相应地变化，ERP系统就不能发挥出作用。近几十年来，许多专家学者在ERP实施领域做了广泛深入的实践和研究，积累了丰富的经验。Oliver W. Wight, Thomas F. Wallace, Darryl V. Landvater等许多学者在这方面做出了杰出的总结工作，形成一套标准的实施应用方法。在标准实施应用方法的基础上，各软件供应商又结合其软件系统的特点，推出大同小异的实施应用方法，作为服务产品。

从目前来看，在国内企业中实施ERP系统确实是一项十分艰巨的工作，因为ERP系统不只是一个计算机管理系统，它的实施将使企业面临一场较深刻的、全面的、微观管理的变革，涉及思想观念、管理体制、机构设置、管理方法及程序的变革。这些变革的确有一定困难，会遇到来自各方面的干扰，但ERP系统的管理思想和处理逻辑真实地反映和体现了市场经济条件下企业管理的客观规律，将为企业带来较大的经济效益，因此推行和实施ERP系统十分必要，也是势在必行。

6.2 ERP系统实施的原则

6.2.1 实施ERP系统的三个关键因素

传统的实施ERP系统的关键因素有三，即技术、数据和人，分别指信息技术、企业运行及统计分析的数据、企业人员。

随着近些年的发展，信息技术已经不像过去那样神秘。硬件的技术飞速发展，过去需要几百万的硬件产品，现在可能几万元就够了。大多数情况下，ERP系统已经不用过多地考虑硬件因素了，无论性能还是价格。而软件方面，软件开发技术逐渐成熟，软件开发管理技术也形成了规范，较为成熟的软件模块已经能够满足大多数用户的需要，这也使得ERP系统开发中成本最高的定制开发得到最大限度的解决。很多ERP公司都能够提供80%以上的成熟模块供用户使用，用户如果没有更高的要求，或没有更多独特的管理手段，定制开发计划可以被忽略。

需要强调的是，这里的"技术"指的不仅仅是信息技术，还包括管理方法。成熟的管理方法、先进的管理手段能够大大提升企业管理水平。ERP的推进目的是增强企业竞争力，管理方法是决定企业竞争力的必要条件。能够将最先进的管理手段、管理方法与企业的管理实践相融合，打造独特的 ERP 核心流程是重要的管理技术，也是 ERP 成功的重要保证。

数据的因素在信息系统管理中占据很重要的位置。归根结底，信息系统是对于数据的管理，如果没有数据，那么信息将无从得来。经过几十年信息化建设，大多数企业已经能够较好地对企业数据进行管理，也逐渐积累了一定量的数据，但这里的管理仅限于采集、存储、简单加工、汇总使用。

现代企业管理中一门较新的学科是商业智能（BI，Business Intelligence）。商业智能的概念最早在 1996 年提出，但在我国的应用从 21 世纪初才开始。当时将商业智能定义为一类由数据仓库（或数据集市）、查询报表、数据分析、数据挖掘、数据备份和恢复等部分组成的、以帮助企业决策为目的的技术及其应用。目前，商业智能通常被理解为将企业中现有的数据转化为知识，帮助企业做出明智的业务经营决策的工具。商务智能系统中的数据来自企业其他业务系统。例如，商贸型企业的商务智能系统数据包括业务系统的订单、库存、交易账目、客户和供应商信息等，以及企业所处行业和竞争对手的数据、其他外部环境数据，而这些数据可能来自企业的 CRM、SCM 等业务系统。

我国企业经过几十年的信息化，已经积累了相当数量的管理数据。这些数据如果提取出来，可以用来进行商业智能分析。同时，企业目前运行状态中的数据也可以用来辅助管理层进行企业运行分析、辅助管理决策。目前，大多数 ERP 系统中涉及商业智能部分的内容都属于需要定制开发的部分，因为在顶尖决策领域，每一个企业都有其独特的生存之道，恰恰这个部分也是 ERP 系统的核心灵魂。

人的因素历来都是企业管理、企业信息系统建设中的重点。在早期的信息系统建设中，我们关注人的因素的主要原因是，很多企业中的人员缺乏信息素养，没能理解信息化的重要作用，以及由于传统的信息化更多体现在对人工劳动的替代上，从而使人员担心信息化会对自身地位产生影响，对信息化产生抵制心理。人是驾驭信息系统的工具，如果人员从心里抵触这个工具，那么信息系统就很难顺利推进了。

经过几十年的发展，大多数企业已经经历一段时间的信息化管理，大多数部门也都有专门模块在运行，人员的信息素养得到飞速提升。人们从心理上已经能够接受信息化这个工具。就像"宝刀赠英雄"，如果主人不懂刀法，总是将宝刀藏在刀鞘中，那么宝刀再锋利，也仅仅是一种摆设；而"英雄"更加喜欢宝刀，更愿意去驾驭宝刀。企业人员的重要作用在于"精研刀法"，如果企业的各级 ERP 用户能够主动参与 ERP 建设，能够熟练掌握甚至驾驭 ERP 的运行，那么 ERP 系统才能够真正成为企业获取核心竞争力的"重器"。

通过以上分析，我们发现，传统的 MRPⅡ/ERP 系统实施中的三个关键因素——技术、数据、人，均从实质含义上进行了提升。技术由传统的信息技术提升为现代管理方法；数据管理由过去的采集、加工、存储提升为先进商业智能分析，进而形成决策支持系统；人对信息化建设的认识，由过去的接受、服从到支持，提升为积极参与、融入到驾驭，如表 6-1 所示。因此，如果就重要程度来说，以上 3 项关键因素的排列次序应是：人、技术和数据，即人来选择好的方法操控数据。

表 6-1 三个重要因素的提升对比

	传　　统	现　　代
技术	信息技术（软件技术、硬件技术、网络技术）	现代管理方法（系统工程、决策方法、高级数据分析方法）
数据	采集、加工、存储	先进商业智能分析，形成决策支持系统
人	接受、服从到支持	积极参与、融入到驾驭

6.2.2 实施 ERP 系统的三个重要变量

在 ERP 系统的实施过程中有三个重要变量:工作量、时间限量、需用资源,它们就像 3 个可调节的按钮,如图 6-1 所示。

可以把任意两个按钮设为常量,而变换第三个按钮。举例来说,先做以下限定:

① 将工作量设为常量,也就是假设实施 MRPⅡ/ERP 系统所需要的工作量是一定的。

② 时间限量同样被视为已定,这里设定为 18 个月。

图 6-1 工作量、时间限量和需用资源

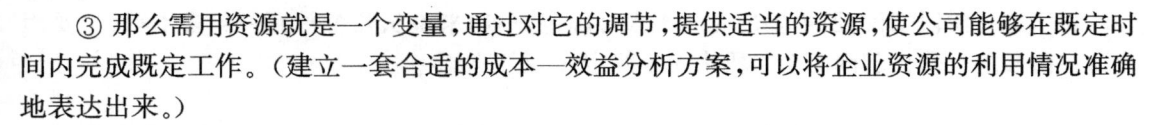

③ 那么需用资源就是一个变量,通过对它的调节,提供适当的资源,使公司能够在既定时间内完成既定工作。(建立一套合适的成本—效益分析方案,可以将企业资源的利用情况准确地表达出来。)

但如果一个公司不能启动它的需用资源按钮,即一个公司的资源有限,那该怎么办呢?我们该怎么设定时间限量和工作量呢? 幸而,通过已有的实施方法可以得到如下提示:

① 在整个公司范围内实施全部 MRPⅡ/ERP 系统功能,所需时间为 1～2 年。

② 分步快速实施 ERP 系统,仅限于一条或几条最重要的生产线实施大部分 ERP 系统功能,需要 3～5 个月。

在分步快速实施 ERP 系统时,需用资源常常被视为一个固定值,因为在这种情况下,需用资源是有限的。更进一步,时间限量也是一个固定值,而且比较短。于是,工作量成为一个变量,从而可引入激励理论。我们也可以得出这样的结论,在上述两种实施方法的选择过程中,企业所具有的资源是一个决定性因素,当企业所具有的资源比较充分时,可以选择在整个公司范围内全面实施 ERP 系统;而当企业所具有的资源有限时,只能选择分步快速实施 ERP 系统。

6.2.3 实施 ERP 系统的三个阶段

通过对 ERP 系统实施计划的合理安排,可以适当缩短系统的实施时间。策略如下:

① 把 ERP 系统的实施合理地分为几个必要的阶段。

② 在同一阶段内完成各种独立的工作。

但是这种并行工作的方法不可以无限制地使用,一般来说,必要的阶段划分和各个阶段中所要完成的工作要按照一定的时间顺序。

我们这里从一个典型 ERP 系统的实施出发,将这一过程划分为 3 个阶段。

第一阶段,基本 ERP。

这一阶段应完成的任务:编制销售、经营规划及主生产计划,实现客户订单录入和预测支持功能,实现物料需求计划展开功能,完成准确库存管理,校正物料清单构造并确保其准确性,实现来自车间和采购部门的拖期预报。

基本 ERP 系统并不是 ERP 系统的全部。从它自身来说,基本 ERP 系统实现了 ERP 系统的一些基本功能,还有一些关键部分有待进一步实现。

这一阶段通常需要 9～11 个月。

第二阶段,供应链整合。

这一阶段包括 ERP 系统在供应链上向前和向后的扩展：向后通过技术上的支持，如供应规划技术和基于互联网的 B to B 电子商务技术，与供应商进行整合；向前，通过分销需求计划和零售商管理同客户端进行整合。

这一阶段通常需要 3～6 个月，主要由实际整合的广度和强度决定。

第三阶段，决策支持。

这一阶段是 ERP 系统软件功能在整个组织内的进一步扩展。它包括所有财务和会计要素，不仅限于已有的；在全球范围内同其他业务部门的链接；人力资源系统的应用、维护；产品研发；等等。

这一阶段工作使得前两个阶段的许多设想得以补充和完善，达到实际运行的要求，包括许多潜在的高级功能，如计划系统、生产运作系统、客户订单接入系统、供应商分级系统等。

对于这一阶段来说，所需要的时间不太好确定，一般来说从几个月到一年多不等，主要因为这一阶段的工作比起前两个阶段来说不好定义、不好限定。

6.3 ERP 系统实施的步骤

6.2 节从 ERP 自身的角度阐述了 ERP 系统实施的三个阶段，从全局对 ERP 系统在企业中的发展进行了概括，接下来再从人的角度来分析实施 ERP 的过程。

在引入 ERP 系统的过程中，实施是一个极其关键也最容易被忽视的环节，因为实施的成败最终决定着 ERP 效益的充分发挥。在我国企业的 ERP 系统应用中存在三种情况：按期按预算成功实施，实现系统集成的只占 10%～20%；没有实现系统集成或实现部分集成的只有 30%～40%；而失败的却占 50%。并且在实施成功的 10%～20% 中大多为外资企业。如此令人沮丧的事实无疑向我们表明：ERP 实施情况已经成为制约 ERP 效益发挥的一大瓶颈因素。由此，我们得出结论：企业的 ERP 项目只有在一定科学方法的指导下，才能够成功实现企业的应用目标。ERP 系统的实施不仅是企业技术方面的问题，更牵扯到企业管理方面的问题，在 MRPⅡ/ERP 项目的实施过程中，哪方面的问题都不容忽视。同时我们还必须注意到，在实施 ERP 系统的过程中必须结合企业的实际，不能盲目效仿，不能生搬硬套。每个企业都有各自与众不同的地方，一套适合企业的 MRPⅡ/ERP 系统是通过对企业现状和现有 MRPⅡ/ERP 系统两方面的改造和调整最终实现的，企业最终的先进管理模式也是这两方面相互协调从而找到一个理想结合点的产物。这个指导思想如图 6-2 所示。

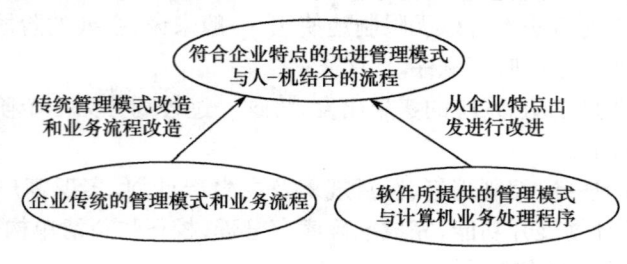

图 6-2 系统实施的指导思想

有关 ERP 实施方面的内容，可通过一个典型的 ERP 实施进程图来说明，如图 6-3 所示。

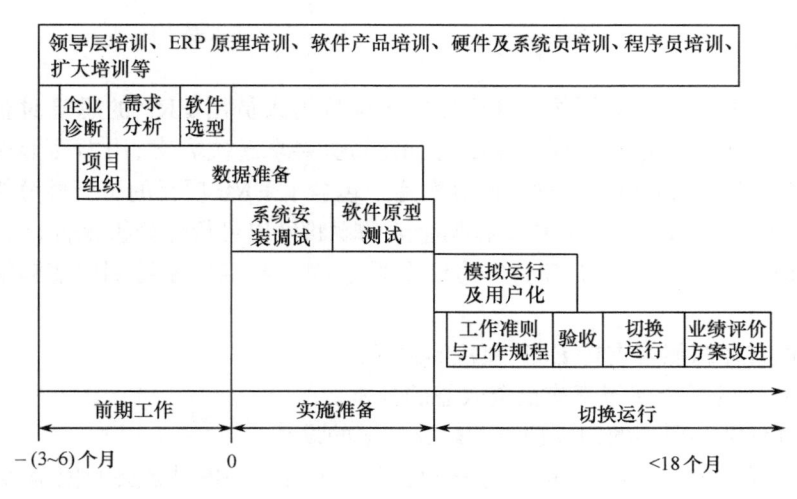

图 6-3　ERP 实施进程图

6.3.1　项目的前期工作

项目的前期工作阶段（软件安装之前的阶段）非常重要，关系到项目的成败，但往往在实际工作中被忽视。

1. 培训

培训是贯彻实施过程始终的一项工作。企业要上 ERP 项目，先要了解什么是 ERP 及 ERP 能为企业做什么，只有这样才能为进一步的企业诊断、需求分析以及后续的选型提供理论基础。在 ERP 系统的售前技术支持和技术服务中，经常会遇到这样的问题，企业的领导决策人员和中层管理人员，甚至企业信息管理部门的人员对 ERP 的知识缺乏必要的了解，更不懂得如何对 ERP 软件进行选型，在听取一些 ERP 软件供应商的讲解宣传之后，也只不过知道了一些皮毛，况且软件供应商的见解一般都带有商业色彩，那么在这种情况下能否做好选型工作就可想而知了。此外，如何做好对企业上 ERP 项目的诊断工作，即企业目前的状况是否需要上 ERP 项目，企业的资源是否具备上 ERP 项目的能力等问题，也需要在企业的相关人员对 ERP 系统有一定的认识后才能得出正确结论。

要进行 ERP 知识的学习，可以派人出去专门学习，也可以请专门的机构到企业里进行专业的讲授。比较这两种方法，后者对企业更有利，更有利于企业在更大范围内普及 ERP 知识。

这个阶段的工作主要包括领导层培训、ERP 原理培训、软件产品培训、硬件及系统员培训、程序员培训等。主要培训对象是企业高层领导及今后的 ERP 项目组人员，使他们掌握 ERP 的基本原理和管理思想。首先，MRPⅡ/ERP 的建设实施不仅投资大，技术性强，而且涉及企业的全局，甚至要对企业的流程进行重组。其次，ERP 系统在实施过程中，只有被放置在一个非常重要的位置上（通常在企业正常运营的第二位优先级）才能取得成功。因此，ERP 项目的实施必须要有企业领导决策层的认可和有力支持，这是 ERP 系统应用成功的思想基础，也有人将 ERP 的实施称为"企业'一把手'的工程"。同时，这种培训能够带动整个企业对 ERP 知识的学习，因为企业的各级管理者及员工才是真正的使用者，真正了解企业的需求，只有他们理解了 ERP，才能更有效率地运用 ERP。

2. 企业诊断

企业诊断就是由企业的高层领导和今后的各项目组人员用 ERP 的思想对企业现行管理的业务流程和存在的问题进行评议和诊断，找出问题，寻求解决方案，用书面形式明确预期目标，并规定评价实现目标的标准。这一部分实际上包含了 ERP 项目的可行性分析工作。在对 ERP 有一定的认识之后，项目组人员要根据企业的现状做出可行性分析报告，包括

(1) 企业是否需要建设 ERP 项目？为什么要上 ERP 项目？系统到底能够解决哪些问题和达到哪些目标？

(2) 企业现有资源能否支持 ERP 项目的建设？

(3) ERP 系统的投资回报率或投资效益的分析。

(4) 建设过程中会遇到的问题预测和解决方案的设计。

从而为企业领导做出正确抉择——是否上 ERP 项目——提供必要的依据，为立项工作奠定基础。当然，这样一个涉及企业方方面面的项目，必然会引起不同的反响，有赞同的，也有反对的，对来自各方面的意见，一定要进行客观的分析，因为我们不能避免从部门自身利益出发的现象，因为 ERP 项目的实施必然会涉及许多部门的切身利益，那么就要求项目组人员从全局利益出发，客观地看待问题。

3. 项目组织

ERP 的实施是一个大型的系统工程，需要组织上的保证，如果项目的组成人员选择不当、协调配合不好，将会直接影响项目的实施周期和成败。项目组织应该由三层组成，而每一层的组长都是上一层的成员。

(1) 领导小组，由企业的"一把手"牵头，并与系统相关的副总一起组成领导小组。项目领导小组也是整个项目的领导，它的作用与职责如下：

① 进一步明确 ERP 项目总体要达到的目标。

在项目的前期工作阶段，筹备小组已经提出可行性报告以及项目要达到的目标，但在项目正式实施时，有必要进一步明确、确认目标，为项目提供方向性指导。

② 推进业务流程重组和组织变革。

ERP 的实施是企业的一场改革，不仅是单项作业的自动化，而且会涉及整个业务流程的重组和组织结构的变革。这样会导致企业相关部门的职责、利益发生变化，因而会存在不可避免的阻力，这种情况必然需要企业的最高领导来解决，需要项目领导小组、小组长来解决。

③ 督促项目实施工作的开展。

领导的号召力在这个时候能起很大作用。根据项目的进度表，检查项目的进度；及时、阶段性地检查项目的进展和成果，两者都有利于及时发现问题、解决问题，促进项目的顺利进行。

④ 人力资源的调配。

领导小组成立以后，可以通过对项目的了解和对企业全局情况的把握，进行人力资源的合理调配，如项目经理的任命、项目实施小组的人选、优秀人员的发现和启用等。

⑤ 有关项目实施的各种规章制度的确立。

ERP 项目的实施同其他项目的实施一样，都需要有配套制度的跟进，而许多关系全局的重要规章制度一定要项目领导小组来确立。

(2) 项目实施小组，主要的、大量的 ERP 项目实施工作由他们来完成，一般由项目经理来

领导组织工作,其他成员应当由企业主要业务部门的领导或业务骨干组成。项目经理的工作非常关键,一般来说应全脱产来投入这项工作。除此以外,一般来讲,项目经理的人选应具备以下条件:

① 对企业的基本状况非常熟悉,包括管理情况、生产情况、产品研发情况等,并且要有一定的权威性。

② 较强的管理能力。因为项目经理的工作涉及部门人员间的组织和协调、计划的制订以及进行必要的决策,所以较强的管理能力是项目经理所必备的。

③ 要有一定的开拓和创新能力。因为要涉及新技术的使用和新管理理念的应用,所以项目经理一定不能过于保守,应具备一定的创新精神。

项目实施小组的其他人员一般由主要业务部门的主管、业务骨干、计算机系统维护人员组成。项目实施小组的职责如下:

① 制订实施计划并监督执行。
② 在软件公司、咨询公司有关顾问的指导下,安排企业项目的日常实施工作。
③ 负责指导、组织和推动业务组的工作,对业务改革积极地提出意见并参与。
④ 负责组织原型测试,模拟运行 ERP 软件系统,并提出有关意见。
⑤ 负责企业的内部培训工作,项目实施小组的每个成员都要充当培训员角色。
⑥ 负责数据的搜集和整理。
⑦ 制订岗位工作规则。
⑧ 负责系统的安全和保密工作。
⑨ 提交各个工作阶段的工作报告。

总体来说,在整个 ERP 项目的实施过程中,项目实施小组要有计划、有组织地安排例会,一般一到两周一次,会议的主要内容包括项目的进度、项目的难度、近期工作总结、下一阶段工作安排和工作要点、资源调配情况。

(3) 项目业务组,指各个具体业务的执行组成人员,一般由各个部门的主要业务操作人员组成,完成部门的 ERP 项目实施工作或进行 ERP 项目的专项工作。这部分工作的好坏是 ERP 实施能不能贯彻到基层的关键所在。每个业务组必须有固定的人员,带着业务处理中的问题,通过对 ERP 系统的掌握,寻求一种新的解决方案和运作方法,并用新的业务流程来验证,最后协同实施小组一起制订新的工作规程和准则,进行基层单位的培训工作。项目业务组和项目实施小组应是一个紧密联系的整体。项目业务组要在项目实施小组的领导下,根据部门工作的特点,制订本部门的 ERP 项目实施方法与步骤,包括业务改革的执行意见。

4. 需求分析

在立项之后,项目组就要为企业实施 ERP 项目进行需求分析。每个企业都有自己不同的特点和管理需求,做好需求分析不仅需要较高的专业性和技术性,而且可能会花费比较长的时间,但这是值得的,会得到事半功倍的效果。这一部分最好由专家、专门的咨询公司或软件供应商等指导。需求分析是企业实施 ERP 系统的主要依据,主要内容如下:

(1) 各个部门所要处理的业务需求。如有关业务的数据输入、业务数据的处理方式(处理步骤、处理点等)、业务数据输出的情况。尤其要注意产品的结构特点、物料管理特点、生产工艺特点和成本核算特点。再根据各项业务需求标识出企业需求的分类级别,如重点需求、一般需求和可有可无的需求等。

(2) 考虑计算机所处理业务数据的软件使用权限的管理。特别要关注企业的权限需求和特殊性需求。例如,有的企业不只对功能的控制权限有要求,而且对字段甚至字段内容的控制权限也有要求。

(3) 业务报表需求。企业的报表形式非常丰富,尤其是汉字报表,更是复杂多样,因此对报表需求要列出清单,标识出必要需求、一般需求或最好需求等。

(4) 数据接口的开放性。企业已有或未来会有各种各样的信息系统,如 CAM、CAI、CAD、CRM、PDM、DSS 等,因此要考虑这些数据的传输问题,在实施的时候,要预留接口,使系统具有良好的扩展性。

5. 软件选型

在选择软件的过程中,从总体上要把握这样的原则,即知己知彼。知己,就是要弄清企业的需求,即先对企业本身的需求进行细致的分析和充分的调研,这应该在需求分析阶段完成;知彼,就是要弄清软件的管理思想和功能是否满足企业的需求。这两者是相互交织进行的,可以通过软件的先进管理思想来找出企业现有的管理问题,特定的软件可能由于自身的原因,不能满足企业的某些特殊需求,需要一定的补充开发。

软件选型阶段应该是 ERP 实施前期工作的最后阶段,但这一阶段可能会经历比较长的时间,一些慎重对待的企业可能会经历 1~2 年时间,一般来说,3~6 个月时间对于确定 ERP 软件的供应商或开发商以及相关机构就够用了。当然,这也要看前面工作的质量如何。

在选择 ERP 软件与服务时一般应考虑以下问题。

(1) 软件的规模和功能是否适合本企业现阶段的需要和未来的发展

ERP 系统一般可分为大、中、小型,功能特点更是多种多样。第一,企业要了解软件是否覆盖企业的主要业务功能范围,主要看软件是否适合本企业的各项业务流程和管理需要。第二,报表在数据传输方面非常重要,是企业数据流的主要部分,但企业报表形式多样,内容复杂,所以一定要了解 ERP 软件所能提供的报表。考察软件所提供的报表时,不要片面追求报表的形式,而应该主要看报表的实际内容和数据,还要注意报表的可扩展性和可维护性。第三,要对软件的数据处理量和处理速度加以考察,特别是对大型企业来说,这一点非常重要。第四,要结合企业未来一段时间的发展规划考虑软件的扩展性。

(2) 软件供应商和实施服务提供商的资质

ERP 项目重在实施,甚至有人认为实施的好坏比软件本身的好坏更重要。这种说法并不一定正确,因为一套好的 ERP 软件毕竟是所有工作的基础,但这种说法充分说明了实施的重要性,实施工作确实与 ERP 项目最终的成败密切相关。虽然现在的许多 ERP 供应商都提供实施服务,因为他们最了解自己的软件,可以最大限度地挖掘出软件的潜力,但是考虑到第三方参与软件选型时的公正性和实施过程中的专业性,众多上 ERP 项目的企业选择项目由第三方来完成实施工作,即由专业的 ERP 实施公司或咨询公司来完成。这里一定要注意实施、咨询服务机构与软件供应商有无利益捆绑关系。

ERP 软件是一种管理型软件,一套先进的 ERP 软件不仅应该在技术上具有先进性,也应该在管理思想、理论和方法上具有先进性,这在很多时候与软件供应商和实施服务提供商的资质有很大关系。这是因为,一个成熟的 ERP 软件与成熟的实施方法绝不是一朝一夕能够完成的,它们包含着管理知识的积累与沉淀、软件流程的成熟与稳定,总之是要靠长时间的努力才能完成的。当然,也不能光凭公司的建立时间长短来评论所提供软件的水平,还要兼顾所提供的企业管理解决方案的优化程度以及软件与本企业的匹配程度。更重要的是,要看软件供应商和实施服务提供商持续发展的潜力,以便考察其所能提供的支持、维护能力和进行二次开发的实力等。

(3) 方案的比较

可以让相对比较满意的软件、实施服务提供商做出整套的、系统的方案,以供企业进行对比选择。另外,在软件选型的时候,一定要尽量多地走访一些实施 ERP 项目成功的企业,这是一种辅助进行方案比较的好方法。通过走访,一来可以更多地了解有关 ERP 的知识,特别是实施方法;二来可以用第一手资料,最直观地指导软件的选择。

(4) 文档资料的规范与齐全

ERP 软件使用的文档资料(安装手册、培训教材、实施手册等)是否详细齐全,不仅可以从一个侧面反映软件供应商的水平和实力,同时也是企业在今后实施、使用、管理 ERP 系统的重要依据。

(5) 实施环境

对实施环境的了解也是非常有必要的,这里的环境包括两个方面:国情(如财务会计法则等一些法令法规以及汉化程度等)、行业或企业的特殊要求。根据这些来实现流程和功能,从"用户化"和"本地化"角度为 ERP 选型。

除上述 5 点考虑之外,要做好对 ERP 系统的测试和评估记录,最好设计出评价标准,使对软件的评价达到量化水平。总之,企业对 ERP 软件的选型工作必须给予高度重视,要有科学方法进行指导,为接下来的具体实施打下良好的基础,否则,可能导致软件应用偏离目标,必将造成严重的经济损失。

6.3.2 实施准备阶段

实施准备阶段要建立的项目组织和所需的一些静态数据可以在选定软件之前就着手准备和设置,图 6-3 中用向左延伸到前期工作阶段来表示。在这个准备阶段中,要做以下几项工作。

1. 数据准备

在运行 ERP 系统之前,要准备和录入一系列基础数据,这些数据是在运行系统之前没有或未明确规定的,故需要做大量分析研究的工作,包括一些产品、工艺、库存等信息,还包括一些参数的设置,如系统安装调试所需信息、财务信息、需求信息等。只有充分了解 ERP 的原理、方法,并经过培训后理解了各项数据的作用和要求后才能开始准备数据。数据准备包括数据收集、分析、整理和录入等项工作,除需要专门的人员外,还应该应用专业的软件。

(1) 数据准备的要求

数据准备的要求是及时、准确和完整。

企业中有很多现成的数据,不需要过多加工就可以直接使用,如材料消耗定额、供应商档案等。还有的数据需要经过重新分解或组合,如工艺过程卡、物料清单、产品结构图等。还有相当一部分是现行管理中没有使用的数据,如各种编码,包括物料号、货位、工作中心的划分等。甚至有的数据需要组织几个部门共同参与确定。

数据准备的工作量很大,要动用大量人力,要有各部门间的配合。因此,事先的培训是非常必要的,工程中有关专家顾问的指导也是必要的。

(2) 保证基础数据的质量

实施 ERP 系统对于企业来说是一项耗用大量资金和时间的工程,需要企业倾注大量的时间和精力。基础数据的质量和良好的维护是成功的先决条件,基础数据有错误就会导致整个系统失败。为保证基础数据的质量,要切实做好以下几点:

① 定义关键的数据元素,如物料代码、工艺路线、物料清单、工作中心、订货策略、项目类型和损耗率等。

② 数据导入之前,将计算机系统的信息需求与信息使用者的需求进行核对,让每个人提前知道什么信息是有用的、报告是什么样的,如果有问题应及时解决。

③ 定义要装入计算机系统的全部信息和信息来源。有些信息是不可默认的,而有些是可有可无的。例如,与一项物料有关的信息可能有 1520 个不同的数据项,在开始时仅要求装入计算机系统 45 项,其他数据可以以后再装入或者根本不用装入。确定所用的数据项需要有专门的人或部门负责。

④ 指定特定的数据录入人员。

⑤ 有些数据元素不是常数,时常会变化,其变化情况必须在计算机系统里得到反映。对此要通过定期检查来实现。

操作数据是管理和控制企业运作的基础。将这些数据装入计算机的先后次序由计划使用它们的时间来确定。一般来说,物料代码应当首先装入系统,其次是物料清单、工艺路线。工作中心是工艺路线信息的一部分,应在用到它们之前装入。

2. 系统安装调试

轮到安装工作了,当确定公司数据流的形式后,在人员、基础数据已经准备好的基础上,就可以将系统安装到企业中,并进行一系列的调试活动。这通常是一项很紧张的工作。

系统的安装设计包括软硬件的设计与安装,硬件的安装方案可以与调研同步进行,一定要考虑企业的实际情况。安装步骤的灵活性是一定要考虑的,因为如果安装步骤是固定不变的,是刚性的,那么一定会在这个过程中遇到很大麻烦。软件的构造应该随着需要进行适当改造,不仅要发挥其功能优势,而且要适合公司的需要。

在全面正式使用前,选择一些典型的部门做示范,试运行该软件系统是必要的。这样的试运行能够帮助我们发现一些需要调整的重大问题,而且能够在风险比较小的时候解决。当系统在一些部门运行良好后再着手向整个公司扩展,切不可操之过急,以避免不必要的风险。当然,一些公司为降低风险,只在全公司运行一两个 ERP 系统模块,这样做是不可取的。因为如果全公司只执行一两个模块,反倒增加了公司实施 ERP 系统的风险。举例来说,如果只执行库存或流通模块,而公司其他业务流程不能配合,那么时间长了肯定是要出问题的。

一般来说,系统安装调试过程以安装服务器系统软件为主,然后根据需要进行工作点扩充。初步安装是为了培训和测试的需要。

3. 软件原型测试

软件原型测试是对软件功能的原型测试(Prototyping),也称计算机模拟(Computer Pilot)。将收集的数据录入 ERP 软件系统,进行原型测试工作。在这一阶段,企业测试人员应在实施顾问的指导下,系统地进行测试工作,因为 ERP 的业务数据、处理流程相关性很强,不按系统的处理逻辑处理,则录入的数据无法进行处理或根本不能进行录入。例如,要录入物品的入库单,则必须先录入物品代码、库存的初始数据等。由于 ERP 系统是信息集成系统,所以测试应当是全系统的测试,各个部门的人员都应该同时参与,这样才能理解各个数据、功能和流程之间相互的集成关系,找出不足的方面,提出解决企业管理问题的方案,以便接下来进行用户化或二次开发。

4. 后续工作

软件安装时常犯的一个错误就是认为一旦安装完毕,软件运行工程就结束了,其实不然,其后续支持工作也是非常重要的。软件成为公司的一部分,公司的人和变动都将与这一软件的运行相关,也要求软件相应地进行变动,包括软件功能的增加、修改或数据流本身的改变。而软件供应商应该按惯例更新其软件版本,有些版本可能会更好地配合企业的业务。企业往往需要 IT 专业人员的长期指导与帮助。

6.3.3 系统运行与用户化

系统运行与用户化阶段的目标和相关任务如下:

(1) 模拟运行及用户化。因为企业自身的特点,ERP 软件系统可能会有一定量的用户化与二次开发工作。例如,用户要求的特殊操作界面、报表和特殊业务等。在基本掌握软件功能的基础上,选择代表性产品,将各种必要的数据录入系统,带着企业日常工作中经常遇到的问题,组织项目小组进行实战性模拟,提出解决方案。模拟可集中在机房进行,也称为会议室模拟(Conference Room Pilot)。

(2) 制订工作准则与工作规程。进行一段时间的测试和模拟运行之后,针对实施中出现的问题,项目小组会提出一些相应的解决方案,在这个阶段就要将与之对应的工作准则与工作规程初步制订出来,并在以后的实践中不断完善。

(3) 验收。在完成必要的用户化工作、进入现场运行之前还要经过企业最高领导的审批和验收通过,以确保 ERP 的实施质量。

(4) 切换运行。这要根据企业的条件来决定应采取的步骤,可以各模块平行一次性实施,也可以先实施一两个模块,即分步切换运行。在这个阶段,所有最终用户必须在自己的工作岗位上使用终端或客户端操作,处于真正应用状态,而不是集中于机房。如果手工管理与系统还要短时并行,可作为一种应用模拟看待(Live Pilot),但时间不宜过长。

(5) 新系统运行。一个新系统被应用到企业后,实施工作其实并没有完全结束,而是转入业绩评价和下一步的后期支持阶段。这是因为有必要对系统实施的结果作一个小结和自我评价,以判断是否达到最初的目标,从而在此基础上制订下一步的工作方向。此外,由于市场竞争形势的发展,将会不断有新的需求提出,系统的更新换代、主机技术的进步都会对原有系统构成新的挑战,所以,无论如何,都必须在巩固的基础上,通过自我业绩评价,制订下一步的目标,再进行改进,不断地巩固和提高。

以上对 ERP 的实施过程进行了简要介绍。当然,这些阶段是密切相关的,一个阶段没有做好,决不可操之过急地进入下一个阶段,否则,只能是事倍功半。值得注意的是,在整个实施进程中,培训工作是贯彻始终的。我们只是对第一个阶段的领导层培训和 MRP II 原理培训进行了详细介绍,而那些贯穿于实施准备、模拟运行及用户化、切换运行、新系统运行过程中的有关培训,如软件产品培训、硬件及系统员培训、程序员培训和持续扩大培训,也都是至关重要的。这个道理,应该说是显而易见的,因为只有员工才是系统的真正使用者,只有他们对相关的 ERP 软件产品及所要求的硬件环境有了一定了解，才能够保证系统最终的顺利实施和应用。

6.4 系统评价

关于 MRP II 系统的工作评价与考核，比较容易让人们接受的方法是，从工作质量和企业效益两个方面定性和定量地评价 MRP II 系统的运行效果。

实施的业绩评价标准可参考《ABCD 优秀企业运作考核提纲》。MRP II 的主要创始人怀特在 1976 年提出，把实施 MRP II 系统的企业评为 A、B、C、D 四级。1982 年，在闭环 MRP 发展到 MRP II 以后，他又做了一些补充，并规定了一些基本的评级标准。1988 年，怀特公司的继任总裁戈达德(W. E. Goddard)在 APICA 年会上提出一个新的考核规则，吸收了 JIT 的哲理，把考核内容分为总体效果、计划与控制过程、数据管理、进取不懈过程、计划与控制评价、企业工作评价 6 个主题，列出了 35 个问题，增加了产品开发与设计、质量管理、分销资源计划、同客户和供应商的合作关系、降低成本等方面的考核内容（参阅 *Modern Materials Handling*，January 1989）。1993 年，Oliver Wight 出版社发行了第 4 版《A、B、C、D 优秀企业运作考核提纲》，由著名 MRP II 专家共 20 余人编写，分为战略规划、员工与团队精神、全面质量管理与进取不懈、新产品开发、计划与控制 5 大部分。作者们希望通过该考核提纲，提醒管理人员在管理进步方面应当作什么和注意什么，并希望该提纲能成为一个工业标准。由于上述考核提纲还不是一个国际通用的工业标准，甚至也还不是 APICA 的正式文件，以下综合了一些国外管理咨询公司通用的考核办法，并参照考核提纲的内容，用举例的方式加以说明，供读者参考。考核内容一般分为"实施业绩考核"和"管理规范考核"两部分，分别用百分比和评分的办法予以定量评价。按照考核评价的角度，ERP 的工作评价可以分为定性评价和定量评价。

6.4.1 定性评价

定性评价是对企业管理水平、员工素质和企业效益的评价，可以从以下几个方面进行考察：

(1) 企业各职能部门的整体观念、协同工作意识、责权界限清晰度、人员素质是否有所提高？

(2) 管理人员是否真正从繁琐的事务解脱出来，把主要精力放在提高管理水平分析和研究管理中的实质性问题上？

(3) 企业高层领导是否提高了决策水平和管理效率，是否能够及时掌握各部门的情况？

(4) 企业的市场竞争力、应变力和对客户的服务质量是否有所提高？

(5) 均衡生产率、资源利用率、资金周转率、产品合格率是否有所提高？

6.4.2 定量评价

定量评价主要从以下几方面展开：库存资金量、资金周转次数、库存盘点误差率、短缺件数量、生产率、加班工作量、采购费用、按期交货率、成本和利润。

上述评价指标并不意味着一个性能齐全的 ERP 系统软件一旦投入运行，就一定能够带来如此效果，实现上述目标要靠企业技术工作和管理工作的密切配合，综合运用各种科学技术和现代化管理技术。因此，我们应当用辩证的观点认识和理解 ERP 系统，决不能生搬硬套。

6.4.3 定级标准

(1) A级企业在整个企业范围内采用完整的闭环ERP系统管理经营生产。各部门人员都使用统一的规范化信息系统，发扬团队精神密切配合，协同工作。高层领导对系统的成败承担责任。生产与库存系统与财会系统紧密关联，使用同一信息数据，并有模拟功能。

(2) B级企业虽有完整的闭环管理系统，但未能有效地用到生产管理上去。高层领导没有介入。还要靠短缺报告来安排生产，未能消除采购和生产的突击赶工现象，有些库存仍大于实际需要。

(3) C级企业无完整的闭环管理系统，各职能部门未能统一在一个系统中；MRP仅作为一种物料库存管理方法，还没有用于生产计划。

(4) D级企业仅作为数据处理用；库存记录很乱，主计划脱离实际，不能指导和控制生产。虽然已经投入相当多的资金，但收效甚微。

这种分级办法，概括地说，按照ERP的发展大体上可以这样理解：A级企业实现了ERP、物流与资金流信息集成；B级企业基本上实现了闭环ERP；C级企业基本上实现了ERP；D级企业仅将ERP用作数据处理系统。达到A级企业要付出很大努力。

6.5 ERP系统实施成功的关键因素

实施ERP系统是个复杂的系统工程，人们在国外ERP发展的40多年历程和中国ERP发展的20多年历程中，在大量制造企业实施的实践中，积累了关于如何实施ERP系统的大量经验。固然，影响ERP实施效果的因素是多方面的，但一定要抓住其中的主要矛盾和矛盾的主要方面。ERP系统及系统供应商的因素固然很重要，但和咨询公司一样，二者都属于外部因素，而成败与否，事物的内部因素还是起决定性作用的，所以ERP系统成功的关键还在于使用者本身。使用者的管理水平和对ERP的认识决定了实施ERP系统的成败。在这里，我们认为实施ERP系统成功的四个决定性因素是：企业"一把手"的全力支持、深入广泛的教育培训、企业对项目的有效管理和成功的业务流程重组。

1. 企业"一把手"的全力支持

首先，企业的高层领导，特别是企业的"一把手"，不能认为只要批准了ERP项目的实施及其预算就已经完成任务了，也不能停留在口头督促与支持上，而必须从思想、行动上把ERP项目当作一个关系到企业前途与命运的大事来抓。其次，实施ERP必然涉及企业现行业务的改革与创新，由于在ERP的实施过程中，一方面企业现行业务流程要进行变更与改革，要实行业务流程重组，而企业的各层管理人员因实施ERP涉及个人、本部门、本单位的利益，就可能对实施施加各种各样的阻力；另一方面，实际作业人员的作业习惯会因新系统的实施而受到影响，而这同样会对ERP系统的实施施加一定的阻力。在这些情况下，如果没有企业高层领导的推动，特别是企业一把手的全力支持，实施的局面是很难打开的，工作也是很难进行下去的。以上所述正是本章强调的ERP系统实施的"一把手"原则。

企业的高层领导，特别是企业的"一把手"必须清楚，ERP系统实施的目标是企业各层次人员快速获取信息、快速响应客户订单、快速修改生产计划，还是降低库存，或者兼而有之。因此，在分析问题、确定目标的时候，企业的"一把手"就应该直接参与。总之，在ERP系统实施的过程中,企业的高层领导,特别是企业的"一把手"应该下定决心抽出较多的时间参与这个项目。

2. 深入广泛的教育培训

从根本上说,企业人员的业务水平、文化素质、开拓创新的精神及对待 ERP 项目实施的认真、重视态度等,对项目实施的进展和成效的影响都非常大,这就要求企业通过培训、激励机制或组织措施等来解决这一系列问题,排除实施的阻力。在这些方法里,培训是一个非常关键的因素,是一项贯彻 ERP 实施始终的工作,也是一个必须要在企业中深入广泛开展的工作。

ERP 系统的实施对企业全体人员来说都是一个全新的课题,因此对企业全体员工,尤其是对与实施密切相关的人员(实施人员、实施组织等)来说,相关的培训是必须认真进行的,并且要对培训的效果进行考核和验证,同时保证企业人员对 ERP 系统的实施原则、方法及行动要素进行理解与贯彻。

从企业发展的角度说,一个成功的企业必然是一个学习型组织,只有通过持续的学习,一个企业才能不断地完善与发展,才能立于不败之地,在现代市场条件下,一个不会学习的企业,其发展前景只能是退出市场。而一个企业实施 ERP 系统的过程,正是整个企业的学习过程,是企业全面提升素质的契机,所以企业必须充分利用这一过程和机会,最大限度地发挥 ERP 系统中新的科学技术力量。

总之,培训在 ERP 系统的实施过程中是一项必须给予高度重视的内容,贯彻实施过程的始终,而且务必在企业中深入广泛地开展,绝对不可忽略。记住,因忽略培训而付出的代价将比进行培训大得多。

3. 企业对项目的有效管理

整个 ERP 系统的导入是一个大型项目。在与 ERP 供应商签约之后,应该正式成立 ERP 项目实施小组。项目就是在既定的资源和要求约束下,为达到某种目的而相互关联的一次性工作任务。项目管理,是指项目的管理者在有限资源条件下,运用系统的观点、方法和理论,对项目涉及的全部工作进行有效的管理。对 ERP 项目实施来说,项目经理如何在时间、成本、人力资源的约束条件下对实施 ERP 项目的全过程进行计划、组织、协调、控制和评价,达到使企业管理提升的目的,正是项目管理的目标。有效地完成项目管理一般来说要具备下列要素:

① 一个称职的项目经理。
② 合理的项目组成员组成。
③ 有效的组织管理和激励机制。
④ 对项目思想认识上的一致。

4. 成功的业务流程重组

也许对大多数企业而言,决定购买一个 ERP 系统是一件相对容易的事情,但 ERP 系统的实施却是充满挑战与风险的。我们可以看到的一个事实是,许多公司投入巨额资金上 ERP 项目,却收效甚微。然而我们也要承认,仍旧有一些公司的确成功实施并且充分利用了 ERP 系统。这些企业的成功正是它们遵循了一个简单的实施原则的结果:即首先理解业务流程,然后进行简化、重组,最后才实现操作自动化。在这看似简单的实施方式中蕴含了一个十分重要的概念,也是近年来在 ERP 实施中谈论最多的一个概念——业务流程重组。

根据 BPR 的思想精髓，我们可以将 BPR 的实施结构设想成一种多层次的立体形式，整个 BPR 实施体系由观念重建、流程重建和组织重建三个层次构成，其中以流程重建为主导，而每个层次内部又有各自相应的步骤过程，各层次间的关联关系彼此交织着。

BPR 的观念重建所要解决的是有关 BPR 的观念问题，即要在整个企业内部树立实施 BPR 的正确观念，使员工理解 BPR 对于企业管理、应用 ERP 的重要性。它主要涉及三个方面的工作：组建 BPR 小组、前期的宣传准备工作和设置合理目标。

BPR 的流程重建是指对企业的现有流程进行调研分析、诊断、再设计，然后重新构建新流程的过程。它主要包括三个环节：业务流程分析与诊断、业务流程的再设计和业务流程重组。这一阶段将重新设计流程真正落实到企业的经营管理中来。

BPR 组织重建的目的是给业务流程重组提供制度上的维护和保证，并追求不断的改进，评估 BPR 实施的效果，与事先确定的绩效目标进行对照，评价是否达到既定的目标，如在时间、成本、品质等方面的改进有多少，以及流程信息管理的效率如何等。

建立长期有效的组织保障，这样才能保证流程持续改善的长期进行，具体工作如下：建立流程管理机构，明确其权责范围；制订各流程内部的运转规则与各流程之间的关系规则，逐步用流程管理图取代传统企业中的组织机构图。

此外，企业必须建立其与流程管理相适应的企业文化，加强团队精神建设，培养员工的主人翁意识。同时，新的业务流程也对员工提出更高的要求，这也要求企业注重内部的人才建设，以培养出适应流程管理的复合型人才。

学习思考题

1. 请简述 ERP 实施过程的几个阶段及各阶段的具体内容。
2. 简述实施 ERP 的 3 个关键因素，以及实施 MRP Ⅱ/ERP 的 3 个重要变量。
3. 简述 BPR 的概念及其与实施 ERP 的关系。
4. 简述实施 ERP 成功的关键因素。

第7章　ERP系统的评估

7.1　评估体系

ERP应用绩效评估体系包括评估组织体系、评估制度体系和评估指标体系。定性、定量的分析评估，一方面可以科学地揭示企业应用ERP的绩效；另一方面，也将促使企业从中分析问题，得以持续改进。因此，对ERP应用绩效进行评估是非常必要的。

ERP项目是一个面向供应链的企业管理系统工程。企业应用ERP一定要推动企业管理现代化，努力实现企业管理水平的跨越式发展。因此，评估ERP应用绩效一定要立足于企业管理创新，既要评估企业应用ERP后在管理思想、管理模式、管理体制、管理方法、管理机制、管理基础、业务流程、组织结构、规章制度、基础数据、信息集成、信息处理、员工素质、决策水平、企业形象、竞争力和应变力等方面有了哪些明显的改进、提高和创新，又要用企业全员劳动生产率、流动资金周转率、成本费用利润率、市场预测准确率、合同履约率、计划准确率、存货周转率、期量准确率、设备利用率、交(到)货准时率、预算准确率、成本准确率、信息准确(及时)率、投资收益率和投资回收期等经济指标和评估指标进行定量分析。

(1) 评估目的

① 检查企业ERP的实施效益。可分为验收评审与定期评审两类。

② 为促进和推动ERP系统提供进一步改善的决策参考信息。

(2) 组织与职责

① 系统实施领导组长直接负责制。

② 实施组计划实施评估。

③ 考虑聘请外部顾问、权威机构。

(3) 参考资料

① ERP项目实施目标。

② ERP项目调研报告。

③ ERP系统评估标准。

(4) 评估程序

① 成立评估组织。一般由系统实施领导组长负责组织评估小组，并担任评估组长。当然企业也可以另选评估组长。成员的组成参考ERP系统项目实施组的组成。

② 制订评估计划。评估计划内容如下：

- 评估日期。
- 评估会议，介绍评估工作安排。
- 安排评估计划，如评估系统模块、主要应用部门、辅助应用部门、实施评估、准备资料。
- 评估报告。
- 评估总结会议。

③ 实施评估。方法有：

- 听取相关部门对系统实施运行情况的介绍，并查阅系统实施运行情况。

- 实地考核系统各部门、业务工作点等的实际运行情况。
- 实地考核系统各功能模块的运行情况。
- 实地考核、计算各功能绩效水平和系统性能水平。
- 召开业务使用人员、计算机人员、业务领导等座谈会，听取对系统的要求和反映，了解并检查系统带来的工作环境改善、实际达到的经济效果以及整体优化的效果。

④ 编写评估报告，按评估标准计算实施效益。

⑤ 报告评估结果，提出下一步改善计划与方案。

7.2 评估标准及效果评估

ERP究竟能给企业带来什么样的效益？怎样去评估？企业现在做得如何？应当如何改进？这是ERP项目应用企业所关注的焦点，每个企业的管理者都会经常向自己提出这些问题，正确地回答这些问题需要系统的指标体系，这也正是国内许多企业所普遍关心的。国际上对ERP实施效益的评估标准最著名的是Oliver Wight的ABCD检测表。该表较详细地列出了企业实施ERP所要达到的目标，也是一个国际通用的评估标准。随着ERP在我国的应用发展，实施效益的评估日益为企业界所重视。一份好的检测表不但能正确地反映企业的现状，而且可以帮助企业得到改善。定期使用ABCD检测表检测自己企业的运营状况，可以提前发现问题，及时解决问题；可以使企业员工目标明确，从而以更有效的方式进行工作，使企业变得更有竞争力，使企业朝着世界级的水平不断前进。

7.2.1 检测表的发展历史

ABCD检测表最早由MRPⅡ的先驱者Oliver Wight于1977年推出，它是一个由企业经理回答的20个问题组成的简单列表，用来评估其企业。这20个问题按技术、数据准确性和系统使用情况分成3组，每个问题均以"是"或"否"的形式来回答。他创造性地提出用提问的方式建立企业优秀标准的方法，在企业管理领域产生了巨大的影响。

第2版检测表扩充为25个问题，且增加了一个分组内容：教育和培训。

ABCD检测表经过进一步的改进和扩充，于1988年推出第3版，其主要内容是阐述如何定义并合理使用MRPⅡ系统，以及企业战略规划的制订如何能够对流程进行持续改进，并最终实现可持续发展。

第4版ABCD检测表于1993年推出。该电子版本是十几年来数百家公司的研究成果和实施应用人员经验的集合。这一版检测表不再是几十个问题的列表，而是按基本的企业功能划分成以下5章：战略规划、人的因素和协作精神、全面质量管理和持续不断的改进、新产品开发、计划和控制过程，其中，只有第5章是关于MRPⅡ/ERP实施和应用的。ABCD检测表的这种变化反映了各种管理思想相互融合的趋势。

2000年Oliver Wight公司推出第5版ABCD检测表。第5版与第4版的结构相同，但是充分反映了近年来企业管理思想、管理方法和管理工具的发展，目的在于扩展第4版检测表的应用，以期成为一个评估企业运作业绩的工业标准，助推企业发展。

2005年，Oliver Wight公司推出第6版《成就卓越企业的Oliver Wight A类检测表》。从题目的变化可看出，检测表的设计目标是推动企业成就卓越。它不仅可作为寻找企业问题的检测表，而且全面阐述了当今企业运行的精髓。它简单直接而又实际，不再让企业经理们做填空题;它根据成功企业的经验制订业务流程和实践;章节设定依照企业的核心业务流程和实践,覆盖整个企业;目标是使企业员工明白自己所追求的卓越是什么,并为企业的卓越而努力;它的评分标准可以量化地衡量企业走向卓越的每一步。

7.2.2 第6版A类检测表简介

第6版A类检测表在书前新增一个部分"基础",确定了企业成功的几条基本原则,这也是检测表的核心内容。此外,检测表的设计范围已经从传统业务,扩展到所有业务流程和业务部门。

该书内容分成两部分,前4章主要描述贯穿企业全过程的通用流程和做法。

第一章 战略规划

企业管理者必须了解员工的工作,并将其与企业的愿景和战略紧密联系。本章帮助企业制订远期规划,并要求企业管理者在部署企业计划和企业发展战略时,设定业务的优先级,建立清晰的沟通渠道。

第二章 管理者和领导者

人才是帮助企业提升竞争力的最终差异化因素。本章帮助企业管理者理清企业的商业价值及其面临的任务,了解所需要的企业文化和行为,并制订积极的发展计划来提升公司人员的工作能力以应对未来的挑战。

第三章 推动业务改进

阐述企业如何评估其业务及其流程的成熟度。这就要求企业深入思考如何优化其业务改进计划,为前期的优势奠定坚实的基础。本章要求企业管理者冷静下来,认真思考日常事务的价值,以成就卓越企业。

第四章 综合业务管理

综合业务管理是长期演变的营销和运营规划流程,是在 Oliver Wight 多年来在各类部门及世界各地对客户需求进行调研并总结经验的基础上设计和开发的。它是用来管理企业战略目标及日常作业之间差异的唯一方法,也是使世界各地分公司保持共同流程和优先顺序的主要工具。综合业务管理通过一组数字来管理整个业务,并确保及时制订决策,以保持对企业的管理控制。

上述章节作为基础,用以支持以下5个重要章节,这5个章节内容可以解决大多数公司的主要业务。

第五章 产品和服务管理

目前,企业内各业务部门的产品的生命周期都在不断缩短,企业应该更多关注在产品和服务上推陈出新。本章主要关注企业如何进行产品组合并管理其产品和服务,这就要求企业必须拥有明确的对策以应对挑战。可通过增加优秀的产品和服务的数量来提升企业的销量,增加利润。本章涵盖了大型复杂项目管理的最新做法。

第六章 需求管理

深入了解客户需求和市场所发生的变化,可帮助企业对市场短期、中期、长期的需求进行预测。帮助企业在市场竞争中占据有利位置,赢得更多竞争机会。本章可帮助企业创建和计划其需求,并讲述如何操控市场供给。

第七章 供应链管理

新技术扩展了企业的目标市场,同时也使企业面临更多关于产品交付和服务方面的挑战。

第7章　ERP系统的评估

本章帮助企业了解供应链的扩展,优化竞争策略,提升客户服务和企业绩效。

第八章　内部供应管理

尽管企业中心逐步转移到供应链的扩张,但是优质的内部供应仍然肩负着满足客户及消费者愿望的重任,以面对全球成本竞争的挑战。本章帮助企业理解什么是优秀的产销服务,以快速应对市场需求的变化。

第九章　外部采购管理

产品、服务的增加以及越来越广阔的市场,向企业在产品、零件及材料水平方面的制造/采购决策过程提出新的挑战,也将对企业的采购策略产生直接影响。科学地制订采购决策是非常重要的企业决策之一,在帮助企业降低成本方面具有巨大优势。本章为企业评估采购流程、规划和协调供应链中的货品流转提出新的标准。

7.2.3　第6版A类检测表的使用

(1) 第6版A类检测表的目的

第6版A类检测表相对以前版本做出了重大改进,主要目的在于使企业产生全新的变化。这是迄今为止运行时间最长的检测表,可以为企业提供定期更新的最先进的工作方法和流程知识;这不是一个理论模型,而是Oliver Wight在世界各地几千家客户的知识和经验的积累;它是一个真正评估企业"卓越"水平的标准,用于提高公司各个部门的意识并改变现状。它可以帮你发现企业各个部门的现状与期望的状态之间的差距,并建立一个按照A类检测表要求执行的顺序;这是一个用来协调各项跨企业工作的工具,它可减少局部的最优化,使整个企业保持追求"卓越"的各项工作的一致性;它提供了明确的成绩考核方法,并获得普遍认可;将所有员工凝聚在一个正在进行的,能够提供真正的、持久的业务收益的总的"卓越"计划上。

(2) 第6版A类检测表卓越的表现

新版检测表可用于企业各个部门,并且按照大多数企业的主要流程构建章节。在设定工作计划以应对竞争的过程中,仅有检测表是不够的,必须通过"卓越"的表现来区分。检测表要求企业在一个持续的过程中发现什么是可能的,什么是客户,消费者真正想要的是什么,什么是竞争。所有这一切都将作为成就企业"卓越"的标准。简而言之,要保持持续的竞争优势,这对客户来说是重要的,你必须证明比竞争对手做得更好。

(3) 第6版A类检测表的结构

通常每章有10个主题,大部分主题中有"卓越"的两种定义。每个定义的得分决定了你在整体章节的得分,以及在这个业务流程中,你是否已经达到A级卓越企业标准。为了帮助你确定这个分数,每个定义会进一步划分到(典型值)5个主题,每个主题都有详细的说明,这些说明用来帮助你获得正确的得分。然而,这些详细的分数不直接用于一章得分和总业务。

(4) 如何使用第6版A类检测表

作为一个实用的评估工具,第6版A类检测表用来对原有差距进行分析,对作业的优先次序和分立项目进行改进,并审查整个企业"卓越值"的情况。进行评估的人员必须受过良好教育,并且对于企业近期的业务实践非常了解,才能解读评估业务的定义和说明。

如果不熟悉这些主题的"卓越"和最佳实践的标准,并且缺乏对于这些定义和说明的意图的了解,很容易得出不合理的高分或低分。均衡地看待完整的过程和总业务,对于理解第6版A类检测表的综合性质、章节间顺序和流程的相互关系是非常重要的。改进项目的优先次序需要可操作性强并且具备Oliver Wight成熟商业模式的应用知识,以正确识别早期活动并快速获得收益,为"卓越"之旅奠定基础。

出于以上原因,强烈推荐一个独立、完善的方法来初步诊断并持续评估公司的业务。
- 清楚地识别并理解第6版A类检测表应用于企业的范围。
- 要在整个企业中设置一致、清晰而独立的标准。
- 设置一个贯串整个企业"卓越"工作的管理流程,使得整个企业得以改进,同时使企业的相关利益者从中受益。
- 对于每项重大业务改进,都必须保证一开始就设定相关工作和结果要求。
- 要制订一个作为资源的有深远意义的工作计划,来保证Oliver Wight A类企业的"卓越"之旅。

(5) 得分和识别

第6版A类检测表的评分系统发生了变化,更加自然地遵循5分制,并且没有小于0.5分的内容。得分情况说明如下:

0分(没做):企业需要此类工作,但目前没有做。

1分(差):此类工作是存在的,但还没开发到对工作和改进做出贡献。

2分(一般):此类工作已经独立于其他业务进行了开发,已经表现出一定的价值,但还没有集成或规范到业务流程中。

3分(好):此类工作已经被规范化,并且达到第6版A类检测表中定义的要求,但尚未系统地应用于持续改进的技术中。

4分(良好):此类工作被完全集成到该公司的业务流程中,并且可以看到检测表的定义和特征描述。

5分(优秀):此类工作在公司中是优质、高效的,已成功实现业务目标和"卓越"或标准的性能指标。

第6版A类检测表认可的各项标准平均分在4.5分以上,同时,每一章的指标,企业都要达到并至少连续维持3个月。

第6版A类检测表主要项目

7.3 ERP系统的评估与选择

7.3.1 ERP系统的评估

1. ERP系统剖析

功能丰富的ERP系统是非常复杂的程序,它把应用程序开发环境作为其自身的一个应用程序。这一集成应用程序资源库收集了一整套相关信息,这些信息包括系统在正式运行过程中产生的应用程序和数据。集成应用程序资源库大大促进了系统的文档管理、测试和维护。

下面详细列出ERP系统的各个组成部分,从中可以看出这种成品软件包的复杂性。

(1) 应用程序资源库系统

应用程序资源库系统是ERP系统的核心组成部分,它为其他所有模块提供有关结构和设计的基本信息,利用系统的信息模型来记录信息的相关情况,如对象、属性、关系、流程、目的、客户期望场景等;它还使ERP系统的改善和维护更加便利,它包含整个系统的每个程序、文件、数据项的有关信息,其中包括不同组件和元素的信息:标识、目的、类型和属性、定义特性、数据表在"何处使用"、数据表的访问、流程周期和时间、大小等。

这一模块提供了检查 ERP 系统内部所有系统组件和元素定义的连续性和完整性的功能。该应用程序资源库需要对模型化子系统进行分析和设计,它非常需要一个图形环境来描述企业运作时的流程要求。图形模块提供了描述流程的图表,只要有需求,图形模块就可以迅速生成描述变化万千的流程的图表。更详细的要求可以被描述并存储在相关的数据库中,这个数据库可以对数据做关于依赖性、一致性、影响分析等方面的剖析,我们通常称之为数据字典,它能为数据库、数据表或者文件规划提供支持(包括建立数据表、标准化、索引、参照完整性等)。

(2) 图形用户界面(GUI)管理系统

这一模块提供了图形管理的标准工具,包括页面的布局和导航、帮助信息、错误恢复等。图形用户界面管理系统控制图形界面中的对话流程、验证和表的检索、默认值、数值列表等的设计和功能实现。这一系统通常采用 Oracle、DB2 等的标准关系数据库管理系统(RDBMS)。

(3) 菜单管理系统

这一模块提供了在不同的功能领域可以使用的不同选择。另外,根据用户在 ERP 系统不同区域中的访问权限等级,它可以针对特定用户动态地定义备选对象。

(4) 帮助管理系统

这一模块为系统内的每个领域和流程步骤提供特定的或者与上下文相关的帮助。它可以随时提供关于程序、显示界面或其他特定领域的信息。这个模块还在结构中集成了错误与警报报告,并对系统使用中遇到的问题提出相应的解决方案。

(5) 数据库管理系统

这一模块负责为 ERP 系统中的所有其他模块提供数据存储服务。它通常是像 Oracle、DB2 等这样的标准关系数据库管理系统(RDBMS)。

(6) 第四代语言开发环境

这一环境具有定制和扩展 ERP 系统以满足企业特定需求的功能。它拥有的标准工具可以进行程序(特别是数据接口程序)的开发、测试、调试和文本管理。

(7) 查询管理系统

针对存储在系统应用程序资源库和数据字典中的信息,查询管理系统提供了强大的查询功能。可供查询的信息包括流程信息、对象、数据表、程序,以及存储在应用数据资源库中的数据。查询管理系统具有编辑查询界面,提供被访问表、显示区域和显示顺序的说明书,以及选取一系列记录进行显示等功能。

(8) 报表管理系统

报表管理系统与查询管理系统类似,所不同的是,它允许打印查询信息作为离线参考。它可以根据企业的特殊需求,生成预打印文档(如订购单、发票等)。报表管理系统还提供了先进的方法处理报表中的分步合计(Break Total)、分页(Break Page)、分隔线细节等问题。

(9) 应用程序管理系统

这一模块提供了安装、升级、系统维护、打印机后台打印(Printer/Spool)等方面的向导和帮助功能。应用程序管理系统具有与其他相关系统之间的接口,用来管理软件包发行、配置和发布变更、版本、安全和权限、故障恢复、档案等。它还提供了企业运作所必需的工具(如绩效管理、备份、后台流程、作业的创建和管理等)。

(10) 软件发布管理系统

这一模块能够从中央服务器上自动升级安装在客户端的软件包。本系统还负责管理不同用户的个人计算机的访问和使用权限。

(11) 配置管理系统

这一模块使 ERP 系统的结构与企业的特定组织结构相一致。配置内容包括物理位置、运作部门、利润/损失实体与账户、财政年度、税收和折扣结构、客户清单、供应商和产品等。随后的所有报表生成和分析都应当基于最初的配置来设定。这一模块还通过定制 ERP 系统来体现企业各种特定的功能和流程。

(12) 变革管理系统

对引入系统的所有变革，这一模块提供了注册、发布和控制工具。它允许对正在变化和测试的系统组件，以及在生产环境中新出现的、正被所有人访问和使用的系统组件进行控制。它还可以收集和监控变革涉及的日期、人员及其影响时间的相关信息。这些功能有助于提高 ERP 系统运行的安全性和效率。

(13) 版本管理系统

这一模块提供了跟踪组成 ERP 系统的各个模块的最新版本的工具。这有利于及时诊断和预警任何由系统不兼容、接口错误、系统不一致等引起的故障。

(14) 安全和授权管理系统

在 ERP 系统的集成环境中，这一模块提供了系统安全性的保障基础设施，从而保证了对系统进行访问和使用的安全性。它支持对访问权限的描述，为特定的用户账号赋予权限，在生产环境中确认用户，记录用户的访问和使用，跟踪试图破坏系统安全性的操作，改变访问描述和口令等。

(15) 审计管理系统

这一模块用于对用户的访问和使用、系统流程及其更新、系统和数据变化管理错误记录等的监控。

(16) 故障还原管理系统

这一模块包括下列工具：定义备用故障还原服务器和系统的工具、触发或初始化响应程序的工具、数据库还原程序、触发资源备份程序、完全还原程序等。

(17) 压缩(Archival)管理系统

这一模块提供了管理压缩系统和应用程序数据的工具，这些被识别出来的应用程序数据将在以后用作参考。本模块详细地定义了数据、数据源、持续时间、频率、目标压缩系统等。

(18) 通信管理系统

这一模块为 ERP 系统提供了通信层，具有分布式流程、分布式数据库、安全性等特征。

(19) 应用程序编程接口(API)系统

这一模块为 ERP 系统提供了标准化的接口，以便向各种系统上传或者下载数据，这些系统包括遗留系统、特殊应用系统(如供应链管理、客户关系管理、电子数据交换等)、高端项目管理系统基础科学和产业应用系统。这些接口应当采用批处理或异步模式，对于正在运行的操作，采用同步模式。如果企业只是在不同地点安装了多个同样的 ERP 系统，那么它也需要这样的接口。这些接口作为基本标准，是支持诸如数据复制、数据库映射等复杂工具所必需的。

(20) 在线文档管理系统

当有人在使用系统时，尤其是使用系统的某些特定功能时，这一模块可以随时进行系统的文档管理。在线文档管理系统还提供了对相关问题的链接,以及全程追踪个人专题的工具。

(21) 打印文档系统

这一模块可以打印系统中的所有技术细节和应用方案以供离线参考,而且,它可以随着上述任一系统的升级、扩展和新功能发布来更新文档管理。

(22) 在线指导、培训和演示管理系统

这一模块提供了精心设计的在线指导,帮助使用者理解系统中现有的应用程序和先进特征。培训和演示管理系统提供了在 ERP 学习阶段可遵循的学习路径,它还可以衡量和存取受训者在练习过程中的进展情况。

(23) 办公自动化系统

这一模块提供了文字处理软件包、文件格式化软件包、电子制表软件包等工具。办公自动化系统可以用来对系统中或者项目管理中的注释进行记录,并按预定格式定义系统产生的文档。

(24) 群件和工作流系统

这一模块为 ERP 系统用户提供了强大的通信功能,尤为重要的是,它提供了与邮件系统之间的直接接口,以便将流程中发生的预定义事件(诸如订购解除、催款通知、关于超出信用极限的警报等)向相关人员通报和预警。这一模块还可以对多个对象发送同一邮件,遵循操作顺序递送邮件,发出工作流不同阶段的信号,请求批准和授权等。

(25) 数据仓库和数据分析系统

这一模块可以将 ERP 系统的数据表中现有的操作数据转换成数据仓库中可处理和分析的多维数据表。它还提供了高级工具,可以从现有的数据中挖掘数据类型、趋势、相互关系等,以及从贯穿企业内部的数据中发现重要关系。

(26) 实施项目管理系统

这一模块提供了监控和管理 ERP 系统实施进展的集成功能。它能够定义工作步骤、依赖性、进度、评估持续时间和成果、进展中的工作、已完成的工作、测试中的工作等。

2. ERP 系统评估要素

评估和选择 ERP 软件包是企业实施 ERP 系统的一项主要工作。对软件包进行选择需要对功能和技术参数慎重地进行权衡,对 ERP 系统的复杂性和柔性进行权衡。从事制造业的企业具有从基于订单的生产一直到连续型生产的多种生产流程。ERP 软件包的功能不可能满足所有流程的需要,因此企业有时不得不自己编程实现一些功能。

归纳起来,ERP 软件包的一般特性包括以下几点:
- 综合功能
- 便于使用
- 可定制
- 控制与可靠性
- 便于安装
- 高运行效率
- 便于用户管理
- 开放的系统结构
- 开放的系统界面

- 解决了千年问题并且兼容欧元
- 在线文档管理和上下文相关帮助
- 未来的升级和扩展
- 技术转移和培训程序
- 用户组活动

3. ERP 系统评估中的重要问题

与传统的计算机系统中把企业运作看作面向数据不同,企业级系统主要强调组织是面向流程的。因此,在评估中需要特别注意 ERP 软件包是否能够配置、支持和维护组织的业务流程。

多部门、跨地区的企业在不同的地域发展,企业在每个地方具有不同的特征,不可能建立一个适合整个企业的统一模型,所以 ERP 软件包必须提供综合功能,从而解决各地操作方法之间的巨大差别问题。ERP 软件包应该提供现成的、支持最佳实践的流程,整合各经营事务或流程所采取的不同处理方法。流程的标准化一般能够在维护、未来升级、文档管理、培训,甚至程序化的运作和 ERP 系统的管理方面产生巨大收益。

(1) 支持对流程的定制

对定制的支持与通常所强调的流程标准化或实施通用的流程恰恰是相反的。众所周知,企业的生存和成功需要企业本身以及企业的产品或服务与竞争对手相比具有独到之处。为了利用差异化的能力或优势,企业不能放弃那些独具一格的流程,而必须将这些差异与 ERP 的实施结合起来。

因此,除了提供最优的流程,ERP 软件包必须为企业及企业内不同部门的流程定制提供一个基本的框架和机制。企业在实施 ERP 时,应该尽可能合理地使用系统提供的标准,并合理地对流程进行配置。

(2) 支持特殊流程

特殊流程也叫异常流程。这种流程发生于组织遇到某个特殊情况的时刻,这些异常可以被当作错误流程进行处理,也可以被当作需要特殊识别的异常流程进行处理。例如,在一些偶然情况下(如在选择供应商时、向预期的客户提供建议时、向默认的而且非常忠诚的客户提供货物时、放弃一些拖交的账款时、对未到货的发货单支付部分付款时等),企业必须做一些例外的处理。

特殊流程是定制的主要目的。然而,对定制的决策需要首先评估由此引起的定制流程,以及相关流程在使用、培训和维护方面的复杂性。

(3) 供应商的可靠性

由于技术和市场需求的变化非常激烈,供应商对产品进行升级和不断提高其整套产品的性能可靠性也是很重要的。

(4) ERP 系统的体系结构和技术

ERP 系统的实施应该采用最新技术、结构和方法。由于技术正在经历快速的变化,产品结构变得非常重要,系统应支持对整体软件包的相关部分升级而不会影响整个软件包的运行。

(5) 三层体系结构

客户/服务器计算技术在平衡负载、增强可量测性和灵活性方面具有巨大的优势。

三层体系结构很好地体现了这种客户/服务器计算模型,它包括图形界面层、应用程序层

和数据库层,每一层的特征描述如下:
- 图形界面层管理终端用户与应用程序之间的对话
- 应用程序层执行实际的数据转换工作
- 数据库层利用应用程序层的程序来存储、升级和恢复所需的数据

(6) 图形用户界面(GUI)

ERP 软件包最初主要强调全面的功能和适应变化的灵活性,如今,GUI 的实现使 ERP 系统的用户界面更加友好,还产生了以下新特点:
- 结构化和嵌套式的菜单
- 支持屏幕内的光标移动
- 不同页面的导航
- 提供上下文相关的帮助
- 对错误信息的闪烁提示

客户/服务器的三层体系结构有 5 种基本的实现方式,分别是:

① 分布式数据管理:服务器和客户端的数据是分离的。

② 远程数据管理:用户界面和应用逻辑层在客户端,数据库在服务器上,这是客户/服务器技术的传统模式。

③ 分布式逻辑:服务器和客户机的处理逻辑是分离的,这种类型更适合于那些地理分布比较分散的企业。

④ 远程演示:应用层和数据库在服务器上,与演示相关的逻辑层和图形管理软件在客户端。

⑤ 分布式演示:客户端和服务器的演示逻辑是分离的,演示系统在客户端,演示逻辑分设于服务器和客户端。

(7) 开放的系统接口和 API

公共系统、协议和接口是 ERP 系统所必需的。ERP 系统虽然在概念上很容易理解,但是实现起来却很难,在短期内开发这种一体化产品是难以想象的,因此,ERP 的结构和接口必须允许 ERP 系统各组件变化发展而不影响整体功能的发挥。

ERP 系统应该具备本系统与其他系统的接口,如遗留系统和其他专业系统(如供应链管理系统、客户关系管理系统、产品开发管理系统、自动数据记录系统)、数据采集系统(如条形码、电子数据交换、计算机电话技术)等。对于任何一个供应商来说,都不可能开发出一整套能够集成上述所有系统功能的产品。

(8) 基于网络的功能

网络作为一个交流和交易的基本中介工具,越来越表现出其重要性。因此,ERP 系统的设计必须更加灵活,不仅能够支持企业间(B to B)的商务活动,还应能支持企业与最终用户之间的个性化互动。ERP 系统的结构应该具备支持网络的功能。

(9) ERP 系统的实施和使用

在终端用户导向的 ERP 系统中,重点是使系统的实施和使用简便易行,特别是终端用户的操作和管理要简便实用。

(10) 易于安装

虽然 ERP 软件包的安装不太简单,但是 ERP 系统各组件的安装过程都采用了菜单驱动式安装工具,应用组件的安装过程应不受操作系统的影响。

(11) 易于配置

安装后,针对企业现有的 IT 系统架构,需要对 ERP 系统进行配置,所以 ERP 系统的配置工具是非常重要的。ERP 系统应该有一个简便可行的途径和办法来收集企业特有的 IT 架构的详细信息,然后根据现有的经验模型或理论模型,以及安装各阶段所提供的信息来推荐各种默认值来完成安装。

(12) 易于操作

对于日常运作,ERP 系统应该提供示例程序和文档,还应该提供自动备份程序和自动恢复程序。

(13) 易于对用户进行管理

作为企业级的、面向最终用户的系统,ERP 必须全面控制其用户的访问权限和授权描述,与传统计算机系统不同,日常操作 ERP 系统的人员数量和类型不断变化,早期的 ERP 系统使用人员仅限于系统员工,最多再包括数据录入人员,但是现在 ERP 系统是直接由最终用户操作的,最终用户在系统上或在系统的帮助下直接完成所有的事务和功能。

ERP 系统必须慎重地提供兼顾面向角色和面向个人的访问权限描述,这对于满足在不同生产班次轮换的员工的要求来说是必需的。

(14) ERP 系统基础设施

组织评估 ERP 系统时还需要考虑的一个重要因素是:硬件基础设施的类型和规格必须满足企业级运作的需要。

(15) 硬件

这是整个企业中驱动 ERP 系统的中央动力。ERP 系统的特性将确定采用整体式服务器,还是采用一组服务器,并由每台服务器集中负责一部分负载,每组服务器的数量取决于本组服务器处理的特定区域或地区的情况。每台计算机的配置可以由以下两点决定:系统预计的流程负载及访问系统的终端数。

(16) 系统软件

通常,系统软件的选择要与硬件的选择相结合。操作系统环境应该能够提供容错措施,如跨站点的自动备份、镜像和复制工具以及操作失败自动恢复等。

(17) 网络

由于 ERP 是面向最终用户的,所以终端的使用和负载是非常重要的。网络应该有足够的带宽以便不影响终端对系统的访问。

(18) ERP 系统实施的时间

在企业内实施一整套 ERP 系统所需的时间是很重要的,ERP 项目的持续时间取决于企业的特点,如企业在文化、组织和技术等方面的状况,以及 ERP 产品本身的复杂性。企业文化方面取决于企业愿景和企业接受变革的意愿。组织方面的准备状态与管理承诺、员工授权、系统和程序的顺畅运行、标准化的流程等有关。技术方面涉及硬件和通信基础设施的完备程度、培训、帮助文档、办公自动化、群件等。ERP 产品的复杂性是由其对多种功能的集成以及定制的灵活性需求造成的。在实施 ERP 系统的时候,预先熟悉它所能够提供的功能是非常关键的。在一个集成的系统中,任何配置错误的流程都会对正在运行的其他相关功能带来难以预料的负面影响,而且这些错误可能只有到严格的集成测试阶段才会被发现,甚至直到系统投入实际运行的时候才被发现,因此,首先必须认清企业需要的功能和系统实际可以实现的功能之间的差距,然后对 ERP 软件包中的流程进行配置,这使 ERP 系统的实施时间相对较长。

7.3.2 ERP系统的选择

1. ERP系统的选择流程

选择ERP系统的目标在于优化企业的获利能力。仔细进行选择以获得最合适的企业级系统是非常重要的，因为这对于ERP系统在企业内部的可接受性、可用性、跨功能及协作性都很有意义。

企业应当在定义、确定和通过各项评估标准之后再选择最合适的ERP系统。这一流程应当遵循企业的政策和相关程序，直到确定最终选择。

企业选择ERP系统的流程如下：

- 建立ERP系统选型小组。
- 拟定设想的企业管理系统的功能需求。
- 调查筛选各种ERP系统。
- 准备详细的核对表，按照优先级的顺序罗列不同分类的特性。
- 根据上面的必需条件，筛选出最接近选择标准的ERP系统。
- 对挑选出的为数不多的ERP系统进行论证、访问和试用。
- 指导并帮助供应商进行系统脚本测试、负载测试等工作，然后使用企业提供的相同的测试数据，对不同供应商的ERP系统进行测试，并做出报告。
- 通过对提交的信息进行收集、整理和分析，对各ERP系统进行比较及等级评定。
- 汇总产品的等级评定结果和测试报告，特别要把重点放在每个可选择的ERP系统的实施及运行成本、系统实施的时间进度、供应商的经验与实力以及相关的风险等上面。
- 为管理部门提供建议报告。

显然我们不能把这种系统化的、基于指标的方法视作规则严密、无懈可击的决策过程，但是它确实能使决策更加明确。建议报告可以清楚地描述ERP系统是如何评定等级的，根据什么原因，以及选型决定是如何形成的。通过选型报告，在后续阶段，其他人可知道需要考虑的要点是什么，以及为什么某些ERP系统被淘汰，而另外一些却被认为更加适合。这种方法也便于企业以后审核ERP系统选型的决策路线。

2. ERP系统的选择方法

从根本上讲，ERP系统推行的是流程驱动的企业模式，因此在选择过程中对ERP系统核心流程的比较是至关重要的。选型小组主要是根据各ERP系统处理企业运作中关键流程的难易程度来做出选择的，而这又取决于该ERP系统处理与企业利益密切相关的业务流程的灵活性。

（1）流程的选择

流程的选择包括对企业中普遍存在的各个流程和参数系统地进行收集。这些流程应当包括存在于企业各个层面的流程，不管其是否已经计算机化。

（2）企业流程图

需要仔细地描绘出在企业经营运作中至关重要的流程，并具体地描述每一个流程的属性，包括流程名称、目的、责任人、流程描述（包括输入和输出）、质量和效率、子流程、与其他功能和系统间的接口、例外情况、改善的余地、可能状况的影响分析等。这种流程描述的收集整理对于准备进行脚本测试是很有帮助的。

(3) 脚本测试

脚本测试是供应商在其产品许可中所给出的用于示例的流程场景。这些测试包括一些对业务运作至关重要的流程场景,而这些场景很难应用 ERP 系统中提供的标准。

(4) 功能行构建

处理这些特定流程的推荐方法需要能测试出 ERP 系统的稳定性、深入性和内在的灵活性。不同的 ERP 系统可以采用其软件包中的方法来绘制流程图。

(5) 参考标准功能

- 构造一个工作区,通过对其进行配置来达到相同的功能;
- 明确这一功能是否包含在系统的下一个计划发布的版本中;
- 借助第三方附加程序或插件来提供所需功能,并且它们应与该 ERP 系统兼容;
- 通过 ERP 系统自带的第三代或第四代编程语言来开发所需功能。

ERP 系统可以提供这样的流程/功能,或者借助工作区来实现流程。企业唯一需要选择的是等待新版本的功能完善(该功能也许就在下一个即将发布的系统版本中实现),还是通过直接在系统中编程来自己定制相关的功能。

(6) 压力测试

这与传统系统的压力测试相似,包括在运行环境中估计预期的压力,并在测试环境中对其进行模拟,以便于确认建议的配置能否应对这些压力。这种测试包括数据库中的预期数据量、局域网和广域网中的事务处理量,或者由中心服务器提供的、在终端实现的交互会话量。应当使用相关领域的产业标准来衡量观察结果。这种全面的大规模测试可以在企业中实地进行,也可以在销售商的技术展示中心进行。

7.3.3 ERP 系统的选择报告

对 ERP 这样大型、复杂、综合的系统进行选择时,很多功能是难于比较的。而且,参与到选型小组中的、来自不同业务领域的成员也会对预想的企业级系统提出各种不同的观点。最好的办法是尽量将涉及的变量目标化,并且给每个变量特定的衡量指标。这种指标衡量方法是判断价值和解决争论的最好途径。虽然设定的数字只是基于一个相对尺度进行比较的结果,而不是实际值,但却有助于集中更多精力来讨论这些具有一定含义的特殊数字背后的含义。相关的尺度标准或者权重系数应当不断地进行修正,直到大多数参与成员满意为止。通过这种方式,由这些较小范围的结果最终会得出一个全面的结论。

下面讨论一种比较不同 ERP 系统的指标衡量方法。

企业资源计划(ERP)系统特性比较:

(1) 技术方面

用来比较的特性包括综合功能,便于使用,可扩展性、灵活性和可配置性,定制及修订功能,开放的系统结构和接口,单数据入口,集中式数据库,与其他设备、条形码、EDI 等之间的接口,克服 2000 年问题及欧元兼容性,在线文档及上下文相关帮助,未来的升级与扩充,技术转移与培训程序,用户组活动等。

(2) 运作方面

用来比较的特性包括控制与可靠性、便于安装、运行效率、便于绩效调整、便于客户管理、安全和授权、备份和灾难恢复、可用性、资源需求等。

(3) 财务方面

用来比较的特性包括系统成本、硬件、系统软件及网络、基本使用许可费、扩展、第三方解决方案、站点准备、安装、服务、人工、培训、实施顾问、文档管理、差旅、通信、维护、投资差额等。

选型小组使用此指标衡量方法的步骤如下：

① 根据评估准则拟定一个成员间彼此认同的、预想的企业级系统重要特性列表。

② 在选型小组所有成员一致认同的情况下，将这些特性按照重要性排序。

③ 确定哪些特性是必需的。

④ 确定哪些特性是被期待的。

⑤ 为每一个特性指定一个 1～10 的权重系数；这个系数越大，表示预想的企业级系统的这个特性越重要。对必需的特性应当指定一个接近 10 的权重系数。可以采用如下标准：

缺之不可的(Vital)特性＝10

关键的(Critical)特性＝9

至关重要的(Essential)特性＝8

有重大意义的(Significant)特性＝7

重要的(Important)特性＝6

强制具备的(Mandatory)特性＝5

需要的(Required)特性＝4

有用的(Useful)特性＝3

期望的(Desirable)特性＝2

可选择的(Optional)特性＝1

实际的权重系数应当由小组全体成员共同决定。

⑥ 接下来，评估各个 ERP 系统的每一项特性，评估结果分为 1～5 共 5 个等级。5 表示最好，而 1 表示最差，或者说不可接受。一个来源于经验的好办法是：对于某个特性，如果某一系统被一致认为是最好的，那么将该系统这项特性的等级评估为 5，然后，在此基础上，全体成员共同商定其他系统的等级。具体等级评估标准如下：

最好＝5

出众＝4

一般＝3

可以接受＝2

最差＝1

⑦ 将权重系数与相应的评估等级相乘，计算各 ERP 系统每项特性的得分：

得分＝权重系数×评估等级

⑧ 累加每个 ERP 系统所有特性的得分。

脚本测试及压力测试报告：脚本测试及压力测试报告的结果也可以作为比较 ERP 系统的一个指标。如果不同的 ERP 系统给出的测试结果差别很大，这一指标就更应该考虑了。

建议报告：提交给企业决策层的 ERP 选型建议报告应当包括下列内容。

- 选定的 ERP 系统的优点和缺点。这些结论是根据上面给出的评估标准得出的。
- ERP 系统比较表。
- 实施 ERP 系统的成本和收益评估。其中成本包括必需的硬件、系统软件、ERP 软件、网络软件、安装、培训、每年一次的维护保养、实施咨询服务、差旅、通信等的费用。

- 包含关键里程碑的项目实施日程安排。
- 供决策层审查批准的建议。

学习思考题

1. 试述 ERP 系统的评估体系及评估标准。
2. 试述 ERP 系统的选择方法。
3. 试述 ERP 系统的评估要素。

第8章 典型 ERP 软件

8.1 ERP 软件市场概述

8.1.1 全球 ERP 软件市场规模稳定增长

ERP 是在企业管理理念与实践的基础上,根据企业生产经营管理的需要,伴随计算机信息技术的兴盛而产生和逐渐发展起来的。20 世纪 90 年代,美国加特纳咨询公司(Gartner Group Inc.)首先提出了 ERP 概念。简单地说,ERP 就是将企业的物流、资金流、信息流进行全面一体化管理的管理信息系统。

在欧美等发达国家,ERP 软件普及度非常高,已经成为企业生存和发展必不可缺的工具。在发展中国家,很大比例的中大型企业也在应用 ERP 软件。据不完全统计,全球 500 强企业中,有 80% 的企业采用 ERP 软件作为管理日常工作流程以及辅助决策的工具。

随着信息化成为企业商业模式的关键手段,在旺盛的市场需求推动下,全球 ERP 软件行业呈现出快速发展的势头。与此同时,企业员工工资水平不断上涨,劳动力成本优势逐渐消失,提高管理水平和生产效率成为企业增强竞争力的重要因素之一,这极大促进了 ERP 软件的需求。根据 Forrester 数据统计,全球 ERP 软件市场规模已由 2009 年的 406 亿美元增至 2016 年的 514 亿美元,复合年增长率达到 3.5%;2017 年,全球 ERP 市场规模已达 526 亿美元,同比增长 2.3%。2018 年以来,ERP 软件市场保持着持续向前发展的趋势。

8.1.2 我国整体 ERP 软件市场的竞争格局

我国 ERP 软件行业参与者主要分为跨国 ERP 巨头、民族 ERP 软件领导层、国内 ERP 中产阶层、国内中小型 ERP 软件厂商 4 个层次,主要企业有 SAP、Oracle、Infor、用友、金蝶、浪潮通软、金算盘、佳软、英克等企业。

国内主要 ERP 软件厂商及其简介如表 8-1 所示。

表 8-1 国内主要 ERP 软件厂商及其简介

厂商层次	企业	简介
跨国 ERP 巨头	SAP	全球最大的企业级 ERP 软件供应商,SAP 在 ERP 领域有近 50 年的丰富经验
	Oracle	Oracle 是一个数据库公司,但很早就开始做企业程序。目前,Oracle 开发基于云的 ERP,致力于实现真正的混合作业
	Infor	全球第三大企业级应用软件及服务供应商,Infor 的解决方案能够最大限度地帮助企业做个性化设置
民族 ERP 软件领导层	用友	中国最大的管理软件、ERP 软件、集团管理软件、人力资源管理软件、客户关系管理软件及小型企业管理软件提供商
	金蝶	全球领先的在线管理及电子商务服务商,通过管理软件与云服务,已为世界范围内的 680 万家企业、政府提供服务

续表

厂商层次	企业	简介
国内 ERP 中产阶层	浪潮	大中型企业信息化应用领域的领导厂商,在国内最早提出集团企业集中式管理模式和分行业开发 ERP 的策略
	金算盘	主要致力于通过互联网和移动通信网向用户提供集 ERP 功能和电子商务功能于一体的全程电子商务服务
国内中小型 ERP 软件厂商	佳软	专注于企业信息化管理,是专业的软件开发商及服务商
	英克	创办于 1992 年,是中国最早提供企业信息化服务的厂商之一

国内 ERP 软件企业大都深刻理解国内的会计准则、税务法律、劳动合同法等政策法规,同时按照国内的思维方式和语言习惯提供友好的界面和菜单,使得客户容易上手使用,在产品本地化程度上优势较为明显。因此,在整体 ERP 市场中,以用友、金蝶、浪潮为主的国产企业占据了重要市场,其中,用友的市场份额已经超过 30%。此外,跨国 ERP 巨头 SAP、Oracle、Infor 也占据了一席之地。

2018 年中国整体 ERP 软件市场竞争格局如图 8-1 所示。

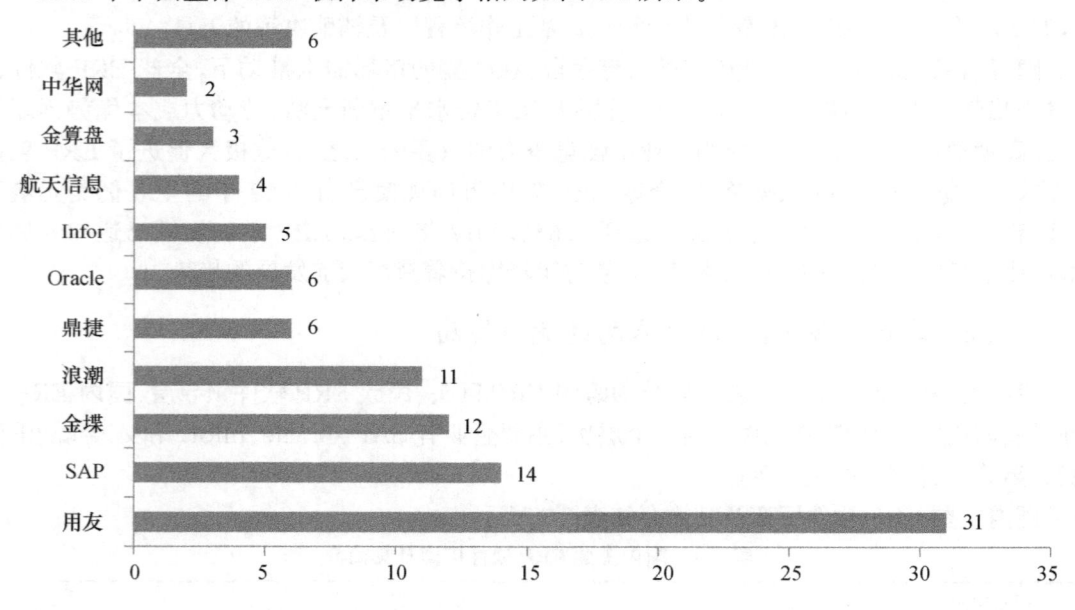

厂商	份额(%)
其他	6
中华网	2
金算盘	3
航天信息	4
Infor	5
Oracle	6
鼎捷	6
浪潮	11
金蝶	12
SAP	14
用友	31

图 8-1 2018 年中国整体 ERP 软件市场竞争格局(单位:%)
(以上数据参考《中国 ERP 软件行业深度调研与投资战略规划分析报告》)

8.1.3 ERP 软件行业前景可期

首先,经过多年的普及,ERP 已成为大型企业的标配。在我国,中小企业居多,而 ERP 实施成本过高,技术支撑要求更高,中小企业很难从 ERP 软件中受益。未来,ERP 系统将走向微小型、低成本、简操作,更多地为中小企业服务。随着 ERP 在提升企业管理水平和竞争力方面的重要作用被逐渐认识,越来越多的中小企业将借助 ERP 提升竞争力,这必然导致中小企业 ERP 软件市场空前繁荣。

其次,云计算的飞速发展,使得 ERP 市场开始出现新局面。从全球范围来看,传统 ERP

将被云 ERP 逐渐替代。相比传统 ERP，云 ERP 基本克服了传统 ERP 的缺点。云 ERP 减少了企业的实现成本，这对于中小企业来说尤其重要，而且企业不需要对 ERP 的基础设施进行投入，不需要运营 IT 部门对 ERP 进行维护。这意味着 ERP 软件的价格将会大幅走低，而 ERP 软件价格的走低，又可进一步提升渗透率，从而打开更大的市场空间。近年来，全球云 ERP 占比正迅速提升。

最后，在工业 4.0 时代，企业面对弹性需求和柔性制造的要求，未来 ERP 链接价值链纵向、横向、端到端的所有信息，全面集成企业内部的生产资源，实现智慧化生产，成为智慧化工厂的核心要素。在这些大背景下，未来 ERP 的设计思路会充分借助网络便捷性，将人员沟通互联与企业间的业务行为无缝链接以达到实现企业管理流程自动化与智能化的目的。

8.2 SAP 系统

8.2.1 SAP 概述

SAP 全称为 Systems Applications and Products in Data Processing，它既是公司的名称，又是企业管理解决方案的软件名称。SAP 是由 5 位系统分析师在德国曼海姆创立的，这 5 位系统分析师的原东家则是 IBM。

截至 2010 年，SAP 公司的员工数接近 3 万，分布于 50 多个国家，目前，全球有 120 多个国家的超过 41200 家用户正在运行 SAP 软件，并且数量每年都在增长，近十年，不论是销售额还是净利润，SAP 都保持着 40%的增长率。

SAP 在各行各业都有广泛的应用，在每个行业都有该行业的解决方案图，能很好地满足每个行业的特殊业务处理要求，并将其制成 SAP 解决方案和合作补充方案，完成网络中端到高端的业务流程。因为 SAP 系统的中心思想就是提供各个行业的应用模块，这些应用都具有很强的灵活性和可制定性。

SAP 系统作为整体稳定性最好的系统，其中最主要的两个产品分别为 R/2 和 R/3，R/2 系统是在 1978 年推出的历史上首个企业解决方案，主要运行在大型机上。1993 年 SAP 与 Microsoft 合作推出 R/3。与 R/2 不同，R/3 主要运行在 PC 端，是一个基于客户/服务器结构和开放系统的、集成的企业资源计划系统，其功能覆盖企业的财务、物流（计划、采购、库存、生产、销售和质量管理）和人力资源管理等各个方面。

8.2.2 SAP 体系结构

SAP 由三层体系结构构成，顶层是用户的界面逻辑演示层，中间层是应用程序层，底层是网络层。顶层的用户界面演示层也称表现层（Presentation Layer），此层作为 SAP 系统用户和 R/3 系统交流的接口，用户可在这一层对系统进行操作，该层将用户的命令或者操作传送给 R3 系统，系统根据用户的命令或者操作进行相应的处理，然后把数据返还给用户。第二层的应用程序层俗称应用层（Application Layer），其中包括一个或者多个应用服务器和一个消息服务器。为了能够更好地应用程序，每个应用服务器能够提供一系列服务。所有的服务在不同的服务器中，用户仅需要向一个服务器发出命令或者操作，多个服务器之间相互传递信息，寻找到与用户相对应的服务器并为之服务。底层的网络层也称数据库层（Database Layer），作为 SAP 系统的核心，它存放了所有 SAP 系统的数据，是体系结构中至关重要的。

SAP NetWeaver 技术平台作为 SAP 的软件基本平台，是一个面向服务的应用和集成平台，其作用是为 SAP 的应用提供开发和运行环境，也可以用来和其他应用及系统进行自定义的开发和集成。SAP NetWeaver 也是一个标准化平台，其中以 NetWeaver 为主要产品，因为 NetWeaver 不仅为 SAP 的所有企业应用提供了一个公共的、基础的平台（提供了 Web 应用服务器的支持、数据的存取和各种系统之间的功能等），而且还提供了许多企业级功能，包括在人员方面、信息方面、流程方面提供集成服务（这是由很多诸如交换架构 XI、主数据管理 MDM 等组件组成的）。除此之外，NetWeaver 还提供了各种相应的基于 Java 和 ABAP 的开放的软件开发环境和工具，把企业应用中最常用的 IT 需求都定制化成产品，提供相关的功能。

这个基本平台又可以分为以下 5 个层次：平台管理层、流程集成层、数据整合层、聚合管理层、发布与接入层。

(1) 平台管理层

平台管理层是 NetWeaver 运行的基础层，其中有 Java 运行环境、ABAP 运行环境、开发环境，以及系统的安全管理与身份管理、各种监控管理工具、全生命周期的运维与监控等。

(2) 流程集成层

流程集成层可以实现 SAP 系统之间（如 ERP 与 CRM 之间）、SAP 与非 SAP 系统之间全面的流程集成(A2A)，也可以实现与企业外部系统的集成，如银企直连(B2B)。在这一层可以实现企业的 ESB 总线，从而构筑企业的 SOA 应用，实现企业各类业务应用系统之间的集成。

(3) 数据整合层

数据整合层主要由数据管理和企业信息管理组成。数据管理主要包括主数据管理以及数据集成服务（主数据 & 业务数据）。在这一层实现了主数据管理的规范化、标准化，从而实现了整个企业范围内主数据的统一管理、集中维护，并且实现了这些主数据与各个关联业务系统的协同和分发，保证企业在异构的各信息系统中具有准确统一的高质量的主数据，从而推进业务流程的改进，提高生产力。

(4) 聚合管理层

在这一层主要实现了业务流程管理以及界面、信息、服务的聚合应用。通过业务流程管理组建可以实现对服务的重新编排，按需定制企业的业务流程。

(5) 发布与接入层

在这一层主要实现了友好的人机界面互动，以及多渠道、多方式的发布与展现。传统方式下用户需要自主打开界面进行访问；新方式下，可以将数据通过各种渠道进行发布，如大屏幕、各类 Pad、短信与邮件、各种智能手机与手持设备等。

8.2.3 SAP 基础平台接口

1. RFC 接口

RFC(Remote Function Cal)接口技术，可以实现在一个系统中远程调用另外一个系统中的函数模块的功能。同时，在同一个系统中也可以实现 RFC 功能，但是通常调用者和被调用者分别在不同的系统中。

SAP 系统中运行的 RFC 函数必须是实际的函数模块，同时必须在系统中有远程标记。

2. 非 SAP 程序的调用接口

当调用者或被调用者是非 SAP 程序时，必须在它的系统中编程来实现 RFC 通信。为了在非 SAP 系统中实施 RFC 调用程序，SAP 提供以下技术。

（1）RFC 生成器

RFC 生成器可创建模板程序外部借口，外部程序可以通过使用基于 RFC 和 GUI 的接口来调用 SAP 系统中的函数模块，并在自己的系统中执行。

（2）BAPI 接口技术

BAPI(Business Application Programming Interface)是标准的业务接口，它可以实现外部应用系统之间访问 SAP 系统的流程、功能及数据。

BAPI 技术提供了标准的、平台独立的(与所属平台无关的)接口，实现了外部应用访问 SAP 系统。它可以实现 SAP 系统与第三方软件、旧系统及客户自行开发系统的集成。

BAPI 技术和 CORBA&COMDCOM 分散式对象处理技术兼容。同时，使用 BAPI 技术开发应用功能，不需要对 SAP 底层技术进行了解。BAPI 技术实际上是简单的 ABAP/4 函数模块，它具有以下特点：

- 任何一个 BAPI 首先必须具有 RFC 的功能。
- 一个 BAPI 通常是同步执行的(特例：使用 ALE 功能实现非同步 BAPI 技术)。
- 所有 BAPI 的参数必须参照一个 ABAP 数据字典类型来定义，不能使用常规的 ABAP 类型(如 I 整型或 C 字符型)；一个 BAPI 不能定义任何例外，必须使用一个 EXPORT 参数来报告错误。

3. IDoc 接口技术

IDoc 是 EDI(电子数据接口)的一种标准。使用 EDI 技术，文件的技术结构被保留下来，这可以使得接收者用自己的业务软件自动处理文件。业务合作的双方都是独立的，他们可以独立决定自己的 T 架构和业务软件。因此 EDI 标准必须建立，以确保发送者的数据结构可以对应到 EDI 标准，同样，接收者的数据结构也可以对应到 EDI 标准。这样，借助 EDI 标准的作用，可以保证双方都相对独立。

4. BC 接口技术

SAP 的 BC(Business Connector)接口技术，就是支持 XML 方式的 BAPI 和 IDoc 接口技术。通过 BC 接口技术的使用，可以无缝集成不同体系，缩短供应链的周期，提高效率；执行业务流程；使客户、伙伴与供应商形成紧密联系。

同时，这种带 XML 技术的解决方案容易理解、使用及客户化。它高度的灵活性使它可以在业务伙伴之间进行实时的数据交换。此外还可以和 SAP 其他新产品紧密地集成。

8.2.4 SAP 项目应用与实施

1. R/3 应用模块

SAP R/3 的应用模块如图 8-2 所示，其主要模块介绍如下。

图 8-2　SAP R/3 的应用模块

(1) 财务与会计

财务与会计模块是整个集成系统的核心业务流程,因为其他模块都把交易信息传递给这个模块,其中财务模块包括总账会计和结算、应收账款、资产管理、公司合并。会计模块包括成本要素会计、成本中心会计、收入要素会计、产品成本、目标成本、赢利分析、基于业务的成本。财务与会计模块和销售与分销、物料管理、生产计划、人力资源等模块都存在接口。

(2) 销售与分销

该模块核心业务流程包括客户 RFQ 处理和客户查询、客户报价处理、订单条目、交货安排、可获得性检查、定价、信用检查、开票、包装、运输、客户未偿结余、客户营销活动、购买清单和购买流程、购买确认、仓库管理流程、运输流程、销售报表生成。该模块与物料管理、生产计划、财务等模块存在接口。

(3) 物料管理

物料管理模块的核心业务流程包括查询采纳需求、报价请求、报价、采购订单、货物接收、发票验证、支付、拖欠款项、卖方评估、质量控制。该模块和财务与会计、销售与分销、生产计划、质量管理、工厂维护等模块之间存在接口。

各模块之间的接口如表 8-2 所示。

表 8-2　各模块之间的接口

	FI-CO	SD	MM	PP	QM	PM	HR
FI-CO	×	√	√	√			√
SD	√	×	√	√			
MM	√	√	×		√	√	
PP				×			
QM					×		
PM						×	
HR							×

2. ABAP/4

ABAP 是一种高级企业应用编程语言(Advanced Business Application Programming),起源于 20 世纪 80 年代。经过不断发展,现在的版本为 ABAP/4,SAP R/3 的应用程序就是用 ABAP/4 编写的。

ABAP/4是面向对象语言，它支持封装性和继承性。封装性是面向对象的基础，而继承性则是建立在封装基础上的重要特性，继承性使我们在软件复用和软件维护方面获得极大好处。面向对象开发技术已经成为主流方向，它使得我们在软件开发时，可以形象直观地把问题空间的对象映射到计算机的解空间中，从而在需求改变时，软件系统可以柔性地随之改变。

ABAP/4具有事件驱动的特性，和COBOL具有类似之处，适合生成报表，支持对数据库的操作。

3. 项目准备阶段

一般来讲，无论采用什么样的项目实施方法，整体的项目准备过程基本都是相同的，大概可分为5个阶段：项目准备、蓝图设计、系统实现、上线准备、系统切换及上线支持。项目系统图如图8-3所示。

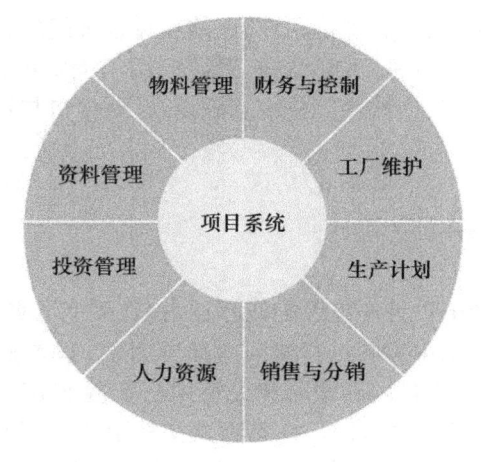

图8-3 项目系统图

(1) 项目准备

项目准备又可以说是项目前期的总结，之前有关项目的一系列工作都可算是准备阶段工作，它以项目启动大会为结束标志。前期准备阶段工作包含项目计划、项目的一系列章程、项目组织及结构、项目中人员的职责、工作环境等的设定，前期准备的时候，还没有完全进入项目实施阶段，直到召开项目启动大会，顾问到场出席，才算正式进入项目实施阶段。项目实施前的准备工作是整个项目的基础，为了使项目后续阶段进展迅速，需要进行周密的组织、计划等工作，全层的组织结构如图8-4所示。

项目指导委员会：包括一名首席项目指挥官、所有关键用户代表、所有关键咨询人员、咨询顾问等。项目指导委员会的职责是为整个项目指引方向，批准和控制项目的范围、实施策略、已识别的项目风险及其遏制措施，对项目中的每个问题做出快速决策等。

项目管理组：由项目经理、项目秘书和几个项目协调员组成。项目经理对项目负全面责任，他领导项目管理组。项目管理组必须管理所有的项目，解决和协调各模块内部及模块间的各种问题。

项目组：由项目负责人及项目成员组成，由项目负责人领导，项目负责人必须具有较强的领导能力，熟悉他们要实施的软件模块。项目成员必须具备在短时间内接受和应用新知识的能力，同时能很好地应对标准软件实施的复杂性。项目组的职责是配置客户化系统、完成与现

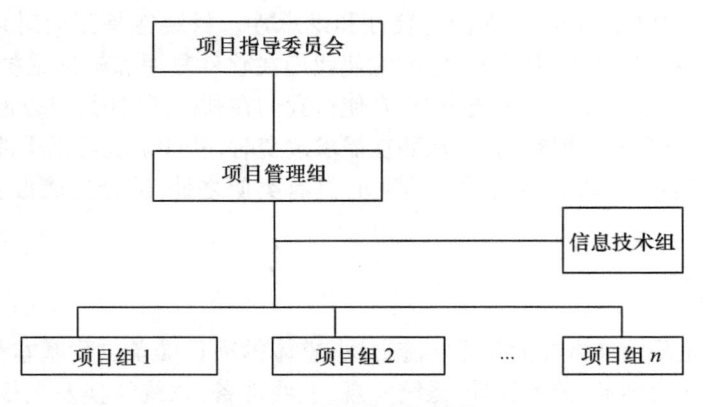

图 8-4 全层的组织结构

有模式相应的模式测试系统、培训和支持用户、评估项目管理组的方案等。

信息技术组：由 IT 经理、秘书、系统经理、系统应用工程师组成,主要职责是建设、维护、管理和控制硬件、软件、局域网、广域网等技术基础设施,对接口与转换、文档、规程进行分析和编程。

(2) 蓝图设计

这个阶段主要完成未来流程的设计。

(3) 系统实现

系统实现要做的是将蓝图设计中涉及的流程在 SAP 系统里实现,需要的大多是技术方面的工作,也叫系统配置,配置结束后要进行顾问内部的测试,基本流程测试无问题后进行单元测试和集成测试,单元测试过程是内部顾问和关键用户掌握 SAP 详细功能的起点,针对本业务范围内的所有业务场景进行功能测试,单元测试文档由关键用户准备,记录测试过程及结果,这个文档也是接下来用户培训阶段培训手册的蓝本。此阶段顾问要着重解决关键用户提出的各种业务流程在系统中如何表现的问题,也是对关键用户进行 SAP 操作培训的最重要的步骤。单元测试结束后进行集成测试,集成测试可先在两两模块之间进行,先解决小范围集成遇到的各种问题,然后再进行大范围集成,涉及企业日常运作的主要场景,包括销售预测、销售订单、生产计划、采购、库存、生产、销售、收款等业务循环各阶段的操作,进行凭证的显示查询、单据的流转等。此部分工作主要由关键用户来完成。

(4) 上线准备

此阶段要做的主要工作是上线数据的准备以及最终用户的培训,数据可分静态数据和动态数据,静态数据也称为主数据,而动态数据无非是各种类型账户的科目余额。

(5) 系统切换及上线支持

此阶段实现数据从原有系统到新系统的导入。

4. 项目实施阶段

(1) 项目定义

用简明扼要、易于理解的方式来说明项目的内涵。

(2) 项目目标

项目目标要与公司近几年的任务和目标相一致。项目实施后,必须进行目标验证。整个目标由指导委员会确定,每个分解的项目目标由项目组定义。

(3) 项目策略

项目策略设置项目指导准则,包括项目地点、参与部门、实施原则、将要应用的硬件和软件。它由指导委员会定义,所有项目成员都要遵守。

(4) 项目实施

普遍来说,就单纯实施 SAP 系统而言,周期一般为 8~12 个月(从启动到上线),如果涉及仓库条码系统,大量第三方系统数据对接(OA、SRM、CRM、零售系统等)以及机台生产设备对接等,则实施周期会延长。

SAP 的实施就是根据业务需求配置系统表、创建公司的表格和报表、接口编程和建立授权,它是准备阶段完成后的后续阶段。

① 建立组织结构模型

搞清组织的结构、业务流程是实施 SAP 的基础,建立组织结构模型是项目最基础的一步,组织信息和业务信息是进行客户化的关键。实施 SAP 还要明确系统实施的进程和阶段,以及实施的条件。

② 客户化

通过使用 SAP 提供的实施指南(IMG)可以定制 SAP,可以快速客户化。SAP 拥有 800 多个配置表,公司的所有业务流程都可以通过配置 IMG 中的参数来映射 SAP 中的各个功能。SAP 是知识库导向的系统,快速定制 SAP 可以使用传统的计算机辅助软件工程(CASE)。

③ 接口

必须考虑原有系统与 SAP 模块的数据导入、导出问题。该问题经常被忽视,但却是必须优先考虑的,否则可能给系统实施带来较大影响。可以通过编写转换与接口手册来规范系统接口的项目实施。

④ 报表与表格

SAP 提供了许多标准的报表和表格,基本上可以满足需要,但有时人们需要个性化的表格,这就需要通过编程来实现。SAP 对报表提供了各种创建工具,如果报表十分复杂,同样需要编程来实现。编程之前,对于用户确实需要什么样的报表,还需要花时间来分析和设计。

⑤ 授权

SAP 系统的各个模块提供了公司所有业务流程的信息,要求进入系统的数据安全可靠。另外,对可以访问的数据分等级进行限制,而这些可以通过授权来实现。通过与流程所有者、数据所有者以及人力资源管理部门合作来建立部门的 Du Some/ALL,See Some/All 矩阵,建立整个企业的安全风险描述文件。还可以为每个用户制订作业角色矩阵,包括用户所负责的各项功能及活动的详细情况。

⑥ 最终集成测试

先定义最终集成测试的范围,再执行最终测试计划。最终集成测试范围以企业实际业务范畴为基础,包括测试范围、测试场景、测试流程、资源。为测试制订计划并执行最终集成测试,整个测试过程包括输入初始数据、运行测试实例、记录测试结果、对测试结果与预期值比较和评估、记录测试过程中的问题并解决它、完成所有测试实例。

⑦ 实施后续工作

实施后续工作指 SAP 系统实施以后的系统维护阶段。SAP R/3 全面的功能、灵活性、升级策略使得后续的维护工作大大简化。传统的应用软件后续的维护成本常常占总成本一半以上,而 SAP 的后续维护成本则相对少多了。

SAP R/3 升级是保持系统先进性、功能完善性等的必要措施。SAP 主要的升级服务包有纠正性升级和功能性升级两种。升级后还要考虑系统流程、报告、接口的集成测试。项目实施后,要保留原开发人员,至少要在两个实施周期长度时间内保留实施队伍,这对企业和个人都是有好处的。

⑧ 项目中的风险管理

风险管理可采用多种策略来减小项目本身存在的风险,如选择最关键的流程、流程的归档、流程的合理化、流程的标准化等。

风险管理一般包括 5 个流程:风险计划、风险识别、风险分析、风险响应、风险监控。

8.2.5 SAP 的最新进展

SAP R/3 提供标准 ABAP SQL 跟踪工具,对设定画面进行追踪。

SAP ABAP 性能优化:内存管理(ABAP Memory vs. SAP Memory)。

Data Archiving 数据归档:这是最行之有效的方法。

建立索引 SE11:在表中使用 Create index 功能。这里创建索引的依据是 Where 条件后面的字段,不全是 Key Fields,一般关键字被 SAP 默认创建为 Primary Index。牺牲一些空间,可实现性能的提升。

用 Hint 指定 Index:Hint 是 Oracle 提供的一种 SQL 语法,它允许用户在 SQL 语句中插入相关的语法,从而影响 SQL 的执行方式,如果 Hint 写错了,在 Oracle 层会被当作注释处理。ABAP 中常见的有两种用法:全表扫描(HINTS ORACLE 'FULL')、指定索引(HINTS ORACLE 'INDEX')。

云平台:SAP 云平台(SCP)是 SAP 公司云应用(企业级)的"底座",也是 PaaS 平台,它是企业云服务的开发框架。SCP 是在云上集成 SAP 核心系统和各类 SaaS 服务(以及 SaaS 的外部定制)的集成平台,其中也包含人工智能、物联网、区块链等服务。云平台大大推动了企业发展。

数据平台:对大数据的提取、分发、存储、管理、分析及信息集成层,数据平台既包括 HANA 数据库,也包含非结构化大数据、数据治理等一系列工具。

8.3 Oracle ERP

8.3.1 Oracle ERP 简介

Oracle 的主要产品有 Oracle 电子商务套件(Oracle E-Business Suite)、Oraclelog 新一代电子商务平台。Oracle 公司开发的包括 ERP 在内的 Oracle Applications Rlli 是世界上唯一的全面集成的电子商务套件,能够实现企业经营管理的全面自动化。Oracle 电子商务解决方案的核心优势就在于它的集成性和完整性,用户可以从 Oracle 公司获得任何所需的应用功能。Oracle ERP 的主要功能模块包括企业管理系统、财务信息系统、人力资源管理系统和预警系统 4 大类。Oracle 具有很好的衔接性,DEC VMS、Windows NT、UNIX 均可作为 Oracle 的服务器平台。它支持按订单生产、按订单设计、按库存生产、批量生产、流程式生产、合作生产、离散型制造、复杂设计生产、混合型生产等多种生产经营类型,用户主要集中在航空航天、汽车、化工、消费品、电气设备、食品饮料行业。

8.3.2 Oracle ERP 的主要特点及优势

1. 以 Internet 为运作平台分析

Oracle 的所有方案均基于 Internet 应用体系结构,开放的 Java 语言和技术标准使 Oracle 的应用系统不受硬件平台、企业规模大小、地域等因素的限制,用户都可以通过 Web 安全、直接地访问,企业能够通过 Web 完成包括报价、订单、支付、执行、服务等在内的企业业务过程的所有环节,将现有业务内容快速转移到电子商务,迅速收到电子商务的高效益。而基于非 Internet 结构的应用系统,基本基于客户/服务器结构,这将限制应用系统的规模和并发用户数,这给全球一体化背景下跨国企业的管理系统运行带来相当大的难度,跨国大型企业不可能应用一个数据库的管理系统,这将给这些选用该 C/S 系统的企业带来巨大的系统投资费用和系统维护成本。

2. 系统建设价格分析

这个问题我们得从系统建设成本来看,不能单就一个 ERP 产品许可证费用来看,其实经过激烈的市场竞争,一个企业是否实施 ERP 系统,要看全部投入的费用,其计算公式:

总投入费用＝ERP 产品许可证费用＋数据库费用＋中间件费用＋服务器硬件实施费用

通过收购和自身发展,Oracle 现在已经是一家拥有硬件和软件产品的全方位 IT 公司,它可以为用户提供 Sun 硬件服务器和阵列、Solaris 操作系统、Oracle 数据库、中间件和 ERP 系统产品。

3. 低维护成本分析

传统的客户/服务器模式的 ERP 虽然可实现跨广域网络的运作,但前提条件是使用者需要预先安装客户端软件,现代企业正在向着经营形态上跨国的多工厂、多营运点的形态发展,传统客户/服务器模式的 ERP 在维护上不仅耗费人力,而且在软件升级的安装与维护上困难更多。

Oracle 公司打破原有观念,推出基于 Internet 平台,并以 Java 为语言的 ERP 软件架构。软件使用者在安装浏览器后便可以较为方便地实现与公司 ERP 系统的连接,这种架构带来了实实在在的好处,适合跨国企业多工厂、多营运点的经营形态,在软件维护上较为简便,可节省较多维护成本。

4. 技术优势分析:支持跨国企业多公司、多工厂、多币制运作模式

不同币制的管理是跨国企业跨国经营不得不面对的问题。币制间汇差所引起的结账日的异常,导致采购、物料管理以及会计等相关人员将大量时间与人力投入到对异常情况的核查之中,这部分人力和财力的投入本身是不产生价值的,对企业的营运而言是不必要的成本支付。Oracle ERP 的架构设计支持跨国企业多公司、多工厂、多币制的运作模式。对于跨国企业的软件作业,Oracle ERP 采取在同一数据库可建立多公司、多账本、多工厂的架构模式。这样的系统架构,在数据维护上可弹性地配合公司在营运面上的考虑,很方便地开立组织数据库维护,新成立的子公司或营运网点不必另外购买一套软件,只要在公司原有系统开立一个新组织,再通过 Internet 联机就可以马上使用、共享公司原有资源和信息,省去了新营运网点安装软件与资料复制传递的困扰与成本,管理层在总公司也可以监控营运网点的运作情况。在日趋激烈的市场竞争环境下,系统必须能配合公司的变动做调整,而不能变成公司灵活营运的绊脚石。

5. 软件功能优势分析：与 SCM 和 CRM 软件的整合

近年来，随着卖方市场到买方市场的转变，企业经营理念也由以产品为中心转为以客户为中心，经营理念的转变刺激了企业的新需求——在供应链管理与客户关系管理方面的需求，在此情况下，涌现出一批专门为其他企业提供"供应链管理"（SCM）与"客户关系管理"（CRM）软件的供应商。诸多软件供应商所开发的软件无论优劣，均存在一个共同问题，即如何实现与现有 ERP 软件的整合，SCM 和客户关系管理 CRM 的正确运作需要数量庞大的信息，而这些海量信息均需要从 ERP 数据库中调取。SCM 和 CRM 软件供应商通常会在软件中安装相关工具软件或嵌入式程序，以此与知名 ERP 系统整合，但是这些工具软件往往价格不菲，有的甚至超出 SCM 或 CRM 软件本身的价格。此外，SCM、CRM 软件与 ERP 软件的非同步性会对企业的正常运作造成潜在危机。如何实现与企业现有 ERP 软件的信息整合成为 SCM 和 CRM 软件供应商面临的一个巨大挑战。

Oracle 依靠数据库起家，以此为基础构建企业管理软件，其核心优势就在于它的集成性和完整性。用户可以从 Oracle 公司获得任何所需要的企业管理应用功能，这些功能集成在一个技术体系中，如果用户想从其他软件供应商分别购买不同的产品，而这些系统分属于不同供应商的技术体系，由不同的顾问予以实施，那么就会影响各个系统之间的协同性。Oracle 的 SCM 和 CRM 软件的核心信息来自 Oracle ERP，因而使用 Oracle ERP 的企业购买 Oracle SCM 和 CRM 软件可以较快实现信息共享，不存在软件整合的问题，从而可以省去购买信息转换工具软件所需 Oracle 的资金。

因而 Oracle ERP 软件适合于对软件集成性要求较高的企业，在中国企业中的应用也较为普遍，中国网通、中国联通、新飞电器、长安汽车等企业均是 Oracle ERP 软件的用户。

8.3.3 Oracle ERP 系统模块简介

Oracle ERP 系统模块如表 8-3 所示。

表 8-3 Oracle ERP 系统模块

制造系统模块	Oracle Engineering BOM（工程资料管理系统）
	Oracle Work in Process（生产管理系统）
	Oracle Cost Management（成本管理系统）
	Oracle Planning Product（物料需求计划系统）
	Oracle Quality（质量管理系统）
分销系统模块	Oracle Inventory（库存管理系统）
	Oracle Purchasing Management（采购管理系统）
	Oracle Order Management（订单管理系统）
财务系统模块	Oracle General Ledger（总账管理系统）
	Oracle Payables（应付账款管理系统） Procure to Pay Cycle
	Oracle Receivables（应收账款管理系统） Order to Cash Cycle
	Oracle Fixed Assets（固定资产管理系统）
	Notes Management（票据管理；本地开发模组）
	GUI. VAT（发票及进销项管理；本地开发模组）

续表

其他系统模块	Oracle 设备管理(EM)
	Oracle 人事管理(HR)
	Oracle 薪金管理(Payroll)
	Oracle 系统管理(System Amin)
	Oracle 预警(ALT)
	Oracle 多维数据分析/商业智能系统(Olap/Bis)
	Oracle 桌面集成(ADI)

1. **Oracle 制造系统模块**

(1) 工程资料管理系统

数据管理系统允许工程设计人员使用其工具迅速将新产品的设计数据转变成生产产品所用数据，并可方便地定义产品技术说明，同时，它还是一个完整的工程改变控制系统，以此管理产品设计的改变。

(2) 生产管理系统

生产管理软件针对中小型制造企业的生产应用而开发，能够帮助企业建立一个规范、准确、即时的生产数据库，同时实现轻松、规范、细致的生产业务、库存业务一体化管理工作，提高管理效率，掌握及时、准确、全面的生产动态，有效控制生产过程，适用于所有从事产品制造及有库存管理需求的企业。

(3) 成本管理系统

该系统专门处理采用计划成本核算的材料成本，计划成本法的物料通过该系统录入计划调价单，以调整计划单价，可查询、修改、审核计划调价单，并查询计划成本法物料的历史计划价格。成本管理信息化需要建立奖惩机制，更需要执行监督。

(4) 物料需求计划系统

该系统根据产品结构各层次物品的从属和数量关系，以每个物品为计划对象，以完工时期为时间基准倒排计划，按提前期长短区别各个物品下达计划时间的先后顺序，是一种工业制造企业内物资计划管理模式。物料需求计划是根据市场需求预测和顾客订单制订产品的生产计划，然后基于产品生产进度计划、组成产品的材料结构表和库存状况，通过计算机计算所需物料的需求量和需求时间，从而确定材料的加工进度和订货日程的一种实用技术。

(5) 质量管理系统

质量管理系统是基于 ISO/TS 体系管理要求展开设计和开发的，其核心价值为实现企业质量管理的持续改进机制的固化，实现在现有科技高速发展背景下的质量管理模式的跨越发展，旨在提升企业产品质量保证能力的一套管理系统。

2. **Oracle 分销系统模块**

(1) 库存管理系统

库存管理系统是一个完整的库存管理解决方案。它帮助控制库存，保证生产中有足够的数量，同时增加仓库的产出效率。

(2) 采购管理系统

采购管理系统是一个现代化的、功能齐全的采购方法，它可以帮助处理采购申请、采购订单及快速接收,使管理人员可以集中精力处理货源之间的关系和管理获取的过程。
（3）订单管理系统

订单管理系统能提高销售订单管理及分销率,并通过精简销售订单录入及管理流程来提高客户服务水平。

3. Oracle 财务系统模块

该模块的 4 个主要系统介绍如下。

（1）总账管理系统

总账管理系统为管理与简化会计处理提供了极大的灵活性,可以定义多个会计年度及科目表结构,根据已定义的会计科目生成规则账务管理系统,自动增加新的科目。

（2）应付账款管理系统

应付账款管理系统是高效率的付款会计解决方案,它可加强财务控制,尽可能获得最大折扣；防止重复付款；对订购的、已接收的商品和服务及时付款。

（3）应收账款管理系统

应收账款管理系统能改善企业的现金流,并处理和发票有关的所有业务。

（4）固定资产管理系统

固定资产管理系统是一套完整的固定资产管理方案,它帮助准确维护资产和设备,保证选用最好的会计管理策略和纳税策略。

4. 其他系统模块

其他系统模块由 Oracle 设备管理、Oracle 人事管理、Oracle 薪金管理、Oracle 系统管理等产品组成,包含一套完整的人事及工资管理的电算化方案,为管理企业的人力资源提供了实用的电子化工具。其中预警系统是一个灵活的、自动化的例外管理和报告工具,从而使管理者随时了解关键业务,进行自动化作业流程,并更好、更快地做出决策。

8.3.4 Oracle ERP 应用设计

1. 弹性栏位设计

Oracle 应用系统提供弹性栏位设计,让用户可对标准系统所提供栏位不足之处加以扩充,不需要修改程序本体,以降低维护修改的复杂度,并在系统升级时将弹性栏位一并保留升级,如弹性会计科目设计与组织调整、弹性客户资料栏位。

2. 完整应用系统

用户仅需通过浏览器及经过安全认证的 LAN 或 Internet 存取个人授权资料,而 IT 人员采用中央管控资料库及应用程序服务器,大幅降低了系统维护的困难度。

3. 资料库系统

Oracle 应用系统采用业界公认的高稳定性、高可靠性资料库,提供一致性与延展性服务,用户也可通过 Oracle 所提供的使用简易的分析工具做出自定义报表。

4. 图形用户界面

Oracle 提供用户自定义画面与常用功能，并整合 Excel 等 Office 工具，让用户可通过友好的用户界面进行存取。

5. 标准 API

Oracle 系统各模组之间提供数十种标准 API，让用户可以依照标准格式与其他应用系统互动。

8.3.5 Oracle 中小企业 ERP 解决方案

随着电子商务的快速发展，Oracle 加强了对中小企业的重视程度。2002 年 11 月 Oracle 推出定位于中低端市场的 Oracle 电子商务套件特别版，以满足中小企业对 ERP 及信息化管理的需求。

Oracle 电子商务套件特别版是专门为成长型中小企业制作的软件，力求在降低企业购置成本的基础上实现全面满足中小企业应用需求的目标。该特别版软件由财务、采购、订单管理、库存、离散和流程制造、客户关系管理、商务智能等模块组成，将在大型企业中已经取得大量成功经验的全面集成的解决方案扩展到广大中小企业用户，低成本、低风险、高效率地在企业中普及应用，很好地解决了中小企业在信息化建设中面临的整体规划与风险的矛盾。Oracle 电子商务套件特别版由于定位明确，迅速获得了广大中小企业用户的青睐，获得了阶段性竞争优势和可观的投资回报。

1. Oracle 电子商务套件特别版的特点

（1）功能强大

Oracle 电子商务套件特别版以较为成熟的 Oracle 电子商务套件为基础，充分利用原有成功经验，考虑到中小企业需求，在不改变产品特性的情况下向成长型企业提供强大的业务应用程序。Oracle 电子商务套件特别版包括 8 个关键模块，功能齐全，能全面覆盖中小企业应用的需求。中小企业可以通过使用 Oracle 电子商务套件特别版及时、准确获取可靠、共享的信息，从而更好地控制企业业务并提供决策支持。

（2）应用成本低

Oracle 电子商务套件特别版是为中小企业量身定制的，是一种非常经济实惠且风险低的解决方案，价格在几十万元范围内，是一款高性价比的管理软件。

（3）实施周期短

中小企业信息化基础差，需要周期短、效率高的企业管理系统。Oracle 电子商务套件特别版化繁为简，去除冗余程序，并对功能模块进行了预先安装和预先配置，能保证快速和标准地实施。通过快速实施步骤，预先配置安装的特别版组件只需几小时就可运行，整个业务系统在 10～40 天之内就可彻底部署完毕，达到上线的要求。这达到了中小企业对应用系统的预期，使其可在一个较短和可预见的时间范围内应用，获得更快的投资回报，真正符合中小企业软件易购买、易实施、易维护的需求。

（4）扩展能力强

Oracle 电子商务套件特别版来源于 Oracle 电子商务套件，针对中小企业的需求，不仅实施了能够解决关键业务问题的模块,同时也具有高度的集成性。随着中小企业的成长及业务规模的扩大,可以很方便地增加一个或多个新模块,不必重新实施或者集成单调解决方案,易于实现系统扩展。这有利于保护中小企业在信息化管理方面的投入,支持中小企业的持续成长和发展。

在 Oracle 电子商务套件特别版的基础上,2004 年,Oracle 中国公司在上海 Oracle 全球管理与新技术大会上宣布:为中国的中小企业推出 14 款 ERP 解决方案应用软件包,该应用软件包在 Oracle 电子商务套件特别版的标准定价的基础上提供了不同的模块,并捆绑了快速启动实施方法,顾客可以对实施时间和产品功能有非常清晰的期待值,为中小企业控制预算、缩短施工时间提供了很大的灵活性。

2. 中小企业 ERP 快速启动实施方法

Oracle 中小企业 ERP 捆绑了快速启动实施方法,在传统 ERP 实施方法的基础上,大大缩短了实施进程。

Oracle 中小企业 ERP 快速启动实施方法主要依靠项目范围确定、主系统环境搭建和配置手册的形成来缩短必要的项目实施周期。利用 Oracle 中小企业 ERP 快速启动实施方法,如果实施以财务模块为主的管理信息化,传统方法一般需要 16 周以上,而 Oracle 中小企业 ERP 快速启动实施方法最快 7 天就可以完成;如果实施全面 ERP,传统方法需要 240 天至 360 天,Oracle 中小企业 ERP 快速启动实施方法最快 47 天就可以完成。

2005 年,Oracle 电子商务套件特别版在亚太区的业务实现了 120%的增长率,其亚太区中小企业用户占 50%的份额。Oracle 在拓展中国中小企业市场方面同样成绩显著,2005 年,以 Oracle 电子商务套件特别版为基础的 Oracle 中小企业 ERP 解决方案就取得很大进展,全国十多个行业的数十家企业采用了该方案,该解决方案的全年销售额增长率超过 130%。

8.4　Infor

8.4.1　Infor 简述

Infor 是全球第三大企业级应用软件及服务供应商,总部设在美国纽约,主要研发行业专属、以速度取胜的应用软件产品及套件,并采用突破性技术提供丰富的用户体验和灵活的部署选项——包括云部署、内部部署或二者相结合,其产品处于世界领先地位。Infor 覆盖范围广,截至目前,已经有 164 个国家/地区超过 70000 家客户选择使用 Infor 产品来改善企业运营。

曾经的 Lawson、SSA、MAPICS、BaaN、SYMIX、Fourth Shift(四班)、Datastream、Geac、EXE、Daly. Commerce、Varial、NxTrden、Aperum 等管理软件领域大名鼎鼎的厂商,已经归到 Infor 旗下。通过收购和改进,Infor 创造出许多功能丰富、便捷简约的软件产品,其中具有代表性的产品有 Infor LN、Infor M3、Infor WMS、Infor EAM 等。

2019 年 6 月,Infor 2019 制造业数字化创新高峰论坛顺利召开。多年来,Infor 深耕中国市场,始终关注着中国企业的数字化转型与蜕变。各行各业的专家和商业代表广泛参与此次论坛,这充分体现了业界对 Infor 创新能力的高度认可。

8.4.2 Infor LN

1. Infor LN 简介

Infor LN 是面向业务复杂的小型和大型制造企业的全球 ERP 云解决方案,旨在满足制造商独特的业务需求。Infor LN 提供快速、经济高效的部署,在整个生产车间和供应链中集成了财务运作、质量管理、服务管理、订单管理及业务合作伙伴。它支持所有离散型的制造类型,如混合模式制造、装配规划和控制、特定客户物料清单和工艺路线、车间控制、重复制造等。基于行业的特定分析可帮助企业收集实时数据并监控各种指标,从而改善与业务合作伙伴的沟通。

2. Infor LN 核心模块

Infor LN 核心模块有服务生命周期管理、质量管理和项目生命周期管理。

（1）服务生命周期管理

服务生命周期管理能够确保服务备件管理、通信技术、现场服务管理和产品支持运营一致,进而最大限度地增加客户的正常运营时间。服务生命周期管理的主要业务有客户联络中心管理、保修和理赔管理、维护修理和大修（MRO）以及服务站管理。

（2）质量管理

当今市场环境的特点之一是用户对产品质量的要求越来越高,这就更要求企业将提高产品质量作为重要的经营战略和生产运作战略之一。质量管理的主要业务有高级产品质量计划（APQP）制订、统计质量控制（包括抽样计划）、首件检查、质量管理仪表盘监控、非合规报告编制、嵌入式企业社交协作（帮助规划和解决质量冲突）。

（3）项目生命周期管理

项目生命周期指一个项目从概念到完成所经过的所有阶段。项目生命周期管理可以使企业管理者对该项目有一个整体的把握,及时发现项目存在的隐患并加以解决。项目生命周期管理的主要业务有高级合同条款和条件、竞标和报价以及企划管理、实获值管理,产品成本分类账、项目合同管理、项目需求和供应挂钩、供应商分阶段付款、合同流程管理。

3. Infor LN 的优势

- 可部署于云端或本地的单套、全球化 ERP；
- 支持 ETO、MTO、MTS 和重复性生产；
- 可扩展的个性化工具,无须自定义源代码；
- 提供 21 种语言版本；
- 符合 49 个国家的当地要求；
- 具备基于行业最佳做法的内置业务流程；
- 全面的装配线控制可适应临时的客户变更和复杂的产品；
- 完整的供应链可视性贯穿从生产到装运、服务、保修及翻修的整个过程。

8.4.3 Infor M3

1. Infor M3 简介

Infor M3 能够处理制造商和分销商的复杂流程，是一款基于云端的 ERP 解决方案。它专为中到大型全球制造商、分销商和售后服务提供商而设计，可以帮助企业灵活地管理混合模式和复杂价值链，在涵盖多个公司、多个国家/地区及多个设施的 ERP 云解决方案平台上，具有无可比拟的用户体验、行业特定功能以及灵活的部署选项。借助 Infor M3 中适用于制造业的 ERP 功能，企业能够快速适应行业趋势变化、业务模式转型，以及食品饮料、化学品、时尚、设备、分销等行业业务的发展。

2. Infor M3 的特性与优势

（1）更快地实现结果，显著降低风险

企业利用 Implementation Accelerator 无须对原系统进行重大修改即可快速实施 Infor M3。Implementation Accelerator 包含一组预配置、行业特定流程和内容。Infor M3 的应用使得企业在短期内可以看到预期结果，如降低项目风险。同时，由于 Infor M3 的灵活性，企业可以针对特殊业务需求进行"量身定制"。

（2）行业分析与全面洞察

Infor M3 中的行业特定分析包提供预设置的仪表盘、报告 KPI。借助可提供快速、易用的商业智能的打包行业分析功能，便可轻松获得全面、详细和基于环境的洞察，从而在战略、战术和运营角度管理企业的业务。

（3）灵活的部署选项

企业能够体验多种灵活而安全的部署选项，包括云、客户端以及混合配置。

3. Infor M3 的亮点

- 行业特定的全面 ERP 解决方案；
- 云端或客户端的部署；
- 多设施、多公司、多国家/地区、多币种和多语言；
- 23 种语言和 64 个国家/地区（M3 Cloud 为 42 个国家/地区）；
- 内置灵活性和可扩展性。

8.4.4 Infor WMS

1. Infor WMS 简介

Infor WMS 是实现流程自动化并提供全局可视化的仓库管理系统。科技的快速发展，使得下一代技术增强型仓库可以提供针对库存、订单设备和人员前所未有的可见性。正是基于这一先进理念，Infor WMS 实现了利用自动化来降低成本、提高效率以及降低复杂性。

Infor WMS 可支持敏捷履单。它将先进的仓储功能、高度可配置的规则、内置劳动力、任务和库存管理与 3D 可视化仓库整合为一个简单的直观解决方案。统一的方法意味着企业管理者可以从整体角度评估要求、融入增值服务、确定任务优先级并消除瓶颈。Infor WMS 能够以这种方式完美履单,提升业务处理能力的同时降低成本。

2. Infor WMS 的特性与优势

Infor WMS 的特性与优势主要体现在以下三方面：

(1) 先进的仓储流程

先进的功能包括直接换装、Web 收货、属性采集与序列化、多序存储、任务交叉、储位管理以及波次管理。在确立库存、空间、劳动力和设备利用率目标时,要考虑并发需求与约束。

(2) 3D 可视化仓库

企业可直观地监控和管理出库订单工作流,实时查看瓶颈和资产利用情况,加快任务、安排轮班并及时补货,为仓库整体运营创建一个现代化的环境。

(3) 劳动力管理

劳动力越来越成为宝贵资源,如何更好分配成为企业急需解决的问题之一。在仓库管理系统中,劳动力管理具有重要意义。

3. Infor WMS 的亮点

Infor WMS 的亮点主要有以下五点：
- 全面的多站点仓储管理；
- 来自单一来源的全渠道模式；
- 现代化的用户体验；
- 原生的 14 种语言；
- 能够以客户端或者云端模式部署。

8.4.5 Infor EAM

1. Infor EAM 简介

Infor EAM 是一种资产管理软件,可以帮助企业实现运维数字化和优化,从而将效率提升到新水平。该软件具有行业特定版本,能够帮助企业应对独特挑战。各行业中各种规模的企业都需要让其现有资产发挥更高效率,最大限度确保正常运转、降低成本和提升盈利能力,这些都离不开战略性的企业资产管理（EAM）系统。

2. Infor EAM 的核心模块

(1) 资产管理

资产管理包括记录、维修、组织和标准化资产信息。采集相关信息,包括实物资产的标识,配置和结构,完整的技术和商用配置,当前状态(按位置、功能定位或标记)以及以往位置和维修历史记录,具体包括资产折旧、结构和清查,描述性和历史信息,保修和索赔,启动中心和 KPI,线性资产。

(2) 工作管理

工作管理包括管理、规划和监控工作以及完成工作所必需的资源,创建标准、常规、PM 工单和排程,定义工作信息,如主管、许可、资格、员工、轮班、工具以及检查表等,具体包括工单生成与排程,工作组织、排程和完成、HR 管理、采购订单跟踪、预防性维护,呼叫中心、延期维修、班组、路线、多资产工单、维修方式与活动、可靠性、修正控制。

(3) 物料管理

确定正确的库存量,以提供可接受的部件和耗材服务,满足预期的维修需求,最大限度减少库存部件和耗材的营运资本投入,实现自动化的仓库管理、采购申请、收货和退货、部件维修以及记录,具体包括物料组织、补货、存储问题与退货、记录库存盘点、收货和退货、维修备件、物料分析、部件状况、检验、故障和保修、产品分组级别。

(4) 采购管理

管理采购周期的各个方面——从提出申请、审批、供应商选择、采购订单下达、收货直至发票匹配,确保选择符合要求的供应商并获得最佳价格和交货条款,具体包括采购申请生成、请求报价、采购订单、发票凭据、合同。

(5) 预算管理

实现自动化的预算编制流程以及对维修工作相关支出的后续采集、监督、控制和分析,计算可作为重要企业绩效衡量依据的各种财务和绩效指标,具体包括预算组织、支出和状况识别、资本规划要求。

(6) 检验管理

与资产管理和工作管理模块相连,列出和创建工单,具体包括检验规划与组织、基于风险的检验、检验点排程、分类和结果以及检查表生成。

(7) 项目管理

实现整个项目流程的自动化管理——从初始预算和时间表规划到最终工作完成,便于依据项目方案对比实际状态和工作进度、资源使用以及成本,具体包括项目规划与组织、项目预算编制、排程与执行、Microsoft Project 界面。

(8) 集成

利用 EAM 的系统架构,在 Infor EAM 和外部软件系统之间交换、更新和共享信息。

(9) 资产管理服务

跟踪为客户提供服务所发生的所有成本,包括维修成本以及燃料消耗、设备使用、租赁成本和公用事业收费,在定期生成的发票中自动包含成本,具体包括客户合同、租赁合同、合同模板、调整、客户、客户发票、开票流程。

(10) 安全管理

识别和控制所有危险状况、物料和活动,以保护人员和环境,遵守健康、安全和环境(HSE)法规,具体包括危险、预防措施、安全、隔离点、挂牌上锁、锁具箱、工作设置许可、许可、工作许可。

(11) 报告

200 多种预定义报告支持 Infor EAM 中的每个模块——从管理和资产到预算编制和检验。

3. Infor EAM 的特性与优势

(1) 可扩展和动态

基于具备高正常运行时间的平台构建而成,并且能够处理弹性需求,Infor EAM 的现代化架构可扩展,以便根据需要添加计算能力。

(2) 可轻松部署

所有移动设备、操作系统以及各种尺寸的屏幕均支持 Infor EAM，以实现动态现场工作以及明智、高效的决策。

(3) 强大的原生移动功能

Infor EAM 的移动应用程序由 Infor 创建并作为标准工具嵌入，以确保不会发生滞后问题。

4. Infor EAM 的亮点

- 最大限度确保资产的可靠性和性能；
- 预测设备故障并执行预测性维护任务；
- 遵循严格的法律和环境法规；
- 简化购买和采购环节；
- 跟踪劳动成本并减少停机。

8.5 用友 U8 Cloud

随着软件国产化浪潮的兴起，国产 ERP 软件企业逐步挤压海外企业份额，占据主导地位；而 SAP、Oracle、Infor 等国外厂商市场份额均见萎缩。作为国内 ERP 系统行业的龙头企业，从整体 ERP 市场份额来看，无论与 SAP、Oracle、Infor 等国外厂商相比，还是与金蝶、浪潮等国内厂商相比，用友都凭借着超过 30% 的占有率在国内市场中占据着绝对优势。此外，用友还在多个软件市场保持着领先地位，2016—2017 年，用友在中国 HRM 软件市场占有率第一，在中国 CRM 软件市场占有率第一，在中国 EAM 软件市场占有率第一，这些无不凸显了用友在涉及计算机软件领域的核心技术上的巨大优势。

过去，ERP 主要涉及运营效率、标准化和集中化。如今，随着数字经济时代的到来，以及商业生态逐步开源、开放，企业的需求发生了巨大变化，企业管理者更专注于数字业务而不是节省成本。如何通过数字化手段实现企业增收成为企业信息化的关注点。如何通过信息系统连接生态链和消费者，从而更好地实现促销和营销？如何通过信息系统扩展渠道、扩大影响力？如何通过系统提高收入、增加规模，帮助企业实现企业数字化时代的重塑、重生？这些是传统 ERP 理念缺失的地方，也是云 ERP 需要创新的方向。ERP 云端转型为大势所趋。不同于传统 ERP 时代，国内厂商云 ERP 业务线布局领先于海外厂商，通过把握云 ERP 新客户及传统 ERP 老客户云化需求，国产 ERP 软件企业通过及早转型有望继续保持优势，占得先机。

基于这些思考，2017 年 7 月，用友推出第一款云 ERP——U8 Cloud，主要聚焦成长型、创新型企业，提供企业级云 ERP 整体解决方案，全面支持多组织业务协同、营销创新、智能财务、人力服务，构建产业链制造平台，融合用友云服务，实现企业互联网资源互联、共享、协同，赋能中国成长型企业高速发展、云化创新。

8.5.1 用友 U8 Cloud 产品概述

U8 Cloud 是用友推出的基于互联网技术的新一代云 ERP。企业上云主要以硬件、软件、数据等基础要素迁入云端为先导，以此快速获取数字化能力，并逐步实现核心业务系统云端集成。U8 Cloud 为企业上云起到基础设施的作用，把企业核心的管理系统上云，实现云端连接，连接人员,连接设备等,以此更快实现数字化转型。

不同于传统的 ERP,U8 Cloud 是融合交易、服务、管理于一体的整体解决方案。U8 Cloud 集中于企业内部的管控,管理规范、高效、协同、透明。通过云模式,低成本、快速部署,即租即用帮助企业免除硬软件投入,快速搭建企业管理架构;通过对接互联网 SaaS 云服务,助力企业业务模式、服务模式的经营创新。

U8 Cloud 集成了用友云的众多云服务,如营销云、采购云、人力云、财务云、协同云等云服务。通过连接、协同、共享的原则实现互联网交易连接、互联网服务协同方案,共享互联网资源。

U8 Cloud 也是开放的系统,所有内核、基础档案、财务、供应链等核心数据,全部封装成一个 API Link,第三方的系统、第三方的移动应用厂商都可以对接 U8 Cloud,以此构建完整的生态体系。

8.5.2 用友 U8 Cloud 功能模块

用友 U8 Cloud 包含 ERP 的各项应用,功能模块包括企业建模平台,财务会计,供应链,人力资源,生产制造,资产管理,移动应用(移动审批、移动 HR)等,还包括电商通、U 会员、U 订货、友云采、友报账、友空间等用友云服务。

U8 Cloud 重心在为企业建立内部稳定器的管理引擎,同时通过用友云链接自有云服务实现了交易、连接与管控的一体化商业创新引擎的激活。客户可以选用轻量化的云服务,实现垂直领域的优先发展;企业也可以直接购买 ERP 服务,U8 Cloud 为客户一体化提供了综合的企业核心领域的云服务,支持企业业务变革、商业创新,赋能成长型企业转型升级。

8.5.3 用友 U8 Cloud 核心功能

1. 智能财务,精细管控

U8 Cloud 财务管理应用满足智能财务新模式需求,通过用友云与客户、供应商、服务商等产业链伙伴进行实时交易和财务信息共享与传递,使多组织企业的智能化财务核算、财务管理与财务分析更高效。

2. 集团购销,业务协同

U8 Cloud 支持灵活设置购销组织(企业)间的关系,轻松实现扁平化和平台化,因此能够保证供应链上下游组织(企业)之间的供应和需求信息精准传递、快速对接,以提高物资和信息的周转速度,逐步消除物资冗余,最终实现供应链上的零库存。

3. U8 Cloud 人力服务

共享社会化服务平台,提供一站式员工服务体验,改善员工福利;智能化运营提升服务效率;集中化人力服务让员工更方便;移动化、自助化提供高品质服务;灵活应变满足个性化需求及爱好。

4. OpenAPI 融合创新

U8 Cloud OpenAPI 是基于用友 U8 Cloud 企业用户和 U8 Cloud 的开放接口,接入外部合作伙伴,为企业用户提供丰富应用和完善服务的开放平台。平台采用"云+端"的形式满足企业用户实现云 ERP 和云服务对接的要求。

5. 全面支持云部署

公有云部署:云应用和 ERP 业务均部署在公有云上,这种模式使用成本较低,数据保护方面也比较有保证,且方便扩展云服务。

混合云部署:云应用部署在云端,企业 ERP 部署在企业内部,相互独立,但在云的内部又相互连通,可以发挥出各自的优势。

6. 全面云安全架构

与安全领域领先厂商强强联合,共同维护云应用安全,保障用户在 U8 Cloud 上的数据安全、业务安全。

8.5.4 用友 U8 Cloud 应用价值

1. 支持多种组织形态,适应业务扩张

U8 Cloud 为成长型企业赋能,构建扁平化、以客户需求为导向(产品线)的多组织架构,团队协同,支持从单一企业形态到多事业部、产销分离、一套班子多法人等中大型企业常见的组织形态,完美支持多组织机构设置、多组织业务协同、多组织财务核算、多组织财务合并、多组织资金管控,支撑企业业务发展。

2. 支持集团型企业财务管理

U8 Cloud 全面支持集团型企业财务管理,包括财务业务一体化(通过与业务系统集成,在业务流程中自动完成财务确认);实时财务(通过实时凭证及时掌控最新业务状况);多准则核算(提供总账多账簿、固定资产多账簿);监控现金流(借助银企直联搭建企业资金管理平台,掌控资金风险);帮助企业财务管理从"以内部业务为核心"向"以交易为核心"的智能化、社会化方向转变。

3. 提高供应链全程协同效率

互联网时代供应链管理创新的特征是扁平化、平台化,U8 Cloud 可实现精准对接和零库存,最终提升供应链的协同效率。

4. 构建产业链智造平台,实现生产创新

U8 Cloud 把各行业的热点需求融入产品中,形成智能制造的全景,既包括前段的研发,中间段的计划、条码、车间,又应对多组织、多工厂的需求,同时与外部的专业 MES、WMS、TMS 厂商进行对接,结合既有的行业产品进行应用。

支持集团下不同组织间的产销协同生产模式及供应协同生产模式,实现了生产制造和采购管理、内部交易、委外管理、库存管理等的全面集成,满足中大型企业对于智能制造信息化管理的需求。

5. 提供开放平台,支撑企业整体的信息建设

U8 Cloud 提供 iuap 基础应用平台(工作流平台、审批流平台、预警平台、动态会计平台、二次开发平台、系统配置平台、动态建模工具、报表工具、二次开发工具、分析工具……),支撑企业整体的信息建设。云平台具备简易上线、安全、高效、可靠的特征,契合创新 IT 需要。

8.6 金蝶云星空

如果说从 DOS 到 Windows 是金蝶聚焦财务管理的首次飞跃,从财务软件到 ERP 是其第二次腾飞,那么从 2011 年至今则是金蝶更加重要的转型期——2011 年,金蝶提出以移动互联网、社交网络、云计算等新兴技术为依托的云管理战略;2014 年 8 月 8 日,金蝶创始人徐少春先生砸掉服务器,宣誓挑战传统 ERP 模式,标志着金蝶云 ERP 从此诞生;2017 年 5 月 4 日,徐少春在北京大学以砸掉 ERP、老板椅的方式,宣告"金蝶云 ERP"产品正式升级为"金蝶云"。

从 2010 年开始,国内掀起巨大的云潮,软件企业纷纷布局云战略。云的出现不仅带来一种技术,更加速了国内软件企业的内部变革。云计算也使得企业管理软件厂商的商业模式发生了根本变化。和过去的 ERP 产品相比,基于云计算的企业服务产品价格门槛更低,众多中小企业可以以很低的价格享受服务。

金蝶在国内最早推动 ERP 云端转型,云 ERP 业务规模最大。如今,金蝶云已成为中国企业云服务市场的"领头羊"。2018 年 7 月,IDC 报告显示,金蝶云星空卫冕企业级云服务 SaaS 占有率第一,金蝶连续两年超越甲骨文、SAP 等国外厂商,成为中国 SaaS 企业级应用软件市场排名第一的品牌。IDC 另外一份报告《中国半年度企业级 SaaS ERM 应用软件市场跟踪报告(2017 下半年)》还显示,2017 年全年金蝶云星空在 SaaS ERM 以 17.5%的占有率排名第一,在 SaaS 财务云市场占有率更高达 43.56%,超过第 2~15 名同行厂商的云收入总和。金蝶云星空在企业级 SaaS、SaaS ERM 和 SaaS 财务云领域共获得三项第一。华为、三星、腾讯、海尔、可口可乐、云南白药等世界知名企业都已成为金蝶云星空客户,互联网创新型企业和集团型企业快速成长的业务板块成为金蝶云的主要客户来源。

目前,金蝶旗下云服务产品有金蝶云苍穹(新一代大企业云服务平台,面向集团型企业,以 PaaS 平台为核心的 ERP)、金蝶云星空(中大及成长型企业的 SaaS ERP)、金蝶精斗云(小微型企业的 SaaS 服务平台)、金蝶管易云(针对电商行业的 SaaS ERP)、云之家(移动 OA 办公系统的 SaaS 软件)等。金蝶通过管理软件与云服务,已为世界范围内超过 680 万家企业、政府组织提供服务。

8.6.1 金蝶云星空概述

金蝶云星空是金蝶 K/3 Cloud 线上租赁的授权模式,不需要购买服务器,也不需要企业安装,企业可以根据需求扩大或者缩小应用规模,租赁费用按年收取。金蝶云星空适用于一些中大及成长型创新企业,可以帮助客户实现多组织异地协同、财务精益化集中管控、全渠道 O2O 营销平台供应链高效管理、生产制造智能化,同时,其线上部署模式可让客户随时随地轻松办公,相比传统线下模式有效降低 70%成本,助力客户快速向云端转型。

8.6.2 金蝶云星空的优势

金蝶云星空作为金蝶旗下核心的企业管理云服务,面向中大型企业市场,拥有以财务云为核心的制造云、供应链云、移动办公云、全渠道云等多种不同领域的模块云,未来将丰富更多领域的模块云。金蝶云适用于多组织、多核算、多样化生产,以及精细化业务、集中管控,具有部署快、成本低、更安全、弹性扩容、快速迭代、7*24 小时技术支持等特点,能够帮助企业顺利地管理好公司各个方面的问题。

相比传统方式,将 ERP 应用部署到金蝶云服务上可带来如下好处:
- IT 基础架构系统部署效率提升 20～30 倍;
- 按年付费,全面降低企业总体拥有成本;
- 20 分钟内即可完成 ERP 快速部署;
- 15 分钟内即可完成 ERP 平滑扩容;
- 安全无忧,IT 保障与 ERP 运维由金蝶专业人员负责。

8.6.3 金蝶 K/3 Cloud 产品概述

金蝶 K/3 Cloud 是国内第一款基于云平台的社交化 ERP,是互联网时代的新型 ERP,是基于 Web 2.0 与云技术的新时代企业管理服务平台。整个产品采用 SOA 架构,完全基于 BOS 平台组建而成,在业务架构上贯穿流程驱动与角色驱动思想,结合中国管理模式与中国管理实践,精细化支持企业财务管理、全面预算管理(费用预算、资金预算、自定义业务预算)、供应链管理、条码管理(条形码、二维码、RFID)、生产管理、HR 管理、供应链协同管理等核心应用。在技术架构上该产品采用平台化构建,支持跨数据应用,支持本地部署、私有云部署与公有云部署三种部署方式,同时还在公有云上开放中国第一款基于 ERP 的云协同开发平台。

金蝶 K/3 Cloud 除具备纯 Web 应用、跨数据库应用、云应用等新兴特性外,在多组织协同应用、多核算体系应用、多账簿应用、多会计政策应用、多组织结算应用、业务流程设计、弹性域与辅助属性应用等多个当代制造业管理焦点与难点应用上都做出了高价值创新,可深度且超预期支撑企业管理创新、技术创新、服务转型、内外部协同、核心竞争力再造等核心需求。

金蝶 K/3 Cloud 以其独特的"标准、开放、社交"三大特性为企业提供开放的 ERP 云平台,聚焦多组织、多利润中心的大中型企业,全面支持多组织财务管理、业务协同、精细管控,借助平台实现全网资源聚合,通过云平台实现敏捷协同,最终成就敏捷企业的"随需而制"。

1. 开放性管理平台,实现全网资源整合

开放的云平台架构支持全渠道资源的接入,实现多渠道、组织业务间协同方案的销售;云服务及移动应用、产业链的供应与生产协同平台,为客户伙伴提供完整的 ERP 服务生态圈。

2. 随需而制,敏捷协同

基于大数据,通过精准业务分析,帮助企业设立精准营销方案、智能要补货等;敏捷响应市场需求,为消费者提供个性化的产品与服务。

3. 从业务构建、业务构架到管理模式全面标准化

标准的管理模式:100 万家客户管理最佳实践;标准的业务架构:多会计准则、多币种、多地点、多组织、多税制应用框架;标准的业务建模;通过90%标准配置+10%开发即可实现快速开发应用。

4. 企业用户高效、协同的社交门户

接入金蝶企业社交软件"云之家",为企业员工提供高效、扁平化的社交平台;面向不同角色的用户,提供个性化应用,实现移动办公;富有流程化的应用特性,大幅提高流程中各责任人的办公效率。

8.6.4 主要业务场景

1. 财务云

(1) 动态扩展的财务核算体系

根据企业需要随时构建法人核算体系、利润中心管理体系;同源分流,从业务到账务实现多个平行核算体系;随时动态扩展,适应企业不断变革的需要。

(2) 多组织财务集中管控

严格的用户权限和审批流程控制;统一基础架构、财务基础资料、核算规则,确保会计核算的统一规范性;确保资金、资产的安全性。

(3) 智能记账平台

业务随时发生,财务随时核算;完全无须人工干预,保证记账的合规与准确;平台级的账务核算,完美支持二次开发业务。

(4) 账务国际化

多账簿,可同时支持多国会计准则;兼容多国不同语言;开放的税务规则计算,支持多国税制和税种。

2. 制造云

(1) 多工厂、多组织协同生产

建立全渠道分销网络,确定业务协作关系;通过电商门户,让企业与渠道高效协同;通过"云之家"伙伴业务圈,随时随地高效沟通;渠道计划及时上报,使需求与供应顺利对接;促销返利信息及时推送,优惠、打折政策立即执行。

(2) 多样化企业需求配置

对企业的多变计划排程提供不同的需求方案;提供多种生产方式的制造策略,计划方案参数灵活;方便的参数设置满足企业针对不同业务控制的要求;多种标准检测的方式确保产品的质量可靠。

(3) 制造系统应用特性更全面

贯穿整个生产过程的批号和序列号管理能有效进行质量跟踪;辅助属性使物料应用更灵活,全业务流程覆盖无死角;支持分层、分区计划,解决组织及组织间计划协同;灵活的替代方案设置,满足企业不同业务需求;按需求优先级占用物料供给资源,可轻松实现插单和净改变运算。

(4) 管理规范化

规范的产品数据管理(Product Data Management,PDM),实现集团企业内部组织间的工程数据分配和共享;提供多种管控工具,有效管控生产的关键过程;柔性的生产管控,帮助企业实现敏捷、精益过程管理;可灵活配置的生产流程,更贴近企业粗放到精细的管理;多层次参数控制和多种领料方式,方便组织内部业务管控。

3. 供应链云

(1) 企业业务云处理中心

客户订单、采购需求、业务协同,随时随地轻松处理。

(2) 灵活开放的多组织协同业务

企业多组织、多工厂、多地点之间的无缝业务运作;高效开放的企业统购、统销、分散经营的多种管控模式;供应商到经销商、消费者的上下游产业链完整协同。

(3) 全面的应用功能

对企业信息流、物流、资金流的全面有效管理及控制,涵盖企业供应链财务管理的全部核心业务,与应收应付、组织间内部结算、存货核算高度集成,是真正面向供应链财务业务管理的企业级解决方案。

(4) 精细化的业务管控

提供灵活的多种级别的业务控制模型;满足不同企业精细化管理与业务控制的需求;灵活丰富的存货管理帮助企业全方位了解存货的明细信息;明晰化的库存状态帮助企业直观了解存货的具体业务状态。

4. 全渠道云

(1) 企业与客户协作的桥梁

建立全渠道分销网络、确定业务协作关系;通过电商门户,让企业与渠道高效协同;通过"云之家"伙伴业务圈,随时随地高效沟通;渠道计划及时上报,使需求与供应顺利对接;促销返利政策及时推送,优惠、打折立即执行。

(2) 一站式订货

通过网上订单实现快速订货、移动订货;客户需求和客户订单无缝接入企业 ERP 系统;订单执行情况、财务往来对账清晰明了;订单签收、商品退换货完整实现。

(3) 掌握渠道,运筹帷幄

快速收集渠道库存、渠道销量信息;实时掌控商品销售流向,把握市场动态;企业公告、销售策略及时发布,营销渠道共创共赢。

8.7 浪潮云 ERP

近年来,云计算应用尤其是基础设施的云化不断深入,企业对应用上云的呼声越来越高。国内 ERP 也从早期财务核算、进销存、企业资源管理 ERP,演进到云 ERP,包括 SAP、甲骨文、浪潮、用友等在内的主流管理软件企业都在顺应云 ERP 时代的发展,陆续推出自身的云 ERP 战略和产品。

而在中国管理软件企业中,浪潮无疑是颇具特色的一个。2019 年 2 月 28 日,以"数字转型,智创未来"为主题的"2019 中国 IT 市场年会"在京召开,凭借过去一年在管理软件和云服务市场的卓越表现,浪潮获得"中国管理软件市场年度成功企业"等 6 项殊荣,连续 16 年集团管理软件市场占有率第一,企业级应用软件市场竞争力稳居国内前二——在高端集团管理软件市场,浪潮不仅超越用友、金蝶等国内厂商,更以显著实力打败 SAP、Oracle 等国外强劲竞争对手。

8.7.1 浪潮云 ERP 概述

目前,浪潮云 ERP 作为浪潮集团的核心业务之一,产品包括面向大型集团企业的以浪潮 GS7 为核心的企业云平台,面向中小型企业的企业云平台 PS Cloud,以及面向小微型企业的企业云应用——云会计、云代账、云进销存等,还包括浪潮 GSP＋企业互联网开放平台,用于应用的开发、配置、运行、集成,为各种持续变化、不断创新演进的企业级应用系统提供支撑。据赛迪顾问统计,浪潮云 ERP 在建筑、粮食、医药、装备制造等行业应用占有率保持领先,成功应用于中海油、中国移动、中国铝业、中储粮、国家开发投资公司、中国节能、中国有色、中国中车、中国中铁、中国铁建、中国交建、中国农发、中国电建、中国能建、中国铁塔等 38％的国资企业,帮助东阿阿胶、百果园、鲁花集团、呷哺呷哺、方太等众多企业实现转型升级。

8.7.2 浪潮云 ERP 的优势

和用友、金蝶不同,浪潮云 ERP 一直深耕行业和高端市场,在 ERP 时代,作为集团管控的创造者和领航者,浪潮在国内就首先提出"集中式集团财务"和"分行业 ERP"理念,率先定义了财务云。如今,企业云服务成为企业管理软件厂商的新赛道,浪潮始终专注行业,引领高端市场,以市场需求为导向,围绕企业核心业务,推行以 SCB(战略性客户)、CCD(客户协同研发)为基础的产品创新模式,为中国移动、中国中铁、中储粮等 100 多万家企业提供数字化服务,在高端管理软件市场,拥有竞争对手难以比拟的优势。

2017 年,浪潮发布云会计;2018 年,浪潮与国际开源 ERP 厂商 Odoo 合资合作推出国内第一款基于微服务架构的开源云 ERP 产品——PS Cloud。浪潮云 ERP 进一步加快发展与转型,为大、中、小、微企业提供更全面的云 ERP 解决方案,助力企业上云,加速企业数字化转型。

依托浪潮集团的"全栈式"技术能力和整合能力,继承并发扬 30 余年服务中国大中型企业信息化的沉淀和优势,浪潮云 ERP 不仅为大型企业的数字化转型提供了有力支撑,稳固了自身在高端管理软件市场的优势,也在为推动中国软件产业的全面云化奠定基础。

8.7.3 浪潮 GS7 产品概述

高端市场一直是浪潮的优势,定位于大型企业的云平台浪潮 GS7,基于全新云架构,将管理会计与新一代信息技术深度融合,全面推出财务云、人力云、采购云、供应链云、营销云、分析云、协同云,是适应多组织、多层次、多要素管控需求的全线企业云应用平台,融合大数据、云计算、物联网、移动互联技术,助力数字化转型,构建智慧企业。

1. 财务云

浪潮财务云包括财务共享云、税管云、报账云。财务共享云注重业财融合,支持网上报账、预算管理、集成商旅管理、电子发票、税务管理、电子影像、资金管理等全面财务管理内容,结合企业管理及信息化应用现状,与财务共享五级成熟度模型相匹配,为不同集团企业量身打造适合企业自身的财务共享云。

2. 采购云

浪潮采购云 iGO Cloud 作为企业云采购服务平台，秉承互联网宗旨，连接、共享、智能，包含基于云架构的电子寻源云、专业市场云、电子超市云、增值服务云，提供交易撮合、供应协作、供应商关系管理、供应链金融等 9 类共享服务。

3. 人力云

浪潮人力云 HCM Cloud 连接"管控＋服务"的双核心，融合企业 HCM 私有云与公有云的混合云互联网部署模式，对内连接 HR 专员、高管、部门经理、员工、候选人，对外连接招聘网站、移动设备、地图等，提供自助服务云、招聘云、考勤云、绩效云、共享服务云等服务，打造以外部体验为导向、移动互联为基础、共享服务为支撑的人力云。

4. 司库与资金云

浪潮司库与资金云以"司库管理"为中心，为企业提供包括集团资金、财务公司、产业链金融、营运资金的全链条一揽子云上资金管理解决方案，可与企业内外部数据互联，实现大数据监控分析；贯穿产业链全局，处理全国乃至全球资金交易，覆盖各类组织形态，服务于企业运营全过程，助力集团企业转型升级。

5. 供应链云

浪潮供应链云前端连接终端客户，后端连接供应商，将为产业链提供服务的各生态组织连接在一起，协同发展。同时为企业提供供应链精益管理平台，实现从采购到销售的横向一体化业务协同，降低存货资金占用，运用大数据、云计算等先进技术，助力企业打造智慧供应链管理云。

6. 分析云

浪潮分析云面向大型企业，安全实时处理企业内部数据，融合外部数据，借助分析模型库和可视化工具集，一站式提供完整的行业数据服务和即时企业在线分析，加速企业数字化转型，对内实现实时监控、精细管理，对外塑造形象、展示实力。

7. 营销云

浪潮营销云面向渠道终端、业务员及内部管理，为企业营销业务提供全面信息化服务，实现与 ERP 业务同步，提升服务效率，并连接天猫、京东、微信等第三方公有云，形成全面营销生态链。

8. 协同云

浪潮云+智能化企业协同云平台——一款移动办公与团队协作的 APP，作为企业云生态的统一入口，可以集成线上线下、不同供应商的企业移动应用，内置协同、审批、报销、人力、分析等移动功能，帮助企业在云服务时代打破时空壁垒，提升协同效率，让事项一目了然，信息唾手可得，一切皆可连接，塑造全新工作方式。

8.7.4 浪潮 PS Cloud 产品概述

浪潮 PS Cloud 是一款基于微服务架构的开源云 ERP 产品，采用 SaaS 模式，提供协同研发、产业链协同、智能制造、财务共享、人力资源、数字营销等 10000 多个应用,即插即用,支持多终端登录使用,为广大中小企业提供一站式解决方案,打通线上线下,实现企业业务无缝贯通,全力打造中小企业 SaaS 服务新引擎,致力于铸就共建、共享、共赢的全新生态。PS Cloud 目前提供 58 个业务应用、800 个业务组件、行业模块、12000 个第三方插件,涵盖企业管理的方方面面。

浪潮 PS Cloud 具备开源、自由、连接、成长等特性。

1. 开源

支持多语言自由切换,沟通使用无障碍;支持多币种,并可同步最新汇率。开放源代码,使爱好者能够迅速了解产品功能及应用模式,并不断丰富产品应用,通过社区模式构建多方合作的生态体系。

2. 自由

提供可视化开发工具 PS Cloud. Studio 与开发平台 PS Cloud. Sh,可根据需求进行开发部署,灵活满足各种需求;通过 IoTBox(物联网盒子)与红外设备、视频监控、RFID、AGV、机器人、智能仪表等设备集成,帮助企业快速连接各种设备,实现系统与设备、设备与设备的互联互通,打通企业线上线下壁垒,实现数据的收集与共享,通过大数据分析显示在仪表板上,供企业管理者决策参考,打造中国智慧型企业;支持 PC 端、平板电脑、手机等多种终端使用,界面智能、自适应,可随时随地登录使用,方便灵活。

3. 连接

PS Cloud 采用支持人工智能的编程语言 Python 开发,采用 SaaS 模式,支持多种浏览器,每天可承载海量用户的登录使用。采用先进的云数据库服务安全机制,运用多重验证机制,保证用户数据安全及隐私,打消用户风险顾虑。

4. 成长

提供 10000 多种应用,按需部署,即插即用,随需安装或卸载,为中小企业提供一站式应用服务;通过应用向导、知识库、人工服务实现产品开箱即用,通过企业应用服务包实现快速上线,通过文档中心、社区交流实现知识转移,通过热线、现场进行贴身服务。与传统 ERP 相比,浪潮 PS Cloud 的优势如表 8-3 所示。

表 8-3　与传统 ERP 相比,浪潮 PS Cloud 的优势

	PS Cloud	传统 ERP
技术层面	① 采用互联网架构,支持多组织、多语言、多币种,支持各种操作系统、浏览器及移动终端; ② 云端部署,只需简单注册,无须购买任何硬件; ③ 代码开源,支持个性化定制,支持社区及第三方应用; ④ 领先的浪潮云计算、大数据技术平台,助力企业实现运营转型,保障企业信息安全	① 传统 C/S 架构,客户端对硬件要求高,远程访问需专门插件,移动操作体验差或无法提供跨终端服务; ② 独立部署,需采购独立的服务器,部署难度大、成本极高; ③ 代码封闭,标准化产品,定制化开发难度大、成本高; ④ 自有服务器,不支持云计算大数据,受维护人员技术水平及机房所处环境等因素影响,数据安全保障性弱

续表

	PS Cloud	传统 ERP
投资层面	企业可自助选择按模块、按月付费,投资方式灵活,风险小	硬软件、实施及后续服务都需庞大的投资成本,潜在成本高,投资风险大
维护管理层面	① 软件系统自动升级,更新迭代快速; ② 云服务平台 7＊24 小时全程维护; ③ 无须专门维护,无须额外费用支出	① 软件交付即最终版,版本更新升级难度大、成本高; ② 自由服务器维护难度大,技术要求高; ③ 需专业维护,人员成本高且人员流动性大

8.7.5 浪潮云会计产品概述

浪潮云会计是一款专为小微企业打造的在线财务软件,免安装、免维护、免升级,全终端工作场景,帮助企业财务人员随时随地管理资产、发票、报税、往来、经营分析等。

浪潮云会计系统功能覆盖中小企业所有财务和业务范围,模块包括总账管理、固定资产、发票管理、辅助核算、出纳管理、一键报税、管理分析、采购管理、销售管理、库存管理、资金管理、资料管理、基础设置、管理分析、移动应用等内容,实现"票、账、税"一体化、智能化,全面提升小微型企业财务管理水平。

学习思考题

1. ERP 软件系统的特点是什么?
2. ERP 软件系统的发展趋势如何?

第 9 章 ERP 应用案例分析

9.1 联想集团的 ERP 探索之路

联想集团是中国 IT 行业中最早试用 ERP 的企业。联想集团通过应用 ERP 实现了生产运营以及企业内部管理信息化,通过先进的 ERP 系统,大幅降低了企业供应链运营成本,管理效率有了明显提高,理念与模式也有所改善,从而成为中国 IT 行业中的一个传奇。

1. 企业概况

联想集团是 1984 年中国科学院计算技术研究所投资 20 万元,由 11 名科技人员创办的,是中国一家在信息产业内多元化发展的大型企业集团和富有创新性的国际化科技公司。从 1996 年开始,联想电脑销量一直位居中国国内市场首位;2005 年,联想集团收购 IBM PC 事业部。2013 年,联想电脑销量升居世界第一,成为全球最大的 PC 生产厂商。2014 年 10 月,联想集团宣布该公司已经完成对摩托罗拉移动的收购。作为全球电脑市场的领导企业,联想集团从事开发、制造并销售可靠的、安全易用的技术产品及优质专业的服务,帮助全球客户和合作伙伴取得成功。联想集团主要生产台式电脑、服务器、笔记本电脑、智能电视、打印机、掌上电脑、主板、手机、一体机等产品。自 2014 年 4 月 1 日起,联想集团成立了 4 个新的、相对独立的业务集团,分别是 PC 业务集团、移动业务集团、企业级业务集团、云服务业务集团。2016 年 8 月,全国工商联发布"2016 中国民营企业 500 强"榜单,联想集团名列第四。2018 年 12 月,世界品牌实验室编制的《2018 世界品牌 500 强》揭晓,联想集团排名第 102 位。

2. 联想集团信息化动因分析

联想集团作为中国 IT 行业的"领头羊",自 1984 年成立至今,已经有 36 个年头。36 年里联想集团由几个人、投资十几万元的小公司发展成为拥有员工近万人、年营业额过百亿元的集团性企业,所取得的成绩无疑是惊人的,但是公司的"惊人效益"却是在管理严重滞后的情况下达到的。公司需要引进更新、更好的管理思想和管理模式,使企业保持不断前进的动力。另一方面,联想集团的业务范围相当广泛,从电脑/网络产品代理、系统集成业务到联想自有电脑品牌业务,需要有与之相当的技术实现手段来帮助企业做好内部规范化管理,而企业内部当时使用的自行开发的 MIS 系统难以完成上述使命。

联想集团实施 ERP 之前,存在业务员不能及时了解库存信息,签了合同不能交货的情况,不但丢了市场,客户满意度也差;也存在销售与库存信息不对称,造成产品长期积压的情况。企业市场化机制、客户满意度提升、管理成本降低、企业效率提高可形成企业竞争力,而这几点都需要信息化作基础。

联想集团实施 ERP 之前,在 1998 年全年结算时,发现辅料成本由于生产线不能停线盘点而被计入在线存货,至年末盘点时才发现问题,冲减利润,差点造成亏损。在实施 ERP 之前,联想集团仍沿用计划经济购销存模式,而电脑产业技术在不断发展,价格也以指数级跌落,存货成本越来越高,造成库存积压,形成恶性循环。而信息化能让后端准确掌握前端信息,既能快速供货,又不产生库存积压,由企业"推"转变为用户"拉",根据市场需求弹性控制生产、采购。

2000年8月15日,联想集团正式对外宣布由联想集团、SAP中国和德勤合作的联想集团ERP项目实施成功。联想集团ERP项目的成功不但创造了中国IT行业在ERP项目中的第一,也创造了一个新的传奇。

3. ERP 选型与实施

在这样的背景下,联想集团开始寻找外部合作伙伴,考虑采用先进的ERP管理系统,并通过ERP管理系统的实施帮助企业搭建起内部管理的信息平台,提高管理水平。在经过一系列选型调研活动之后,联想集团在1998年11月24日正式与SAP签约。SAP提供ERP应用软件(即SAP R/3系统),同时SAP中国提供部分咨询力量,参与联想集团ERP项目实施。

联想集团ERP项目的实施方案最初确定为以对业务流程进行循序改进的方式进行。先利用SAP R/3系统各模块的基本功能将联想集团内部分散的业务处理集成起来;再在集成的基础上发挥SAP R/3系统功能的优势进一步优化流程;在进行一定程度的优化之后,再结合企业与业务变化的情况进一步调整,采用这种螺旋式渐进的方式逐步推进。

在第一阶段需要确定ERP项目的实施范围和总体计划,并确认集团ERP各个阶段的组织结构,明确业务蓝图,如图9-1所示。随后联想集团项目组针对技术阶段任务,对项目组结构进行了局部调整,即从财务业务组和运作业务组抽调IT人员,组成系统实现组,集中进行系统配置与系统开发,由于他们在第一阶段参与了业务人员的流程讨论,对业务的系统实现有清晰的把握,此时的相对集中能够保证在短期内提供已确认业务蓝图的系统内解决方案。

流程的设计是项目实施的核心步骤,既要实现复杂多样的业务需求,将公司管理策略在系统中顺利实现,又要满足财务核算的各种条件和原则,保证业绩最终能在报表中真实反映,运作流程其实是一个化繁为简的过程,将灵活的业务情景归纳成统一的业务流程,规范成有序的、与财务核算结构匹配的业务数据,实现业务和财务双方的要求。

联想集团ERP的实施总共清理、规范和优化了77个业务流程,在具体流程规划的过程中,联想集团主要关注三个层面的工作:第一个层面是梳理现有的业务流程,并对流程进行简化、优化,使不规范的流程规范化;第二个层面是让业务流程系统化、集成化;第三个层面是将这些优化之后的"新流程"在ERP系统中实现——流程电子化达到信息集成、准确和实时。

有效、合理地将整体目标进行分解,根据阶段的工作重点,分解成若干阶段性目标,制定相应的里程碑,才能确保按时达到阶段性目标,取得阶段性成果。大型ERP项目的实施时间往往很长,这样项目刚开始时,项目组成员常常会有一种错觉,认为时间还很充足,所以必须对目标进一步细分,制定短期的实施目标,让项目组成员时刻保持高效的工作状态,如果这些小的目标都能按时完成,那么整个项目按期完成就有了保证。另外,由于ERP项目实施时间长,对实施队伍来说,成功似乎遥遥无期,如果将目标进行分解,让大家感觉到一段时间就实现了一个目标,可以激发项目团队的积极性。

联想集团ERP项目总体计划的指导原则是:对计划要层层细化并且定期回顾,在不影响总体目标与进度按期完成的前提下,允许进行适当的调整,有些计划要提前,有些计划可以调后。在这样的指导原则下,对上一阶段的工作进行总结并对下一阶段的工作计划进行适当调整,将数据清理工作提前,并且保持项目的总体进度不变。

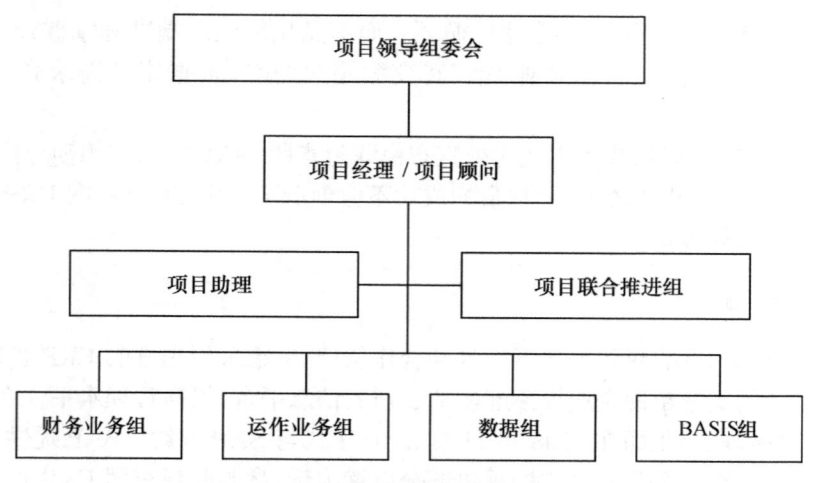

```
                    ┌──────────────┐
                    │ 项目领导组委会 │
                    └──────┬───────┘
                           │
                    ┌──────┴───────┐
                    │项目经理/项目顾问│
                    └──────┬───────┘
                    ┌──────┴───────┐
           ┌────────┴──┐      ┌────┴────────┐
           │  项目助理  │      │ 项目联合推进组 │
           └───────────┘      └─────────────┘
    ┌──────────┬──────────┬──────────┐
┌───┴───┐ ┌────┴───┐ ┌────┴───┐ ┌────┴────┐
│财务业务组│ │运作业务组│ │ 数据组 │ │ BASIS组 │
└────────┘ └────────┘ └────────┘ └─────────┘
```

图 9.1　联想集团项目组织结构图

联想集团 ERP 工程主要围绕制造、代理和系统集成这三大业务来实施,包括 5 个模块:财务模块、管理会计模块、销售与分销模块、物料管理模块和生产计划模块。在 R/3 中,FI(Finance)是 ERP 系统的重要功能模块,主要包括应收账款管理、应付账款管理、总账管理、合并会计报表、投资管理、基金管理、现金管理等多项功能;CO(Controlling)也是 ERP 系统的重要模块,主要包括利润中心及成本中心跨级等;SD(Sales&Distribution);MM(Material Management)和 PP(Production Plan)。

从 IT 的成本来看,联想的老 MIS 系统虽然开始资金投入较少,但为满足公司发展、业务膨胀的需求,必须不断地"打补丁",随着系统脱机次数的增多,当老 MIS 系统无法从技术上支撑公司业务发展的时候,将会给企业造成极大的损失。ERP 项目的实施,虽然初期投入了大量资金,但其稳定性好,技术成熟,集成度高,供应商售前、售中和售后的服务质量有一定保障,减少了业务损失,节约了成本,这些是老 MIS 系统所无法比拟的,随着公司的发展,必将转化成公司的竞争优势。

4. ERP 实施效果

联想集团实施 ERP 后,平均交货时间从 11 天缩短到 5.7 天,应收账款周转天数从 23 天减少到 15 天,订单人均日处理量从 13 件增加到 314 件,集团结账天数从 30 天减少到 6 天,平均打款时间由 11.7 天缩短到 10.4 天,结账天数由 20 天减少到 1 天,加班人次由 70 人减到 7 人,财务报表从 30 天缩至 12 天。财务不但能了解销售、采购、库存、生产的全部过程,而且伴随着每一个作业,财务都有相应的反应,同时都能监控。正是这种信息的通畅、透明,才能保障成本的准确,使实时核算成为可能,杜绝了"客观造假"的隐患。财务信息化流程不仅大大简化了原来的流程,极大地提高了效率,而且由于采购和财务之"墙"被推倒,从而建立起采购和财务之间相互制约和监督的机制。信息化财务可以延伸到资金的管理,实施 ERP 后,企业的财务能准确、实时地知道每个客户当前的账户情况、历史信誉记录,系统能自动执行能否发货的资金审核,降低了人为控制的难度和随意性,而且客户可以通过电子商务系统了解自己的账务情况,并根据联想集团的信誉政策选择最适合自己的还款方式,大大提高了满意度。

5. 经验总结

ERP 项目在联想集团的成功实施,其关键因素是联想集团高层的支持、对项目小组的足够授权、充分的项目资源和组织沟通、明确的项目目标。联想集团放眼世界的胸怀是实施 ERP 成功的基础,联想集团先进的管理是 ERP 成功的保障,联想集团优秀的团队是 ERP 成功的重要因素,联想集团与合作伙伴(SAP 及德勤)的密切合作、同心协力是 ERP 成功的催化剂。事实上,从整个项目的实施过程分析,联想集团 ERP 成功的主要原因在于:

① 实实在在把 ERP 当作"一把手"工程。"一把手"工程内涵有三方面:一是出了问题追究各级领导("一把手")的责任;二是惩罚,如果"一把手"干不好,照样追究责任,执委会的每个成员都要扣工资。三是领导不但要看目标,还要主持管理过程,实施 ERP 过程控制。

② 实施 ERP 被看成一场变革,谁也不能挡道。联想集团的激励政策是,不但要鼓励好的,还要下决心抓出一两个坏典型。

③ 联想集团有好的管理基础。一是联想集团基本业务流程全面,二是具备以人为本、求实进取的管理理念和企业文化,以及令行禁止的工作作风和能够把 5% 的希望变成 100% 的拼搏精神。

④ 联想集团项目组并不把 ERP 片面地理解为 ERP 系统,而是理解为一种现代企业的管理思想和管理哲理。业界经常会有这样的混淆,即将 ERP 思想等同于 ERP 软件。实际上,无论什么企业,在实施 ERP 之前,都应对先进的管理思想进行消化、整理,认清它对业务的推进作用,ERP 项目不是一个简单的信息系统工程,而是一个实实在在的管理系统工程。之所以强调 ERP 项目是一个企业管理系统工程,是因为整个管理系统不但基于 ERP 和系统工程的基本思想和原理,而且深刻地揭示了企业应用 ERP 与企业管理和企业管理创新的基本关系,更重要的是促使企业通过提高思想认识,转变思想观念,达到增强企业主体意识的目的。

6. 合作伙伴简介

SAP SE(Systems, Applications & Products in Data Processing)是德国的一家软件公司,成立于 1972 年,总部位于德国沃尔多夫市,是全球最大的企业管理和协同化商务解决方案供应商,世界第三大独立软件供应商,全球第二大云公司,在全球有 120 多个国家的超过 172000 家用户正在运行 SAP 软件。财富 500 强 80% 以上的企业都从 SAP 的管理方案中获益。SAP 在全球 75 个国家拥有分支机构,并在多家证券交易所上市,包括法兰克福和纽约证交所。2018 年 7 月 19 日,2018 年《财富》世界 500 强排行榜发布,SAP 公司位列第 446 位。

学习思考题

1. 联想集团在实施 ERP 之前处于怎样的困境之中?
2. 实施 ERP 后联想集团有了哪些改观?

9.2 海尔集团的全球化之路

在全球化的大背景下,海尔集团的全球化步伐不断加快,不但通过海外建厂、建立销售公司进行全球化布局,而且开始通过并购迅速整合全球资源。对于本土的工厂,海尔集团有很强的运营与控制能力,但是在海外,如何进行本土化管理,如何有效地控制业务的开展,是全球化的海尔集团遇到的最大难题,包括如何及时了解业务运营情况,如何共享并整合全球资源,如何在复杂的宏观经济环境下迅速决策,等等,都离不开一个整合的信息系统的支撑。

1. 企业概况

海尔集团成立于 1984 年,目前是世界第四大白色家电制造商,海尔是中国最具价值的品牌。海尔集团拥有 240 多家法人单位,在全球 30 多个国家建立了本土化的设计中心、制造基地和贸易公司,已发展成全球营业额超过 1000 亿元规模的跨国企业集团,全球员工总数超过 5 万人。海尔集团在首席执行官张瑞敏确立的名牌战略指导下,先后实施名牌战略、多元化战略和国际化战略,2005 年年底,海尔进入第四个战略阶段——全球化品牌战略阶段,海尔品牌在世界范围的美誉度大幅提升。2017 天猫"双 11"品牌"亿元俱乐部"榜单显示,海尔位列第三名。2018 年 6 月 20 日,世界品牌实验室(World Brand Lab)在北京发布了 2018 年《中国 500 最具价值品牌》分析报告,海尔(3502.78 亿元)居第三位。2018 年 10 月 5 日,青岛海尔集团公布在法兰克福上市的计划。2018 年 12 月,世界品牌实验室编制的《2018 世界品牌 500 强》揭晓,海尔排名第 41 位。2019 年 5 月 6 日,"Brand Z 2019 年最具价值中国品牌 100 强"榜单发布,海尔被归于"家电/物联网生态"类,品牌价值为 162.72 亿美元。2019 年 6 月 11 日,"2019 年 Brand Z 全球最具价值品牌 100 强"排行榜发布,海尔成为 Brand Z 历史上第一个也是唯一一个进入百强的物联网生态品牌。

2. 海尔集团信息化动因分析

在信息化时代,如何理顺庞大的供应、制造、销售、售后服务整个产业链,保证企业平滑运转,是海尔集团面临的巨大挑战。面对巨大的挑战与机遇,海尔集团把全面推进企业信息化建设作为抓住机遇、迎接挑战的有效途径。

全面推进企业信息化建设必须首先创新管理模式,变革核心业务流程,通过管理模式创新和业务流程变革,做到信息流程同步化。没有对原有管理模式和核心业务流程的创造性变革,是不能彻底实施企业信息化的。面对变幻莫测的市场环境及激烈的市场竞争,海尔集团创新了管理模式,进行了彻底的流程再造。

海尔集团全面信息化建设是对传统企业管理的革命,通过以订单为纽带的管理模式创新和业务流程再造,以先进的信息化技术为手段,以订单信息流为中心,带动物流和资金流的运转。通过整合全球供应链资源和全球用户资源,逐步实现零库存、零营运资本和与用户零距离的目标。

3. ERP 选型与实施

(1) 业务流程再造

1999 年,海尔集团开始实施并逐步完善以"市场链"为纽带的业务流程再造模式,从根本上对原来的业务流程彻底地重新设计,把直线职能型的结构转变成平行的流程网络结构,优化管理资源和市场资源配置,实现组织结构的扁平化、信息化和网络化,从结构层次上提高企业管理系统的效率和柔性。通过"市场链"把终端客户的满意度,无差异地传递给每一个业务流程和岗位,以 SST 为手段,以"订单"为凭据,体现出"市场链管理"流程中部门与部门之间、上一道工序与下一道工序之间互相吻合的关系,使每一个流程都有自己的直接"顾客",每一个流程都与"市场"零距离。流程的工作方式是针对"顾客"的要求"主动做",而不是"待向上级请示后再做",从而快速满足了顾客的个性化要求,为"看板管理"奠定了基础,以此强化了企业的市场应变能力,促进了企业的可持续发展。目前海尔集团企业市场链的内容包括信息→制造→售前→售中→售后→信息。

财务管理是企业的核心,企业的一切物流都要伴随资金流和信息流的发生,这也是 ERP 的主要思想之一。海尔集团的财务同步管理是由三大模块实现的,销售与分销模块、财务管理模块和管理会计模块。其中,销售与分销模块的主要功能就是,在销售的整个流程中,由单据跟踪整个销售,并进行单据间的转换,正如流程再造中提到的以"订单"为凭据,连接业务流程中的每一个步骤,具体流程如下:产品报价→建立初步订单→信用审核→库存查询→建立正式订单→订单处理(修改、撤销、跟踪)→发票开出→开出发货单→货物发运。ERP 的单据跟踪功能最大程度减少了单据间转换所需的时间和填写单据时发生数据错误的可能性,大大提高了销售的效率。同时,由单据跟踪销售的全过程,使得企业可以很好地掌握每一件商品在任何时间所处的状态。

财务管理模块负责生成各种对外的财务报表,这些对外的财务报表不但要把所有的会计交易行为记入帐簿,反映在总分类帐里,而且对外财务报表必须符合会计标准和法律规定。财务管理模块可以随时给出产品的成本与利润,完全不存在人为误差问题,财务报表的准确性大大提升。在财务管理模块的基础上,管理会计模块向企业的经理们提供了一种了解企业内部财务状况的手段,它可以进行产品成本控制、盈利能力分析和利润核算等,经理们可以通过管理会计模块所提供的信息掌握有关计划中预期数据之间的差异,并根据这些数据制订下一步计划。

(2) ERP 生产计划管理——看板管理

看板管理是丰田公司 20 世纪 70 年代创设的一种新型管理模式。看板就是一种记载某工序何时需要何数量某种物料的卡片。看板管理是一种需求拉动式的生产模式,由需求者启动物料移动计划。当需求产生后,只对最后一道工序下达生产命令,下游工作中心在需要物料时从其上游工作中心拉动物料。下游工作中心的需求作为授权上游工作中心进行加工的依据,而这种授权是通过将看板作为传播媒介实现的,看板记录下游工作中心需要上游工作中心生产的物料数量和生产时间,看板便是生产信号。所以,在看板管理系统中,无论企业决定生产什么,仅当有信号时物料才能移动。如果没有下游工作中心的需求,则不应该生产任何东西,在这种情况下,何时生产是由下游工作中心的需求来决定的。在 ERP 的基础上,海尔集团的看板管理制度又有了新的发展。以前纸质的看板被计算机系统所取代,由计算机系统完全控制生产的每一道工序,由于 ERP 系统具备财务同步功能,计算机掌握了所有的即时销售信息,当销售单正式确立时,便可直接转化成制造单,传到最下游的工作中心,下游工作中心直接去上一个工作环节提取物料进行生产,而在提货的同时,ERP 系统也将通知上游工作中心进行生产。由此生产信息按着生产流程从最下游一直传到最上游,全程的各种信息都由 ERP 系统所掌控,也由其负责调节生产能力和配发物料。配发物料是利用物料清单(BOM)资料,同时考虑现有库存可用量等信息,计算物料需求,进行调配。ERP 使得看板管理的效率和精确度大大提高,强化了市场应变能力。

4. ERP 实施效果

ERP 实施效果主要体现在两个方面:供应链管理与网上采购系统。

（1）供应链管理

海尔集团的供应链管理就是"对流动在供应链上的商品和服务流、信息流、资金流进行计划和控制"。现金流沿着"供应商→制造→配送/分销→零售→客户"方向流动，而信息流则在供应链上双向流动。供应链管理的最重要任务是对供应链各环节之间的信息流进行管理，通过各种网络来交流信息，使供应链上的各个环节保持协调一致。海尔集团 ERP 新供应链流程为"客户定制产品→根据销量补充进货→只生产市场需求的产品→根据精确的生产需求在线购买生产原料"，旧供应链流程则为"购买物料→制造产品→把货物运到市场→通过零售商进行销售"。在新的供应链管理模式下，由需求驱动生产，客户和供应商结成伙伴，一起实现缩短响应时间、增加灵活性、提高生产率和服务质量、降低成本等目标，而且长远目标是通过减少重复劳动和共享供应链中各环节之间的信息赢得并保持竞争优势。

（2）网上采购系统

海尔集团建立的自己的网上采购系统 BBP 实现了企业的电子商务，使得客户和供应商、供应商和分销商之间建立起交互式关系，BBP 为产品和服务的买卖行为提供了以信息为基础的交易渠道。海尔集团是采用订货点法实现 JIT 采购的，供应商得到相应的授权，可以直接登录海尔集团的内部网站，察看海尔集团的物料存储情况，如果低于采购点，供应商可以直接向海尔发送货物，极大程度节约了采购时间，同时，其他企业也可以登录海尔集团网站，在网上对海尔集团的工程和计划进行招标。而 B2C 则体现了个性化需求方面的创新，任何客户均可以在海尔集团的电子商务网站上按照一定规则自行设计出符合个人要求的 DIY 产品，由于海尔集团采用数字化生产和看板管理，"个性化"并不会增加成本，但却大大提高了顾客的满意度，实现了以顾客为导向的生产销售模式。

5. 经验总结

企业信息化，领导是关键，企业信息化是"'一把手'工程"。企业"一把手"的高度重视、直接决策、宣传推动和组织实施，对企业信息化建设至关重要。没有这一条，信息化建设是不可能成功的。海尔集团十几年来发展速度非常快，信息系统建设也出现亟待整合的局面。为此，海尔集团以"总体规划、分步实施"为原则，研究、论证、制订了信息化建设的总体规划，在此基础上，又细化出分步实施的步骤，避免了重复投资和时间浪费。企业信息化建设不是简单地购买计算机，其难点也不在于技术与资金，而是管理思想的转变和理念的更新，更重要的是企业管理模式和运转方式的彻底改变。海尔集团经过不断的管理创新和机构创新，企业的管理模式不断适应市场变化和激烈竞争的需要，以订单信息流为中心进行了业务流程再造，使组织结构更加扁平化、信息化。基于统一的信息交换与共享平台，所有的信息终端都在该平台上协同操作，实现同步信息流程。通过整合全球的供应链资源和用户资源，形成了以订单信息流为中心，带动物流和资金流的新运行机制。如果没有海尔集团的管理模式创新和流程再造，就不会有现在海尔集团信息化带来的效果。

学习思考题

1. 海尔集团的 ERP 实施主要包括哪几方面？
2. 海尔集团的成功因素是什么？

9.3 波司登的网络分销

本案例通过波司登国际控股有限公司前后两次信息化过程的介绍，剖析了民营企业实施信息化的难点及失败的原因。波司登通过二次信息化解决方案的成功实施，实现了大型集团各分公司间的信息共享，以及有效控制信息流、物流、资金流的管理目标。

1. 企业概况

波司登是国内羽绒服龙头企业，共有从高端到低端的波司登、康博、雪中飞、冰飞、冰洁5大品牌。羽绒服销量连续9年全国排名第一，市场占有率、市场覆盖率两项指标连续多年遥遥领先。自创始至今，波司登已经陆续与美国杜邦、日本伊藤忠等世界品牌合作，迅速迈入全球化进程。除此之外，作为每年生产全球三分之一羽绒服的大厂，在"从中国品牌到全球化品牌"理念的引领下，波司登已经成功进入美国、英国、俄罗斯、日本、加拿大等数十个主流国家和地区的市场。2007年9月11日，波司登被国家质检总局和"名推委"联合评定为"世界名牌"，成为服装行业第一个"世界名牌"。

波司登的管理模式为营销中心、产品事业部、分公司、办事处、经销商的三级管理三级核算体系，其主要营销模式为代销，各分支机构负责本区域内的销售和管理业务。全国有三个生产基地、五大品牌事业部、三十几家分公司、数十家办事处、4000多家专卖店和商超、300多家外协厂。

2. 第一次信息化

（1）信息化动因分析

公司创始之初，企业通过人工单据流转程序来实现信息流对商品流的跟踪；通过财务库存资金账来控制进销过程；通过仓库出入账来核查物流过程；通过定期盘点对账来调整账目和商品的损益。企业各个程序的连接局限于企业部门内部、部门与部门之间的局域网连接，从而导致企业对销售专卖店、代理商最基本的销售和库存信息都不能及时采集，系统的快速反应能力大打折扣。

波司登的信息化进程与波司登在全国的业务布局有很大关系。与依靠他人渠道或代理做销售的模式不同，波司登坚信"渠道为王"理念。所以，波司登的销售终端只有两大类：一类是大商场中的专柜，另一类则是波司登自营的专卖店。特别是后者，这样的专卖店已经在全国开设4000余家，构成波司登销售的前沿阵地。由波司登销售公司对这些专卖店和商场专柜进行管理，它们分布在全国各地，有近100家。伴随着波司登的业绩日益成长，销售规模不断扩大，这样的销售体系所产生的信息流也在不断膨胀，必须依靠信息系统才能对销售流、信息流和物流进行管理。

波司登的产品业务具有流行周期短，季节性强，市场瞬息万变，库存风险高，产品多样、管理复杂、跨地域协同商务困难而无法实现实时监控，财务运作风险高等特点，这些成为企业发展的重要阻碍。公司要成为服装业的国际品牌，就要从产品的多元化和开拓新市场这两方面进行规划，通过对现有价值链的仔细分析，波司登发现分销是一个比较容易着手的方面，也是信息化工程的初始阶段。

波司登的信息化建设之路与它的业绩成长相吻合。2002年，波司登在全国只有20余家销售公司,波司登信息部门在这一阶段的主要工作是维护公司网站及邮件服务器等工作,此时与公司业务没有太大直接关系。各地销售公司与总部的信息沟通,主要依靠电话和传真等传统手段,连用电子邮件都是相当难得的。

对于一万多人的大型企业来说,波司登急需一套 ERP 应用管理软件进行跨地域的集成管理。而此前整个集团的 IT 系统还停留在 DOS 阶段。早在 1997—1998 年,集团就开始接触 IT 技术。由于当时企业的生产规模较小,对信息化的需求也比较低,所以波司登只引用了一套基于 DOS 平台的应用软件,感觉该产品可以满足当时的要求。

可以肯定地说,虽然那时的信息化建设投入的资金比较少,采用的是简单的 DOS 系统,但基本能满足当时的生产状况,也为日后企业进一步加大 IT 投入奠定了基础。前期的成功使企业决策者认识到,信息化确实是个好东西,这就为以后的大投入奠定了观念上的基石。

(2) ERP 选型

随着生产规模的不断扩大,到 2000 年,波司登在全国成立了约 40 家子公司,原来的 DOS 系统已明显不能满足如此规模的企业管理需要。自 2001 年开始,波司登花费了半年为时间进行应用管理软件选型,同年下半年开始进行 ERP 系统实施。最终的 ERP 候选对象为 SAPiank 购物导航、用友、吉大工艺的产品,在公司老总"支持民族产业"原则的指导下,波司登选择了用友的分销系统、吉大工艺开发的生产管理系统。这套系统中包括人力资源管理、财务管理、外贸管理等模块。另外,公司还建立了一套 OA 系统和 CRM 系统,这些基本能使公司正常运营。

(3) 信息化过程中存在的问题及分析

信息化建设要求人跟着系统跑,而不是系统跟着人跑。很多人为因素导致信息化的优势不能充分发挥。波司登由于改变了原有的管理模式,从而使责权利面临重新分配,这是企业的很多中层管理者所不愿意看到的。在系统的正常运行中人为因素很重要,但是民营企业骨子里还是讲究人际关系的,系统跟着人跑,不是人跟着系统跑,人为的思想理念与管理流程规范化是水火不容的。最终波司登的信息化建设历时 4 年,投资千万元以上,作为全国服装行业的首例,其 ERP 实施效果不尽如人意。

此次 ERP 实施效果不理想的首要原因是服装行业的特殊性,其他原因可归结为三点:

① 作为全国首例采用 ERP 系统的服装企业,波司登没有可以借鉴的样板,企业只能在摸索中前行。

② 企业原有的管理模式存在不足。在系统实施后,公司没有推出与之相配套的管理制度,因此无法确保系统顺利推行。

③ 软件本身存在问题,比如报表不能根据企业实际情况定义等。

2005 年,波司登重新对企业信息化进行了全面系统的规划,针对公司经营特点,采用了用友的网络分销解决方案。

3. 二次信息化网络分销解决方案

波司登的网络分销解决方案如图 9.2 所示。

(1) 解决方案的整体设计

波司登的分销系统有 5 个组成部分:销售采购管理、生产计划管理、物流库存管理、财务结算开票和领导综合查询。实施步骤按照总公司先启动、分公司逐步推广、最后实现销售终端控制的模式展开。实施的原则是总体规划、分步实施,实现实用与适用效益驱动,从而树立典型并整体复制。

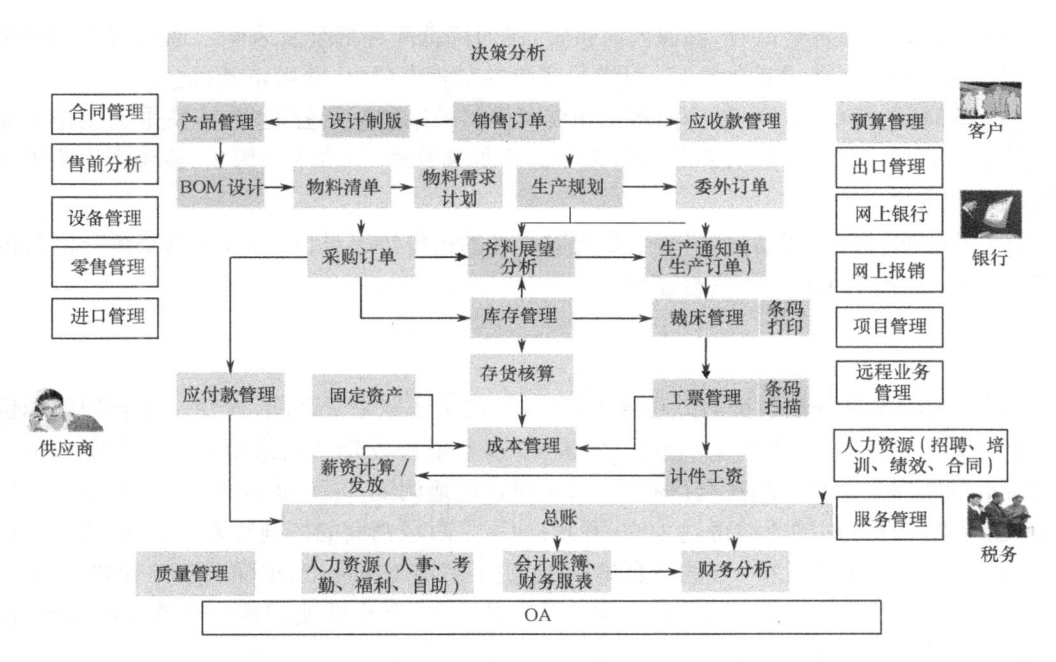

图 9.2　波司登网络分销解决方案示意图

(2) 分阶段实施步骤

第一个推广阶段（试点两家分公司实施一个月）。将主要的两家分公司的销售及相关业务数据在分销管理系统中很好地管理起来，并总结项目运用的经验，逐渐提高业务数据的精确度和分/子公司的业务水平。

第二个推广阶段（2个月10家）。在保证前一个阶段已经运用的两家分公司正常运行的基础上，再推广10家分公司，续用第一个阶段的成果和经验，尽快把10家分/子公司的业务在这个分销系统中正常运行起来。

第三个推广阶段（3个月30家）。依据以上两个阶段的实施成果，尽快将其他分公司的业务全部在这个系统中运行起来，最终实现整个公司销售业务的全面系统化。

4. 二次信息化实施效果分析

据了解，波司登自20世纪90年代中期开始进行信息化建设，于2002年开始实施覆盖总部及全国40家销售分公司的分销管理系统，2005年重点建设供应链管理系统和办公自动化系统，并对现有信息系统进行集成整合。2009年，波司登"面向制造企业供应链管理系统集成平台应用示范"项目通过验收，项目功能涵盖销售、采购、库存、生产、物流配送管理等主要业务环节。项目实施至今，公司库存降低了60%，物流周转速度提高了54.9%。

(1) 全面实现条码化管理，提高了物流效率。便捷的二维表管理及服装BOM处理，方便了业务的操作与执行，节省了大量资源，提高了工作效率，并为边设计、边生产的模式提供了基础保障。

(2) 提高了公司业务透明度，规范了分支机构业务流程，降低了人为误差率，提高了信息准确度，减少了企业直接经济损失。

(3) 满足了异地化、财务、商务集中处理，实现了企业信息共享。通过缺料展望分析，可准确获知生产用料情况，及时安排或调整生产计划，避免不必要的损失。

(4) 可及时把握各地库存，确保及时供货，同时降低库存资金及风险。通过智能的模拟排程可以快速给客户一个准确的交期，以满足客户的交货期要求，获得市场机会。

(5) 从时间、订单、原料、供应商多个角度对原料的采购进行管理监控，使采购工作更加精确。从生产订单、工序管理、领料管理等多个方面加强管理，减少人为因素，避免产生意外情况而影响生产进度。

(6) 从时间、订单、产品、客户多个角度对产品的销售情况进行分析，快速获得准确的市场信息，为企业的预测生产打下良好基础。

5. 结论

用友 ERP/网络分销系统的成功导入，有效解决了区域串货问题，避免了不合理的调价损失，每年为公司挽回经济损失 150 万元；掌握 40 多家销售分公司及遍布全国各大中城市的销售代理商的实时动态销售情况与库存信息，及时合理地调配产品，全年可节约库存资金 1 亿元以上，在降低库存方面的收益可达 1200 万元；加强了对经销商的控制和管理力度，提高了渠道的忠诚度；实现了以销售为中心的信息集成，加快了市场反应速度；加强了财务管理，提升了财务处理效率；员工素质得到全面提高。实施信息化工作，是企业实现现代化管理的必然，也是企业在市场竞争中取胜的关键。

6. 后记

经权威机构评估，波司登 2008 年的品牌价值达 160 多亿元。2008 年，波司登获得中国质量领域最高奖——全国质量奖。2008 年 9 月 18 日，中国纺织工业协会授予波司登"中国纺织服装领军品牌"称号。2009 年 12 月，波司登以 162.2 亿元的品牌价值在 R&F 睿富全球排行榜中列于 2009 中国最有价值品牌排行榜第 13 位。2010 年 3 月，波司登集团总资产达 91 亿元。

7. 合作伙伴简介

中国管理软件、ERP、集团管理、人力资源管理、客户关系管理、小型企业管理、财政及行政事业单位管理、汽车行业管理、烟草行业管理、内部审计等管理服务和信息服务提供商。目前，120 多万家企业与机构用户、超过 3000 人的研发队伍、3000 多名服务专家组成了中国管理软件业强大的服务网络。

学习思考题

1. 波司登第一次实施 ERP 成功还是失败了？为什么？
2. 波司登的网络分销系统由哪些模块组成？该解决方案的特点是什么？
3. 波司登 ERP 实施效果如何？有哪些值得借鉴的经验？

9.4 许继 ERP 的坎坷路

本案例通过许继集团信息化过程的介绍，深入剖析了许继集团实施 ERP 失败的原因，为企业实施 ERP 提供了教训。

1. 企业概况

许继集团有限公司(以下简称许继)是以电力系统自动化、保护及控制设备的研发、生产及销售为主的国有控股大型企业,国家 520 户重点企业和河南省重点组建的 12 户企业集团之一。在机械行业 100 强中,许继排名第 29 位。集团公司下设两家上市公司——"许继电气"和"天宇电气"。许继电气 2010 年中报业绩显示,实现营收 11.8 亿元(同比增长 12%),净利润 6900 万元(同比增长 20%)。

举世闻名的三峡工程、秦山核电、西电东送、南水北调、奥运鸟巢等工程,均有许继提供的关键成套设备在完美运行。也就是在对这些世界级重大科研项目开发和重大工程设备制造的同时,许继荣获多项世界第一,为加快我国重大装备国产化进程、推动国家能源战略实施、提升电力工业的整体运行水平做出了重大贡献。

2. 信息化动因分析

许继实施 ERP 希望能解决三个方面的问题:第一,规范业务流程;第二,使信息的收集整理更顺畅;第三,使产品成本的计算更准确。"一把手"的高瞻远瞩也是许继走上信息化之路的一个重要原因。

3. ERP 选型与实施

ERP 选型时,许继接触过包括 SAP、Symix、浪潮通软、利玛等国内外 ERP 厂商。由于费用问题,许继排除了国外大型软件系统,但并没有把目光转向国内软件企业,因为在考察浪潮和利玛等几家国内厂商之后,许继觉得国内软件厂商的设计思路和自己企业开发设计软件已实现的功能相差很大。最终许继选择了 Symix,一家面向中型企业的美国管理软件厂商。许继当时的产值是 15 亿元,与美国的中小企业相当,而 Symix 在中小企业领域做得不错,价位也比较适中。而且按照一般的做法,签单的时候,一般企业的付款方式是分三笔——5:3:2 模式,而 Symix 开出的条件非常优惠——分 7 步付款的方式。双方就这样成交了。

从 1998 年初签单,到同年 7 月份,许继实施 ERP 的进程都很顺利,包括数据整理、业务流程重组,以及物料清单的建立。在实施过程中,许继高层把开发过程的主要权力移交给信息中心,并要求各部门积极配合,谁不配合谁下岗。厂商的售后服务工作也还算到位,基本完成了产品的知识转移。另外,在培养许继自己的二次开发队伍方面也做了一定的工作。如果这样发展下去,或许许继会成为国内成功实施 ERP 企业的典范。然而,计划赶不上变化。

1998 年 8 月,许继内部为了适应市场变化,开始进行重大的机构调整。原来,许继没有成立企业内部事业部,而是以各个分厂的形式存在。而各个分厂在激烈的市场竞争中,出现了这样的怪现象:许继自己制造的零部件内销价格比外购还高,比如,螺钉在公司内部的采购价格是每个 5 分钱,而在市场上 3 分钱就可以买到。这迫使企业进行重大调整。调整的结果是,将这些零部件分厂按照模拟法人的模式进行运作。许继的想法是,给这些零部件厂商两到三年的时间,如果还生存不下去,再考虑其他办法,如工人下岗、企业转产、倒闭等。

实施 ERP 在先,公司结构大调整在后,但是许继高层在调整的过程中,更多的是关注企业的生存、企业经营的合理化和利润最大化,显然没有认真考虑结构调整对 ERP 项目的影响。

企业经营结构变了,而当时所用的 ERP 软件流程却已经定死了,Symix 厂商也无能为力,想不出很好的解决方案。于是许继不得不与 Symix 友好协商,暂停项目,虽然项目已经运行了 5 个月,但是继续运行显然已经失去了意义。许继依然靠自己开发的程序来支撑运行自己的信息系统。而 500 万元买来的 Symix 的 ERP 系统只是在一个子公司运行,虽然系统现在不能用,但每一年许继依然要支付高昂的软件升级维护费用。

4. 总结

许继实施 ERP 不成功的主要原因有三条。

第一,经营结构调整滞后。许继进行非常大的经营结构调整、关键业务流程重组,在上 ERP 项目之前应该有明确的计划和认识,要么提前进行,要么同时进行,但关键业务流程重组应该提前进行,同时进行的只能是部分非关键业务流程的改造。那么如果选择功能更强大的管理软件会不会好一些?也许当时选用 SAP 是个正确的选择。如果软件的适应性比较强,也就不会造成这么大的影响。

第二,软件选型失误。即便许继存在流程改变的问题,也不能就此完全推卸实施方的责任,因为 ERP 系统并不是"一锤子"买卖,作为解决方案提供商,可扩展性是必须考虑到的重要因素之一,如若不然,就等于对客户说:一年以后如果你的业务流程变动就不能再用我的系统了。而这样的说法对于在 1998 年就在 ERP 上花费 500 万元的客户来说是绝对无法交代的,更何况许继每年还要缴纳数目不菲的服务费,这些费用除了用于日常的调试和维护,很重要的一点就是为了在业务扩展时能够"随需应变",能够动态适应及体现企业的个性化需求。由此看来,许继的失败是前期 ERP 的选型失误,以至于出现的流程问题超出了厂商的能力范围,导致最终陷入僵局。

第三,"一把手"的作用不能贯彻始终和有效发挥。企业上 ERP 项目是"'一把手'工程",是考验企业领导人意志和魄力的过程。许继的决策层在 1998 年就花 500 万元上 ERP 项目,决心不可谓不大。可是老总毕竟精力有限,在实施过程中,许继高层的做法是把这个权力移交给信息中心,并要求各部门积极配合,谁不配合谁下岗。然而,即使手中拿着老总的"尚方宝剑"到处挥舞,信息中心依然发现,在执行过程中其他部门没有按照信息中心的整体布局执行。那么为什么不能"杀一儆百",或者采取其他的强制措施?因为软件流程已经设定了,而这时企业为了适应市场做了一个结构调整,于是出了问题也就分不清责任在哪一方。

5. 后记

2001 年,许继总部上线金蝶 K/3 财务系统,2002 年在全国所有分支机构上线运行,建立了以 K/3 为基础的财务核算体系,财务管控能力大为增强。2002 年 7 月,许继与金蝶签署了作业成本项目合作协议。

2004 年,许继以产品生命周期管理(Product Lifecycle Management,PLM)和 HR 系统导入为切入点,推广应用 CRM 和 SCM 系统,陆续解决了各个系统的集成问题。

到 2005 年年底,伴随 PLM 系统的成功实施,建立了 CBB 平台,缩减了设计成本,产品设计质量明显提升,产品开发速度大幅加快。2005 年 11 月,河南省科技厅组织有关专家对许继承担的河南省制造业信息化重点示范企业建设项目进行了验收,许继的经验获得专家的高度评价。

2006 年,许继与金蝶合作的 KPI 系统成功上线,在上市公司建立了以战略为导向的关键绩效指标(KPI)考核体系,为绩效持续改善提供了有力支持。

第 9 章　ERP 应用案例分析

6. 合作伙伴简介

　　Symix 成立于 1979 年，是在微机服务器上开发 MRP Ⅱ 软件的第一家软件公司，开发、销售和支持集成化的企业和供应链管理系统。产品主要针对中小型制造和分销企业，超过 3900 家客户使用 Symix 软件。Symix 后被 MAPICS 公司收购。2005 年 MAPICS 公司被世界第三大 ERP 供应商 Infor 收购。Infor 在大中国区拥有北京、上海、广州、香港、澳门 5 个办公室，员工超过 400 人。在上海设有产品研发中心，120 多名工程师作为全球研发队伍的一部分参与产品的开发设计。

　　金蝶国际软件集团有限公司（简称金蝶）为世界范围内超过 80 万家企业和政府组织成功提供了管理咨询和信息化服务。金蝶连续 6 年被 IDC 评为中国中小企业 ERP 市场占有率第一名，连续 4 年被《福布斯亚洲》评为亚洲最佳中小企业，2007 年被 Gartner 评为在全世界范围内有能力提供下一代 SOA 服务的 19 家主要厂商之一。2007 年，IBM 等入股金蝶，成为集团战略性股东，金蝶与 IBM 组成全球战略联盟，共同在 SOA、市场销售、咨询与应用服务、SaaS、云计算、电子商务多个方面进行合作。目前集团拥有员工约 9000 人。

学习思考题

1. 许继集团的主要业务范围是什么？
2. 许继集团 ERP 实施失败的主要原因有哪些？
3. 在企业实施 ERP 过程中，如何应对突发的经营结构调整？

第四篇 展 望 篇

本篇对 ERP 系统的未来发展趋势及其与其他系统(CRM、PDM、SCM)的集成问题进行了探讨,进而又对未来制造业的先进制造模式进行了阐述,其主要内容如下:
- ◆ ERP 系统的发展趋势分析
- ◆ ERP 系统与其他系统(CRM、PDM、SCM)的集成问题
- ◆ ERP 系统与电子商务
- ◆ ERP 系统中新的模块化软件和专业化软件
- ◆ 典型的先进制造模式及其发展趋势

第 10 章 不断发展的 ERP

随着企业管理思想的发展,ERP 不断吸收新的先进管理思想和管理模式,并将这些管理思想与 ERP 业务处理模型相结合以满足企业管理信息化的需求。如今,在管理层面,ERP 将企业的业务流程看作一个紧密连接的供应链。较之以前,更为关注其功能深度和功能广度,并将侧重点由企业自身的供应链转化为行业供应链和跨行业供应链。在技术上,ERP 正利用自身特性,充分与互联网技术融合,新一代 ERP 产品也正在向客户端和供应端延伸。较之以前,ERP 正从传统的注重内部资源的管理应用转向注重外部资源的管理应用。可预见,未来的 ERP 除具有传统的制造、财务、销售等功能外,还将不断吸纳新的功能,如大数据(Big Data)、云计算(Cloud Computing)、人工智能(Artificial Intelligence)、物联网(Internet of Things)等,从而构成新时代功能强大的集成化企业管理与决策系统。

10.1 MRPⅡ/ERP 在中国的应用与发展

自从 1981 年沈阳第一机床厂从德国工程师协会引进第一套 MRPⅡ 软件以来,MRPⅡ/ERP 在中国的应用与推广已经历近 40 多年从起步、探索到成熟的过程。然而,我国各企业应用这种先进管理软件的效果很不平衡,各企业差距较大。为此,我们很有必要对整个过程进行一下回顾和思考。我国的 MRPⅡ/ERP 的应用和发展过程,大致可划分为三个阶段。

10.1.1 MRPⅡ/ERP 在中国的启动期

这一阶段几乎贯穿整个 20 世纪 80 年代,其主要特点是立足于 MRPⅡ 的引进、实施以及部分应用,其应用范围局限在传统的机械制造业(多为机床制造、汽车制造等行业)。由于受多种障碍的制约,应用的效果有限。

在20世纪80年代,中国刚进入市场经济的转型阶段,企业尚不具备参与市场竞争的意识或竞争意识不强烈。企业的生产管理问题重重:机械制造业人均劳动生产率大约仅为先进工业国家的几十分之一,产品交货周期长,库存储备资金占用大,设备利用率低等。为了改善这种落后的状况,我国机械工业系统中的一些企业(如沈阳第一机床厂、沈阳鼓风机厂、北京第一机床厂、第一汽车制造厂、广州标致汽车公司等)先后从国外引进MRPⅡ软件。作为MRPⅡ在中国应用的先驱者,它们曾经走过一段坎坷而曲折的道路。首先,管理软件本身存在技术问题。当时引进的国外软件大都运行在大中型计算机上,多是相对封闭的专用系统,开放性、通用性极差,设备庞大,操作复杂,系统性能提升困难;而且国外软件没有完成本地化工作,耗资巨大,同时又缺少相应配套的技术支持与服务。其次,MRPⅡ应用与实施的经验缺乏。再次,思想认识上存在障碍。当时企业的领导大都对这一项目的重视程度不够,只将其视为一项单纯的计算机技术。尽管如此,仍有企业获得了一些效益,如北京第一机床厂、沈阳机床厂和沈阳鼓风机厂等;也有的企业应用并不理想,例如,广州标致汽车公司在20世纪80年代后期共斥资2000多万法郎从法国引进MRPⅡ系统,并安装在两台BULL公司的DPS7000主机上,目标是对全公司的订单、库存、生产、销售、人事、财务等进行统一管理,以提高公司的运营效益,但结果其应用的部分尚达不到软件系统功能的十分之一。故从整体来看,企业所得到的效益与巨大的投资及当初的宏图大略相去甚远。

为此,有些人认为"国外的MRPⅡ软件不适合中国的国情";一些专家学者在分析和总结这一阶段的应用情况后,提出"三个三分之一"论点,即"国外的MRPⅡ软件三分之一可以直接用,三分之一修改之后可以用,三分之一不能用。"

10.1.2 MRPⅡ/ERP在中国的成长期

这一阶段大致从1990年到1996年,其主要特征是MRPⅡ/ERP在中国的应用与推广取得较好的成绩,从实践上否定了以往的观念,被人们称为"三个三分之一"阶段。

该阶段"唱主角"的大多还是外国软件。随着改革开放的不断深化,我国的经济体制已从计划经济向市场经济转变,产品市场形势发生了显著变化。这对传统的管理方式提出了严峻的挑战。该阶段的管理软件虽然主要还是定位在MRPⅡ软件的推广与应用上,然而涉及的领域已突破机械行业而扩展到航天航空、电子与家电、制药、化工等行业。典型的企业有成都飞机制造工业公司、广东科龙容声冰箱厂、山西经纬纺织机械厂、上海机床厂、一汽-大众汽车集团等。此外,北京第一机床厂、沈阳机床厂、沈阳鼓风机厂等老牌MRPⅡ/ERP用户,在启动国家"863"CIMS(Computer Integrated Manufacturing System,计算机集成制造系统)重点工程后,都先后获得可喜的收益。例如,北京第一机床厂的管理信息系统实现了以生产管理为核心,连接物资供应、生产、计划、财务等各个职能部门,可以迅速根据市场变化调整计划、平衡能力,效率提高了30多倍,为此于1995年11月获得美国制造工程师学会(SME)授予的"工业领先奖";广东科龙容声冰箱厂的MRPⅡ/ERP项目,经美国生产与库存管理协会(APICA,American Production and Inventory Control Society Inc.,创建于1957年)的专家认定,达到A级应用水平;等等。总之,大多数MRPⅡ/ERP用户在应用系统之后都获得了或多或少的收益,这是不容否定的事实。

之所以取得了这样的成绩,主要原因在于:一是计算机技术的发展。比如,客户/服务器体系结构和计算机网络技术的推出和普及、软件系统在UNIX小型机/工作站以及微机平台上的扩展、软件开发趋势的通用性和开放性,都使得MRPⅡ的应用向更深更广的范围发展。二是中国企业已进入体制转变和创新阶段,它们积极革新企业管理制度和方法,并采用新型管理手段来增强企业的综合实力。三是一些国外软件公司已完成本地化工作,其产品在开放性和通用性方面也进行了许多改善,同时我国的财务制度和市场机制也逐渐向国际化靠拢,再有就是,一些国内的公司对国外软件经过二次开发和改装后形成国内版本的软件并将其推向市场,使得中国的企业有了更广的选择范围。四是人们在经过一段时间的学习和探索之后,观念开始转变,实践上也积累了一定的经验。为此,业界有识之士高声疾呼"三个三分之一休矣",进而对该阶段 MRPⅡ/ERP 在中国的推广和应用给予了肯定。

但不容忽视的是,虽然取得了较大的成绩,也存在着诸多不足,主要有:

① 企业在选择和应用 MRPⅡ/ERP 时缺少整体的规划;

② 应用范围的广度不够,基本上局限在制造业中;

③ 管理的范围和功能只限于企业内部,尚未将供应链上的所有环节都纳入企业的管理范围之内;

④ 部分企业在上马该项目时未对软件的功能和供应商的售后技术支持作详细和全面的考察,造成不必要的浪费。

10.1.3　ERP 在中国的成熟期

ERP 在中国的成熟期从 1997 年开始,持续到 21 世纪初,其主要特点是 ERP 引入并成为主角;应用范围也从制造业扩展到第二、三产业;并且由于不断的实践探索,应用效果也得到显著提升,从而进入 ERP 应用的成熟阶段。

第三产业的充分发展正是现代经济发展的显著标志。金融业早已成为现代经济的核心,信息产业日益成为现代经济的主导,这些都在客观上要求有一个具有多种解决方案的新型管理软件来与之相适应。因此 ERP 就成为该阶段的主角,并把"触角"伸向各个行业,特别对第三产业中的金融业、通信业、高科技产业、零售业等情有独钟。从而使 ERP 的应用范围大大扩展。例如,德国著名的 ERP 软件供应商 SAP 公司就推出多种行业的解决方案,其中除传统的制造业外,还有金融业,高科技产业,邮电与通信业,能源(电力、石油与天然气、煤炭业等),公共事业,商业与零售业,外贸行业,新闻出版业,咨询服务业乃至于医疗保健业和宾馆酒店业等行业的解决方案。

另外,随着市场经济的发展,中国企业原有的经营管理方式早已不能满足市场竞争的要求,企业面临的是一个越来越激烈的竞争环境。ERP 由于具有更多的功能而逐渐被企业所青睐,它可为企业提供投资管理,风险分析,跨国家、跨地区的集团型企业信息集成,获利分析,销售分析,市场预测,决策信息分析,促销与分销,售后服务与维护,全面质量管理,运输管理,人力资源管理,项目管理以及利用 Internet 实现电子商务等 MRPⅡ 不具备的功能,企业能利用这些工具来扩大经营管理范围,紧跟瞬息万变的市场动态,参与国际大市场的竞争,获得丰厚的回报。

然而,在新的形势下又出现了新的问题,主要表现在:

(1) 企业在实施 ERP 项目时存在"穿新鞋走老路"的现象。多数企业未能把业务流程的优化重组与实施 ERP 有效地结合起来,造成只是用计算机代替原有手工操作的情况,ERP 的功能难以全面发挥。

(2) 国内 ERP 市场尚不成熟,厂商行为难以规范。例如,个别公司为了达到自己的销售目的,不管其产品是否适合买方的实情,不负责任地达成合同,导致后面的实施工作无法进行和效果不佳的结局。

目前我国的宏观环境正在日益完善，今后企业的兴衰存亡将更多地取决于企业自身的竞争能力。在这种形势下，我们相信在成熟阶段，中国将有越来越多的企业认同 ERP 并使用它，实现科技与管理双轮并进，企业的管理水平和经济效益大为提高。

我们还应看到，ERP 在我国呈现出迅猛发展之势的同时，仍有很多企业对 ERP 的应用存在一些不正确的态度和看法；对于 ERP 软件和 ERP 系统这两个概念的混淆，以及对于企业上 ERP 项目所持有的不恰当的悲观态度等，无疑会在很大程度上影响企业实施 ERP 的效果，对于 ERP 今后在中国的进一步推广与应用也是不利的，因此，为了适应未来全球化的激烈竞争，我们的企业无论对 ERP，还是对先进的管理技术和思想，都应该有一个全面的、清醒的认识。

10.1.4 现阶段 ERP 软件应用分析

在互联网浪潮席卷全球的时代，在企业应用软件所有受关注的领域当中，ERP 受到来自当下各种先进技术的挑战，如客户关系管理领域的 Sieble、供应链管理领域的 i2、电子商务领域的 Broadvision 以及网上交易市场领域的 Commerce One 和 Ariba 等。

为了积极探索物联网、人工智能、区块链和大数据等新兴前沿技术，SAP 推出 Digital Innovation（数字化创新）这一新战略，而这一战略的"核武器"就是在 2017 年发布的 SAP Leonardo，它融合了物联网（IoT）、区块链、机器学习、大数据、数据智能、设计思维和分析，并且是完全独立于 ERP 之外的全新产品。

在云计算和大数据时代，SAP 形成了"数字化核心"与"数字化创新"双战略发展模式，这两个战略的核心产品是 S4/HANA 与 SAP Leonardo 这样一对旗舰组合，以 S/4 HANA 为代表的 ERP 业务系统重点在于端到端业务的衔接，实现对于企业业务流程的标准化；而 SAP Leonardo 则希望把设备、人与业务全部互联，实现业务应用的智能化。因此，SAP Leonardo 是未来的主航道；以 S/4 HANA 为代表的产品线则是当下的护城河，代表 SAP 的现在，它们可以为主航道保驾护航，让数字化创新业务行稳致远。

作为云计算时代的排头兵，SAP 自 2010 年正式布局云计算开始，云业务已经成为公司的发展引擎。云业务收入由 2012 财年的 2.7 亿欧元增长到 2018 年的 49.93 亿欧元，增长了 18.5 倍。云业务收入占比也由 2012 财年的不到 2% 增长到 2019 财年的 39.80%。可以看出，SAP 的云计算转型卓有成效，同时，对于物联网、人工智能和区块链等新兴技术的布局能够使 SAP 继续保持其在企业管理软件的领先地位。

2. 用户选择趋向多元化

伴随着 ERP 在中国市场趋向于普及化，越来越多企业选择 ERP 进行企业管理。为此，ERP 厂商根据市场的变化也在做相应的调整，从服务大型客户、集团客户开始向服务中小企业转型。另外，随着企业的发展，其管理需求也越来越精细化，企业对更多 ERP 模块的需求也随之而来，如人力资源、质量管理、客户服务、设备管理、项目管理等，从而推动 ERP 应用的模块和功能更加广泛和深入。此外，我们还应注意到，很多客户对 SRM、CRM、OA、PLM、KM、BI 等也有更广泛和深入的需求，而这些周边应用都是以 ERP 为核心引擎的。不仅如此，客户还更加关注软件实施商的综合服务能力、集成能力和整体交付能力，更加需要信息化的整体解决方案。Oracle 通过硬件与软件相结合的方式积极推进云技术的 ERP 产品，ERP 借助云计算焕发出新的活力。

3. 国内传统 ERP 的技术局限性

（1）MRPⅡ或 ERP 软件的基本特征是联机事务处理。一个典型的联机事务处理系统由多个事务处理（Transaction）应用构成，每个应用使部门的一个过程和功能自动化，同时每个事务和每一分钟的业务细节都记录在与事务应用关联的数据库中。而对于企业高层管理者来说，从规模庞大、数据完整但"事无巨细"的 ERP 系统中直接获取进行宏观决策时所需的数据是很困难的。

（2）决策人员所需的信息绝对不是单纯能够从事务处理系统中得到的，进行决策所需的支持信息往往需要对从 ERP 系统或其他事务处理系统中提取出来的数据进行集成、转换、分类、合并、归类分析得到，甚至需要进行深层次的分析和挖掘，才能提炼出对当前决策问题真正有意义、有价值的信息来。

（3）终端使用者要存取信息系统内的数据，必须事先得到系统管理员的授权，非事先安排好的数据存取大部分是不被允许的。然而，有关分析的信息系统，大部分是由信息部门设计或管理的，因此缺乏对终端使用者特定需求的了解。此外，传统的分析工具缺乏让使用者连接到不同信息来源的功能。因此对于非技术人员来说，这类工具无法提供整合性的分析功能，使用者仅能利用独立的、非整合在一起的应用程序从事自己的分析工作，这就使得企业在得到及时可靠的资讯的同时，显得有些"疲于奔命"。

（4）传统的 ERP 系统中跨地域的业务数据往往存放于分散的异构环境中，不易统一查询和访问，而且还有大量历史数据处于脱机状态，形同虚设，然而决策往往要求对历史数据进行比较、趋势分析和预测。

（5）ERP 系统是经常更新的，当数据经常改变时，就难以对企业的问题做出一致的回答，而回答的经常性改变往往会混淆决策过程。

4. ERP 产品技术研发预测

ERP 与客户关系管理（CRM）、产品数据管理（PDM）、制造执行系统（Manufacturing Executive System, MES）、工作流管理系统、电子商务、供应链（SCM）、协同商务将会进一步整合，同时加强数据仓库和联机分析处理（OLAP）功能，提高 ERP 系统的动态可重构性，将 ERP 系统的实现技术和集成技术推向新一轮发展。

5. ERP 产品行业化分析预测

随着 ERP 系统的广泛应用，它对于制造型企业显得尤为必要，主要原因在于 ERP 系统强大的数据分析功能，这也是企业管理者做 ERP 项目时想要达到的目的，并且它可为企业提供一些原来无法核实的信息，进而为企业降低生产成本、提高管理水平指明方向，同时为企业现代化经营模式的实现指引方向，从而提高企业综合管理质量和经济效益。在现代制造型企业中，应用 ERP 系统可在一定程度上推动企业持续、稳定、长远发展。

10.2　MRPⅡ/ERP 在企业信息化建设中的未来发展趋势分析

ERP 是由美国 Gartner Group Inc. 公司于 20 世纪 90 年代初提出的，是信息时代的现代企业向国际化发展的更高层管理模式。ERP 从被提出之后就在不断变革，不断推陈出新。

ERP 管理思想主要体现了供应链管理 SCM 的思想，还吸纳了准时生产 JIT、精良生产、并行工程、敏捷制造等先进管理思想。ERP 既继承了 MRPⅡ管理模式的精华，又在许多方面对 MRPⅡ进行了扩充，比如，在资源管理范围方面，ERP 扩展了管理范围，把客户需求和企业内部的制造活动以及供应商的制造资源整合在一起，形成企业完整的供应链，并对供应链上的所有环节进行有效管理。

10.2.1 ERP 技术特点

ERP 也代表了当前集成化企业管理软件系统的最高技术水平。ERP 技术及系统特点如下：

① ERP 更加面向市场、面向经营、面向销售，能够对市场快速响应；它将供应链管理功能包含进来，强调供应商、制造商与分销商间新的伙伴关系；并且支持企业后勤管理。

② ERP 更强调企业流程与工作流，通过工作流实现企业人员、财务、制造与分销间的集成，支持企业过程重组。

③ ERP 更多地强调财务，具有较完善的企业财务管理体系，这使得价值管理概念得以实施，资金流与物流、信息流更加有机地结合。

④ ERP 较多地考虑人的因素作为资源在生产经营规划中的作用，也考虑了人的培训成本等。

⑤ 在生产制造计划中，ERP 支持 MRPⅡ的混合生产管理模式，也支持多种生产方式（离散制造、连续流程制造等）的管理模式。

此外，有的 ERP 系统包括金融投资管理、质量管理、运输管理、项目管理、法规与标准、过程控制等补充功能，这使得企业的物流、信息流与资金流更加有机地集成。它能更好地支持企业经营管理各方面的集成，将给企业带来更广泛、更长远的经济效益与社会效益。应当说，ERP 是以 ERP 管理思想为核心的、以 ERP 管理软件与相关人机系统为基础的现代企业管理系统。但是在 ERP 高速发展的今天，互联网的迅猛发展以它更加独特的方式和速度不断地改变着世界和人们对企业管理的理念，ERP 系统的发展也出现了一些问题和新的动向。

10.2.2 ERP 集成化

1. ERP 与 CRM

1999 年，Gartner Group Inc. 公司提出 CRM 概念，该公司认为，CRM 由营销自动化、销售、客户服务以及后台办公一起构成，使客户处理过程更有效率，可明确和优化企业的业务流程过程。CRM 是 20 世纪末在中国开始发展的，并迅速成为企业发展的重要工具之一。

（1）CRM 功能模块分析

① 市场管理模块。市场管理模块能帮助企业对客户和市场信息进行全面的分析，从而对市场进行细分，做出快速反应，指导销售队伍更有效地工作。市场管理模块可以对市场、客户、产品和地理区域信息进行复杂的分析，帮助市场专家开发、实施、管理和优化相应的策略。市场管理模块还可以为销售、服务和呼叫中心提供关键性的信息，如产品信息、报价信息、企业宣传资料等都由市场管理模块提供。

市场管理模块通过数据分析工具，帮助市场人员识别、选择和生成目标客户列表。市场管理模块可与其他应用模块集成，确保新的市场活动资料自动发布给合适的销售、服务人员，使活动得到快速执行。市场管理模块主要通过市场营销活动的开展和市场计划的实施来完成市场的开发与客户的挖掘，以便更好地提供销售线索进而形成商机。此模块应设置的功能有营销活动管理、市场计划管理、市场情报管理、市场分析等。

② 销售管理模块。在 CRM 系统中，销售管理模块主要管理商业机会、客户账目以及销售渠道等。该模块把企业的所有销售环节有机地组合起来，在企业销售部门之间、异地销售部门之间以及销售与市场之间建立一条以客户为导向的流畅的工作流程。销售管理模块能确保企业的每一个销售代表（包括移动的和固定的）能及时获得企业当前的最新信息，包括企业的最新动态、客户信息、账号信息、产品和价格信息，以及同行业竞争对手的信息等。销售代表同客户面对面的交流将更有效，成功率将更高。销售管理模块主要从市场管理模块中获取销售线索信息并转化为商机，然后提出销售报价，签订销售合同，结算佣金，开出销售订单，收回销售货款，编制销售计划，进行销售分析等，实现全过程管理。同时为下一环节提供销售服务需求，形成服务管理模块的数据来源。销售管理模块应设置的功能有线索管理、商机管理、销售报价管理、销售合同管理、佣金管理、销售订单管理、收款管理、销售计划管理、销售分析等功能。

③ 服务管理模块。服务管理模块可以使客户服务代表有效提高服务效率，增强服务能力，从而更加容易捕捉和跟踪服务中出现的问题，迅速准确地根据客户需求解决调研、销售扩展、销售提升各个步骤中的问题，延长每一位客户在企业中的生命周期。服务专家通过分解客户服务需求，并向客户建议其他产品和服务来增强和完善每一个专门的客户解决方案。

服务管理模块提供易于使用的工具和信息（包括服务需求管理、服务环境配置及多种问题解决方案）。这些方案包括相关案例分析、问题的分析诊断（包括横向决策树），可在巨大的科技文档库、常见问题解答数据库和已有的客户服务解决方案中查找基于客户、话务员、服务渠道和服务许可等的广泛信息，客户咨询通过合适的渠道被发送给合适的话务员进行处理。

服务管理模块可以从空闲的话务员中选择最称职的话务员来处理客户咨询。通过对服务许可管理的全面支持，采用自动的工作流，服务管理模块可以确保客户的要求及时、满意地得到解决。

服务管理模块通过呼叫中心接受客户服务请求信息，在校验销售合同后，对需要维修的产品提供产品维修服务，对需要装箱的配件进行装箱处理，并进一步完成客户商品的管理、维修项目的服务管理，以及产品缺陷的管理。服务管理模块应设置的功能有服务请求管理、服务合同管理、产品维修管理、装箱单管理、商品管理、项目服务管理、产品缺陷管理等功能。

④ 客户管理模块。在客户管理模块中，既对客户进行新增、修改、删除、复制、合并、查询、导出等方面的管理，也对客户的联系人进行相应的管理。客户管理模块将企业所有客户资源进行集中全面的管理，帮助企业建立客户全方位视图，从而延长客户生命周期，更深地挖掘客户潜力，提升客户价值。此模块应设置的功能有客户基本信息管理、客户信息查询、客户关怀、客户分析等。

(2) ERP 与 CRM 的整合

通过与客户关系管理（CRM）的整合，ERP 将更加面向市场和客户，通过基于知识的市场预测、订单处理、生产调度、约束调度功能等，进一步提高企业在全球化市场环境下的优化能力，并进一步与 CRM 结合，实现市场、销售、服务的一体化，使 CRM 的前台客户服务与 ERP 后台处理过程集成，提供个性化服务，使企业具有更好的顾客满意度。

传统的 ERP 系统着眼于企业的后台管理，而缺少直接面对客户的系统功能。因此，传统企业只是着力于买到物美价廉的原材料，快速高效地生产产品，对于哪种产品更受欢迎，往往没有确切的答案,只能凭空臆测。在互联网以及电子商务高速发展的大环境下,企业的客户可能分散在世界各地,企业不可能对客户的情况都了如指掌,所以必须有一个系统来管理和收集客户信息,并加以分析和利用。企业与客户之间的关系不仅包括单纯的销售过程中所发生的各种关系,而且包括在企业销售及售后服务过程中发生的各种关系。CRM 对企业与客户间可能发生的各种关系进行全面的管理,识别有价值的客户,并对其深入挖掘、研究和培育,从而提升企业的营销能力。

ERP 的管理理念是提高企业内部资源的计划和控制力,讲究的是在满足客户、及时交货的同时最大限度降低各种成本,通过提高内部运转效率来提高对客户的服务质量,可以说是以效率为中心的。CRM 的理念以客户关系的建立和维护为目的,基于上述分析可以看出,CRM 与 ERP 有天然的互补倾向,ERP 可以为企业提供公用的交易数据库,该数据库可以被 CRM 系统用作建立客户档案和客户关系的其他途径。实际上,交易记录中有用的信息会从公用数据库中抽取出来加到公司的数据仓库中。客户的联系信息也汇集到 CRM 的数据库中,ERP 是建立 CRM 系统的基础,两者整合将会发挥出更强大的功能,为企业向更高的管理水平迈进打下坚实的基础。

戴尔公司的网页为我们提供了 CRM 与 ERP 集成的好案例。假设客户通过网络向戴尔公司订购一台电脑,当客户输入订单后,订单会被发送到工厂车间,而数据被送至采购部门,采购部门会根据相应的单据通知供应商送货,同时客户也可以在网络上实时查看、跟踪自己的订单状态。

2. ERP 与 PDM

产品数据管理(PDM)将企业产品设计和制造全过程的各种信息、产品不同设计阶段的数据和文档组织在一个统一的环境中。PDM 的运用可以使企业方便地监测和掌握产品的生命周期。随着计算机集成制造(CIMS)和并行工程的日益发展,PDM 愈加重要,CAD 和 ERP 供应商都将 PDM 作为自己发展的重点。近年来,ERP 供应商纷纷在 ERP 系统中纳入 PDM 功能或实现与 PDM 系统的集成,增加对设计数据、过程、文档的应用和管理,减少 ERP 庞大的数据管理和数据准备工作量,并进一步加强企业管理系统与 CAD、CAM 系统的集成,进一步提高企业的系统集成度和整体效率。

3. ERP 与 SCM

从 20 世纪 60 年代起,企业就开始管理信息化的应用,从 MRP 到 ERP,逐步实现了对采购、库存、生产、销售、财务和人力资源等业务的管理,内部业务流程和处理实现了自动化,为企业内部纵向一体化管理创造了不可磨灭的功绩。但是,在经济全球化蓬勃发展的今天,ERP 在供应链的跨企业横向一体化管理方面显得力不从心。因此,全球 500 强企业在经过若干年的 ERP 应用后又纷纷引入 SCM。ERP 是面向企业内部的管理,只能对其内部资源进行管理。然而,单靠企业内部业务改进所获得的收益越来越有限。随着经济全球化和市场竞争的加剧,形成了产品定制化生产和交货期不断缩短的趋势,企业面对越来越复杂多变的经营环境,逐渐将管理焦点转移到超越企业之外的供应链管理和上下游业务协同上,以适应环境的变化。而 ERP 在管理范围和功能上都不具备协调多个企业间资源的能力,无法实现供应链上信息的共享。然而,SCM 能够满足供应链横向一体化运作的要求,它帮助企业更好地参与新环境的竞争,在考虑资源约束、优化和决策的技术支持下,有效利用和整合外部资源,与上下游企业建立合作伙伴关系以实现信息共享和业务集成、共同协调制订兼顾各方利益的联合计划,实现协同运作和供应链整体价值的最大化。

SCM 的另一个优点是,它能够模拟和改善财务指标,特别是收入、成本和资产利用率指标。它不是简单地降低成本,而是利用不同的方式来满足市场和客户的需求,使企业乃至整个供应链实现盈利最大化,它通过改善收益表和资产负债表中的关键因素来实现股东权益最大化。因此,ERP 仅仅实现了单个企业价值最大化,而 SCM 则实现了整个供应链乃至社会价值最大化。

SCM 在业务管理上具有比 ERP 更好、更多的功能。首先,SCM 具有极强的实时承诺性,它的承诺标准能为客户提供准确的交货日期。虽然 ERP 的可用量检查(ATP)也具有某种承诺能力,但仅建立在对现有库存检查的基础上,而 SCM 在 ATP 的基础上,还具备对需求承诺能力、订单承诺能力、扩展的生产可用性和获利能力的检查等功能。其次,SCM 能对供应链上的资源进行优化调配,将供应链上的某种稀缺资源预先分配给具有较高优先级别的客户或渠道的需求,以避免其他客户或渠道争夺该资源,实现了资源平衡和优化利用。而 ERP 不具备这种能力。再次,SCM 的计划范围扩展到了企业之外,能生成跨企业的协同计划,实时了解伙伴们的业务变化情况,及时进行计划重排,保持高度灵活性和预见性,以快速响应市场需求。而 ERP 则无法满足这种需求。最后,SCM 可以动态计算提前期,它的提前期标准提供了一个优于 ERP 的特性,ERP 的逻辑使用固定的提前期进行计划,这对整个供应链运行具有若干负面影响。

随着技术的发展,ERP 将面向协同商务,支持企业与贸易共同体的业务伙伴、客户之间的协作,支持数字化的业务交互过程。ERP 的供应链管理功能将进一步加强,并通过电子商务进行企业供需协作,比如,汽车行业要求 ERP 的销售和采购模块支持用电子商务或 EDI 实现客户或供应商之间的电子订货和销售开单过程,ERP 将支持企业面向全球化市场环境,建立供应商、制造商与分销商间基于价值链共享的新伙伴关系,并使企业在协同商务中做到过程优化、计划准确、管理协调。

4. ERP 与工作流管理系统的进一步整合

全面的工作流规则保证与时间相关的业务信息能够自动地在正确时间传送到指定地点。ERP 的工作流管理功能将进一步增强,通过工作流实现企业的人员、财务、制造与分销间的集成,并能支持企业经营过程的重组,也使 ERP 的功能扩展到办公自动化和业务流程控制方面。为方便企业高层领导的管理与决策,ERP 将数据仓库、数据挖掘和联机分析处理(OLAP)等功能集成进来,为用户提供企业级宏观决策的分析工具。为了适应企业的过程重组和业务变化,人们越来越多地强调 ERP 软件系统的动态可重构性,为此,ERP 系统动态建模工具、系统快速配置工具、系统界面封装技术、软构件技术等均被采用。ERP 系统也引入了新的模块化软件、业务应用程序接口、逐个更新模块增强系统等概念,ERP 的功能组件被分割成更细的构件以便进行系统动态重构。

5. 电子商务与 ERP 的整合

电子商务近几年发展迅速。电子商务指公司之间通过互联网进行的商务活动,公司可以是制造商、供应商,也可以是批发商和零售商等。自从有了互联网,电子商务的应用成本大大降低,越来越多的公司倾向于电子商务的应用,电子商务也越来越成为企业发展必不可少的一项内容。互联网技术的成熟为企业信息管理系统增强了与客户实现信息共享和直接进行数据交换的能力,从而强化了企业之间的联系,形成共同发展的生存链,ERP 系统这方面功能的实现,是决策者及业务部门跨企业的联合作战。

互联网为全球企业供应链提高运作效率、扩大商业机会和加强企业间协作提供了更加强大的手段——电子商务平台。在电子商务环境下,企业对现有的 ERP 系统提出了新的要求,使 ERP 的功能如虎添翼,拓宽了 ERP 的外延,使之从后台走向前台,从内部走向外部,从注重生产走向注重销售、市场和服务,并且将 ERP 的应用领域扩展到非制造业,把 ERP 带入一个新的发展天地。

ERP 一方面要实现管理思想与企业管理的集成,另一方面要实现 ERP 系统自身内部之间、ERP 与其他应用系统之间的集成。一方面,集成的目的是解决管理思想、管理方法与管理系统之间的应用互动;另一方面,集成主要实现 ERP 与其他功能分系统之间的集成。ERP 应当在继承当前管理思想的基础上,不断吸纳最新的先进管理思想或模式,如敏捷制造与敏捷虚拟企业组织管理模式、供应链环境下的精良生产管理模式、基于电子商务的企业协同管理模式、跨企业的协同项目管理模式等。

在网络化信息时代,制造业的竞争焦点已从单一企业间的竞争转化为跨企业的生产体系间的竞争,新一代 ERP 应当支持这种电子商务环境下扩展型企业间的协同经营与运作。ERP 将越来越面向企业的商务过程、产品全生命周期的相关过程与资源的管理,其业务领域与功能不断扩展。新一代 ERP 除具有传统的制造、财务、分销等功能外,还将不断吸纳新的功能,如产品数据管理(PDM)、客户关系管理(CRM)、供应链管理(SCM)、电子商务、制造执行系统(MES)、决策支持系统(DSS)、数据仓库与联机分析处理(OLAP)、办公自动化(OA)等,从而构成功能强大的集成化企业管理与决策信息系统。因此,新一代 ERP 应当具有很好的功能可扩展性。为了克服 MRPⅡ/ERP"重计划,轻控制"的弱点,新一代 ERP 将进一步加强事前计划、事中控制、事后审核的集成功能,增强企业 ERP 系统的应变能力和现场管理能力。

ERP 与电子商务进行整合可使企业各部门分享生产信息,避免冗长的作业流程和生产管理盲点,整合供应链上的资源,提高企业核心竞争力;迅速满足客户个性化需求,使市场和客户信息、订单信息、产品和客户服务的反馈信息通过 ERP 系统的处理分析,及时传递给 ERP 系统和企业计划部门,增强企业的动态应变能力,充分体现企业按市场需求制造的思想;提高客户满意度,强化客户的忠诚度和信赖感,进一步强化以客户为中心的经营理念;提高成本管理及损益分析的效率,将产品、库存、采购、行政四大成本得到全面控制,以确保企业利益最大化。最新软件架构系统的高度集成,使企业经营管理更加智能化和科学化。

总之,未来 ERP 的发展方向和趋势是进一步和电子商务、客户关系管理、供应链管理等其他企业应用系统进行整合。ERP 的管理范围有继续扩大的趋势,在经营业务方面,电子商务、客户关系管理、办公自动化(OA)等系统都将不断地融入 ERP 系统中。

10.2.3 ERP 行业化

当前全球经济发展迅速,市场竞争日趋激烈,这给企业带来机遇,同时也带来挑战,促使企业更加重视培养自己的核心竞争力,制定差异化的竞争战略,因此,每个企业都有自身独特的管理需求。面对日趋激烈的市场竞争,企业开始注重个性化发展。传统通用化的 ERP 产品越来越难以满足企业的行业需求,这就促使 ERP 进行行业化细分。同时,不同行业之间的管理差异更大,这就形成了管理软件的不同需求,促使 ERP 从通用化走向行业化。行业化的 ERP

是指，在对制造企业的管理共性进行系统化的识别、归纳和整理的基础上，通过系统化软件复用，在业务平台的支撑下，针对某一个制造子行业的管理需求及管理特点设计开发的可定制的商业化 ERP 系统。

对很多制造企业来说，简单的进销存应用已经不能满足其进一步实现精细化管理的需求，而企业在拓展 ERP 应用时，不得不面对普遍的行业化问题：不同行业对 ERP 有着不同的应用需求，差异化需求决定了 ERP 供应商要为不同行业整合出有针对性的行业解决方案。

比如，电子制造企业与汽车配件企业就有着非常不同的业务管理需求，需要不同的解决方案来满足。在电子制造业中，企业面临的最关键问题是产品的升级更新、市场的迅速变化，需要一整套完整的内部信息流管理方案来强化管理，以实现对种类繁多的零部件的管理工作，并随时快速做出不同型号产品的成本统计表来应对市场的变化。对汽车配件企业来说，与整车厂的信息对接，保证交货的及时性，根据整车厂的需求进行合理的排产，建立并强化协同的计划管理体系以组织均衡生产，提高制造现场管控水平就变得非常重要。

近几年 ERP 发展迅速，软件供应商已经认识到行业化的重要性，明显感到需要在不同行业内提供相应的行业标准化、精细化的产品和功能应用。国内管理软件供应商也十分重视行业细分、ERP 行业化研究与实践，并纷纷推出一系列面向行业的解决方案。例如，用友作为国内首屈一指的 ERP 供应商，提供通用化的解决方案，如采购管理、生产制造排产、成本核算、资产管理、质量管理、分销管理、库存管理、客户管理、销售管理、人力资源管理等业务系统，尤其以财务管理系统见长。从通用化转向行业化，用友通过收购行业内的成熟解决方案并集成到自己的管理套件当中，在自己的业务基础平台上专门开发该行业的解决方案等方法，使其行业解决方案涵盖离散制造、流程制造、流通与零售、服务、金融、建筑与房地产、烟草、政府及公共部门、军工方面。国内发展较早的一家管理软件供应商浪潮通软，早在 1998 年就采取了分行业的营销策略，制订了"引领高端，专注行业"的战略规划，通过长期提炼行业特色，逐步开发出一系列行业化 ERP 产品，在与具体行业的代表企业合作的基础上，提炼出行业化的解决方案，例如，它在与中石油、中石化合作的基础上，提炼出化工行业解决方案。

很多行业化方案都是在项目定制的基础上发展起来的，产品初期并没有明确行业定位，只着眼于眼前的项目需求，没有制定长远发展目标，造成产品总体架构的不完善。这样的行业化产品往往只是一个原型，并不能满足行业内部所有企业的需求，同行业的其他用户使用时还要做大量的二次开发。这样不成熟的行业化产品，对于用户来说，看似满足了自己的需求，实际隐含了诸多风险。从定制化到通用化，再到行业化，是管理软件发展的大趋势。

(1) 建立完善的行业分类方法，构建合理的行业分类框架

这是 ERP 行业化的一个基本问题。行业划分过细，势必扩大 ERP 行业产品规模，与定制化的 ERP 无异；行业划分过粗，会带来通用化 ERP 产品的缺点，使系统复杂化。合理的行业分类框架有助于提高系统复用程度，缩小行业产品的规模，同时，同行业的知识经验的积累，有助于优化管理流程，减少系统功能模块的冗余，提高系统的集成度。现有的行业划分是在实施 ERP 的过程中逐步形成的，适应企业的管理需求与 ERP 产品发展的需要，但行业覆盖面并不完全，行业划分准则并不统一，相关的理论需要进一步建立并且在实践中逐步完善。

(2) 先进的管理理念，专业化的业务流程

不同行业的业务特点和信息化基础架构差异较大，对系统功能的需求也存在很大差异，这就需要管理软件供应商深入理解各个细分行业的业务模式特点和系统需求，梳理出典型的管理模式与业务流程，融入 ERP 产品中。

(3) 优势互补,形成体系行业化

ERP 行业化需要丰富的行业经验积累,这对管理软件供应商提出了很高的要求。ERP 供应商有各自熟悉的领域和行业,在产品线、开发力量、实施经验、销售渠道上有着各自的优势,但是,在涉足新的行业时必然缺乏经验。因此,企业应选择与有行业背景的专业化供应商、咨询服务机构以及实施商开展合作,各自发挥特长,优势互补,开发出满足行业内用户需求的行业化产品,同时,形成体系行业化,即行业化的研发、行业化的销售、行业化的实施。

(4) 平台化、构件化、集成化的技术支撑

要解决核心通用系统与定制开发之间的矛盾,平台化是重要途径,是对日益深化的行业应用的技术支撑。一个面向行业定制的、以大规模系统化复用为主要途径的、层次化的 ERP 业务平台,使个性化、行业化软件的快速开发、快速实施、快速应用成为可能。现代飞速发展的计算机技术已经为我们创造了基本条件,如面向服务架构(SOA)理念、云计算等。

随着 ERP 市场的扩大,产品成熟度的提高,行业化趋势日益突出。行业化的 ERP 符合市场需求,逐渐成为市场的主流。在当前 ERP 市场品牌众多、集中度不高的状况下,只有对行业有深刻的专业认识,率先解决行业化发展面临的关键问题,拥有行业适用的产品,才能在竞争激烈的 ERP 市场中获得竞争优势,才有可能为企业提供真正的价值。

10.2.4 云计算 ERP

互联网自 1960 年开始兴起,主要为军方、大型企业等之间的纯文字电子邮件或新闻集群组服务。直到 1990 年才开始进入普通家庭,随着 Web 网站与电子商务的发展,网络已经成为人们离不开的生活必需品之一。云计算概念的首次提出是在 2006 年 8 月的搜索引擎会议上,这成为互联网的第三次革命。

近几年,云计算成为信息技术产业发展的战略重点,全球的信息技术企业纷纷向云计算转型。云计算概念从提出到今天取得了飞速发展与翻天覆地的变化。现如今,云计算被视为计算机网络领域的一次革命,因为它的出现,社会的工作方式和商业模式也在发生巨大的改变。

1. 云计算的特点

云计算的可贵之处在于高灵活性、可扩展性和高性价比等,与传统的网络应用模式相比,它具有如下特点:

(1) 虚拟化技术。必须强调的是,虚拟化突破了时间、空间的界限,是云计算最为显著的特点,虚拟化技术包括应用虚拟和资源虚拟两种。众所周知,物理平台与应用部署的环境在空间上是没有任何联系的,正是通过虚拟平台才对相应终端操作完成数据备份、迁移和扩展的。

(2) 动态可扩展。云计算具有高效的运算能力,在原有服务器基础上增加云计算功能,能够使计算速度迅速提高,最终实现动态扩展虚拟化的层次,达到对应用进行扩展的目的。

(3) 按需部署。计算机包含了许多应用、程序软件等,不同的应用对应的数据资源库不同,所以用户运行不同的应用需要较强的计算能力对资源进行部署,而云计算平台能够根据用户的需求快速配备计算能力及资源。

(4) 灵活性高。目前市场上大多数 IT 资源、硬软件都支持虚拟化,如存储网络、操作系统和开发硬软件等。虚拟化要素统一放在云系统资源虚拟池中进行管理,可见云计算的兼容性非常强,不仅可以兼容低配置机器、不同厂商的硬件产品,还能够通过外设获得更高性能的计算。

(5) 可靠性高。倘若服务器发生故障，也不影响计算与应用的正常运行，因为如果单点服务器出现故障，可以通过虚拟化技术将分布在不同物理服务器上的应用进行恢复，或利用动态扩展功能部署新的服务器进行计算。

(6) 性价比高。将资源放在虚拟资源池中统一管理，在一定程度上优化了物理资源，用户不再需要昂贵、存储空间大的主机，可以选择相对廉价的 PC 组成云，一方面可减少费用，另一方面计算性能不逊于大型主机。

(7) 可扩展性。用户可以利用应用软件的快速部署条件更为简单快捷地将自身所需的已有业务以及新业务进行扩展。例如，若计算机云计算系统中出现设备故障，对于用户来说，无论在计算机层面还是在具体运用上均不会受到阻碍，可以利用计算机云计算具有的动态扩展功能对其他服务器进行有效扩展，这样就能确保任务得以有序完成。在对虚拟化资源进行动态扩展的同时能够高效扩展应用，提高计算机云计算的操作水平。

2. ERP 与云计算

从 ERP 的发展历程，我们不难发现，云计算 ERP 必将是一种趋势。早在 20 世纪 70 年代，西方部分生产企业为了加强管理，已经通过开发各种企业管理软件来参与管理生产实践。

由于 ERP 系统并不是简单的应用软件，企业往往需要一段时间去修改、适应，才能将其更好融入日常业务的运作当中。并且 ERP 系统中的数据安全隐患也阻碍了企业深入推广 ERP 系统的进程。由于技术缺失等问题，用户实施 ERP 系统的硬件载体一旦发生事故，造成数据丢失，对一个企业来说将是沉重的打击。而云计算 ERP，一方面能够减少企业在硬件方面的投资，企业只需从平台服务商处租用部署 ERP 所需要的硬件和网络资源即可，这大大减少了企业投资的费用；另一方面，云平台是由一些世界上顶级的互联网公司搭建的，这些公司拥有世界上顶尖的硬件环境、技术手段以及技术人才，为环境的安全稳定提供了可靠的保障，对用户的数据安全进行保障和备份，对隐私数据进行保护。因此，无论从减少投资还是技术稳定方面来看，云计算都是 ERP 的发展方向。

3. 云计算 ERP 的实施优势

随着科学技术的发展，企业管理软件的不断更新发展，企业对于管理软件的要求也越来越多，这时候云计算 ERP 的优势就显现出来了。

(1) 屏蔽底层环境。对于 ERP 系统服务供应商以及最终用户来说，底层的大多数硬件环境、软件环境都由云计算服务供应商提供，而软件供应商只需要支付服务费用，不需要操心硬件的扩充与维护，降低了硬件投入成本。

(2) 保障双方权利。云计算的模式避免了 ERP 系统的盗版问题。通过对系统的设计，可增加互动交流平台，便于 ERP 系统服务供应商根据用户的需求维护、升级自己的产品，更加高效地为用户提供服务。同时，由于成本的降低，ERP 系统服务供应商也可通过免费开放系统，只收取服务费，打破传统的经营理念。

(3) 更加安全可靠。由于云计算服务供应商拥有庞大的云（计算资源）支持，即使有部分云出现故障，也不会影响到全局，不会导致用户无法使用资源。另外，专业的云计算服务供应商由于长期从事相关资源的维护保障工作，积累了大量经验，在安全保障方面更加专业，减少了由于安全问题给用户带来的损失。

(4) 便于深度分析。云计算的优势在于可处理海量的数据与信息。通过对不同用户可公开数据资源的深度分析与挖掘,为用户提供更加广泛的附加服务。这一点应该是云计算完全不同于现行 ERP 模式的一个创新点,这一优势的合理利用将给云计算服务供应商带来无限商机,给用户带来意想不到的收获。

(5) 实施效率更高。相对于传统的 ERP 项目,云计算 ERP 系统软件的实施效率实在是太高了,由于企业客户无须自行建设基础架构,无须建设系统平台,无须开发应用项目,节省了传统 ERP 项目实施时间的 90%,使用云计算 ERP,是完全的"先尝后买",用户可以通过在线培训了解系统并结合企业自身开始使用服务,云计算 ERP 的实施效率得以革命性的提升。

(6) 互联网更便利。这也是云计算的魅力之一,无论企业有多少分支机构,多少员工,在什么时间、地点,企业人员都可以通过互联网使用云计算 ERP 系统,彻底摆脱传统 ERP 软件对客户端的依赖,是真正的互联网应用。

云计算同样也会促进人工智能的发展,人工智能化将是 ERP 发展的必然趋势,将人工智能技术引入决策系统,在产品选择、定价等方面都能应用。智能决策可以实现对人的智力的放大,它具备知识表示、知识获取、知识生成、知识模型求解、模型自动选择、自学习、自然语言理解等功能。

这些表明 ERP 又发展到一个新的阶段。

10.2.5　总结

ERP、CRM、PDM、SCM 等都属于信息管理科学范畴,这些学科发展热点将集中在电子商务、云计算,并与企业竞争力联系起来,充分利用最新的信息技术,成为发展方向的前沿。目前,ERP 还在不断吸收先进的管理技术和 IT 技术,如人工智能、精益生产、并行工程和数据仓库。

电子商务的实质是企业经营管理各个环节的信息化过程,但不是简单地将过去的工作流程和规范信息化,而是依靠新的手段和条件对旧的流程进行变革的过程。企业电子商务发展的核心是进行信息化建设,而企业信息化建设最具代表性的是企业内部的资源计划系统——ERP。ERP 是一种科学管理思想的计算机实现,它对产品研发和设计、作业控制、生产计划、市场营销、库存、财务、人事等方面以及相应的模块组成部分采取集成优化的方式进行管理。ERP 不是机械地适应企业现有流程,而是对企业流程中不合理的部分提出改进和优化建议,可能导致组织机构的重新设计和业务流程重组。那么,我们可以得出一个结论,即电子商务是建立在 ERP 基础上的应用。但从另一个角度来看,电子商务与 ERP 又可以归入同一个层次的应用,只是侧重点不同,ERP 主要针对企业内部的管理,而电子商务以外部交互为主。因此,ERP 与电子商务之间存在着种种密切的联系,我们不能把二者看作两个独立的对象,而应该用联系的观点去认识和研究它们。

技术的发展、经济的全球化和商业环境的复杂化等都给企业管理带来巨大的挑战,如果能够成功地建设企业自己的决策支持系统,提高企业的经营决策质量和效率,就能把握主动,争得先机。一个高效的、满足企业自身发展需要的决策支持系统将会成为企业的核心竞争力。

云计算 ERP 在技术上解决了大规模并行运算、数据分块储存、数据实时备份、应用高度集成、降低成本以及安全可靠等问题,因此,云计算 ERP 对于用户来说是可以随时取用、随时扩展、按使用付费的系统。通过云计算部署 ERP,能使其性能达到前所未有的最佳状态,系统会将用户每一次事务的细分任务、定向解析和自动调度集中到云计算平台的服务器集群中共同完成,因此能以最快的速度向客户提供服务。总体来说,在互联网高度发达,计算机技术高度普及的今天,云计算巧妙地将两者结合应用到现代生产生活中,产生了很高的经济效益和社会效益。云计算 ERP 系统模式将是 ERP 系统未来发展的大趋势,这种新模式除拥有方便、快捷、风险低等优势外,低廉的使用成本是它相对于传统模式的最大优势所在,低成本也将为中小企业引入 ERP 系统打开一扇大门,ERP 系统的普及率会大大提高,这也将成为 ERP 系统发展的下一个高峰。

学习思考题

1. ERP 在中国的发展主要经历了哪三个阶段?各阶段的特点是什么?
2. 请概括论述 ERP 系统与其他系统的相互联系。

第 11 章 先进制造系统

ERP 软件系统是面向企业的先进管理工具，它在 MRP＋MRPⅡ 的基础上，增加了企业内部集成（如与 CAD 产品研发设计、HR 集成），以及企业外部集成（主要为供应商、客户），作为 ERP 前身的 MRP、MRPⅡ 是制造业信息化发展的成果，对制造系统的了解有助于我们理解 ERP 系统的实践空间及相关概念。目前，制造业已经获得深入发展，先进制造在制造业中得到普遍应用，本章主要对先进制造系统做简要介绍。

11.1 先进制造系统模式的特点

随着先进制造系统的不断发展，ERP 的应用领域与实践基础也与时俱进，迸发出新的活力。同时，ERP 与其他信息技术也反馈到先进制造系统与工业生产的各个环节，成为工业企业经营管理的常规手段。ERP 不断发掘其潜力的过程与先进制造系统不断发展的过程不再相互独立进行，不再是单方的带动和促进关系，两者在技术、产品、管理等各个层面相互交融，彼此不可分割，并催生工业电子、工业软件、工业信息服务业等一系列新产业。两者的融合发展是工业化和信息化发展到一定阶段的必然产物，是信息化带动工业化并以工业化促进信息化，走新型工业化道路智能制造的必然基础。

中文的"智能制造"是指 Intelligent Manufacturing(IM)或 Smart Manufacturing(SM)或两者兼指。SM 又被译为智慧制造。2008 年，IBM 提出"智慧地球"概念，拉开新一代信息技术应用的大幕，先是物联网技术，接着是移动宽带、云计算技术、信息物理系统(Cyber-Physical Systems,CPS)，然后是大数据。这些新一代信息技术具有诸多有别于传统 IT 技术的特点，将其应用于制造系统将从根本上改变当前的制造模式发展格局，从诸多方面改变制造业信息化建设的路径，使得智能制造范畴有较大扩展。新一代信息技术极大地推动了新兴制造模式的发展，如以社会化媒体/Web 2.0 为支撑平台的社会化企业，有关学者对 Web 2.0 在工业生产中的具体应用进行了研究，比如，黄沈权等将 Web 2.0 技术引入 Web 零件库中，采用标签、本体掘客和维基方式对零件进行分类、评价和信息过滤，促进零件库资源建设、维护和使用的大众化；姚灿中等分析了 Web 2.0 大众生产在线社区生产模式的特点；我国学者姚锡凡提出智慧制造的概念，将信息通信技术与制造技术深度融合为一种人、机、物协同的新型制造模式；李伯虎院士等 2010 年提出以云计算为使能技术的云制造，又在新一代信息和通信技术（如大数据、移动互联网、高性能计算等）、人工智能技术（如机器深度学习、大数据驱动下的知识工程、基于互联网的群体智能等），以及新兴的制造技术（如 3D 打印、智能化机器人、智能制造装备等）基础上提出"智慧云制造"概念；其他具有代表性的先进制造模式还有以物联网(Internet of Things)为支撑的制造物联、以泛在计算(Ubiquitous Computing)为基础的泛在制造、以信息物理系统为核心的工业 4.0 下的智能制造、以大数据为驱动力的预测制造乃至主动制造等。

11.1.1 制造系统模式的概念

现代制造系统由先进制造技术和先进管理技术组成，为了实现现代制造系统的基本目标，提高制造系统的计算机化、信息化、智能化和集成化水平,自20世纪90年代以来出现了大量先进制造系统模式,如成组技术、精益生产、绿色制造、计算机集成制造、全面质量管理、大规模定制、面向制造的设计、敏捷制造、并行工程和全生命周期工程等。

1. 先进制造技术

先进制造技术(Advanced Manufacturing Technology,AMT)是制造业不断吸收机械、电子、信息、材料、能源及现代化管理等方面的成果并加以综合运用,以实现优质、高效、低耗、清洁和灵活生产,从而取得理想技术经济效果的制造技术的总称。20世纪80年代末,美国为了增强本国制造业的竞争力,提出先进制造技术这一概念,此后,欧洲各国、日本以及亚洲新兴工业化国家(如韩国)等也相继做出响应,但直到1994年年初,美国联邦科学、工程和技术协调委员会(FCCSET)下属的工业和技术委员会先进制造技术工作组,才提出有关制造技术的分类目录,这是对先进制造技术内涵的首次较系统的说明。

以CAD/CAM技术、快速原型制造技术、柔性制造系统技术、计算机集成制造系统技术、虚拟制造、绿色制造和敏捷制造等为代表的一系列AMT,在诸多国家和地区得到迅速发展和广泛应用,逐步实现了柔性化、自动化、敏捷化与虚拟化。

2. 现代管理技术

生产管理技术也称为制造系统的运行控制技术,主要通过综合的管理和技术手段,有效地运行制造系统来达到设定的目标,比如,生产调度、生产组织等都是制造系统管理技术的研究内容。随着制造业的发展,生产管理技术经历了早期管理、科学管理和现代管理三个阶段。

现代管理技术是现代制造系统的重要组成部分,因为先进制造系统实际上是先进设计技术、先进制造技术和先进管理技术的有机集成。20世纪60年代后,随着生产类型向"多品种、小批量"的转变和先进制造技术的发展,传统的科学管理模式已经不能适应新的制造技术的发展,企业的管理技术不得不发生很大变化,先后出现了企业资源计划(ERP)、产品生命周期管理(PLM)、供应链管理(SCM)和客户关系管理(CRM)等先进管理技术。现代生产管理信息系统和产品生命周期管理是企业现代管理技术的两个核心系统。

11.1.2 先进制造系统的特点

虽然先进制造系统没有固定的模式,但各种先进制造系统模式存在以下共同点:集成特性、以顾客为中心、快速响应、满意质量和绿色特性。

(1)集成特性(Integration Feature)

集成特性是先进制造系统模式的主要特点。集成的实质是强调制造系统的相关特性,通过优化制造系统的内部联系来提高系统运行效率。先进制造系统模式的集成特性是制造系统工程集成决策观念理论的突出表现。不同的制造模式对集成的内容、层次、深度要求有一定的差别,实现起来有不同的条件要求和难度,所取得的效果也不相同,但其思想的本质是相同的。图11-1给出了先进制造系统模式所涉及的集成方位。CIM制造模式强调信息的集成,在信息集成的基础上实现技术和功能的集成。精益生产在信息、技术和功能集成的基础上强调人的因素,实际上是信息、技术、功能和人的集成。并行工程和敏捷制造又进一步强调组织和过程的集成。在21世纪的知识经济时代,制造模式更加重视知识的含量,强调创新,因此还应实现知识的集成。因此,先进制造系统模式的集成特性是一种多方位的集成,每种集成方式和实现技术都是在特定的驱动力下产生的,应在制造系统集成决策观的指导下去正确理解集成的实质。

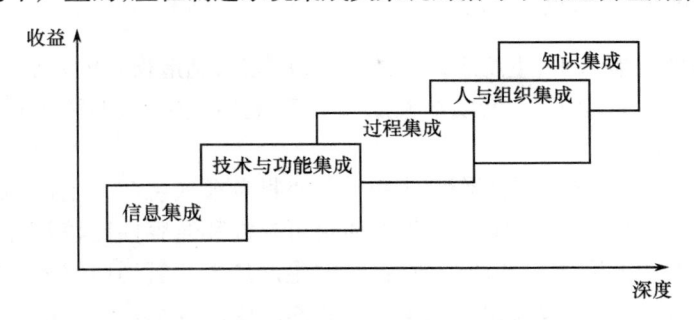

图 11-1　先进制造系统模式所涉及的集成方位

(2) 以顾客为中心(Customer Oriented)

当今和未来都是强调个性化的时代。为了把握市场,赢得市场竞争,制造系统必须采取面向顾客的策略,即以顾客为中心组织生产。只有不断掌握顾客和市场的当前及未来需求,才能及时做出正确的决策。先进制造系统模式都采取了相应的策略来千方百计地满足顾客的需求。例如,精良生产模式力求在整个产品生命周期内从订货到售后服务都得到顾客的参与,并行工程则将面向顾客的制造作为一项重要内容。

(3) 快速响应(Quick Response)

在激烈的市场竞争中,谁先生产出市场需求的产品,谁就能占领市场的优势,就能获得丰厚的利润。因此,先进制造系统模式的一个重要特性就是对市场的快速响应能力。各种制造模式都具有相应的快速响应策略。比如,精良生产和并行工程从制造过程的优化着手来缩短产品制造周期;敏捷制造快速组成动态联盟,从而实现跨企业优化,利用资源来快速响应市场;虚拟制造模式借助于计算机模拟来减少设计和制造的返工,加快产品上市周期;CALS 则从后勤供应的角度减少不必要的时间和信息浪费。

(4) 满意质量(Satisfied Quality)

从世界范围看,制造业经历了产品导向、制造导向、销售导向和发展到今天的市场导向阶段。随着制造业的发展,质量的含义一直在发生着变化。在产品导向阶段,高质量指达到产品设计者期望的性能和功能;在制造导向阶段,高质量意味着符合产品规格;在销售导向阶段,高质量的含义除产品符合规格以外,还包括质量保证的一系列措施;在竞争导向的今天,高质量意味着恰当地满足顾客全方位的需求。所谓先进制造系统模式的满意质量特性就是指恰当地满足顾客全方位和全产品生命周期内质量需求的特性。在满意质量的范畴中,顾客的满意程度体现在产品能够在功能上满足需求,价格合理,外观"赏心悦目",符合环保和人机工程学原理,及时交货,运行消耗费用小,及时维修,报废回收等,包括产品全生命周期的各个环节。CIMS 所强调的质量信息系统(QIS)、精良生产所强调的全面质量管理(TQM)、敏捷制造的质量保证体系都体现了这一特性。

(5) 绿色特性(Green Feature)

先进制造系统模式的绿色特性是指为了制造系统的可持续发展,要尽可能减少资源消耗和环境污染。虽然目前提出的各种制造模式中只有清洁化生产模式和绿色制造模式突出强调制造系统的绿色特性,但随着全球环保意识的增强和制造资源的日益紧张,这一特性必将成为先进制造系统模式的一大特征。

本章将介绍几种具有代表性的先进制造系统模式。

11.1.3 先进制造系统的发展

按照制造技术的发展水平、生产组织方式和管理理念,制造模式的发展历程可归纳为手工作坊式生产、机器生产、批量生产、低成本大批量生产、高质量生产、网络化制造、面向服务的制造、智能制造 8 个阶段。

工业革命以前,产品主要以手工作坊式和单件小批量模式生产为主,产品质量主要依赖手工匠的技艺,成本较高,生产批量小,零部件的质量可控性和兼容性比较差,供不应求成为制造业进一步发展必须解决的问题。产业革命后,新的生产技术和管理思想大量涌现,这一阶段的早期,制造技术的改进重点是规模化大批量生产和提高生产效率,流水线式生产方式使得专业分工和标准化规模生产从技术方法上成为可能,科学组织管理理念等又从组织、结构和方式上保障了流水线式生产的实现,使得大规模制造成为可能。然而,大规模、批量化生产方式的精细化分工和高度标准化形成一种刚性的资源配置系统,在买方市场下,市场环境瞬息万变,这种生产模式会给企业带来巨大损失,20 世纪 90 年代,随着先进制造理念、先进生产技术以及先进管理方式的不断成熟与发展,各种新的制造理念、先进制造新模式得到迅猛发展,理论界相继出现高质量生产、网络化制造、面向服务的制造、智能制造等一系列新概念。

1. 高质量生产

并行工程、柔性制造、精益生产这三类制造模式是基础的生产管理方法,是虚拟制造、敏捷制造、现代集成制造的基础技术;虚拟制造是实现敏捷制造的重要手段;生物制造和绿色制造是考虑环境影响和资源利用率的制造模式。

2. 网络化制造

网络化制造是在产品全生命周期制造活动中,以信息技术和网络技术等为基础,实现快速响应市场需求和提高企业竞争力的制造技术/系统的总称。比较典型的应用模式有制造网格、应用服务提供商。制造网格运用网格技术对制造资源进行服务化封装和集成,屏蔽资源的异构性和地理上的分布性,以透明的方式为用户提供服务,从而实现面向产品全生命周期的资源共享、集成和协同工作。

3. 面向服务的制造

制造的价值链正不断延伸和拓展,制造和服务逐渐融合,制造企业更加倾向于为顾客提供产品服务及应用解决方案。面向服务的制造是为实现制造价值链的增值,通过产品和服务融合、客户全程参与、提供生产型服务或服务型生产,实现分散的制造资源整合和各自核心竞争力的高效协同,达到高效创新的一种制造模式。

4. 智能制造

基于新一代信息技术和 IBM 智慧地球的研究框架,制造系统的集成协同越来越关注人的发展和周围环境的融合,研究的关注点从之前侧重信息技术和工程科学的集成,逐步转变为技术体系、组织结构、人及环境的深度融合与无缝集成,实现优势互补与可持续制造。此类制造包括云制造、制造物联、基于信息物理系统的智能制造乃至智慧制造。

11.1.4 先进制造系统的发展趋势

21世纪以来,先进制造技术正在逐步改变、取代传统的制造模式,为了适应迅猛发展的制造业的需要,先进制造技术正在向集成化、网络化、智能化和绿色化方向发展。

1. 集成化

未来的制造系统集成化程度更高,这种集成是"多集成",即不仅包括信息、技术的集成,而且包括管理、人员和环境的集成。只有将人、信息、技术、管理和环境等真正集成起来,融合成一个统一的整体,才能最大限度地发挥制造系统的综合能力。同时以计算机技术为基础,由多学科技术组合,综合系统工程、管理工程、计算机科学和现代机械制造技术的成就,形成一个由市场分析、生产决策、设计开发、工艺规划、产品制造和销售经营组成的企业计算机控制网络,进行信息共享并通过网络数据库实现生产计划自上而下的统一制订和运行,使整个企业具有统一的信息管理系统和控制系统。

2. 网络化

网络通信技术的迅速发展和普及,给企业的生产和经营活动带来革命性的变革,使企业可以通过制造的网络化,有效组织、管理分散在各地的制造资源。另外,制造企业也可以基于网络实现世界范围内的动态联盟。这些都属于虚拟市场,基于信息化与虚拟化技术的进一步延伸。同时,产品设计、物料选择、零件制造、市场开拓与产品销售都可以异地或跨国界进行。此外,网络通信技术的快速发展,可加速技术信息的交流,加强产品开发的合作和经营管理的学习,推动企业向既竞争又合作的方向发展。

3. 智能化

近20年来,制造系统正在由原先的能量驱动型转变为信息驱动型,这就要求制造系统不但要具备柔性,而且要表现出某种智能,以便应对大量的复杂信息、瞬息万变的市场需求和激烈竞争的复杂环境,因此,制造系统的智能化是必然的发展趋势,智能化将进一步提高制造系统的柔性化和自动化水平,使生产系统具有更完善的判断与适应能力。同时,智能化也是一个动态概念,目前它的研究主要体现在制造系统中的集成技术和系统技术、人机一体化制造系统、制造单元技术、制造过程的计划和调度、柔性制造技术和适应现代化生产模式的制造环境等方面。

4. 绿色化

大批量的生产模式是以消耗资源为代价的,而由此造成的资源枯竭和环境污染等问题已向人们敲响警钟。绿色制造通过绿色生产过程、绿色设计、绿色材料、绿色设备、绿色工艺、绿色包装、绿色管理等生产出绿色产品,产品使用完经过绿色处理后加以回收利用。日趋严格的环境与资源约束,使绿色制造显得越来越重要,它将是21世纪制造业的重要特征,与此相对应,绿色制造技术也将获得快速发展。采用绿色制造能最大限度地减少制造对环境的负面影响,同时使原材料和能源的利用率达到最高。

11.1.5 世界先进制造系统

1. 美国：国家制造创新网络

2008年全球金融危机爆发以后，美国将发展先进制造业提升到增强国家经济实力、保障国防安全、确保全球竞争优势的重要战略高度。为重塑美国制造业的全球领导地位和竞争力，美国政府于2012年启动国家制造业创新网络，以推动先进制造技术向产业转移、向生产力转化。美国国家制造业创新网络的核心单元是制造业创新中心（以下简称创新中心），它担负着特定领域内先进制造技术成果转化与应用推广的职责。通过向社会公开咨询与评估，美国国家制造业创新网络拟建立45家创新中心，目前已建成7家，分别是美国制造、数字化制造与设计、未来轻量制造、美国合成光电制造、美国柔性混合电子制造、电力美国和先进复合材料制造创新中心。创新中心致力于：

(1) 先进制造技术的转化与推广

美国制造业创新中心在美国国家制造业创新网络中扮演着技术"孵化器"的角色，主要功能是加速先进制造技术成果的转化和产业渗透，为美国制造企业提供经过验证的先进制造技术和应用示范，促进前沿创新技术向规模化、经济高效的美国制造能力转化。

(2) 致力于先进制造技术的开发、转化与应用

每个创新中心专注于一个特定领域，对处于"竞争前"阶段的先进制造技术开展应用性研究、试验性开发、商品化试制，把实验室环境下的技术能力转化为产业环境下的生产能力，将生产企业转化和应用新技术的风险与成本降到最低，使得先进制造技术成果能够被快速推广到产业界，最终提升美国制造业的竞争力。

(3) 围绕特定先进制造技术构建创新生态系统

创新中心通过设置适用于各类机构的多层次会员制度，将政府部门、大中小企业、行业联盟与协会、高等院校、社区学院、国家重点实验室以及非营利组织等纳为会员，构建一个以特定先进制造技术为基础、"产学研政"共同参与的创新生态系统，使得创新技术甄别、技术路线选择等更贴近产业需求。

(4) 整合创新资源，形成完整的技术创新链条

在构建创新生态系统的基础上，创新中心通过项目定制和招标，推动会员之间紧密联系、信息共享和合作研究，达成共同的利益关注和资源投入，形成从基础研究到应用研究，再到商品化和规模化生产的完整技术创新链条，使得先进制造技术成果能够得以有效转化和应用。

(5) 创新中心多途径促进技术转化和应用

围绕先进制造技术成果的转化和应用，美国制造业创新中心形成多元化的促进举措。这些举措主要沿两个方向展开：一是以创新项目为纽带，以中小企业为核心，着力于应用研究和商品化两个关键环节，打通技术成果转化的创新链条，使新技术应用能够快速过渡到量产阶段；二是为新技术的大规模应用扫清各种障碍，包括制定各种应用标准、为新技术应用提供适用性人才等。

2. 德国：工业4.0

基于工业发展的不同阶段进行划分，工业4.0(Industry 4.0)是指利用信息化技术促进产业变革的时代，也就是智能化时代。

第 11 章　先进制造系统

这个概念最早出现在德国,在 2013 年的汉诺威工业博览会上被正式推出,其核心目的是提高德国工业的竞争力,在新一轮工业革命中占领先机。随后由德国政府列入《德国 2020 高技术战略》中所提出的十大未来项目之一。该项目由德国联邦教育局及研究部和联邦经济技术部联合资助,投资预计达 2 亿欧元,旨在提升制造业的智能化水平,建立具有适应性、资源效率及基因工程学的智慧工厂,在商业流程及价值流程中整合客户及商业伙伴,其技术基础是网络实体系统及物联网。

德国的工业 4.0 指利用信息物理系统(Cyber-Physical System,CPS)将生产中的供应、制造、销售信息数据化、智慧化,最终实现快速、有效、个人化的产品供应。

(1) 成立背景

工业 4.0 研究项目由德国联邦教研部与联邦经济技术部联手资助,在德国工程院、弗劳恩霍夫协会、西门子公司等德国学术界和产业界的建议和推动下形成,并已上升为国家级战略,德国联邦政府投入达 2 亿欧元。

该战略已经得到德国科研机构和产业界的广泛认同,弗劳恩霍夫协会将在其下属六七个生产领域的研究所引入工业 4.0 概念,西门子公司开始将这一概念引入其工业软件开发和生产控制系统。

自 2013 年 4 月正式推出以来,工业 4.0 迅速成为德国的另一个标签,并在全球范围内引发新一轮工业转型竞赛。

(2) 工业 4.0 平台组织架构与支柱

工业 4.0 平台组织架构包含四个层面:一是指导委员会,在其下面有不同的工作组,如发展架构工作组,有关标准化的工作组,研发工作组,安全、隐私和知识保护工作组,还有法律事务工作组,以及发展新工作方式和新组织的工作组,当然还有其他工作组,各自负责不同的事务。二是战略董事会,战略董事会主要确定发展哪个领域,向哪个领域投资更多。三是行业联盟,如汽车联盟、铁路联盟、航空航天联盟等,它涵盖很多领域。四是国际标准化组织,标准化工作对于行业来说非常重要。

工业 4.0 路线图基于五大支柱。第一,水平的融合,通过价值创造网络来实现这一融合,也就是机器到机器的沟通,以及企业之间的通信。第二,价值增长的网络企业之间的连接。第三,更加无缝的信息流动,整个生命周期的无缝沟通在使用这个周期的时候,能够融入客户产品。第四,从行业角度来看,需要新的资格认证,也需要新的组织。第五,混合技术的持续发展。在工厂有大量设备,数据安全、账户安全、参考架构是非常重要的,需要分散化、以服务为导向的架构。

(3) 工业 4.0 技术实现途径

技术层面,要建立起信息物理系统,这样对于系统调节的监测、远程控制等就不是难事了,如智能工厂、智能物流、智能电厂和智能社会。那么什么是信息物理系统?艾纳·安德尔表示,基于加入传感器的嵌入式系统,整合执行器,称之为智能执行器,将两者组合后就形成信息物理系统。此外,如果让嵌入式系统与互联网地址融合,建立起信息物理系统,就可以具备更多功能,在生产当中,称之为用于生产设备的信息物理系统。

信息物理系统的特征主要来自物理系统信息化和信息系统物理化。信息系统物理化指让虚拟的世界变得更为实际和现实。以机器人为例,要想让机器人在爬坡过程中不会跌倒,就需要在虚拟世界中建模,让现实生活中的行为在虚拟世界中得到仿真。

数据方面,人们每天用互联网技术来共享数据,系统会产生许多数据。这需要一个安全的环境,同时保证知识产权和隐私。艾纳·安德尔从应用、系统和技术三个层次分析了如何做好安全保障措施。应用层面,企业需要保证工业4.0流程的安全;系统层面,企业要保证信息物理系统的安全;技术层面,通过可靠的机器控制,包括现代加密技术、不可篡改技术在内的安全数据和安全服务,来保障用户信息的绝对安全。

3. 日本:工业价值链

工业价值链是日本制造界为解决不同制造企业之间的"互联制造"问题而提出的一种策略。它通过建立顶层的框架体系,让不同的企业通过接口,能够在一种"松耦合"的情况下相互连接,以大企业为主,也包括中小企业,从而形成一个日本工厂的生态格局。在应对工业互联的升级浪潮中,许多企业正在聚焦于内部的互联互通问题,而日本产业界却另辟蹊径,致力于探讨企业的相互连接问题,即是否存在一个生态系统,从而提出工业价值链概念。

同时日本采取了三个层次系列来实现工业价值链。一是推动IVI的发展,从而建立日本制造的联合体王国;二是通过机器人革命计划协议会,以工业机械、中小企业为突破口,探索领域协调及企业合作的方式;三是利用IoT推进实验室,加大与其他领域合作的新型业务的产出。

工业价值链的"龙骨"和理念:

2016年12月,日本智能制造参考框架(Industrial Value Chain Reference Architecture)的正式发布,标志着日本智能制造策略正式落地。IVRA是日本智能制造独立的顶层框架,相当于美国工业互联网联盟的参考框架IIRA和德国工业4.0参考框架RAMI 4.0,这是集中了日本制造优势的智能工厂互联互通的基本模式。

IVRA的基本模型是将智能制造单元(SMU)作为描述微观活动的基本组件,然后通过一个类似数字解读单元实现SMU之间的连接,最后形成的一个通用功能模块,这样就可以基本完成企业所需要的实际功能了。

这种做法非常聪明地找到了最为基础的制造单元之间相互连接和交互的关系。如果智能制造系统是一个摩天大楼,SMU就是各种预制板。建立了这样的根基,基于标准和互联的所有智能制造的想法才能真正成为现实。

日本工业价值链计划IVI的三大关键理念——互联制造、松耦合和人员至上——令人印象深刻。在未来的制造环境中,互联制造将起着关键作用。

制造厂一方面越发集中关注其核心生产流程并予以投资,另一方面,又要与其他企业在虚拟世界和物理世界进行动态的供应链互联。这些互联企业还要参与工程链,这是因为它们的生产线要在整个生命周期用自身的工程参数与其他互联企业的生产线协同运营,在互联的平台环境中得到共享数据的支撑。从现实的角度分析,很难直截了当创建如此复杂的制造环境。日本工业价值链计划设想找到一种更加务实的方法,以现实可行的步伐改造现有的先进制造系统,而不是首先精心构建非常复杂的目标模型。

这个方法就是用"宽松定义标准"为互联企业的制造运营设计一个生态协同平台。其基本出发点是:为了与其他互联企业协同,需要预先定义若干通信平台、知识共享标准和数据模型。这种"宽松定义标准"比较有利于敏捷与弹性开发,可持续应对不可预测的未来需求。通过建立企业易于合作的"宽接口",保持每个企业的竞争优势不受影响,在合作中培育连接性。这样就避免了拥有更加先进技术的企业,为了适应通用的技术和工艺而不得不调整其高技术特性,从而面临失去竞争力的风险。

人仍然占据核心位置,换言之,物理世界和虚拟世界并不是1∶1的关系,必须考虑人的因素。个体在未来生产中仍然是关键因素,这也是日本制造的一个典型思考方式。

4. 中国:中国制造

当前,新一轮科技革命和产业变革与中国加快转变经济发展方式形成历史性交汇,国际产业分工格局正在重塑。必须紧紧抓住这一重大历史机遇,按照"四个全面"战略布局要求,实施制造强国战略,加强统筹规划和前瞻部署,力争通过三个十年的努力,到新中国成立一百年时,把我国建设成为引领世界制造业发展的制造强国,为实现中华民族伟大复兴的中国梦打下坚实基础。实施五大工程,包括制造业创新中心建设工程、强化基础工程、智能制造工程、绿色制造工程和高端装备创新工程。进行十个重点领域建设,包括新一代信息技术产业、高档数控机床和机器人、航空航天装备、海洋工程装备及高技术船舶、先进轨道交通装备、节能与新能源汽车、电力装备、农机装备、新材料、生物医药及高性能医疗器械等。

中国应坚持"创新驱动、质量为先、绿色发展、结构优化、人才为本"的基本方针,通过三步走实现制造强国的战略目标。

第一步:力争用十年时间,迈入制造强国行列。

到2020年,基本实现工业化,制造业大国地位进一步巩固,制造业信息化水平大幅提升。掌握一批重点领域关键核心技术,优势领域竞争力进一步增强,产品质量有较大提高。制造业数字化、网络化、智能化取得明显进展。重点行业单位工业增加值能耗、物耗及污染物排放明显下降。

到2025年,制造业整体素质大幅提升,创新能力显著增强,全员劳动生产率明显提高,两化(工业化和信息化)融合迈上新台阶。重点行业单位工业增加值能耗、物耗及污染物排放达到世界先进水平。形成一批具有较强国际竞争力的跨国公司和产业集群,在全球产业分工和价值链中的地位明显提升。

第二步:到2035年,我国制造业整体达到世界制造强国阵营中等水平。

创新能力大幅提升,重点领域发展取得重大突破,整体竞争力明显增强,优势行业形成全球创新引领能力,全面实现工业化。

第三步:新中国成立一百年时,制造业大国地位更加巩固,综合实力进入世界制造强国前列。制造业主要领域具有创新引领能力和明显竞争优势,建成全球领先的技术体系和产业体系。

同时,中国制造应坚守的原则:

市场主导,政府引导。全面深化改革,充分发挥市场在资源配置中的决定性作用,强化企业主体地位,激发企业活力和创造力。积极转变政府职能,加强战略研究和规划引导,完善相关支持政策,为企业发展创造良好环境。

立足当前,着眼长远。针对制约制造业发展的瓶颈和薄弱环节,加快转型升级和提质增效,切实提高制造业的核心竞争力和可持续发展能力。准确把握新一轮科技革命和产业变革趋势,加强战略谋划和前瞻部署,扎扎实实打基础,在未来竞争中占据制高点。

整体推进,重点突破。坚持制造业发展全国一盘棋和分类指导相结合,统筹规划,合理布局,明确创新发展方向,促进军民融合深度发展,加快推动制造业整体水平提升。围绕经济社会发展和国家安全重大需求,整合资源,突出重点,实施若干重大工程,实现率先突破。

自主发展,开放合作。在关系国计民生和产业安全的基础性、战略性、全局性领域,着力掌握关键核心技术,完善产业链条,形成自主发展能力。继续扩大开放,积极利用全球资源和市场,加强产业全球布局和国际交流合作,形成新的比较优势,提升制造业开放发展水平。

11.2 典型的现代制造系统模式

11.2.1 敏捷制造

1. 敏捷制造产生的背景

自第二次世界大战以后,日本和西欧各国的经济遭受战争破坏,工业基础被彻底摧毁,只有美国作为唯一的工业国,向世界各地提供工业产品。所以美国的制造商们在20世纪60年代以前的策略是扩大生产规模。到20世纪70年代,西欧发达国家和日本制造业已基本恢复,不仅可以满足本国对工业的需求,甚至可以依靠本国廉价的人力、物力生产廉价的产品,打入美国市场,致使美国的制造商们将策略重点由规模转向成本。20世纪80年代,原联邦德国和日本已经可以生产高质量的工业品和高档消费品与美国的产品竞争,并源源不断地推向美国市场,又一次迫使美国的制造商们将制造策略的重心转向产品质量。进入20世纪90年代,当丰田生产方式在美国产生明显的效益之后,美国人认识到仅降低成本、提高质量还不能保证赢得竞争,还必须缩短产品开发周期,加速产品的更新换代。当时美国汽车更新换代的速度已经比日本慢了许多,因此速度问题成为美国制造商们关注的重心。从字面上看,"敏捷"正表明要用灵活的应变去对付快速变化的市场需求。

1991年美国里海大学(Lehigh University)在研究和总结美国制造业的现状和潜力后,发表了具有划时代意义的《21世纪制造企业发展战略》报告,提出敏捷制造(Agile Manufacturing,AM)和虚拟制造企业的新概念,其核心观点是除学习日本的成功经验外,更要利用美国信息技术的优势,夺回制造业的世界领先地位。这一新的制造哲理在全世界产生了巨大反响,并且已经取得引人注目的实际效果。

2. 敏捷制造的内涵及概念

(1) 敏捷制造的内涵

"美国机械工程师学会"(ASME)主办的《机械工程》杂志1994年对敏捷制造做了如下定义:"敏捷制造就是指制造系统在满足成本和高质量的同时,对变幻莫测的市场需求快速反应"。因此,敏捷制造企业,其敏捷能力应当反映在以下六个方面:

① 对市场的快速反应能力。判断和预见市场变化并对其快速地做出反应的能力。

② 竞争性。企业获得一定生产力、效率和有效参与竞争所需的技能。

③ 柔性。以同样的设备与人员生产不同产品或实现不同目标的能力。

④ 快速。以最短的时间执行任务(如产品开发、制造、供货等)的能力。

⑤ 企业策略的敏捷性。企业针对竞争规则及手段的变化、新的竞争对手的出现、国家政策法规的变化、社会形态的变化等做出快速反应的能力。

⑥ 企业日常运作的敏捷性。企业对影响其日常运作的各种变化,如用户对产品规格、配置及售后服务要求的变化、用户订货量和供货时间的变化、原料供货出现问题及设备出现故障等做出快速反应的能力。

敏捷制造的基本思想是通过把动态灵活的虚拟组织结构、先进的柔性生产技术和高素质的人员进行全方位集成,从而使企业能够从容应付快速变化和不可预测的市场需求,它是一种提高企业竞争能力的全新制造组织模式。

(2) 敏捷制造的主要理念

① 全新的企业理念:将制造系统空间扩展到全国乃至全世界,通过企业网络建立信息交流高速公路,建立"虚拟企业",以竞争能力和信誉为依据选择合作伙伴,组成动态公司,它不同于传统观念上有形空间构成的有围墙的实体空间。虚拟企业从策略上将不强调企业全能,也不强调一个产品从头到尾都由自己开发、制造。

② 全新的组织管理理念:简化过程,不断改进过程;提倡以"人"为中心,用分散决策代替集中控制,用协商机制代替递阶控制机制;提高经营管理目标,精益求精,尽善尽美地满足用户的特殊需要;敏捷企业强调技术和管理的结合,在先进柔性制造技术的基础上,强化企业内部的多功能项目组与企业外部的多功能项目组——虚拟公司把全球范围内的各种资源集中在一起,实现技术、管理和人的集成。敏捷企业的基层组织是多学科群体,是以人为中心的一种动态组合。敏捷企业强调权力分散,把职权下放到项目组,提倡"基于统观全局"模式,要求各个项目组都能了解全局的远景,胸怀企业全局,明确工作的目标、任务和时间要求,而完成任务的中间过程则完全可以自主安排。

③ 全新的产品理念:敏捷制造的产品进入市场以后,可以根据用户的需要进行改变,得到新的功能和性能,即使用柔性的、模块化的产品设计方法。依靠极大丰富的资源和软件资源,进行性能和制造过程仿真。敏捷制造的产品保证用户在整个产品生命周期内满意,企业的这种质量跟踪将持续到产品报废为止,甚至包括产品的更新换代。

④ 全新的生产理念:产品成本与批量无关,从产品看是单件生产,而从具体生产实际和制造部门看,却是大批量生产。高度柔性的、模块化的、可伸缩的制造系统的规模是有限的,但在同一系统内可生产出的产品品种是无限的。

3. 敏捷制造的基本特点

(1) 敏捷制造具有自主性

每个工件的加工过程、设备的利用以及人员的投入都由本单元掌握和决定,这种系统简单、易行、有效。再者,以产品为对象的敏捷制造,每个系统只负责一个或若干个同类产品的生产,易于组织小批或单件生产,不同产品的生产可以重叠进行。如果项目组的产品比较复杂,可以将之分为若干单元,使每一单元对独立的分产品的生产负有责任,分单元之间分工明确,协调完成一个项目组的产品生产。

(2) 敏捷制造是虚拟制造系统

敏捷制造系统是一种以适应产品为目标而构造的虚拟制造系统,其特色在于能够随环境的变化迅速地动态重构,对市场的变化做出快速的反应,实现生产的柔性自动化。实现该目标的主要途径是组建虚拟企业。其主要特点是:

- 功能的虚拟化。企业虽具有完备的企业职能,但没有实现这些功能的机构。
- 组织的虚拟化。企业组织是动态的,倾向于分布化,讲究轻薄和柔性,呈扁平网状结构。
- 地域的虚拟化。企业中的产品开发、加工、装配、营销分布在不同地点,通过计算机网络互联。

(3) 敏捷制造是可重构的制造系统

敏捷制造系统设计并非预先按规定的需求范围建立某过程,而使制造系统在组织结构上具有可重构性、可重用性和可扩充性三方面的能力。它通过对制造系统的硬件重构和扩充,适应新的生产过程,要求软件可重用,能对新制造活动进行指挥、调度与控制。

4. 敏捷制造企业的主要特征

敏捷制造企业的特征及要素构成敏捷企业的基础结构,其一系列功能子系统一般称为"使能系统(Enabling System)"。敏捷企业主要特征如下:

并行工作,继续教育,顾客拉动的组织结构,动态多方合作,尊重雇员,向团队成员施权,改善环境,柔性重构,可获得与可使用,具有丰富的知识和适应能力的雇员,开放的体系结构,一次成功的产品设计,产品终生质量保证,缩短循环周期,技术领先作用,灵敏的技术装备,整个企业集成,具有远见卓识的领导。

5. 敏捷制造的技术实施

为了推进敏捷制造的实施,1994年美国能源部制订了一个"实施敏捷制造技术"(Technologies Enabling Agile Manufacturing,TEAM)的五年计划(1994—1999年),该项目涉及联邦政府机构、著名公司、研究机构和大学等100多个单位。1995年,该项目规划和技术规划公开发表,它将实施敏捷制造的技术分为产品设计和企业并行工程、虚拟制造、制造计划与控制、智能闭环加工和企业集成五大类。

(1) 产品设计和企业并行工程

产品设计和企业并行工程的使命就是按照客户的要求进行产品设计、分析和优化,并在整个企业内实施并行工程。通过产品设计和企业并行工程,产品设计者在概念优化阶段就可同时考虑产品生命周期的所有要素,诸如质量、成本、特性,以及产品的制造性、可装配性、可靠性、可维护性。

(2) 虚拟制造——在计算机上模拟制造的全过程

具体地说,虚拟制造将提供一个功能强大的模型和仿真工具集,并且在制造过程分析的企业模型中使用这些工具。过程分析模型和仿真包括产品设计及性能仿真、工艺设计及加工仿真、装配设计及装配仿真等;而企业还要考虑影响企业作业的各种因素。虚拟制造的仿真结果可以用于制订制造计划、优化制造过程、支持企业高层进行生产决策或重新组织虚拟企业。产品设计和制造是在数字化虚拟环境下进行的,克服了传统试制样品投资大的缺点,避免失误,保证投入生产一次成功。

(3) 制造计划与控制

制造计划与控制的任务就是描述一个集成的宏观(企业的高层计划)和微观(详细的信息生产系统,包括制造路径、详细的数据以及支持各种制造操作的信息等)计划环境。该系统将使用基于特征的技术、与CAD数据库的有效连接方法、具有知识处理能力的决策支持系统等。

(4) 智能闭环加工

智能闭环加工就是应用先进的控制和计算机系统改进车间生产的控制过程,当各种重要的参数在加工过程中能够得到监视和控制时,产品质量就能够得到保证。智能的闭环加工将采用投资少、效益高、以微机为基础的具有开放式结构的控制器,以达到改进车间生产的目的。

(5) 企业集成

企业集成就是开发和推广各种集成方法,在市场多变的环境下运行虚拟的、分布式的敏捷企业。TEAM 计划将建立一个信息基础框架——制造资源信息网络,使得地理上分散的各种设计、制造工作小组能够依靠这个制造资源信息网络有效合作,并能够依据市场的变化而重组。

ERP 各子系统的实施,将覆盖企业生产计划、产品销售、财务管理、人事管理、物料管理、售后服务等各个方面,经过针对具体企业的定制修改,子系统若可与企业 CAD 数据库及 PDM 等信息系统实现有效结合,企业响应市场速度将获得很大提高,继而能够根据市场需求,加快产品开发的速度,不断以良好的性价比在适当的时机推出新产品。另外,ERP 对生产计划进行重新设计,可有效减少产品积压,制造部管理人员还能够及时了解生产信息,跟踪反馈生产任务完成情况,节约资金的同时,可大大提高生产效率。因此,ERP 的实施与敏捷制造的实现存在很大的关联性,开发适当的方法与接口实现敏捷制造与 ERP 的有效对接,将是企业提高生产管理能力的重要途径。

11.2.2 精益生产

1. 精益生产的提出及发展背景

20 世纪 50 年代初,制造技术的发展突飞猛进,数控、机器人、可编程序控制器、自动物料搬运器、工厂局域、基于成组技术的柔性制造系统等先进制造技术和系统迅速发展,但它们只着眼于提高制造的效率,减少生产准备时间,却忽略了可能增加的库存而带来的成本增加。此时,日本丰田汽车公司副总裁大野耐一先生开始注意到制造过程中的浪费是造成生产率低下和增加成本的根结,他从美国的超级市场受到启发,开始"看板系统"的构想,提出准时生产制 JIT。

丰田汽车在 1953 年先通过一个车间看板系统的试验,不断加以改进,逐步进行推广,经过 10 年的努力,发展为准时生产制,同时在该公司早期发明的自动断丝检测装置的启示下,研制出自动故障检报系统,由此形成丰田公司的生产系统。这种方式先在公司范围内实现,然后又推广到其协作厂、供应商、代理商以及汽车以外的各个行业,全面实现丰田生产系统。到 20 世纪 80 年代初,日本的小汽车、计算机、照相机、电视机,以及各种机电产品自然而然地占领了美国和西方其他发达国家的市场,从而引起惊恐和思考。

美国麻省理工学院在剖析、总结日本丰田汽车公司创造的丰田生产方式后,于 1990 年在国家汽车计划(IMVP)研究报告中提出以改革生产管理为中心的精益生产(Lean Production,LP)体系,他们称之为"世界级制造技术的核心"。这个概念被德国人吸收,并在 1992 年宣布要以精益生产来"统一制造技术的发展方向"。德国 Achen 工业大学继续发展这个概念,描绘了 21 世纪的现代生产方式和目标,将其归纳为精益生产。

2. 精益生产的内涵及体系

精益生产的核心内容是准时制(Just-In-Time,JIT)生产,该种方式通过看板管理,成功地制止了过量生产,实现了"在必要的时刻生产必要数量的必要产品",从而彻底消除了产品制造过程中的浪费,以及由其衍生出来的种种间接浪费,实现了生产过程的合理性、高效性和灵活性。准时制生产是一个完整的技术综合体,包括经营理念、生产组织、物流控制、质量管理、成本控制、库存管理、现场管理等在内的较为完整的生产管理技术和方法体系。丰田准时制生产的技术体系构造如图 11-2 所示。

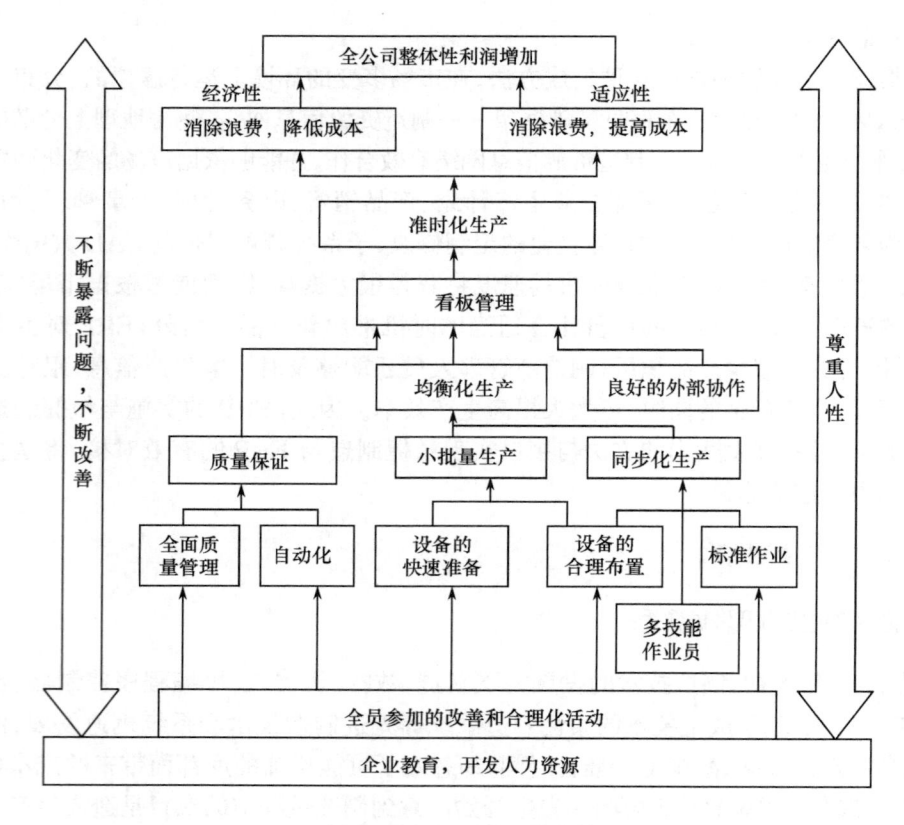

图 11-2　丰田准时制生产的技术体系构造

精益生产是在准时制生产、组成技术(GT)以及全面质量管理(TQC)的基础上逐步完善的,它制造了一幅以三者为支柱、以精益生产为屋顶、以并行工程和小组化工作方式为基础的建筑画面。它强调以社会需求为驱动,以人为中心,以简化为手段,以技术为支撑,以"尽善尽美"为目标,主张消除一切不产生附加价值的活动和资源,从系统观点出发,将企业的所有功能合理地加以组合,以利用最少的资源、最低的成本向顾客提供高质量的产品或服务,使企业获得最大利润和最佳应变能力,其具体特征可归纳如下:

① 简化生产制造过程,合理利用时间,实行拉动式准时生产,杜绝一切超前、超量生产。快速更换工装模具新技术,把单一品种生产线改造成多品种混流生产线,把小批次、小批量轮番生产改变为多批次、小批量生产,最大限度降低在制品储备,提高适应市场需求的能力。

② 简化企业的组织结构,采用"分布自适应生产",提倡面向对象的组织形式(Object Oriented Organization,OOO),强调把权力下放给项目小组,发挥项目组的作用,采用项目组协作方式而不是等级关系,项目组不仅要完成生产任务而且参与企业管理,从事各种改进活动。

③ 精简岗位与人员,每个生产岗位必须是增值的,否则就撤出,在一定岗位的员工都是一专多能,互相替补的,而不是严格的专业分工。

④ 简化产品开发和生产准备工作,采取"主查"制和并行工程的方法。克服了大量生产中分工过细造成的信息传递慢、协调难、开发周期长的缺点。

⑤ 减少产品层次。

⑥ 综合了单件生产和大量生产的优点,避免了前者成本高和后者僵化的弱点,提倡用多面手和通用性大、自动化程度高的机器来生产品种多变的大量产品。

⑦ 建立良好的协作关系，克服单纯纵向一体化的做法。把70%左右的产品零部件的设计和生产工作委托给协作厂，主机厂只完成约30%的产品设计和制造工作。

⑧ 准时制的供货方式。保证最小的库存和最少的在制品数。为实现这种供货关系，应与供应商建立起良好的合作关系，相互信任，相互支持，利益共享。

⑨ "零缺陷"的工作目标。精益生产的目标不是尽可能好一些，而是"零缺陷"，即最低成本、最好质量、无废品、零库存与产品的多样性。

精益生产方式的核心思想就是力求消除一切浪费，通过对管理方法、生产模式、业务流程、过程控制、人员等多重因素的严格控制，强化生产管理。企业资源计划的核心思想是通过对整个供应链的有效管理，有效安排产、供、销活动来提高效率并获得竞争优势，实践表明，应用ERP与企业的管理方法、模式、业务流程等各个方面有着非常密切的关系，ERP系统的实施效果同时受到这些因素的制约。在精益生产的基础上实施ERP，将使工作更加规范、效率化，资源管理更具系统性。

11.2.3 并行工程

1. 并行工程的提出及特性

(1) 并行工程的提出

传统产品开发的组织形式是一种线性阶段模式，产品开发过程是串行工程：概念设计→详细设计→过程设计→加工制造→试验验证→设计修改→工艺设计→……→正式投产→营销，如图11-3所示，这种方法在设计的早期不能全面地考虑其下游的可制造性、可装配性和质量可靠性等多种因素，致使制造出来的产品质量不能达到最优，造成产品开发周期长、成本高，难以满足激烈的市场竞争的需要。

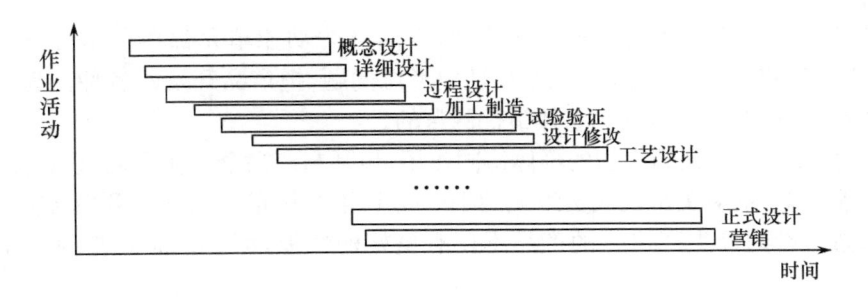

图 11-3 串行工程示意图

1988年美国国家防御分析研究所完整地提出了并行工程(Concurrent Engineering，CE)的概念，即并行工程是集成地、并行地设计产品及其相关过程(包括制造过程和支持过程)的系统方法。这种方法要求产品开发人员在一开始就考虑产品整个生命周期中从概念形成到产品报废的所有因素，包括质量、成本、进度计划和用户要求等。并行工程的内涵及其组成如图11-4所示。

由图11-4可见，并行工程是一种现代产品开发中新发展的系统化方法，它以信息集成为基础，通过组织多学科的产品开发小组，利用各种计算机辅助手段，实现产品开发过程的集成，达到缩短产品开发周期、提高产品质量、降低成本、提高企业竞争力的目标。串行工程和并行工程在产品创新、产品质量、生产成本和生产柔性上的比较如表11-1所示。

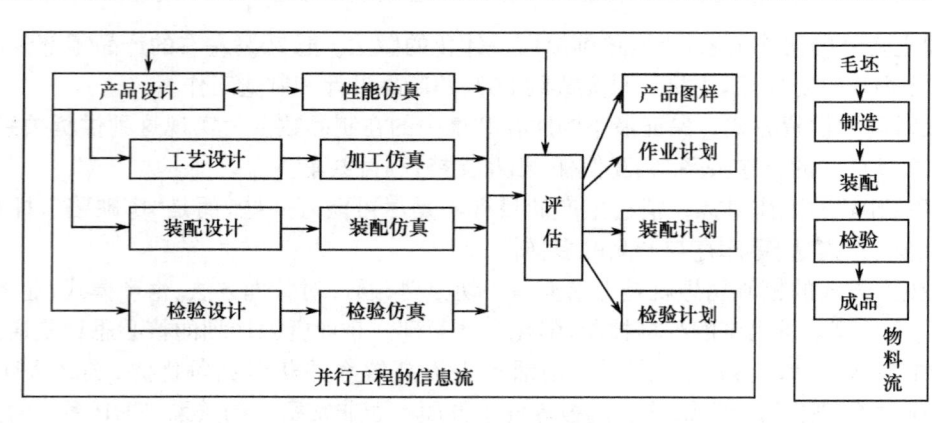

图 11-4 并行工程的内涵及其组成

表 11-1 串行工程和并行工程在产品创新、产品质量、生产成本和生产柔性上的比较

竞争优势	并行工程	串行工程
产品创新	较快速推出新产品，能从产品开发中学习及时修正的方法及创新意识，新产品投放市场快、竞争能力强	不宜获得新技术及市场需求变化趋势，不利于产品创新
产品质量	较好，在生产前已注意到产品的制造问题	设计和制造之间沟通不足，致使产品无法达到最优化
生产成本	由于产品的易制造性提高，生产成本较低	新产品开发成本较低，但制造成本较高
生产柔性	适于小批量、多品种生产；适于高新技术产业的生产	适于大批量、单一品种生产；适于低技术产品的生产

（2）并行工程的特征

① 并行特征。把时间上有先后顺序的作业活动转变为同时考虑、尽可能同时处理或并行处理的活动。

② 整体特性。将制造系统看成一个有机整体，各个功能单元都存在不可分割的内在联系，特别是丰富的双向信息联系，强调全局性地考虑问题，把产品开发的各种活动作为一个集成的过程进行管理和控制，以达到整体最优的目的。

③ 协同特性。特别强调人们的群体协同作用，包括与产品全生命周期（设计、工艺、制造、质量、销售、服务等）的有关部门人员组成的小组或小组群协同工作，充分利用各种技术和方法的集成。通过这种途径生产出来的产品不仅有良好的性能，而且产品研制的周期也将显著缩短。

④ 约束特性。在设计变量（如几何参数、性能指标、产品中各零部件）之间的关系上，考虑产品设计的几何、工艺及工程实施方面各种相互关系的约束和联系。

2. 并行工程的理论基础与运行机理

（1）并行工程的理论基础

从本质上讲，并行工程是一种以空间换取时间来处理系统复杂性的系统化方法（Systematic Approach），它以信息论、控制论和系统论为理论基础，在数据共享、人－机交互等工具集成的智能技术支持下，按多学科、多层次协同一致的组织方式工作。与传统串行工程相比，它大大扩大了系统状态空间，大大缩短了复杂问题交互式求解进程的迭代次数，促使最终目标一次性成功，以非线性的管理机制和整体性思想赢得集成附加的协同效益。

· 264 ·

(2) 并行工程的运行机理

并行工程不是某种现成的系统或结构，不能像软件或硬件产品一样买来安装即可运行，它是一种自顶向下进行规划、自底向上实施的哲理。

将并行工程思想贯穿于产品开发过程中，需要管理、设计、制造、支持等知识源的有机协调。它不仅依靠各知识源之间的有效通信，同时要求有良好的决策支持结构，其运行机理要点如下：

- 突出人的作用，强调人的协调工作。
- 人—机一体化、并行地进行产品及其有关过程的设计，其中，尤其要注意早期概念设计阶段的并行协调。统计表明，概念设计阶段的成本占产品全部成本的70%。
- 重视满足客户的需求。
- 持续改善产品的有关过程。并行工程的工作模式中要注意持续、尽早地交换、协调、完善关于产品的制造/支持等各种过程的约定和定义，从而有助于并行工程三个目标的实现。
- 注意并行工程中信息与知识财富的开发与管理。
- 注重目标的不变性。
- 5个"不"。并行工程不费吹灰之力就能成功；并行工程不能省去产品串行工程中的任一环节；并行工程不是设计与生产重叠或同时进行；并行工程不同于"保守设计"；并行工程不需要保守测试策略。

3. 并行工程的体系结构及关键技术

(1) 并行工程的体系结构

在产品并行设计过程中，按4个阶段进行设计和评估，图11-5所示为计算机辅助产品并行设计系统。

① 产品概念设计。对产品设计要求进行分组描述和表述，如设计实体的模式，以性质、属性等之间的关系来描述，并对方案优选、产品批量、类型、可制造性和可装配性评价，选出最佳方案，指导产品概念设计。

② 产品结构设计及其评价。将产品概念设计获得的最佳方案结构化，确定产品的总体结构形式，以及零部件的主要形状、数量和相互间的位置关系；选择材料，确定产品的主要结构尺寸，以获得产品的多种结构方案，并对各种制造约束条件、加工条件、装夹方案、工装设计和零件标准化，对各种方案进行评价与决策，选择最佳结构设计方案或提供反馈信息，指导产品的概念设计和结构设计。

③ 产品特征设计及其评价。根据结构设计方案对零部件进行特征设计。零件由许多特征组合而成，进行特征设计的同时进行工艺设计（生成其加工方法、切削参数、刀具选用和夹具方式等），并对其可制造性进行评价，及时反馈修改信息，指导特征设计，实现特征、工艺并行设计。

④ 产品总体评价。由于产品信息较完善，该阶段对产品的功能、性能、可制造性和成本等采用价值工程方法进行总体评价，并提出反馈信息，指导产品的概念设计、结构设计和特征设计。

在完成上述4个阶段的设计和评价后，还必须进行工艺过程优化，在完成产品设计、工艺设计和工装设计的基础上，对零件的实际加工过程进行仿真。

从图11-5可知，基于广义特征建立的产品信息模型，为产品并行过程中各项活动的信息

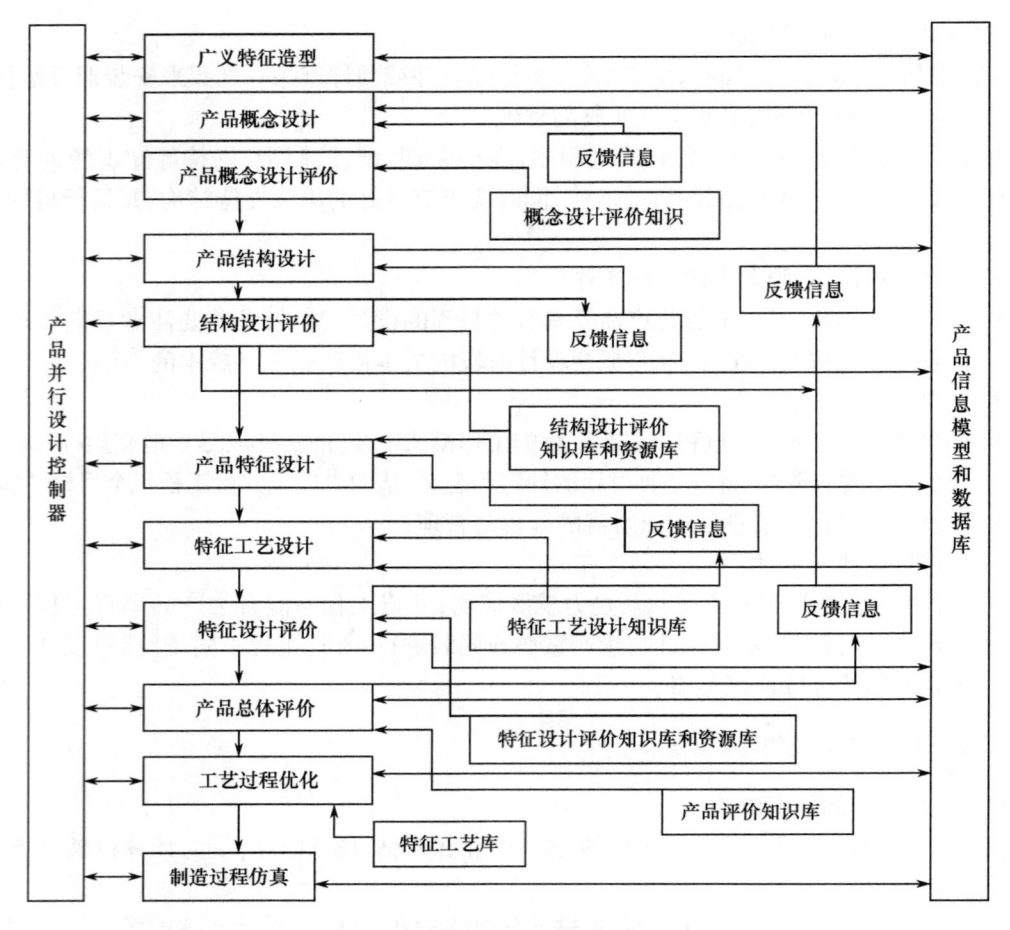

图 11-5 计算机辅助产品并行设计系统

交换与共享提供了切实的保证。而并行设计控制器是一个协调板，它对设计结构进行发布并接收设计的反馈信息，对设计过程中的上下游活动进行协调与控制。实现多学科工程技术人员以及专家系统的协同工作，控制方式有电子邮件、文件传输、远程登录、远程布告和系统菜单操作等。并行设计是在各种资源约束下进行反复迭代（设计与修改），获得产品最优解和满意解的过程。

(2) 并行工程的关键技术

① 协同工作，进行产品开发过程的重构。

并行工程的产品开发过程是跨学科群组在计算机硬软件工具和网络通信环境的支持下，通过规划合理的信息流动关系及协调组织资源和逻辑制约关系，实现动态可变的开发任务流程。为了使产品开发过程实现并行、协调，并能面向全面质量管理做出决策分析，就必须从产品特征、开发活动的安排、开发队伍的组织结构、开发资源的配置、开发计划以及全面的调度策略等各个侧面来考虑它们对产品开发过程的影响。并行设计多视图活动模型的第三个视图是开发组织，该组织的人可以担任第二个视图中的角色。

因此，一个并行设计单元的定义是：由某一个人担任某一角色，针对某一个设计对象，在某一个规定的时间范围内，利用指定的资源开展并行设计活动，完成某个设计任务。产品数据管理平台系统将从三个视图建立并行设计的支持环境，保证并行设计工作协调有序地进行。

② 集成产品信息模型。

并行设计强调产品设计过程上下游协调与控制以及多专家系统协同工作，因此设计过程的产品信息交换成为关键问题，它是进行并行设计的基础。集成产品信息模型为产品生命周期的各个环节提供产品的全部消息。基于 STEP 标准，对产品进行定义和描述。基于广义特征，建立产品生命周期内的集成产品信息模型。广义特征包括产品开发过程中的全部特征信息，如用户要求、产品功能、设计、制造、材料、装配、费用和评价等特征信息。基于面向对象（O—O）技术，采用 Express 语言描述和表达产品信息模型，并把 Express 语言中的各实体映射到 C++ 中的类，生成 STEP，为 CAD、CAPP、可制造性评价、制造集成与并行提供充分的信息。因此该模型是工艺设计、产品制造、产品装配和检测等开发活动共享信息和并行的基础和关键。

③ 并行设计过程协调与控制。

并行设计的本质是许多大循环过程中包含小循环的层次结构，它是一个反复迭代优化产品的过程。产品设计过程的管理、协调与控制是实现并行设计的关键。产品数据管理（Product Data Management，PDM）能对并行设计起到技术支撑平台的作用。它集成和管理产品的所有相关数据及其相关过程。在并行设计中，产品数据是在不断交互中产生的，PDM 能在数据的创建、更改及审核的同时，跟踪监视数据的存取，确保产品数据的完整性、一致性以及正确性，保证每一个参与设计的人员都能及时得到正确的数据，从而使产品设计返工率达到最低。

ERP 将企业的业务流程看作一个连接紧密的供应链，把企业内部划分成几个相互支持的子系统，对企业内部供应链上的各个环节有效地进行管理，在功能实现上具有并行工程的机理特征，但后者更具体并侧重于技术。若面向并行工程开发 ERP 系统，其功能特征应表现为以企业的整体利益为目标，对企业供应链中的过程进行并行、一体化规划、决策，但其实现方式还有待中间件的开发与设置，以实现有效的过度与对接。

11.2.4 智能制造系统

1. 智能制造系统的提出

智能制造系统（Intelligent Manufacturing System，IMS）是为适应以下几方面需要而兴起的：第一，制造信息的爆炸性增长及处理信息的工作量猛增，要求制造系统表现出更大的智能；第二，专业人才的缺乏与专门知识的短缺，严重制约了制造工业的发展，在发展中国家如此，在发达国家，由于制造业向第三世界转移，同样造成本国技术力量的空虚；第三，动荡不定的市场与激烈的竞争，要求制造企业在生产活动中表现出更高的机敏性和智能；第四，计算机/现代集成制造系统的实施和制造业的全球化发展遇到两个重大障碍，即目前已形成的"自动化孤岛"的联结和全局优化问题，以及各国、各地区的标准、数据和人—机接口的统一问题，而这些问题的解决也有赖于智能制造的发展。

2. 智能制造系统的定义及特征

(1) 定义

智能制造包括智能制造技术（IMI）和智能制造系统（IMS）。智能制造系统是一种由智能机器和人类专家共同组成的人—机一体化智能系统，它在制造过程中能以一种高度柔性与集成的方式，借助计算机模拟人类专家的智能活动进行分析、推理、判断、构思和决策等，从而取代或延伸制造环境中人的部分脑力劳动，同时收集、存储、完善、共享、继承和发展人类专家的智能。

(2) 特征

与传统的制造系统相比，智能制造系统具有以下特征：

① 自组织能力。自组织能力是指，智能制造系统中的各种智能设备能够按照工作任务的要求，自行集结成一种最合适的结构，并按照最优的方式运行。完成任务以后，该结构即自行解散，并在下一个任务中集结成新的结构。自组织能力是智能制造系统的一个重要标志。

② 自律能力。智能制造系统能根据周围环境和自身作业状况的信息进行测试和处理，并根据处理结果自选调整控制策略，以采用最佳行动方案。这种自律能力使整个制造系统具备抗干扰、自适应和容错等能力。

③ 自学习和自维护能力。智能制造系统能以专家知识为基础，在实践中不断学习，完善系统知识库，并删除库中有误的知识，使知识库趋向最优。同时，还能对系统故障进行自我诊断、排除和修复。

④ 整个制造环境的智能集成。智能制造系统在强调各生产环节智能的同时，更注重整个制造环境的智能集成，这是智能制造系统与面向制造过程中的特定环节、特定问题的"智能化孤岛"的根本区别。智能制造系统涵盖了产品的市场、开发、制造、服务与管理整个过程，把它们集成为一个整体，系统地加以研究，实现整体的智能化。

智能制造系统的研究是从人工智能在制造中的应用开始的，但又不同于它。人工智能在制造领域的应用，是面向制造过程中的特定对象的，研究的结果导致了"自动化孤岛"的出现，人工智能在其中是起辅助和支持作用的。而智能制造系统是以部分取代制造中人的脑力劳动为研究目标的，并且要求系统能在一定范围内独立地适应周围的环境，开展工作。

同时，智能制造系统不同于计算机集成制造系统(CIMS)，计算机集成制造系统强调的是企业内部物料流的集成和信息流的集成，而智能制造系统强调的则是在最大范围内整个制造过程的自组织能力，智能制造系统难度更大，但两者又是密切相关的，计算机集成制造系统中的众多研究内容是智能制造系统发展的基础，智能制造系统又将对计算机集成制造系统提出更高的要求。集成是智能的基础，而智能又推动集成达到更高的水平，即智能集成。因此，有人预言，21世纪的制造工业将以"双 I"(Intelligent 和 Integration)为标志。

3. 智能制造系统研究的支撑技术及研究热点

(1) 智能制造系统研究的支撑技术

① 人工智能技术：智能制造系统的目标是用计算机模拟制造业人类专家的智能活动，取代或延伸人的部分脑力劳动，而这些正是人工智能技术研究的内容。因此，智能制造系统离不开人工智能技术(专家系统、人工神经网络、模糊逻辑)。智能制造系统智能水平的提高，依赖人工智能技术的发展。同理，人工智能技术是解决制造业人才短缺的一种有效方法，在现阶段智能制造系统中的智能主要是人(各领域专家)的智能，但随着人们对生命研究的深入，人工智能技术一定会有新的突破，最终在智能制造系统中取代人脑进行智能活动，将智能制造系统推向更高阶段。

② 并行工程：针对制造业而言，并行工程作为一种重要的技术方法学，若应用于智能制造系统中，将最大限度地减少产品设计的盲目性和设计的重复性。

③ 虚拟制造技术：用虚拟制造技术在产品设计阶段模拟出该产品的整个生命周期，从而更

有效、更经济、更灵活地组织生产,达到产品开发周期最短、产品成本最低、产品质量最优、生产效率最高的目的。虚拟制造技术应用于智能制造系统,为并行工程的实施提供了必要的保障。

④ 信息网络技术:信息网络技术是制造过程的系统和各个环节智能集成化的支撑。信息网络是制造信息及知识的通道。因此,此项技术在智能制造系统研究和实施中占有重要地位。

⑤ 自律能力构筑:自律能力即收集与理解环境信息和自身信息并进行分析判断和规划自身行为的能力。强有力的知识库和基于知识的模型是自律能力的基础。

⑥ 人－机一体化:智能制造系统不仅是"人工智能"系统,还是人－机一体化智能系统,是一种混合智能。以人工智能全面取代制造过程中人类专家的智能,独立承担起判断、决策等任务是不现实的。人－机一体化突出人在制造系统中的核心地位,同时在智能机器的配合下,更好地发挥人的潜能,人、机之间表现出一种平等共事、相互"理解"、相互协作的关系,二者在不同层次上各显其能,相辅相成。

⑦ 自组织与超柔性

智能制造系统中的各组成单元能够依据工作任务的需要,自行组成一种最佳结构,其柔性不仅仅表现在结构形式上,所以称这种柔性为超柔性,如同一些人类专家组成的群体,具有生物特征。

(2) 智能制造当前研究的热点

① 制造知识的结构及其表达,大型制造领域知识库,适用于制造领域的形式语言、语义学。

② 计算智能(Computing Intelligence)在设计与制造领域中的应用,计算智能是一门新兴的、与符号化人工智能相对应的人工智能技术,主要包括人工神经网络、模糊逻辑、遗传学算法等方法。

③ 制造信息模型(产品模型、资源模型、过程模型)。

④ 特征分析、特征空间的数学结构。

⑤ 智能设计、并行设计。

⑥ 制造工程中的计量信息学。

⑦ 具有自律能力的制造设备。

⑧ 通信协议和信息网络技术。

⑨ 推理、论证、预测及高级决策支持系统,面向加工车间的分布式决策支持系统。

⑩ 车间加工过程的智能监视、诊断、补偿和控制。

⑪ 灵境技术和虚拟制造,生产过程的智能调度、规划、仿真与优化等。

4. 智能制造系统的结构与典型结构

从智能组成方面考虑,智能制造系统是一个复杂的智能系统,它由各种智能子系统按层次递阶组成,构成智能递阶层次模型。该模型最基本的结构称为元智能系统(Meta-Intelligent System,M-IS),其结构如图11-6所示,大致分为学习维护级、决策组织级和调度执行级三级。

学习维护级,通过对环境的识别和感知,实现对元智能系统的更新和维护,包括更新知识库、知识源、推力规则以及规则可信度因子等。决策组织级,主要接收上层元智能系统下达的任务,根据自身的作业环境状况,进行规划和决策,提出控制策略。调度执行级,智能制造系统中的每个元智能系统的行为都是上层元智能系统规划调度和自身自律共同作用的结果,上层元智能系统的规划调度是为了确保整个系统有机协同地工作,而元智能系统自身的自律控制则是为了根据自身状况和复杂多变的环境,寻求最佳途径完成工作任务,并调度下一层的若干

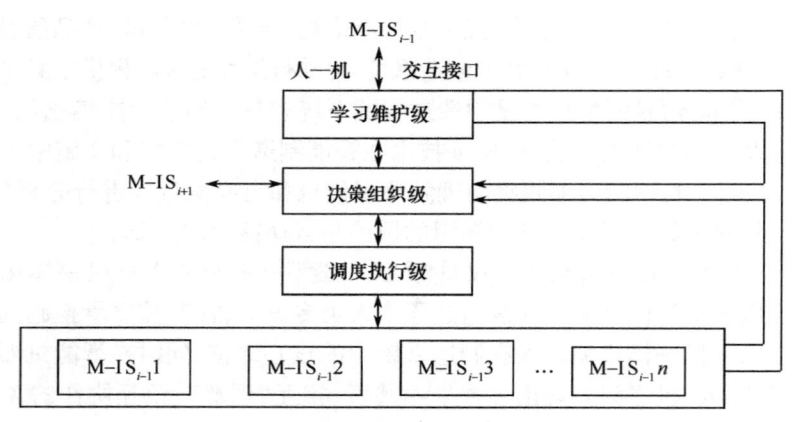

```
                    M-IS_{i-1}
            人—机   交互接口
              ┌──────────────┐
              │  学习维护级   │◄──────┐
              └──────────────┘       │
                     ▲               │
                     ▼               │
              ┌──────────────┐       │
  M-IS_{i+1}◄►│  决策组织级   │◄──────┤
              └──────────────┘       │
                     ▲               │
                     ▼               │
              ┌──────────────┐       │
              │  调度执行级   │       │
              └──────────────┘       │
         ┌──────┬──────┬──────┬──────┤
      ┌──┴──┐┌──┴──┐┌──┴──┐    ┌──┴──┐
      │M-IS │ │M-IS │ │M-IS │... │M-IS │
      │i-1,1│ │i-1,2│ │i-1,3│   │i-1,n│
      └─────┘ └─────┘ └─────┘    └─────┘
```

图 11-6 元智能系统结构图

个元智能系统并行协同作业。

元智能系统是智能系统的基本框架，各种具体的智能系统建立在元智能系统基础之上并对其扩充。具备这种框架的智能系统具有以下特点：① 决策智能化；② 可构成分布式并行智能系统；③ 具有参与集成的能力；④ 具有可组织性和自学习、自维护能力。

从智能制造的系统结构方面来考虑，智能制造系统应为分布式自主制造系统（Distributed Autonomous Manufacturing System），该系统由若干个智能施主（Intelligent Agent）组成。根据生产任务细化层次的不同，智能施主可以分为不同级别。比如，一个智能车间可成为一个施主，它调度、管理车间的设计设备，以车间施主的身份参与整个生产活动；同时智能车间直接承担加工任务。无论哪一级别的施主，都与上层控制系统之间通过网络实现信息联结，各职能加工设备之间通过自动引导小车（AVG）实现物质传递。

在这样的制造环境中，产品的生产过程为，通过并行智能设计的产品，经过智能制造系统智能规划，将产品的加工任务分解为一个子任务，控制系统将子任务通过网络向相关施主"广播"。若某个失主具有完成此子任务的能力，而且当前空闲，则该施主通过网络向控制系统投第一份"标书"。"标书"中包括该施主完成此任务的有关技术指标，如加工所需的时间、加工所能达到的精度等内容。如果同时有多个施主投出"标书"，那么，控制系统将对各个投标者从加工效率、加工质量等方面加以仲裁，以决定"中标"施主。"中标"施主若为底层施主（加工设备），则施主申请，由自动引导小车将被加工工件送向"中标"的加工设备，否则，"中标"施主还将子任务进一步细分，重复以上过程，直至任务到达底层施主。这样，整个加工过程通过任务广播、投标、仲裁、中标实现生产结构的子组织。

智能制造系统由于智能机器的存在，对数据信息的处理能力有了极大提高，对整个生产系统及人员提出了更高的要求，由于具备较高的自我要求能力，较多的工作面 ERP 系统难以覆盖，但由于与计算机集成制造有很大的交叉关系，并涉及并行工程与信息网络技术，在信息支撑与共享上存在与 ERP 对接的空间，ERP 仍可作为基础管理工具为智能制造提供生产与决策支持，但在具体的实施中应根据需要对工作模块进行修改。

11.2.5 柔性制造技术

1. 柔性制造技术概述

柔性制造技术（Flexible Manufacturing Technology，FMT）是一种主要用于多品种中小

批量或变批量生产的制造自动化技术,它是将各种不同形状加工对象有效地转化为成品的各种技术的总称。柔性制造技术的根本特征即"柔性",指制造系统(企业)对系统内部及外部环境的一种适应能力,也指制造系统适应产品变化的能力,可分为瞬时、短期和长期柔性三种。瞬时柔性指设备出现故障后,自动排除故障或将零件转移到另一台设备上继续加工的能力;短期柔性指系统在短时期(如间隔几小时或几天)内,适应加工对象变化的能力,包括在任意时刻混合加工两种以上零件的能力;长期柔性则指系统在长期使用(几周或一个月)中,加工各种不同零件的能力。迄今为止,对柔性还只能定性地加以分析,没有科学的量化指标,因此,凡具备上述三种柔性特征之一、具有物料或信息流的自动化制造系统都可以称为柔性自动化。

柔性制造技术是计算机技术在生产过程及装备上的应用,是将微电子技术、智能化技术与传统加工技术融合在一起,具有先进性、柔性化、自动化、效率高特征的制造技术,柔性制造技术从机械转换、刀具更换、夹具可调、模具转位等硬件柔性化的基础上发展而来,已成为使用自动变换、人—机对话转换、智能化技术对不同加工对象实现程序化柔性制造加工的一种崭新技术,是自动化制造系统的基本单元技术。

柔性制造技术有多种不同的应用形式,按照制造系统的规模、柔性和其他特征,柔性自动化具有如下形式:独立制造岛(AMI)、柔性制造单元(FMC)、柔性生产线(FML)、准柔性制造系统(P-FMS)、柔性制造系统(FMS)和以柔性制造系统为主体的自动化工厂(FA)。与刚性自动化工序分散、固定节拍和流水线生产的特征相反,柔性自动化的共同特征是:工序相对集中,没有固定的生产节拍,物料非顺序输送。柔性自动化的目标是:在中小批量生产条件下,接近大量生产方式,达到刚性自动化所达到的高效率和低成本,并同时具有刚性自动化所没有的灵活性。

1967年英国Molins公司建造的首个柔性制造系统,即System-24,以及1970年美国K&T公司推出的飞机和拖拉机零件的多品种、小批量的自动生产线,被人们公认为世界上柔性制造系统的起源。柔性制造系统的出现解决了在离散型工业生产中一直试图解决而未能解决的问题,即经常变换品种的中小批量生产自动化问题。20多年来,柔性制造技术及柔性制造系统受到世界各国广泛重视,发展迅速并日趋成熟。70年代后期到20世纪80年代是柔性制造系统在世界上蓬勃发展的时期,1982年美国芝加哥国际机床展览会和日本11届大阪国际机床展览会充分说明柔性制造系统已从实验阶段进入实用阶段并已开始商品化。美国、日本等工业发达国家都先后推出一些大型柔性制造系统发展计划,耗资几千万美元至上亿美元,与此同时,考虑到企业的经济承受能力及投资风险,也推出不少小型、经济型的柔性制造系统。20世纪70年代,柔性制造单元以及后来的独立制造岛、准柔性制造系统的出现,使企业的柔性化找到一条经济、实用又可留有发展余地的道路。同时柔性制造系统的概念也已向其他生产领域移植,如从机械加工扩展到钣金、冲压、激光加工、电火花加工、焊接、铸造等领域,从机械加工业扩展到服装、食品等行业。

柔性制造系统是数控机床或设备自动化的延伸,柔性制造系统的一般定义可以从以下三方面来概括:① 柔性制造系统是一个计算机控制的生产系统;② 系统采用半独立的数控机床;③ 这些机床通过物料输送系统联成一体。其中,数控机床提供灵活的加工工艺,物料输送系统将数控机床互相联系起来,计算机则不断对设备的动作进行监控,同时起到控制作用并进行工程记录,计算机还可通过仿真来预示系统各部件的行为,并提供必要的准确的量测。柔性制造系统的基本组成随待加工工件及其他条件而变化,但系统的扩展必须以模块结构为基础。用于切削加工的柔性制造系统主要由4部分组成:若干台数控机床、物料输送系统、计算机控制系统、系统软件。柔性制造系统的柔性可以从几方面评价，如图11-7所示。

柔性制造自动化技术包含柔性制造系统的4个基本部分中的自动化技术，即自动化加工设备、自动化刀具系统、自动化物流系统以及自动化控制与管理系统，还包括各组成部分之间的有机结合和配合，即物流和信息流集成技术以及人与系统集成技术。柔性制造技术大致包含下列内容：规划设计自动化、设计管理自动化、作业调度自动化、加工过程自动化、系统监控自动化、离散事件动态系统（DEDS）的理论与方法、柔性制造系统的体系结构、柔性制造系统系统管理软件技术、柔性制造系统中的计算机通信和数据库技术。

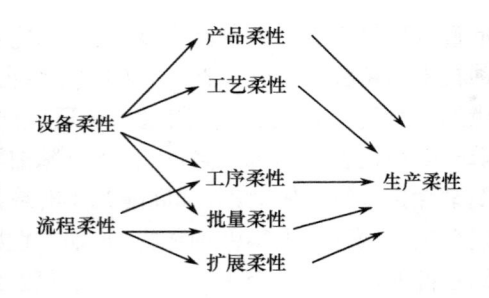

图 11-7 柔性制造系统的柔性评价

柔性制造技术及柔性制造系统之所以发展迅猛，因其集高效率、高质量和高柔性三者于一体，解决了近百年来中小批量和中大批量多品种和生产自动化之技术难题，柔性制造系统的问世和发展确实是机械制造业生产及管理的历史性变革，柔性制造技术及柔性制造系统能有力地支持企业实现优质、高效、低成本、短周期的竞争优势，已成为现代集成制造系统必不可少的基石和支柱。柔性制造技术及柔性制造系统的发展趋势主要表现在以下几个方面：

（1）用技术相对成熟的标准化模块去构造不同用途的系统。

（2）制造单元功能进一步发展和完善，柔性制造单元比制造单元功能全，比柔性制造系统规模小、投资少、可靠，也便于联成功能可扩展的柔性制造系统。

（3）柔性制造系统效益显著，有向小型化、多功能化方向发展的趋势。

（4）在已有的传统组合机床及其自动线基础上发展起柔性生产线，用计算机控制管理，保留了组合机床模块结构和高效特点，又加入数控技术的有限柔性。

（5）向集成化、智能化方向发展。

柔性制造技术的作用：易于操作、总效率高，能避免重复投资等。

2. 柔性制造系统的组成和工作原理

柔性制造系统的目的在于提供对产品设计、生产目标和计划、工作站、物料搬运和加工路线等的变化能进行实时调整的一种工厂经营方式。

（1）柔性制造系统的一般组成

一个柔性制造系统的组成可概括为三个部分：加工系统、物流系统和信息流系统，如图11-8所示。

① 加工系统：加工系统的功能是以任意顺序自动加工各种工件，并能自动地更换工件和刀具。加工系统通常由若干台加工零件的数控（CNC）机床和数控板材加工设备以及操纵这种机床要使用的刀具构成。

以加工箱体零件为主的柔性制造系统配备数控加工中心（有时也有数控铣床）；以加工旋转体零件为主的柔性制造系统多数配备数控车削中心和数控车床（有时也有数控磨床）。也有能混合加工箱体零件和旋转体零件的柔性制造系统，它们既配备数控加工中心，也配备数控车削中心和数控车床。进行专门零件加工（如齿轮加工）的柔性制造系统则除配备数控车床外，还配备数控齿轮加工机床。在现有的柔性制造系统中，加工箱体类零件的柔性制造系统占的比重较大，其表现在于，箱体、框架类零件采用柔性制造系统加工时经济效益特别显著。

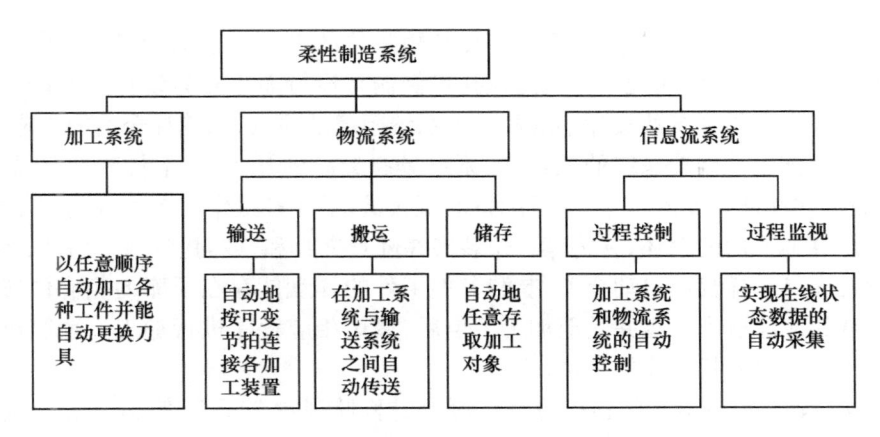

图 11-8 柔性制造系统的组成框图

在加工较复杂零件的柔性制造系统加工系统中,由于机床上机载刀库能提供的刀具数目有限,除尽可能使产品设计标准化,以便使用通用刀具和减少专用刀具的数量外,必要时还需要在加工系统中设置机外自动刀库以补充机载刀库容量的不足。

② 物流系统:柔性制造系统中的物流系统与传统的自动线或流水线有很大差别,整个工件输送系统的工作状态是可以进行随机调度的,而且都设置储料库以调节各工位加工时间的差异。物流系统包含工件的输送、搬运和储存三个方面。

其一,工件的输送。工件输送应包括工件从系统外部送入系统和工件在系统内部的传送两部分。目前,大多数工件送入系统和夹具上装夹工件仍由人工操作,系统中设置装卸工位,较重的工件可用各种起重设备或机器人搬运。工件输送系统按所用运输工具可分成4类:自动输送车、轨道传送系统、带式传送系统和机器人传送系统。

如按输送的路线则可将工件输送系统概括为直线式输送和环形输送两种类型。直线式输送主要用于顺序传送,输送工具是各种传送带或自动输送小车,这种系统的储存容量很小,常需要另设储料库。而环形输送时,机床布置在环形输送线的外侧或内侧,输送工具除各种类型的轨道传送带外,还可以是自动输送车或架空轨悬吊式输送装置,在输送线路中还设置若干支线作为储料和改变输送路线之用,使系统具有较大的灵活性来实现随机输送。在环形输送系统中还有由许多随行夹具和托盘组成的连续供料系统,借助托盘上的编码器能自动识别地址,以实现任意编排工件的传送顺序。这种输送方式的储存功能大,一般不设中间料库,近年来采用较为普遍。

为了将带有工件的托盘从输送线或输送小车送上机床,在机床前还必须设置穿梭式或回转式的托盘交换装置。

在选择元件输送系统的工具和输送路线时,都必须根据具体加工对象和工厂具体环境条件,以及工厂投资能力做出经济、合理的抉择。例如,箱体类零件一般采用环形或直线式轨迹传送系统或自动输送小车系统,而旋转体类零件则一般采用机器人或(加)自动输送小车系统。采用感应线导向或光电导向的无轨自动输送小车虽具有占地面积小和使用灵活等优点,但控制线路复杂,难以确保高的定位精度。车间的抗干扰设计要求和投资亦较高。

其二,工件的搬运。元件在加工系统与输送系统之间自动传送。

其三,工件的储存。在柔性制造系统的物流系统中,除必须设置适当的中央料库和托盘库外,还可以设置各种形式的缓冲储存区来保证系统的柔性,因为在生产线中会出现偶然的故障,如刀具折断或机床故障。为了不致阻碍工件向其他工位的输送,输送线路中可设置若干个侧回路或多个交叉点的并行料库,以暂时存放故障工位的工件。如果物流系统中随行托盘的输送彼此互不超越,也可使输送小车或随行托盘做循环运行而不必另设特殊的缓冲区。一般通过系统仿真仔细分析系统的故障形式和导致系统阻塞的原因,以选择合适的物流系统。

为了充分发挥柔性制造系统的效益,使系统具有最高的开动率,柔性制造系统一般要24小时工作,而通常在系统夜班工作时,只配备值班人员,不配备操作工人。因此,日班工人必须为夜班准备足够加工用的毛坯,并将其定位装夹在随行夹具和(或)托盘上。为此,系统中必须设置储存随行夹具和托盘的自动仓库,装载各类工件的托盘储存在子库的相应位置。系统输送装置指令从相应库取出托盘并送至加工工位后,调用相应程序进行加工。系统还能通过物流系统将完工零件存入托盘库的空位。

③ 信息流系统:信息流系统包括过程控制及过程监视两个子系统,其功能分别为进行加工系统及物流系统的自动控制,以及在线状态数据的自动采集和处理。柔性制造系统中的信息由多级计算机进行处理和控制。

(2) 柔性制造系统的工作原理

柔性制造系统的模型及其工作原理框图如图11-9所示。

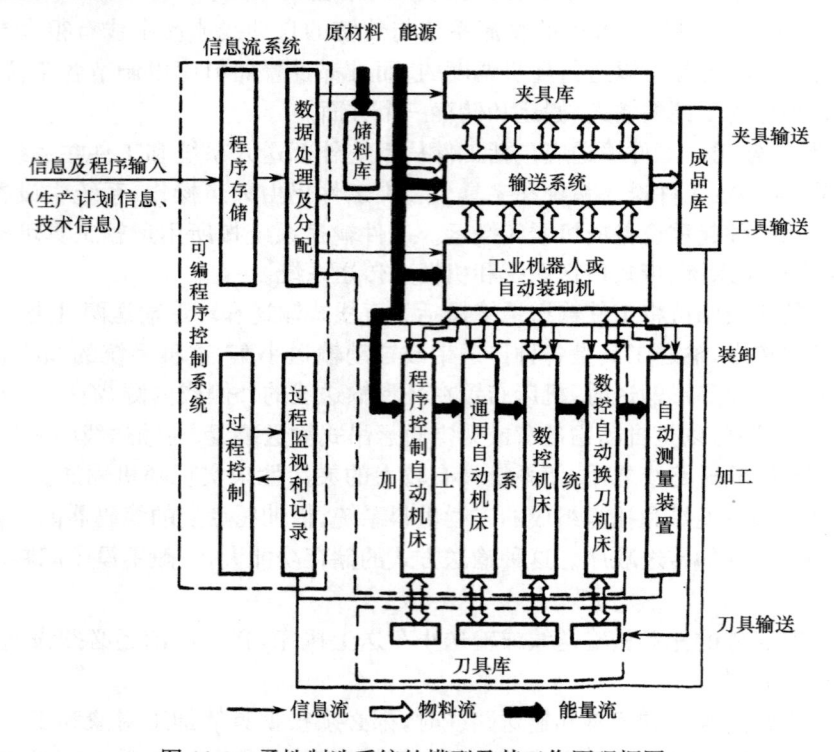

图11-9 柔性制造系统的模型及其工作原理框图

柔性制造系统的工作过程可以这样来描述:柔性制造系统接到上一级控制系统的有关生产计划信息和技术信息后,由其信息流系统(可编程序控制系统)进行数据信息的处理、分配,并按照所给的程序对输送系统进行控制。

储料库和夹具库根据生产的品种及调度计划信息供给相应品种的毛坯,选出加工所需要的夹具。毛坯的随行夹具由输送系统送出。工业机器人或自动装卸机按照信息流系统的指令和工件及夹具的编码信息,自动识别和选择所装卸的工件及夹具,并将其装到相应的机床上。机床的加工程序识别装置根据送来的工件及加工程序编码,选择加工所需的加工程序、刀具及切削参数,对工件进行加工。加工完毕,按照信息系统输送来的控制信息转换工序,并进行检验。全部加工完毕,由装卸及输送系统送入成品库,同时把加工质量和数量的信息送到监视和记录装置,随行夹具被送回夹具库。

当需要变更产品零件时,只要改变输送给信息系统的生产计划信息、技术信息和加工程序,整个系统便能迅速、自动地按照新要求来完成新产品的加工。

计算机控制着系统中工件的循环、执行进度安排、调度和传送协调的功能,它不断收集每个工位的统计数据和其他制造信息,以便汇总报告。

3. 柔性制造系统的控制

(1) 对柔性制造系统控制结构的要求

为实现柔性制造系统系统的优化控制以取得柔性制造系统运行的预期效果,并考虑到柔性制造系统将来的发展,其控制结构应当具有如下一些特征:易于适应不同的系统配置,最大限度地实行系统模块化设计;尽可能独立于硬件要求;对于新的通信结构以及相应的局域网协议(V.24、MAP、现场总线)具有开放性;可在高效数据库的基础上实现整体数据维护;对其他要求集成的计算机集成制造(CIM)功能模块备有最简单的接口;采用统一标准;具有友好的用户界面。

(2) 柔性制造系统的控制系统的结构设计

对柔性制造系统的控制系统结构来说,各个软件模块应构成一个可灵活组合的控制软件,以适应将来的各种要求。整个控制系统需严格按照一个分散、递阶的结构形式,分成明确的上下层次。一般而言,系统内部分为计划控制和单元控制两级(如图 11-10 所示)。在这两级之上是一个不包括在控制软件之内的计划管理级,例如,由一个生产计划控制系统(PPS)产生的计划任务数据是柔性制造系统控制系统的输入量。

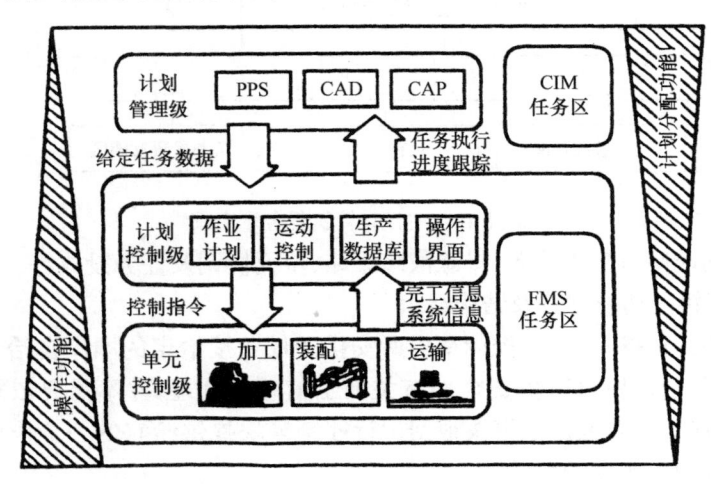

图 11-10 柔性制造系统的控制系统的模块化结构

这种总体方案除具有严格分级的特点外,其另一个重要特点是模块化结构。而要做到这一点,应当明确定义各个模块的功能、任务和相互间的界面。这种模块化结构如图 11-12 所示。由图可知,单元级控制就具有一系列功能范围相对独立的模块,可称为一个功能区。每个功能区负责完成整个系统规定的某种类型的任务,如加工、装配或运输等。这些任务分别由一个控制模块来管理,模块应满足明确规定的功能要求。

对于各个功能区来说,一方面应完成与系统结构相关的规定性任务;另一方面也必须具备一些相应的功能,它们对各个部分都是统一的。这种模块化结构不仅适用于单元控制级,也适用于主控计算机级应满足的功能,例如,生产作业计划或作业任务管理模块也必须具有模块化结构并具有清晰定义的接口。在进行控制系统结构设计时,还需开发可灵活组合的图形操作界面,以根据用户要求为各种生产设备提供相匹配的操作界面。

(3) 主控计算机功能划分及结构组织

在柔性制造系统控制结构中,规定主控计算机的任务是,对柔性制造系统中的全部生产过程进行监视和协调。柔性制造系统控制系统的任务范围起始于计划管理级以下(如图11-13所示),主要处理生产计划、作业计划(根据系统的生产能力)、数控程序管理,以及生产系统和各个功能区的工作计划。计划管理级部分必须将加工过程必需的数据(工件数据、加工任务数据等)和要求的数控和机器人控制(RC)程序放入控制系统的数据库或文件服务器中。柔性制造系统控制结构对主控计算机提出了两个相关的任务,即作业计划和运行控制。

图11-11所示为主控计算机任务示意图。作业计划的功能有资源准备、队列优化、生产作业队列或混合分批和备用计划的产生等。

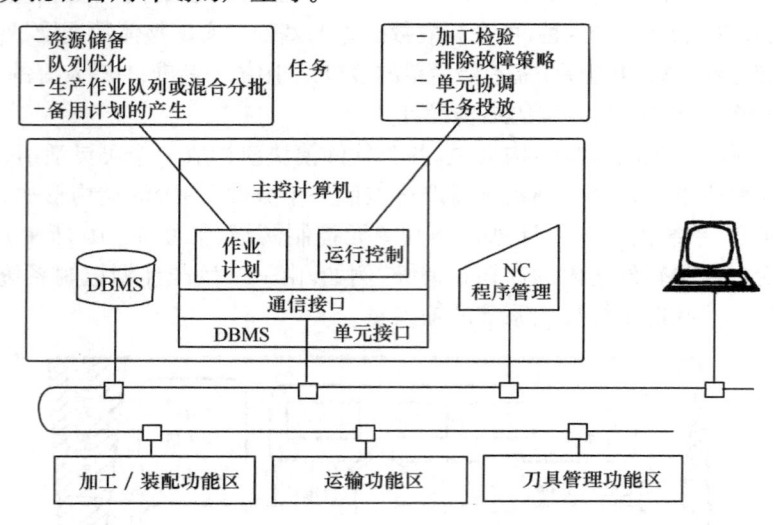

图 11-11 主控计算机任务示意图

运行控制的功能则有加工检验、排除故障策略、单元协调及任务投放等。

(4) 单元计算机的功能划分及结构组织

功能区子模块的任务是,对主控计算机所安排的任务按给定的顺序自治地进行处理。所谓自治,是指功能区子模块自行负责全部有关加工信息的处理,并不需要依靠模块外部的支持,而是自行进行加工。功能区子模块根据运行控制模块提供给它的一个作业识别号可独立地从数据库中读入加工所需的数据。

在系统结构内部将单元管理级的各种作业任务统称为"功能区",如加工工位或装配单元。"功能区"的概念还包括更多任务范围,这将涉及其他不同的领域或单元,如运输单元或刀具管理单元,而这些是负责制造和装配部分的有关工作。

功能区的结构原理如图11-12所示,各个功能区通过一个网络连到上面的计划控制级,同时上面还连有数据库、数控程序管理和装有运行控制模块的主控计算机。所有功能区与计划控制级之间具有相同的通信接口,而且与运行控制模块也具有相同外部作用方式。不同的功能区具有不同的功能范围。例如,它可以表示为一个加工功能区、一个装配功能区、一个运输功能区或一个仓库管理功能区。

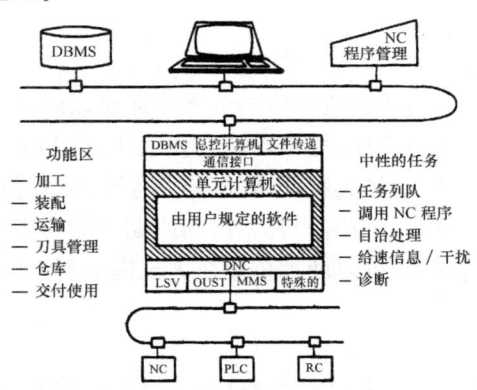

图 11-12　柔性制造系统功能区的结构原理

功能区将自治完成分配给它的零件加工工序,并且向上级主控计算机的运行控制模块传送完工或者出现干扰的信息。

每一功能区可设置专用和通用两个部分。在专用部分,软件是专门为各种功能区控制的机床加工过程而编写的,以提供这些工艺所需要的路线和进程文件。独立于各种专用程序部分,在功能区中还有一个对各种功能通用的部分。这种通用部分包括与上级主控计算机连接的结构和作业管理、作业等待队列刷新、读入加工要求的 NC 或 RC 程序、作业进度和完工信息反馈,以及上级主控机指令管理等。这种多用途、对于不同使用方式都适用的部分称为与用户无关模块或通用功能区模块。

为适应柔性制造系统的未来发展,ERP 系统对柔性制造的支持应以工艺内容为基础,建立柔性制造单元。随着各种工业控制检测技术的发展和完善,柔性制造的自动化功能正日趋成熟,ERP 系统将和 CAD/CAM 相结合,形成从市场与工艺设计、销售与计划、物料准备、制造过程到售后反馈的完整闭环管理。

11.2.6　大规模定制

大规模定制(Mass Customization,MC)是一种集企业、客户、供应商、员工和环境于一体,在系统思想指导下,用整体优化的观点,充分利用企业已有的各种资源,在标准技术、现代设计方法、信息技术和先进制造技术的支持下,根据客户的个性化需求,以大批量生产的低成本、高质量和效率提供定制产品和服务的生产方式。

香港科技大学的曾明哲教授认为,大规模定制实际上是客户和企业在产品设计、生产、制造以及服务等产品全生命周期中的协同行为,借以产生高附加值产品,为企业增值。大规模定制的基本思路是基于产品族零部件和产品结构的相似性、通用性,利用标准化、模块化等方法降低产品的内部多样性。增加客户可感知的外部多样性,通过产品和过程重组将产品定制生产转化或部分转化为零部件的批量生产,从而迅速向客户提供低成本、高质量的定制产品。

大规模定制生产方式包括时间的竞争、精益生产和微观销售等管理思想的精华。其方法模式得到现代生产、管理、组织、信息、营销等技术平台的支持,因而具有超过以往生产模式的优势,更能适应网络经济和经济技术国际一体化的竞争局面。

大规模定制的基本思想在于通过产品结构和制造流程的重构,运用现代化的信息技术、新材料技术、柔性制造技术等一系列高新技术,把产品的定制生产问题全部或者部分转化为批量生产,以大规模生产的成本和速度,为单个客户或小批量多品种市场定制任意数量的产品。

1. 大规模定制的策略应用

(1) 服务

完全标准化的产品在被销售或交货人员送到客户那里以前,仍然可以被定制,因为这种方法在企业价值链的最后两个环节完成,并不影响开发和生产,所以它是最简单、最常用的着眼点。销售和分销可以改变产品,增加其特征,将其与其他产品(包括与其他企业生产的产品)组合在一起,并提供大量服务,使每一位客户都能得到所期望的和应当得到的个别关注。企业围绕标准化产品或服务来定制服务,可以展示企业在大规模定制方面所固有的巨大潜力,使企业更能通过其他技术取得进展。

(2) 产品

虽然大多数定制化服务可以在价值链的交付环节完成,但是改变产品以适应客户特殊需要的定制不仅是服务收入的来源,还是使企业扩展产品并进一步加强定制化思想的源泉。与在交付功能中定制服务相反的策略是,在开发功能中建立基本上是大规模生产的产品和服务,就生产和交付过程而言,两者之间没有什么区别,但后者确实是针对每位客户并且常常是由客户定制的。创建可定制的产品或服务一般不需要对公司的价值链进行剧烈的变革,但它已经开始改变人们关于定制化概念的思想。

2. 大规模定制过程

(1) 提供交货

要确切知道客户想要什么只有一个办法:在销售地点让客户告诉你或让他们说出其真实想法。立即提供客户想要的东西只有一个办法:在销售地点或交货点生产产品,或至少在当时当地完成最后的定制生产工序。对于交货点定制,除生产的最后工序转向客户外,还可以把整个生产过程移到交货点,以此改造整个企业的业务和潜在利润。把所有生产转向客户时,生产与交付必须相结合,而且开发时必须考虑到新产品或服务要在交货点被定制,这就需要企业有重大创新和经常性的发明。

(2) 影响

对客户需求提供快速甚至即时响应是推动企业走向大规模定制之路的好办法。因为它以尽快满足客户需求为中心,以较低的成本生产较多的品种。使交付功能快速满足客户需求会引起连锁反应,从交货点开始反过来依次作用于分销和销售过程、生产过程,直至开发过程。整个企业价值链的每一环节本身都将发生巨大变化:缩短周期时间,增加产品多样性,在客户需要时向他们提供任何想要的产品或服务。而整个价值链的快速响应(即基于时间的策略)不是孤立的,它是和市场分化、品种增加、个性化定制结合在一起的。在某种程度上,从价值链的哪一个环节开始减少时间并不重要,如果过程中某一部分的成功会得到其余部分的支持和模仿,将会使公司开始脱离大规模生产模式并走向大规模定制模式。

(3) 构件模块化以定制最终产品和服务

实现大规模定制的最好办法即"以最低的成本达到最高的个性化定制水平",这是建立在能配置成多种最终产品或服务的模块化构件之上的。提供标准化零部件实现的定制化不仅能使产品多样化,同时也能降低制造成本,使得进行全新设计的产品开发和增加品种的变型设计速度更快。利用模块化构件的方法有很多,如共享构件模块化、互换构件模块化、"量体裁衣"模块化、混合模块化、总线模块化、可组合模块化。通过这些方法可以将模块化构件组合并匹配成可定制的最终产品或服务。

3. 大规模定制的核心能力

同时,与传统定制相比较,在满足客户个体需求上,传统的定制企业完全做得到,但传统的定制生产模式除小型工艺品外,只能生产有限品种的产品,企业的产品定位建立在有限数量的极个别的客户需求上。因此传统定制企业存在规模相对较小、产品有限、生产周期长、成品成本高、质量不稳定等一系列问题。与传统的定制生产相比,大规模生产为客户低成本、高效率地提供了大量商品,但不能适应客户日益增长的多样化、个性化需求。经济、科技的发展,社会的进步,基本商品的充盈。推进了客户的个性化需求。商品基本功能的满足,已不再是客户的第一需求。张扬个性的需要成为制约商品选择的重要因素,因此大规模生产的理念和规范化产品的定位难以适应市场环境的这种变化。大规模定制模式通过定制产品的大规模生产,低成本、高效率地为客户提供充分的商品空间。因此,与传统的定制企业或大规模生产企业相比,大规模定制企业的核心能力表现在其能够低成本、高效率地为客户提供充分的商品空间,从而最终满足客户的个性化需求的能力上。

4. 大规模定制的分类

我们通常把大规模定制分为按订单销售(Sale-to-Order)、按订单装配(Assemble-to-Order)、按订单制造(Make-to-Order)和按订单设计(Engineer-to-Order)4 种类型,这种分类方法已经被学术界和企业界普遍接受并采用。

按订单销售又可称为按库存生产(Make-to-Stock),是一种大批量生产方式。在这种生产方式中,只有销售活动是由客户订货驱动的,企业通过客户订单分离点(CODP)位置后移而减少现有产品的成品库存。

按订单装配是指企业接到客户订单后,将企业中已有的零部件经过再配置向客户提供定制产品的生产方式,如模块化的汽车、个人计算机等,在这种生产方式中,装配活动及其下游活动是由客户订货驱动的,企业通过客户订单分离点位置后移而减少现有产品零部件和模块库存。

按订单制造是指接到客户订单后,在已有零部件的基础上进行变型设计、制造和装配,最终向客户提供定制产品的生产方式,大部分机械产品的生产属于此类生产方式。在这种生产方式中,客户订单分离点位于产品的生产阶段,变型设计及其下游活动是由客户订货驱动的。

按订单设计是指根据客户订单中的特殊需求,重新设计能满足特殊需求的新零部件或整个产品。客户订单分离点位于产品的开发设计阶段。较少的通用原材料和零部件不受客户订单影响,产品的开发设计及原材料供应、生产、运输都由客户订单驱动。企业在接到客户订单后,按照订单的具体要求,设计能够满足客户特殊需求的定制化产品,供应商的选择、原材料的要求、设计过程、制造过程以及成品交付等都由客户订单决定。

11.3　现代制造系统模式的新发展

11.3.1　云制造

1. 云制造的提出

作为智能制造的重点研究领域,云制造(Cloud Manufacturing,CM)这一概念是在云计算的思想上发展出来的,是把"软件即服务(SaaS)"理念拓展至"制造即服务(MaaS)"领域的产物,它最早由北京航空航天大学的李伯虎等人在 2010 年提出。2012 年,李伯虎等又在新一代信息和通信技术(如大数据、移动互联网、高性能计算等)、人工智能技术(如机器深度学习、大数据驱动下的知识工程、基于互联网的群体智能等),以及新兴的制造技术(如 3D 打印、智能化机器人、智能制造装备等)基础上提出"智慧云制造"概念。到目前为止,云制造研究已进行 8 年有余。8 年多来,云制造在学术研究和工业应用两方面都取得许多重要进展。云制造概念也得到越来越多研究者和工业界人士的关注、理解和认同。

2. 云制造的内涵及特征

(1) 云制造的内涵

云制造是一种利用网络和云制造服务平台,按客户需求组织网上制造资源(制造云),为客户提供各类按需制造服务的一种网络化制造新模式。云制造技术将现有网络化制造和服务技术同云计算、云安全、高性能计算、物联网等技术融合,实现各类制造资源(制造硬设备、计算系统、软件、模型、数据、知识等)统一的、集中的智能化管理和经营,为制造全生命周期过程提供可随时获取、按需使用、安全可靠、质优价廉的各类制造活动与服务。

(2) 云制造的特征

① 制造资源和能力物联化。

先进制造模式实现的核心是制造全生命周期活动中人/组织、管理和技术的集成与优化。为此,云制造融合物联网、信息物理系统(CPS)等最新信息技术,提出要实现软硬制造资源和能力的全系统、全生命周期、全方位透彻接入和感知,尤其要关注硬制造资源(如机床、加工中心、仿真设备、试验设备和物流货物等制造硬设备)和能力(如人/知识、组织、业绩、信誉和资源等)的接入和感知。

② 制造资源和能力虚拟化。

虚拟化源于计算领域对虚拟机的研究,是当前云计算的核心技术。制造资源和能力虚拟化指对制造资源和能力提供逻辑和抽象的表示与管理,不受各种具体物理限制的约束。虚拟化还为资源和能力提供标准接口来接收输入和提供输出。虚拟化的对象可分为制造系统中涉及的制造硬设备、网络、软件、应用系统和能力等。

③ 制造资源和能力服务化。

制造云中汇集了大规模的制造资源和能力,基于这些资源和能力的虚拟化,通过服务化技术进行封装和组合,形成制造过程所需要的各类服务,如设计服务、仿真服务、生产加工服务、管理服务和集成服务等,其目的是为客户提供优质廉价、按需使用的服务。

3. 云制造关键技术实施

(1) 云计算技术

云计算技术使网络化制造进一步向敏捷化、智能化方向发展,它是一种基于互联网的服务增加、使用和交付方式,通过分布式计算机、服务器赋予客户强大的计算能力。云计算技术为网络化制造模式中存在的服务效率、资源分配和信息安全等问题提供了解决途径,以 SaaS 为例,同传统的 ASP 相比,SaaS 可以实现单数据库多租户服务方式,减少了成本和运营费用,能够快速进行平台部署和资源共享等操作,满足客户的动态需求,大幅提高服务响应的效率。

(2) 物联化技术

制造资源的感知和接入需要借助传感器、适配器、RFID、GPS 和嵌入式系统等各种物联网技术,将制造企业的原材料、产品、设备等各种物理资源配置新型识别和传感科技,令所有物体同互联网、3G/4G 通信网、卫星网络相连,实现对产品制造的全生命周期管理和监控。除对云制造资源的全面感知以外,物联网技术还具备可靠传送功能,它保证了各类传感器在异构多跳网络环境下的数据获取、筛选和调用,能够实现信息的准确交互与共享。

(3) 虚拟化技术

通过虚拟化技术,一个独立的虚拟资源层在制造资源和应用程序之间建立起来,它降低了客户使用和具体制造资源能力间的耦合程度。虚拟化技术将一种制造资源或能力创建为一个或多个"虚拟器件"的模板或镜像,然后进行标准化、规范化的应用封装。在这个过程中,需要建立虚拟资源和能力描述模型,涉及虚拟器件的多维分配、语义组合、自动部署等技术,实现制造资源和能力的简化访问和优化管理,加强了云制造环境下物联网同云计算的有效关联。

(4) 协同化技术

协同化设计与制造是现代制造行业的发展趋势,虚拟企业、网络化制造、云制造都是整合制造资源以满足客户定制化需求为目标的。协同化技术面临的关键问题就是,在保证协同各方时空一致性的前提下,构建基于云制造平台的企业协同制造信息系统,将各个企业的虚拟制造资源进行聚合,形成可互操作的动态的数据库与知识库。这样一来,不单企业间可实现制造信息的互通,高等院校、科研院所亦可通过云制造信息系统实现市场调研、产品研制、技术支持和商业合作等,为促进协同制造各方的技术创新、提高产品竞争力奠定了基础。

(5) 智能化技术

智能化的基础是知识,云制造中涉及跨领域多学科的各类知识,首先需要采用人工或自动知识获取技术对知识进行采集,基于本体语言等技术对知识进行统一建模与表达,建立分布式跨领域知识库,对知识进行存储和管理,并通过智能科学与技术为制造全生命周期提供知识的推理、融合、演化、集成服务等支持。云制造终端客户需要普适的智能云端使用方式来完成自己的工作,其关键是实现云端个性化客户环境的普适透明,主要包括云端多样化终端交互设备接入、个性化客户环境的灵活定制技术、自然人—机交互技术、普适信息可视化技术等。

4. 云制造系统体系架构

(1) 物理资源层(P-Layer)

P-Layer 为物理制造资源层,该物理层资源通过嵌入式云终端技术、物联网技术等,将各类物理资源接入网络,实现制造物理资源的全面互联,为云制造虚拟资源封装和云制造资源调用提供接口支持。

(2) 云制造虚拟资源层(R-Layer)

该层主要将接入网络的各类制造资源汇聚成虚拟制造资源,并通过云制造服务定义工具、虚拟化工具等,将虚拟制造资源封装成云服务,发布到云层中的云制造服务中心。该层提供的主要功能包括云端接入技术、云端服务定义、虚拟化、云端服务发布管理、资源质量管理、资源提供商定价与结算管理、资源分割管理等。

(3) 云制造核心服务层(S-Layer)

该层主要面向云制造的三类客户(云提供端、云服务运营商、云请求端),为制造云服务的综合管理提供各种核心服务和功能,包括面向云提供端提供云服务标准化与测试管理、接口管理等服务;面向云服务运营商提供客户管理、系统管理、云服务管理、数据管理、云服务发布管理服务;面向云请求端提供云任务管理、高性能搜索与调度管理等服务。

(4) 应用接口层(A-Layer)

A-Layer 为云制造应用接口层,该层主要面向特定制造应用领域,提供不同的专业应用接口,以及用户注册、验证等通用管理接口。

(5) 云制造应用层(U-Layer)

该层面向制造业的各个领域和行业。不同行业客户通过云制造门户网站、各种客户界面(包括移动终端、PC 终端、专用终端等),就可以访问和使用云制造系统的各类云服务。

11.3.2 智慧制造系统

1. 智慧制造的提出

基于 TCP/IP 体系结构发展起来的互联网正面临移动与物联网的接入、云计算、多媒体内容分享应用和网络社会化等需求问题,人们试图从未来互联网的体系结构入手来解决这些问题,其中欧盟第七框架研究认为,务联网(Internet of Services, IoS)、物联网(Internet of Things, IoT)、内容/知识网(Internet of Contents and Knowledge, IoCK)和人际网(Internet of People, IoP)是构成未来互联网的四大支柱。智慧制造(Wisdom Manufacturing, WM)包含服务计算、物参与的计算(普适计算)、智能计算以及人参与的计算等模式;从数据、信息和知识流动来看,它通过物联网感知获得"物"的原始数据和事件;然后通过内容/知识网进一步加工处理这些原始数据和事件,从中抽取出所需的信息、知识、智慧或事件;再通过务联网整合各种服务,围绕客户需求提供个性化服务;最后通过人、机、物的融合决策,实现对物或机器的控制,从而形成"物—数据—信息—知识—智慧—服务—人—物"循环,或者说形成一个感知、识别、响应的智慧控制闭合回路。

智慧制造在统一框架下将物联智造、语义网络化制造、云制造、企业 2.0 制造模式理念加以融合和拓展,进而将机器智能(人工智能)、普适智能和人的经验、知识、智慧结合在一起。同时,从制造业信息化的演化来看,智慧制造又是制造业信息化发展到一定程度的必然产物。在(广义)制造业信息化过程中,人们基于数据、信息和知识分别提出(狭义)数字化制造、(狭义)信息化制造和智能制造模式,在制造业数字化的基础上,智能制造的进一步发展诞生了智慧制造。

2. 智慧制造的内涵及特征

(1) 智慧制造的内涵

① 智慧(Wisdom)。智慧是指对人、事物、事件或情景的深刻理解和认识,进而做出与这种理解相一致的感知、判断和行动的能力。

② 智慧制造。智慧制造是一种面向服务、基于知识运用的人、机、物协同制造模式,在务联网、物联网、内容/知识网、人际网和先进制造技术等的支持下,将各种制造资源连接在一起、形成统一的资源池,根据客户的个性化需求和情境感知,在人、机、物共同决策下作出智能响应,在制造全生命周期过程中为客户提供定制化、按需使用、主动、透明且可信的制造服务,如图 11-13。

(2) 智慧制造的特征

智慧制造具有丰富的内涵,在多种高新信息技术和先进制造技术的支持下,集成机器智

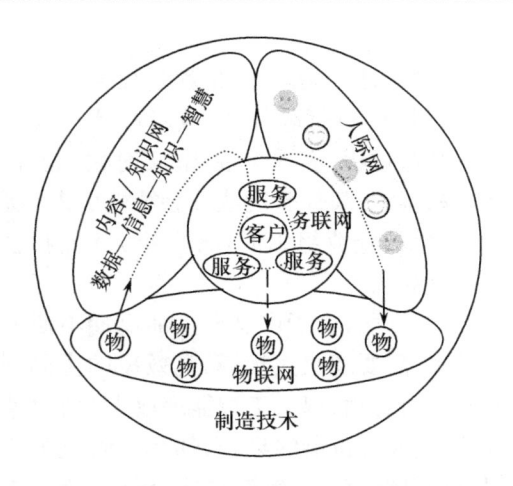

图 11-13 "四网"与制造技术融合而成的智慧制造

能、普适智能、社会智能以及人的经验、知识和智慧等,通过人、机、物协同决策,为客户提供个性化的制造服务。根据概念和内涵,智慧制造具有如下特征:

① 互联化:通过智慧感知将人、机、物互联,实现全系统、全方位以及全生命周期的感知与接入。

② 虚拟化:将制造资源/能力进行虚拟封装,只提供逻辑表示和抽象管理,不受物理限制。

③ 协同化:通过全面的互联互通实现企业内外部在技术、业务和管理等方面的协同。

④ 网络化:充分利用网络技术实现制造资源/能力的共享。

⑤ 服务化:提供按需使用的制造服务,深度融合制造业和服务业。

⑥ 敏捷化:快速响应客户需求。

⑦ 智慧化:集成机器智能、普适智能、社会智能以及人的经验、知识和智慧等,通过人、机、物共同决策实现制造系统全周期、全方位的智慧化。

⑧ 社会化:注重客户参与和集体智慧创新,使生产者(Producer)和消费者(Consumer)融为一体,成为产消者(Prosumer＝Producer＋Consumer)。

⑨ 安全化:实时监测制造系统全生命周期,结合历史数据进行智慧预测,使生产更加安全。

3. 智慧制造的关键技术

智慧制造的 4 大关键技术相互融合,共同为制造的智慧化提供技术支持,其中制造社会化技术主要为大规模的协同制造提供多样化的创新来源,实现系统重要决策;制造智能化技术对物理世界(物联网)、信息世界(务联网)、社会世界(人际网)产生的大量结构化、半结构化、非结构化数据进行整理和分析,挖掘出有价值的信息和知识,为产品全生命周期管理提供智能支持;制造务联化技术将各种资源进行服务化,为制造中不同技术、资源的集成提供支持;制造物联化技术实现制造过程数据的采集、产品全生命周期的实时监控。

无论对人际网(社会系统)所产生的海量数据与信息进行处理与挖掘,还是对产品生产和运行期间(信息物理系统)产生的海量数据的及时收集、处理和分析,都离不开大数据技术。这些大数据信息流最终通过互联网在物理系统、信息系统和社会系统之间传递,由人、机、物协同分析、判断、决策、调整、控制而开展智慧生产,为客户提供个性化的产品/服务。

(1) 制造社会化技术

面向人际网的制造技术,即制造社会化技术,也就是社会化制造技术。社会制造是社会化制造技术的一种体现形式,是指利用 3D 打印、网络技术和社会媒体等技术,通过众包等方式让民众充分参与产品的全生命制造过程,实现个性化、实时化、经济化的生产和消费模式。它通过人际网将人的(隐性)知识和智能、集体智能或社会智能引入制造,主要包括社会化中人的参与形式(大众生产)、面向社会化的企业组织形式(企业 2.0)、社会化制造技术—3D 打印以及如何对社会中的各种智慧加以吸收。

实现大众生产的关键在于:一方面,由于产品全生命周期不断缩短以及分工不断细化,一个项目所需参与的人数不断增多,需要解决大规模、高效率的协同创新、制造问题;另一方面,由于工业革命以机器替代人的体力劳动,以人工智能解放人的脑力劳动,制造采用大规模的批量生产满足人的物质需求,使制造成为机器的集合,却无法解决个性化的精神需求,不能表达人的情感。实现个性化的制造不仅要有柔性制造方式,更重要的是要有多样化、富有情怀的设计方案。而情感、个性最好的表达和创造来源是客户本身,如何让客户实现自己的个性化表达是社会制造的重点,即设计过程的社会化。总而言之,制造社会化的关键在于解决大规模的协同制造问题和提供多样化的创新来源,为大众搭建一个参与的平台,使每个人都有能力参与设计的过程,把大众的创造力引入制造,充分挖掘社会的需求,产生多种形态不一的产品,满足个性化的同时碰撞出更多智慧的火花。人人参与、共同协作的大众生产模式正是满足这样一种需求的生产模式,是社会化的关键,它主要包含大众智慧、大众创造、大众集资和大众投票。

(2) 制造智能化技术

面向知识网的制造技术,即制造智能化技术。智能制造是制造智能化的体现,指将专家的知识和经验融入感知、决策、执行等制造活动中,赋予产品制造在线学习和知识进化的能力,在智慧制造中实现高品质制造,智能化是信息系统的核心组成部分,它主要实现数据挖掘、知识发现,以显性知识构成人工智能,为制造的全生命周期提供动态管理、智能响应、智能匹配、智能辅助设计等。智慧制造的参与对象包括设计者、生产者、消费者、运营者、智能的生产设备等多个主体,如何将人工智能/机器智能(包括计算智能、Web 智能)技术运用于制造的全生命周期,实现统一的生产调度安排,是急需解决的一个问题。而分布式多智能体系统是解决该问题的一个重要研究方向。

面对大数据,首先要解决的是大数据的存储问题,其次必须通过大数据挖掘发现数据间的相关关系、大众喜好、市场规则等,从而为市场预测、精准匹配、生产管理等服务。在存储处理方面可使用云计算服务。在数据挖掘方面,由于大数据时代获得的这些数据在深度上可以更加细致深入,在宏观上达到前所未有的广泛覆盖,从而更全面地刻画事物之间的相关关系,进而摆脱传统的因果关系建模,提供以大数据视角利用相关关系建立模型的新方法,使社会系统、信息系统和物理系统得以连接。在大数据的支持下,我们不仅能够预测制造设备的磨损情况、生产任务的完成时间,还能够准确预测市场的需求,从而实现主动生产。除采用云计算对"历史的"大数据进行离线批处理分析外,制造中还需要对事件数据流进行在线实时分析,以便为企业的生产和经营提供实时信息。而面对海量数据的实时性要求,目前比较有效的方式是复杂事件处理。

(3) 制造务联化技术

面向务联网的制造技术,即制造务联化技术。云制造是制造务联化的最新成果体现。面向服务的制造技术将制造资源和制造能力服务化,是信息系统的另一重要组成部分,它将系统内的不同服务资源连接起来。服务化制造诞生于制造业和服务业相互融合的背景下，并通过网络化协作实现制造向服务的拓展和服务向制造的渗透，制造企业为了获取竞争优势，将价值链由以制造为中心向以服务为中心转变，而面向服务的体系架构为解决不同应用、不同平台、不同技术体系之间相互独立的"信息孤岛"现象，提供了技术使能手段，是网络化制造的可行途径。

新兴的服务型制造适宜采用务联网技术（包括 SOA 和云计算等），并成为面向服务制造的典型代表，它通过将制造资源、制造产品服务化而形成资源池，同时利用云计算技术来集中管理，通过网络将云端资源以服务的形式提供给用户，扩展了云计算服务的深度和广度，实现了海量异构、功能各异的制造资源的介入。云制造平台在资源接入的基础上提供云存储服务，使得来自不同系统的结构化、半结构化、非结构化数据能够方便地存储到云端，另外，其强大的云制造服务为大量复杂的数据提供强大的计算能力；各类制造资源的服务化接入同样为制造过程提供各种按需使用的资源服务，如设计即服务、测试即服务、制造即服务等。这种服务化不仅是整合社会资源，实现制造资源高效配置的手段，也是在社会化环境下，大量使用 3D 打印、机器人、数控加工中心带来的分散化、个性化制造的内在需求。

（4）制造物联化技术

面向物联网的制造技术，即制造物联化技术。制造物联是制造物联化技术的直接体现，它通过泛在的实时感知、全面的互联互通和智能信息处理，实现产品/服务全生命周期的优化管理与控制，以及工艺和产品的创新。制造物联技术主要包括网络化传感器技术、物与物（Machine to Machine，M2M）通信技术、数据互操作和普适智能等。

要实现智能化、自动化的处理、预测，需要以大量数据为基础，在数据的采集与接入方面，通过互联网可解决以比特为单位的数字信息、资源的互联互通，然而面对各类繁多、功能不同的硬件资源，还需要进一步结合物联网技术提高对各类资源的感知能力、接入能力、传输能力，如综合利用射频技术（RFID）、传感器、GPS 等感知技术实现感知，并通过 WiFi、3G/4G 网络等网络接入实现数据采集。除利用网络化的传感技术对数据进行采集外，还需要实现数据的互操作。而数据往往来自不同的传感器，并存在于各类硬件资源，位于不同的网络之中，要实现数据的互操作，将信息网中的处理结果、调试指令等作用于物理设备，将设备的状态及时返回，就需要制定统一的标准化接口及传输标准，以降低硬软件资源的接入门槛，扩大接入范围，提高传输效率，实现可靠的数据互操作。

11.3.3　制造物联系统

1. 制造物联的提出

以计算机和互联网为代表的信息技术对制造业产生了革命性的影响，促进了制造业的资源配置向信息（知识）密集的方向发展，基于知识和信息的制造（如智能制造）已成为制造技术发展的重要方向。作为制造业大国的中国，正面临资源和环境的制约，走向绿色制造和智能制造是我国制造业发展的必经之路。物联网（Internet of Things）等新一代信息技术的出现和发展，推动着以绿色、智能和可持续发展为特征的新一轮产业革命的来临，一种新型的智能制造模式——制造物联（Internet of Manufacturing Things，IoMT）应运而生。物联网在 2005 年由国际电信联盟正式提出，其目标是实现物与物、人与物以及人与人的互联，把目前网络所实现的人与人之间的互联通过传感技术扩大到物的范围。物联网被认为是继计算机、互联网与移动通信网之后的世界信息产业第三次浪潮,它与传统产业相结合,将带来新的技术创新点和经济增长点,因此成为当今信息技术研究关注的热点领域。

2. 制造物联的内涵与特征

(1) 制造物联的内涵

制造物联是在制造业服务化和协同化的发展趋势下,面向产品、客户、企业以及企业间实施的一种新型制造模式和信息服务模式,通过运用以 RFID 和传感网为代表的物联网技术、先进制造技术与现代管理技术,构建服务于供应链、制造过程、物流配送、售后服务和再制造等产品全生命周期各阶段的基础性、开放性网络系统,形成对制造资源、制造信息和制造活动的全面感知、精准控制以及透明化与可视化,实现产品智能与价值的提升,进而形成新型智慧生态制造模式。制造物联可以满足产业链企业交互管控、快速响应及跨组织协同制造的需求,为云制造提供基础技术支撑,为物联网提供基础性、开放性的设施部署和原位服务。

(2) 制造物联的特征

① 泛在感知/情景感知:通过普适计算技术和工具,随时随地对物体进行信息采集和获取。

② 全面的互联互通:通过物联网、互联网和电信网等实现物—物相联。

③ 智能的行动和反应:通过规划、状态监测、响应和学习,对计划和非计划的情形做出判断和适当的行动,最大限度地提高性能、成本效率和利润。

④ 实时性:通过物联网的动态感知和信息处理实现实时响应。

⑤ 敏捷性:快速响应客户的需求。

⑥ 协同性:通过全面的互联互通实现企业内部和企业间的业务协同化。

⑦ 自主性:采集与理解外界和自身的信息,并用于分析、判断和规划自身行为,具有信息物理系统(CPS)的自主性。

⑧ 自组织性:依据工作任务自行组织成最佳系统结构。

⑨ 绿色化:通过生产过程的全程实时监测和优化管理,最大限度地减少能源和材料的使用,同时使环境、健康、安全和经济竞争力最大化。

⑩ 产业边界模糊化:制造业和服务业深度融合。

3. 制造物联的关键技术

① 网络化传感器技术

利用传感器网络采集到的大量数据,可以实现信息交流、自动控制、模型预测、系统优化和安全管理等功能。要实现以上功能,必须有足够规模的传感器。因此,制造物联广泛使用 RFID 和传感器,以获得大量有意义的数据,为进一步的数据传输交换分析和智能应用做好铺垫。

② 数据互操作

当合作企业利用这一网络系统时,需要对产品整个制造过程的数据进行无缝交换,进而进行设计、制造、维护和商业系统管理,而这些数据常常存在于不同的终端上,因此可靠的数据互操作技术尤其重要。当现实世界的物品通过识别或传感器网络输入虚拟世界时,就已经完成物品的虚拟化,然而单纯的物品虚拟化是没有意义的,只有通过现有网络设备连接实现虚拟物品信息的传递共享,才能达到 IOMT 的目的。制造物联平台的数据互操作是依托于互联网进行的,因此保持网络通信的顺畅、采取通用的网络传输协议、应用开源的系统平台等,都可以促进平台上数据的互操作顺利进行。

③ 多尺度动态建模与仿真

多尺度建模使业务计划与实际操作完美地结合在一起,也使企业间合作和针对公司与供应链的大规模优化成为可能。多尺度动态建模和仿真与传统的产品模型相比具有许多优点,它更接近实际产品,因此在前期开发过程中节省了大量人力、物力和财力,也促进了企业间合作,大规模提高了设计效率。动态建模的过程依赖于流畅的数据互操作,基于制造物联平台的动态建模仿真可以由不止一个开发者合作完成,而开发者之间的信息交互通畅程度也决定了合作开发能否顺利进行。

④ 数据挖掘与知识管理

现有数字化企业中普遍存在"数据爆炸但知识贫乏"现象,而以物联网普适感知为重要特征的智能制造将产生大量数据,这种现象更加突出,如何从这些海量数据中提取有价值的知识并加以运用,就成为智能制造的关键问题之一,也是实现制造物联的技术基础。

⑤ 智能自动化

制造物联应具有高度的智能化和学习能力,在一般状况下结合已有知识和情景感知可以自行做出判断和决策,进行智能控制。在面向服务和事件驱动的服务架构中,智能自动化是很重要的,这是因为对于资源的分析、服务流程的制定、生产过程的实时控制涉及大量信息,需要迅速处理,这一过程不可能由人工来完成,也很难由人工全程监控,需要依赖可靠的决策和生产管理系统,通过自身的学习功能和技术人员的改进,为 IoMT 平台上的各个对象提供更快、更准确的服务。因此,发展智能自动化,对于平台的发展、生产过程的改进甚至整个供应链的顺利运行都是非常必要的。智能应用是制造物联最关键的技术,达不到智能应用层面的制造物联不是完整的,智能自动化是制造物联高级阶段的必要选项。CPS 是实现智能自动化的关键技术。

⑥ 可伸缩的多层次信息安全系统

制造物联以现代互联网为基础,互联网的信息安全问题始终是人们关注的对象。制造物联系统中的巨大信息量包括大量企业商业机密,甚至涉及国家安全,这些信息一旦泄露,后果不堪设想。由于信息量巨大和信息种类繁多,并不是所有信息都需要特别保护,根据信息的不同制订不同的信息安全计划,是制造物联应该解决的关键问题之一。

⑦ 物联网的复杂事件处理

物联网中的传感器产生大量数据流事件,需要进行复杂事件处理(Complex Event Processing,CEP)。物联网的 CEP 功能是将数据转化为信息的重要途径。通过对传感器网络采集到的大量数据进行处理分析,去掉无用数据,就可以得到能反映一定问题的简单事件,通过事件处理引擎进一步将一系列简单事件提炼为有意义的复杂事件,为接下来的数据互操作、动态建模和流程制定等后续操作节省了数据存储空间,提高了存储和传输效率。

⑧ 事件驱动的面向制造物联服务架构

制造物联中的事件和服务同时存在,面向服务与事件驱动是制造物联的重要需求,制造物联体系结构必须满足这样的需求。平台作为 IoMT 系统的中枢,其主要任务就是收集和处理相关信息,这些信息既包括来自服务提供方的可用设备信息,也包括来自服务需求方的服务要求和流程要求信息,而经过处理分析提炼的每一条有效信息都将作为一个事件进入平台,这就要求制造物联体系是面向服务与事件驱动的。

4. 制造物联系统平台

(1) 数据终端

数据终端连接生产指挥系统和生产现场,是上下位信息沟通的桥梁和纽带,其功能和可靠性是生产执行功能能否实现,以及系统运行和维护成本高低的最关键因素,影响到制造物联系统能否被生产一线人员所接受,直接决定其实施的成败,其重要性不言而喻。数据终端的功能如下:

① 自动接收、显示、跟踪电子工单和生产指令;

② 工艺文档管理、支持图表和视频;

③ 具有刀具寿命控制和管理功能;

④ 刷卡验证人员资格权限,自动记录人员绩效;

⑤ 能与所有类型生产设备连接,不受控制系统品牌限制,自动采集设备状态和工艺参数;多达6种数据接口(I/O、RS232、RS485、RFID、TCP/IP、条码接口),为工厂开展物流、质量、能耗、工艺和人员管理等提供硬件保障,一次投资,多次挖掘。

⑥ 具有违规锁机、违令锁机和按命令锁机三项控制功能,真正实现令行禁止;

⑦ 提供众多辅助功能键,实现方便操作,大大简化人员操作;

⑧ 有线和无线两种通信模式适应不同车间的电磁环境,简化部署和维护。

(2) 电子看板

建立在物联网基础上的电子看板,其数据来源于实时数据库,可通过多种播放模式(如滚屏、翻页等)展示大量车间工作人员需要的信息,将生产动态和异常暴露于现场所有人面前,起到信息共享、协作支持、互相监督、快速响应的作用。可大大改善传统制造车间信息闭塞的状况,显著提升生产效率。

(3) 短信平台

短信平台负责按照预先的设置,将生产异常事件或请求发送给相关责任人员,相关责任人员必须按事先规定的响应时间响应,逾期不响应,此短信将会转发给其上级主管。此方式能将责任落实到人,并实现对生产异常的快速响应,提高效率。

(4) 移动终端

有些制造物联系统已开发质检和报工这两部分功能的平板应用。由于其开发的应用与自主研发的制造物联系统终端实现的是无缝连接,两者之间能够很好地协同工作。质检应用可以完善已报工数据,针对其中的不合格数据区分不同的缺陷原因和数量,对工厂生产中产生的不合格品进行更细力度的管理。报工应用集合了自主研发终端的报工和缺陷上报功能,使得报工和缺陷上报功能一体化,方便质检员的操作、管理。

11.3.4 语义网络化制造

1. 语义网络化制造的提出

随着全球经济的迅速发展,制造业正向数字化、柔性化、智能化、集成化、敏捷化和网络化方向发展,网络化制造已成为现代制造业发展的主要趋势。通过采用先进的网络技术、制造技术及其他相关技术,构建面向企业特定需求的基于网络的制造系统,可实现企业间的协同和各种社会资源的共享与集成,并能为市场提供所需的产品和服务。由于当前的Web资源缺少语义表达能力，机器不能自动集成有效资源，信息的收集和处理几乎完全是由人工完成的，造成人力、物力和资源的极大浪费。针对以上问题，1999 年 Berners-Lee 提出语义 Web 概念，其目的是为 Internet 的信息提供计算机可以理解的语义，从而满足智能主体对 Internet 上异构、分布信息的有效检索和访问，实现网上信息资源在语义层的全方位互联，并在此基础上，实现更高层次、基于知识的智能应用。而基于语义 Web 的网络化制造(简称"语义网络化制造")正是利用语义 Web(当前主要是其本体)技术将 Web 服务变为语义 Web 服务，进而实现制造资源的智能集成的。

2. 语义 Web 的概念及体系

(1) 语义 Web 的概念

按 Berners-Lee 的描述：语义 Web 并不是一个孤立的网络，而是对当前 Web 的扩展，其中的信息被赋予明确的定义，使得计算机之间以及人们之间能够更好地合作。按照万维网联盟(World Wide Web Consortium，W3C)的描述：语义 Web 是一个数据的 Web，它提供一个公共的框架，使得数据可以跨越应用程序、企业和组织进行共享和重用。也就是说，语义 Web 是当前 Web 的扩展，其中的信息除用来显示，还具有明确定义的语义，能够被人和机器共同理解，通过明确定义的操作，实现 Web 信息的自动处理。

(2) 语义 Web 的体系结构

从理论角度看，语义 Web 的体系结构体现了语义 Web 的静态特性。该结构从底层到高层依次为 Unicode(统一字符编码)和 URI(统一资源定位符)，XML、RDF 和 RDFS（RDF Schema）、本体、逻辑、证明和信任。

XML＋NS＋xmlschema 层是语义 Web 的语法基础，RDF＋rdfschema 层和 Ontology 层用于定义元数据和把 Web 内容表示成计算机可理解的语义，这三层是语义 Web 的核心和关键。逻辑层主要提供公理和推理规则，为智能推理提供基础。该层用来产生的规则，依据产生的规则可从本体库的明确知识中推理出隐含知识。证明层执行逻辑层产生的规则，并结合信任层的应用机制来判断是否能够信赖给定的证明。信任层注重提供信任机制，以保证用户代理(Agent)在网上进行个性化服务和彼此交互合作时更安全、更可靠。从底层到本体层已经标准化。

而逻辑层、证明层和信任层迄今为止还处于研究阶段。在实际应用中跨越各层的数据描述中，数据操作事务处理和回滚类似 DBMS 中的 ACID 属性(原子性、一致性、独立性、稳定性)。由于本体是可改变的，则本体的演化和版本维护与管理尤其重要。出于安全考虑，在分布式环境下数据操作的跟踪是必不可少的。推理引擎必须能够进行语义确认和推理出隐含事实。

本体是为了能够在语义层实现知识重用和共享而提出的，在以知识为核心的研究领域得到广泛应用。本体是共享概念模型明确的形式化规范说明，其目的是捕获相关领域的知识，提供该领域知识的共同理解，确定领域内共同认可的词汇，并从不同层次的形式化模式上给出这些词汇(术语)和词汇间相互关系的明确定义。在语义 Web 中引入本体能够很好地解决 WWW 异构分布式环境下信息在语义层的互操作性问题。同时，由于本体提供了结构化公用词表，各智能代理可以无歧义地理解词汇含义以及词汇间的关系。研究机构根据不同的需要和目的设计开发了适合自己应用的 Web 本体标记语言，如 XOL、SHOE、OML(Ontology Markup Language)，以及建立于 RDF(S)基础上的 OIL(Ontology Inference Layer)和 DAML＋OIL，这些本体标记语言大多数是符合 XML 语法规范的。

W3C 工作组结合各种语言的优点，同时考虑到与其他标记语言（如 XML、RDF）的兼容性问题，于 2004 年正式推出 OWL。OWL 是为表示对象分类信息和对象之间的关系而设计的。OWL 语言既保持了对 DAML+OIL/RDFS 的兼容性，又保证了强大的语义表达能力，同时它又继承了描述逻辑和框架语言的特征，具有知识推理能力。OWL 定义概念（类）并用归约的方法组织这些概念形成一个类层次结构。OWL 使用描述逻辑模型来形式化语义。旨在实现自动推理功能，如检验本体的一致性和蕴涵关系等。OWL 按其表达能力由弱到强依次分为三种子语言：OWL Lite、OWL DL 和 OWL Full。

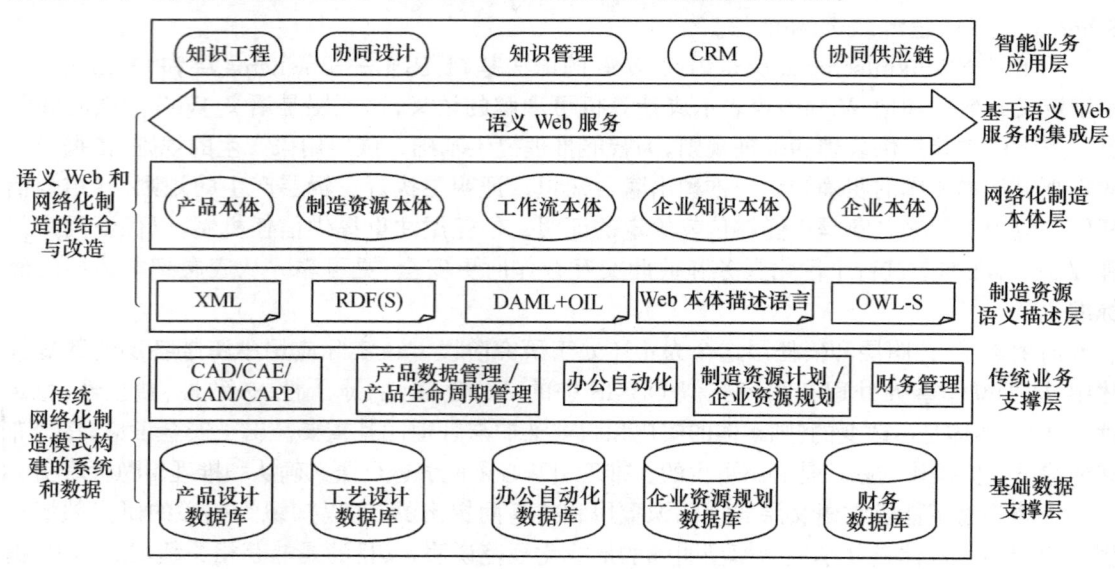

3. 基于语义 Web 的网络化制造模式

（1）基于语义 Web 的网络化制造的体系结构

为解决当前网络化制造模式所面临的问题，将语义 Web 与网络化制造相结合，其核心思想是：用语义元数据描述模型来改善网络化制造资源的描述方式；使用本体来组织网络化制造领域的共享知识，并对散布在网络上的制造资源进行语义标注；采用基于描述逻辑的本体描述语言来实现领域知识的表示、分类和推理，从而实现智能计算。基于语义 Web 的网络化制造模式的体系结构主要分为六个层次（如图 11-14 所示）。

① 基础数据支撑层

基础数据是在传统的网络化制造模式下积累和沉淀下来的数据，主要以超文本标记语言 XML、Word、Excel 等数据文件，以及关系数据库、文档数据库等形式存在于各个孤立的业务系统之中。它是实现基于语义 Web 的网络化制造模式的数据支撑层。

图 11-14 基于语义 Web 的网络化制造模式体系结构

② 传统业务支撑层

该层是在当前的网络化制造模式下建立起来的孤立的信息系统，系统之间信息交互难，互操作难，应用集成难，是现代企业信息孤岛的主要体现。

③ 制造资源语义描述层

该层使用基于语义的元数据描述模型对传统的信息描述方式进行改造，使信息具有简单的语义并能进行简单的推理,是实现基于语义 Web 的网络化制造模式的语义基础。

④ 网络化制造本体层

该层对网络化制造领域内的共享知识进行组织和分类,对概念及概念之间的关系进行明确的形式化定义,消除歧义,使人和机器能互相理解,更好地合作。

⑤ 基于语义 Web 服务的集成层

语义 Web 与 Web 服务相结合,对传统的统一描述、发现和集成(Universal Description Discovery and Integration,UDDI)进行改造,使用语义 Web 服务本体对服务进行描述和组织,添加语义信息,通过对语义 Web 服务本体的查询和智能推理,实现服务的自动发现、自动组合和自动执行。该层是实现企业跨平台、松散耦合的智能业务集成层。

⑥ 智能业务应用层

该层是基于语义 Web 的网络化制造模式面向用户的接口,是在网络化制造本体和语义 Web 服务的支撑下,实现自动推理、智能计算和服务集成的应用层。

(2) 网络化制造本体类型

在图 11-15 所示的体系结构中,网络化制造本体由多种类型的小型本体构成,可以通过本体映射,实现本体的集成。网络制造本体的主要类型如下:

① 产品本体

产品本体描述产品及零部件的结构信息、外形颜色、尺寸公差和工艺工装等信息。产品本体能够实现计算机辅助设计(Computer Aided Design,CAD)/计算机辅助工程(Computer Aided Engineering,CAE)/计算机辅助制造(Computer Aided Manufacturing,CAM)/计算机辅助工艺规划(Computer Aided Process Planning,CAPP)/产品数据管理(Product Data Management,PDM)等系统之间对产品数据语义的共同理解,实现各系统之间的协同、交互和无缝集成。根据企业应用的重点不同,所建立的产品本体也不尽相同,主要有用于辅助设计的本体、用于产品数据交换的本体、用于产品生命周期管理的本体和产品零件库的本体等。

② 工作流本体

工作流是业务流程的计算机化和自动化。业务流程往往随着企业自身的发展而变化,传统的工作流管理系统将代码固化于软件系统中,缺乏柔性,因此不能有效地支持业务流程重组(Business Process Reengineering,BPR)。工作流本体以形式化定义表达企业业务流程领域的概念,如过程、任务、活动、角色、属性及其前驱、后继关系等。基于本体的工作流可以提高工作流系统的可靠性和可重用性,是实现企业内或企业间业务过程集成的关键技术。

③ 制造资源本体

制造资源的集成和共享是网络化制造要解决的基本问题之一,而制造资源的合理建模是其共享的前提和基础。制造资源本体描述企业各类资源的类型、状态和加工能力,反映企业在研发、生产、运输、销售和服务等方面的能力。

④ 知识本体

企业的知识往往是离散的、无序的,分散在各个业务系统之中。基于本体对企业知识进行描述和组织,可以将原来分散的企业知识进行有机集成,更好地实现知识的共享与重用。

⑤ 企业本体

企业本体是企业中或者企业间公共的知识化描述,涉及企业级应用的对象,如目标、规划、过程以及企业的基本情况等,它有利于企业之间通过智能代理实现自动化、智能化的交互与共享、协同与合作。

11.4 现代制造系统模式的发展趋势

由于制造系统模式是制造系统的体制、经营系统、管理系统和技术系统的形态和运作方式的综合体现,对制造系统的系统优化和高效运行有着至关重要的作用,因而这一领域的研究非常活跃。除以上介绍的 CIMS、并行工程、敏捷制造、虚拟制造系统等现代制造系统模式外,近年来,一系列新的制造系统模式还在不断出现,如大批量定制生产模式、NGMS 制造系统(Next Generation Manufacturing System)模式、分形企业(Fractal Enterprise)模式等。

制造系统模式是为了适应制造业面临的形势而不断产生和发展的。今天,制造业正在步入 21 世纪,现代制造系统模式为适应 21 世纪制造业的需要将不断发展,其发展趋势可用"五化"简要描述,即集成化、全球化、网络化、柔性化和绿色化。

1. 集成化

集成化是现代制造系统模式的一个显著特征。制造系统模式中的集成特征正在向深度和广度方向发展,目前已从企业内部的信息集成和功能集成发展到实现产品开发过程的过程集成,并将发展到企业间的动态集成。各个发展阶段的主要特点如下。

(1) 信息集成

信息集成以前期 CIMS 技术为代表,其主要目的是通过网络和数据库把各自动化系统和设备(包括已形成的自动化孤岛)和异种设备连接起来,实现制造系统中数据的交换和信息共享;做到把正确的数据,在正确的时间,以正确的形式,送给正确的人,帮助人做出正确的决策。这些方面的研究与开发还有大量的工作要做。信息集成的前沿技术包括实现产品设计、工艺和制造信息集成的 CAD、CAPP、CAM 一体化技术,实现企业经营生产管理的销售、计划、生产控制与财务的信息集成的集成化经营管理决策系统,实现制造设备与过程信息集成的柔性制造系统,实现产品质量全面管理(Total Quality Management,TQM)的技术,为信息集成提供服务的集成使能器与集成平台技术,作为信息集成基础的企业数据标准化技术等。

(2) 功能集成

功能集成以精良生产和后期 CIMS 技术为代表,主要通过实现企业要素(即人、技术、管理组织)的集成,并在优化企业运营模式基础上实现企业生产经营各功能部分的整体集成。功能集成的前沿技术包括为功能集成提供支撑的企业建模与总体集成技术、通过精简来优化企业集成的精良生产技术、为制造系统功能集成提供支撑的集成框架技术、为实现生产管理与产品设计制造综合集成的产品数据管理(PDM)技术、为充分满足顾客需求的产品质量功能配置(QFD)技术、流程工业的管控一体化技术等。

(3) 过程集成

过程集成以并行工程技术和企业过程重组(Business Process Reengineering,BPR)为代表,主要通过产品开发过程的并行和多功能项目组为核心的企业扁平化组织,在产品开发过程、企业经营过程中,对企业过程进行重组与优化,使企业的生产与经营产生质的飞跃。其中,实现并行工程的主要技术包括互操作计算机环境、互操作工具和任务、自动化数据管理、开发过程管理和基于快速原型环境的决策支持。企业过程重组技术则主要通过对企业组织结构与经营过程进行重构,从而加强企业对复杂多变环境的反应能力。

(4) 动态集成

动态集成以敏捷制造技术为代表。面对市场机遇,为了高速、优质、低成本地开发某一产品,具有不同知识特点、技术特点和资源优势的一批企业围绕新产品对知识技术和资源的需求,通过敏捷化企业组织形式、并行工程、全球计算机网络或国家信息基础设施,实现跨地区甚至跨国家的企业间的动态联盟,即动态集成,使得该新产品所需的知识、技术和资源能得到迅速集结和运筹,从而能迅速开发出新产品,响应市场需求,赢得竞争。企业间动态集成的一系列关键技术如集成模式、使能技术等是当前和今后一段时间内制造学科的前沿技术之一。

2. 全球化

制造全球化的发展浪潮正在全球兴起,目前已在多方面显现出来,比如,无国籍的跨国公司就是其中之一。目前跨国公司的作用已举足轻重,它在控制全球总产值、国际贸易和国际技术贸易中起着重要甚至决定性作用。

制造全球化不仅指跨国公司,还包括以下几个方面:
① 市场的国际化、产品销售的全球网络正在形成;
② 产品设计和开发的国际合作;
③ 制造企业在世界范围内的重组与集成,如动态联盟公司;
④ 制造资源跨地区、跨国家的协调、共享和优化利用;
⑤ 全球制造的体系结构将要形成。

制造全球化的理论根据在于,它合乎经济学的基本原则——成本和效率优先,它有利于生产要素在全球范围内的快速流动,最大规模地合理配置资源,追求最佳经济效益。同时,信息技术、现代通信网络以及交通运输的高速发展也为制造全球化奠定了物质基础和技术基础,从而使得制造全球化趋势迅速发展。

3. 网络化

当前,Internet/Intranet 网络技术的迅速发展,正在给企业的制造活动带来新的变革,其影响的深度、广度和发展速度往往超过人们的预测。1997 年 10 月在新加坡召开的第四届国际 CIMS 大会上,大会主席 Robert Gay 博士指出:"自 1995 年第三届国际 CIMS 大会以来,基于 Internet 的生产经营活动出人意料地迅猛增长。"

制造网络化包括以下几个方面:
① 制造环境内部的网络化,实现制造过程的集成;
② 整个制造企业的网络化,实现企业中工程设计、制造过程、经营管理的网络化及其之间的集成;
③ 企业与企业间的网络化,实现企业间的资源共享、组合与优化利用;
④ 通过网络实现异地制造;
⑤ 网络化的市场系统,包括网络广告、网络销售、网络服务等。

总之,制造的网络化,特别是基于 Internet/Intranet 的制造,已成为制造系统模式的重要发展趋势。

4. 柔性化

制造柔性化是指制造企业对市场多样化需求和外界环境变化的快速、动态响应能力,也就是制造系统快速、经济地生产出多样化新产品的能力。

柔性化问题涉及制造系统的所有层次。底层加工系统的柔性化,在20世纪50年代NC机床诞生后,出现了从刚性自动化向柔性自动化的转变,而且发展很快。CNC系统已发展到第6代,加工中心(Machine Center,MC)、柔性制造系统的发展已比较成熟。CAD、CAE、CAPP、CAM及虚拟制造等技术的发展,为底层加工的上一级技术层次的柔性化问题找到了解决方法。经营过程重组(BPR)、制造系统重构(Reconfigurable Manufacturing System,RMS)等新兴技术和管理模式的出现将为整个制造系统的柔性化开辟道路。

制造柔性化还将为大批量定制生产(Mass Customization)的制造系统模式提供基础。大批量定制生产是根据每个用户的特殊需求以大批量生产的成本提供定制产品的一种生产模式。它实现了用户的个性化和大批量生产的有机结合。大批量定制生产模式可能是下一次制造革命,如同20世纪初的大量生产方式一样,将对制造业产生巨大的变革。大批量定制生产模式的关键是实现产品标准化和制造柔性化之间的平衡。

5. 绿色化

迄今为止,制造业已成为创造人类财富的支柱产业,是人类社会物质文明和精神文明的基础;但同时,制造业在将制造资源转变为产品的制造过程中及产品的使用和处理过程中,消耗了大量人类社会有限的资源并对环境造成严重污染。鉴于此,如何使制造业尽可能少地产生环境污染是当前制造科学面临的重大问题,于是一个新的概念——绿色制造——由此产生。

绿色制造(Green Manufacturing)又称环境意识制造(Environmentally Conscious Manufacturing)、面向环境的制造(MFE)等,近年来这方面的研究非常活跃,国际标准化组织ISO提出关于环境管理的14000系列标准,如14001、14040,使绿色制造的研究更加活跃。不夸张地说,绿色制造研究的强大浪潮正在全球兴起。

由于绿色制造的提出和研究历史较短,其概念和内涵尚处于探索发展阶段,因而至今没有统一的定义。本书综合现有文献,将绿色制造定义如下:绿色制造是一种综合考虑环境影响和资源效率的现代制造模式,其目标是使得产品在从设计、制造、包装、运输、使用到报废处理的整个产品生命周期中,对环境的影响(副作用)为零或者极小,资源消耗尽可能小,并使企业经济效益和社会效益协调优化。

从上述定义可看出,绿色制造具有非常深刻的内涵,其要点如下:

① 绿色制造涉及的问题领域包括三部分:一是制造问题,包括产品生命周期全过程;二是环境影响问题;三是资源优化问题。绿色制造就是这三部分内容的交叉和集成。

② 绿色制造中的"制造"涉及产品整个生命周期,是一个"大制造"概念,同计算机集成制造、敏捷制造等概念中的"制造"一样。绿色制造体现了现代制造科学的"大制造、大过程、学科交叉"特点。

③ 资源、环境、人口是当今人类社会面临的三大主要问题,绿色制造是考虑前两大问题的一种现代制造模式。

④ 当前人类社会正在实施全球化可持续发展战略,绿色制造实质上是人类社会可持续发展战略在现代制造业的重要体现。

绿色制造是面向21世纪的现代制造模式。它的实施将带来21世纪制造业的一系列重要变革和创新,主要包括以下几方面。

(1) 制造企业追求目标的变革

20世纪及其以前的制造企业(以下简称传统制造企业)的追求目标几乎是唯一的,即追求最大的经济效益。企业为了追求最大的经济效益,有时甚至不惜牺牲环境效益,对资源消耗问题的考虑也主要是算经济账,而很少考虑人类社会有限的资源如何节约的问题。

绿色制造的实施要求企业既要考虑经济效益,又要考虑社会效益(包括环境效益和可持续发展效益等),于是企业追求的目标从单一的经济效益优化变革到经济效益和社会效益协调优化。

(2) 制造系统决策目标的变革

无论绿色制造还是传统制造均存在大量复杂的决策问题。决策问题所追求的目标称为决策目标。对传统制造,人们追求的目标变量主要归纳为4个:时间T、质量Q、成本C和柔性F。对绿色制造,上述4个目标变量是不够的,而应该把环境影响(这里的环境影响是广义的,包括资源消耗对人类可持续发展的影响)作为重要因素加以考虑,为此,绿色制造的决策目标变量一共有5个。

(3) 产品多生命周期工程的出现

"产品多生命周期"起源于"产品生命周期"概念。所谓产品生命周期是指本代产品从设计、制造、装配、包装、运输、使用到报废为止所经历的全部时间。而产品多生命周期则不仅包括本代产品生命周期的全部时间,还包括本代产品报废或停止使用后,产品或其有关零部件在换代后的下一代、再下一代等多代产品中循环使用和循环利用的时间(以下统称为回用时间)。这里的"循环使用"是指将旧产品或其零部件直接或经整修后用在新产品中,而循环利用则是指将产品或其零部件转换成新产品的原材料。

产品多生命周期工程是指从产品多生命周期的时间范围来综合考虑环境影响、资源综合利用问题和产品寿命问题的有关理论及工程技术的总称,其目标是:在产品多生命周期时间范围内,使产品回用时间最长,对环境的负影响最小,资源综合利用率最高。

(4) 制造系统体系结构的创新

制造系统体系结构随制造系统类型、发展阶段等各方面的不同而不同。以近年来比较先进的制造系统(如CIMS)为例,其系统构成一般包括管理信息分系统(MIS)、工程设计分系统(EDS)、质量保证分系统(QAS)、制造自动化分系统(MAS)四个功能分系统,以及计算机通信网络系统及数据库分系统两个支撑分系统。

绿色制造的实施将导致制造系统体系结构的重大改进和创新,绿色集成制造系统(GIMS)便是一种创新的制造系统。

从系统功能角度看,一般来说GIMS包括管理信息分系统、绿色设计分系统、制造过程分系统、质量保证分系统、物能资源分系统、环境影响评估分系统六个功能分系统,计算机通信网络分系统和数据库/知识库分系统两个支撑分系统以及与外部的联系。总之,绿色化是21世纪制造系统模式的必然选择和发展趋势。

学习思考题

1. 现代制造系统的定义和组成条件?
2. 柔性制造系统的原理及应用?

3. 绿色制造系统的构成及实施条件？
4. 虚拟制造的概念及应用？
5. 现代制造系统的发展趋势有几方面？

参考资料

[1] John Wiley & Sons. The Oliver Wight Class A Checklist for Business Excellence. Sixth edition. Oliver Wight International. Hoboken,New Jersey:2005.

[2] Dilworth James Production and operation Management. Fourth edition. Random House. New York:1989.

[3] David C. Yen. A Synergic analysis for Web-based enterprise resorses planning systems. computer standards,2002.

[4] E. stensrud. Alternative approaches to efforts prediction of ERP projects,Information and software Technology,2001.

[5] Elisabeth J. Umble,Ronald R. Haft. Enterprise resource palnning implement procedures and critical success factors,European journal of operational research 2003 Educational Programs. APICS. 1999.

[6] Landvater D V,Gray C D. MPII standard system. John Wiley & Sons,Inc. 1989.

[7] Northbert Welti. 成功的 ERP 项目实施. 北京:机械工业出版社,2002.

[8] Hong Kyung-kwon. The success factors for ERP implement. Information and management. 2002.

[9] See Pui Ng,Celeste. Guy G. An ERP client benefit oriented maintenance taxonomy. Journal of operational Research,2003.

[10] Serio Lozinsky. Enterprise-Wide Software Solution. 1998.

[11] Verville Jacques. A six stage model of the buying process for ERP software. Industrial Marketing management,2003.

[12] Wight O W. MRP II：Unlocking America's productivity potential. Revised Edition. Olive Wight Limited Puliccation,Inc. 1984.

[13] Womack James,Jones Danisl and Roos Daniel. The Machine that Changed the World. Harper Perennial. New York:1990.

[14] 白英彩,等. 计算机集成制造系统——CIMS 概论. 北京:清华大学出版社,1997.

[15] 陈启申. 供应链管理与企业资源计划(ERP). 北京:企业管理出版社,1999.

[16] 陈荣秋,马士华. 生产与运作管理. 北京:高等教育出版社,2003.

[17] 陈炳森,等. 并行工程在产品开发中的应用. 机电一体化,1998.

[18] 陈晓川,等. 并行工程的研究概况综述. 机械制造,1999.

[19] 高建民,等. 基于企业集团化管理制造资源计划系统. 中国机械工程,1995.

[20] 刘伯莹,周玉清,等. MRP II /ERP 原理与实施. 天津:天津大学出版社,2002.

[21] 周玉清,刘伯莹. MRP 原理与应用. 北京:机械工业出版社,2003.

[22] 罗鸿. ERP 原理·设计·实施. 北京:电子工业出版社,2002.

[23] 李怀祖. 生产计划与控制. 北京:中国科学技术出版社,2001.

[24] 刘飞等. CIMS 制造自动化. 北京:机械工业出版社,1997.

[25] Norbert Welti. 成功的 ERP 项目实施——SAP R/3. 简学,赵凤山,译. 北京:机械工业出版社,2003.

[26] 吴国新,等. CIMS 计算机网络. 北京:机械工业出版社,1997.

[27] 吴文钊. 企业信息化行动纲领——中国企业信息化方法论. 北京:机械工业出版社,2003.

[28] 汪应洛,等. 先进制造生产模式与管理研究. 中国机械工程,1997(2).

[29] 吴澄,李伯虎. 从计算机集成制造到现代集成制造. 计算机辅助设计与制造,1998(10).

[30] 高枫,刘洋. 浅谈"云计算". 电脑知识与技术,2010(11).

[31] 张洁,等.敏捷企业的组织管理模式及其生产制造系统.机电一体化,1999(2).
[32] 张曙.分散网络化生产系统.机电一体化,1997(6).
[33] 张曙,林德生.可持续发展模式——分散网络化生产系统.中国机械工程 1998(9).
[34] 赵令家.企业信息化经典:ERP/PDM/CAPP.北京:清华大学出版社,2002.
[35] 徐国华,等.管理学.北京:清华大学出版社,1998.
[36] 江莉莉,施秀丽.ERP产品行业化分析.中国管理信息化,2010(9).
[37] 刘强.中小企业ERP实施策略.中国电子商务,2004(8):115-117.
[38] 杨晓燕.浅析企业文化及其作用.民营科技,2008(8).
[39] 毕新华,等.企业实施ERP与企业文化建设.情报科学,2005(1).
[40] 毕新华,等.基于企业文化的ERP实施能力分析及策略选择.吉林大学社会科学学报,2007(5).
[41] 易诗莲.ERP成功实施与企业文化建设.重庆广播电视大学学报,2004(9).
[42] 郭跃显.实施ERP条件下的企业文化重塑分析.科技情报开发与经济,2005.
[43] Calderon,J M. The Oliver Weight ABCD Checklist for Operational Excellence,Fifth Edition. John Wiley & Sons,Inc. 2000.
[44] 周玉清,刘伯莹,周强.ERP理论、方法与实践.北京:电子工业出版社,2006.
[45] 胡正.许继集团的ERP之痛.企业文明,2005(12).
[46] 袁禾.许继集团500万的负担.印刷经理人,2003(9).
[47] 丁新,李宇哲,黄明峰.ERP系统绩效实施分析——基于太太药业的案例.财会通讯,2009(6).
[48] 王延东.ERP败局启示录.企业信息化,2010.
[49] IT建设揭开管理伤疤——波司登集团CIO谈ERP实施经验.信息系统工程,2005(3).
[50] 陈孟建,潘婧,陈光会,沈美莉.企业资源计划(ERP)原理及应用.北京:电子工业出版社,2006.
[51] 闪四清.ERP系统原理和实施(第二版).北京:清华大学出版社,2008.
[52] 李艾艾.云计算ERP为企业管理保驾护航.中国制造业信息化,2010(6).
[53] 王樨,汤伟,王孟效.ERP现状及未来发展趋势.化工自动化及仪表,2009(3).